EL RETORNO CÁTARO

*Jorge Molist*

# EL RETORNO CÁTARO

mr · ediciones

Primera edición: abril de 2005

Esta obra es una versión corregida y aumentada de la novela que el autor publicó bajo el título *Los muros de Jericó*

Ninguna parte de esta publicación, incluido el diseño de la cubierta, puede ser reproducida, almacenada o transmitida en manera alguna ni por ningún medio, ya sea electrónico, químico, óptico, de grabación o de fotocopia, sin permiso previo del editor. Todos los derechos reservados.

© 2005, Jorge Molist, versión corregida
© 2005, Ediciones Martínez Roca, S.A.
Paseo de Recoletos, 4. 28001 Madrid
www.mrediciones.com
ISBN: 84-270-3154-8 (rústica)
ISBN: 84-270-3133-5 (tapa dura)
Depósito legal: M. 10.349-2005
Fotocomposición: EFCA, S.A.
Impresión: Brosmac, S.L.

*Impreso en España-Printed in Spain*

*A Florenci y Francisca*

*En este mundo, creado por el Diablo, sólo puedes esperar lo inesperado*
RAMÓN VI,
conde de Tolosa, 1156-1222


*La televisión y las películas de cine representan una de
las mayores fuerzas persuasivas*
MARIO CUOMO,
ex gobernador de Nueva York, julio de 1997

*Levantando, pues, el grito todo el pueblo de Israel, y resonando las trompetas... de repente cayeron los muros de Jericó, y subió cada cual por la parte que tenía delante de sí, y se apoderaron de la ciudad. Y pasaron a cuchillo a todos cuantos había en ella, hombres, mujeres, niños y viejos...*

Josué 6-20, 21

# LUNES

## 1

Las luces tenues de la pantalla y de una lamparilla iluminaban unas manos blancas, casi perfectas, sobre el teclado de un ordenador portátil.

La pantalla se detuvo pidiendo una contraseña y sus dedos alargados introdujeron, tecleando con fuerza: «Arkangel».

Varios mensajes esperaban en el buzón, pero el cursor buscó el firmado por Samael y el único dedo imperfecto, el índice de la mano derecha, que mostraba un corte vertical dividiendo la uña al estilo pezuña de ungulado, pulsó con rapidez el botón *enter*.

«Se han seguido tus instrucciones al pie de la letra. En dos días, las trompetas de los elegidos sonarán y empezará la caída de los muros de Jericó, preámbulo de nuestro asalto. Comienza la cruzada.» –Leía el comunicado.

«Dios te bendiga, Samael. Y que ayude a nuestros hermanos», escribió como respuesta antes de firmar:

«Arkangel».

# MIÉRCOLES

## 2

Cuando Jaime se acercó a la ventana no imaginaba que en unos instantes vería la horrible faz de la muerte y que esa visión cambiaría irremediablemente su vida.

Se acababa de levantar de su mesa de trabajo y estaba colocado, taza de café en mano, frente a los ventanales, que, a pesar del cristal tintado, permitían a un sol risueño invadir su despacho.

En el horizonte los montes de San Gabriel, al norte de Los Ángeles, mostraban nieve coronando los puntos más altos, en contraste con las palmeras, que abajo, en el bulevar, resistían el impetuoso viento.

Tras una semana de días brumosos, la lluvia del lunes dio paso a un espléndido martes y a una cristalina mañana de miércoles. El planeta había dejado de ser viejo, y parecía un niño pequeño preparado para sus primeros pasos. Era un mundo reluciente, listo para ser estrenado y Jaime pensó que encontrar un momento como aquel sin teléfono, reuniones o un quehacer urgente, y mirar a través de las ventanas, era un lujo que se permitía con escasa frecuencia.

Una mañana radiante, se dijo, y para colmo de venturas, el calorcillo del sol y del café. ¿Qué más preciso para redescubrir la belleza que existe fuera de estos muros de vidrio, acero y mármol?

Sin embargo, algo iba mal.

Tenía todos los motivos para sentirse eufórico y feliz. ¿De dónde salía, pues, ese sabor amargo? ¿Era su vida personal? ¿Su divorcio? Seguramente.

En el bulevar, el movimiento de vehículos alrededor del centro comercial crecía con un suave ronroneo, y en el cielo unas nubecillas perezosas se desplazaban sobre un azul intenso.

–Tan lentas como mis pensamientos –murmuró siguiéndolas con la vista y admirando su blanco brillante al tiempo que levantaba la taza en busca de otro sorbo de café.

De pronto ocurrió. Una fuerte sacudida estremeció el edificio.

Jaime sintió el corazón en la garganta y el café, en la camisa. Sus pensamientos empezaron a sucederse a tal velocidad que tuvo la sensación de que el tiempo se había detenido. El ruido siguiente pareció engullirlo todo.

–¡Dios mío, un terremoto! ¡Un gran terremoto! –murmuró buscando refugio en la habitación. Los cristales vibraban con violencia.

–El edificio está preparado, aguantará, tiene que aguantar. ¡Los cristales!

Maldijo su elegante mesa de vidrio de diseño y deseó ardientemente una sólida mesa de madera bajo la cual encontrar seguridad cuando las ventanas se rompieran.

Con dificultad intentó avanzar hacia el centro de la habitación, mientras los libros caían de las estanterías del armario. ¡También de cristal! Su mirada topó con los arbolitos que decoraban la sala y que sacudían alocados sus verdes hojas.

De repente todo se detuvo y como si el mundo se hubiera detenido en su giro, se hizo el silencio. Demasiado corto para un terremoto.

Algo atrajo su mirada a las ventanas.

Una lluvia de cristales, brillando alegres al sol, caía en el exterior. Una sombra cruzó.

–¡Dios mío, es un cuerpo! ¡Es un hombre!

Creyó haber visto un pantalón gris y una camisa. ¿Blanca?

Se acercó con reparo a la ventana de cristales ahora quietos y silenciosos. El ángulo de visión y la altura le impedían ver qué ocurría abajo.

Afuera flotaban como a cámara lenta un sinfín de papeles.

Las nubes estaban en el mismo lugar, y él continuaba con la taza de café en la mano.

Lentamente apareció el sonido. Primero eran murmullos, luego gritos lejanos. Ahora sirenas.

Jaime dejó la taza de café sobre la maldita mesa de diseño cristalino y se dirigió a la puerta que comunicaba con su secretaria.

–¡Laura! ¿Estás bien?

# 3

–Desaconsejo la compra. Creo que es un error. –Karen Jasen hablaba con firmeza, enfatizando sus palabras, aunque sabía que acababa de meterse en la boca del lobo. Le costaba aceptar que, como todo el mundo, temía a aquel hombre y quizá por ello, para probar sus fuerzas y valor, buscaba el enfrentamiento directo.

Desde la sala de reuniones del piso trigésimo primero se distinguía aquella mañana el océano Pacífico con gran claridad. Colinas, vegetación y distintas construcciones desdibujaban la línea de la costa, pero un preciso horizonte separaba azules de cielo y mar en contraste con verdes y ocres de la tierra. Sin embargo, a nadie, en aquellos momentos, le importaba el paisaje lo más mínimo.

El verdadero espectáculo, el drama, tenía lugar por encima de la mesa de caoba cubierta de expedientes, vasos de papel y tazas de café.

–Las leyes europeas –continuó Karen después de una pausa en la que sólo un siseo leve de aire acondicionado se dejaba oír– son restrictivas en cuanto al control de empresas de comunicación por parte de...

–Tonterías –interrumpió, rudo como boxeador lanzando un puñetazo, Charles White–. Los abogados estáis para sortear las leyes y hacer que parezca legal. –El hombre se levantó de la silla imponiendo su metro noventa de estatura y más de cien kilos de peso a los presentes–. Para eso os pagamos. –Y fijando sus ojos pálidos, rodeados de oscuras ojeras, en

Karen, añadió arrastrando las palabras–: Claro que estoy hablando de los buenos abogados.

El combate era desigual, no sólo por peso físico, sino por la fuerza de cada uno en la Corporación. White ostentaba la presidencia más poderosa, la de Asuntos Corporativos y Auditoría, y Karen era sólo una joven abogada, cuyo jefe obedecía al presidente de Asuntos Legales.

Karen le miró a los ojos. Años antes habría contenido lágrimas de rabia por el tono del individuo, por la ofensa de un insulto público e intencionado, pero ahora hizo lo que pocos osaban: mantuvo la mirada de White. Pero la tensión le hizo morderse los labios. ¿Se habría manchado los dientes de carmín?

Quiso contraatacar y abrió la boca para responder, pero el presidente de Asuntos Legales, Andrew Andersen, acudió en su defensa.

–Charly, nuestros abogados franceses opinan que el intento de...

–Al diablo con tus abogados franceses. La Davis Corporation conseguirá sus canales de televisión propios en Europa y vamos a empezar ahora –cortó White–. Tenemos el dinero para controlar una participación mayoritaria en una importante televisión europea y no vamos a esperar a que cambie la legislación o la situación política. –White mantenía los ojos clavados en Karen y ni siquiera había mirado a Andersen cuando éste habló–. ¿No es así, Bob? Explícaselo, que lo entiendan de una puta vez. Lo tenemos, ¿verdad? –dijo White dirigiéndose al presidente de Finanzas, que no contestó.

–Señor White –continuó Karen con voz firme–, no importa el dinero que tenga si no se usa de acuerdo a las leyes de cada país. Europa no es América.

White se dirigió a una ventana y se quedó con los brazos en jarras, aparentemente absorto en el paisaje. Karen se encontró hablando al cogote del hombretón.

–El camino más productivo, rápido, legal y políticamente aceptable es introducir nuestros «contenidos» a través de las plataformas de televisión digital, convencional o terrestre, que se consolidan en

Europa. Esta estrategia ofrece la ventaja de invertir lo mínimo, estableciendo alianzas a largo plazo con los grandes operadores europeos...

—No sirve. Mala idea —dijo White, aún de espaldas al grupo, moviendo la mano en gesto de rechazo—. Nosotros queremos el control de una parte significativa del medio. Éste es el objetivo por el que todo el mundo debe trabajar. Control es la consigna. ¡Control!

—Pero ¿para qué necesitamos el control? ¿Por qué tenemos que lanzarnos a batallas innecesarias? —insistió Karen—. En Europa, encontraremos actitudes muy hostiles a que nuestra compañía posea medios locales de comunicación. Debemos concentrarnos en vender nuestros programas sacando el mejor precio, todo lo más...

—Andrew —interrumpió otra vez White girándose en redondo hacia Andersen—, dile a esta señorita que su trabajo es hacer lo que se le pide. Se le paga para eso, no para que rumie tanto. No precisamos de su pensamiento estratégico.

—Charly —repuso Andersen—, creo que lo que expone la señorita Jansen tiene sentido y...

La puerta se abrió violentamente lanzando una nube de polvo dentro de la sala. El estruendo parecía anunciar el hundimiento del edificio. La mesa saltó derribando vasos y tazas, mientras las carpetas se esparcían por la habitación. White se apoyó contra uno de los pilares de la ventana para no ser derribado, en tanto que el resto de los reunidos se aferraba a donde podía.

Un grito agudo ahogó las maldiciones. Karen nunca supo si fue ella quien gritó o la secretaria de Andersen, que tomaba las minutas de la reunión en un ordenador portátil.

The Big One, el terremoto gigante que arrasará California según predicciones agoreras, acudió a su mente, encogiéndole el pecho.

Al cesar la vibración se hizo un absoluto silencio en la sala. Todos quedaron callados e inmóviles mirando como hipnotizados hacia la puerta hasta que al cabo de unos segundos oyeron gritos distantes.

White avanzó, primero vacilante y luego a largas zancadas, hasta la entrada, observó el exterior y, sin decir nada, salió de la sala perdiéndose en la polvareda.

Los demás se miraron entre sí, comprobaron que nadie estaba herido y, entre murmullos, fueron abandonando la habitación para averiguar lo ocurrido.

## 4

Gus Gutierres supo de inmediato que se trataba de un atentado. Llevaba semanas presintiendo el peligro, esperaba algo así, y ese malestar en su espalda, cual reumático antes de una tormenta, era sólo la anticipación de lo que ocurría en aquel momento.

Aquel día despertó de madrugada con esa inquietud recurrente. Sentía la tensión acumulada entre la cruz de la espalda y la nuca en forma de dolor. «Algo va mal», le decía su cuerpo, sin poder precisar el origen de la preocupación. ¿Un presentimiento? ¿Sería el resultado de una pesadilla o simplemente uno de sus frecuentes ataques de perfeccionismo profesional?

Cualquiera que fuera la causa, no pudo conciliar de nuevo el sueño y decidió comprobar físicamente que todo estaba en orden. Sin remordimiento alguno, despertó a Bob para informarle de que debía tomar el mando de la seguridad del rancho donde David Davis, presidente de la Davis Corporation, residía.

El tráfico era escaso y pudo llegar con rapidez a la oficina. De inmediato empezó a repasar la rutina de seguridad. Los controles funcionaban, todo estaba en su sitio. Pero su ansiedad persistía.

–No crees en las intuiciones; eres un profesional –murmuraba.

No obstante, sabía que detrás de una premonición podía ocultarse algo concreto. Su entrenamiento le llevaba a grabar en su memoria, en cualquier momento y lugar, la posición que ocupaban personas y objetos. Posteriormente era capaz de recordar las variaciones habidas, evaluando lo que tuviera un aspecto raro; todo lo extraño, cualquier cambio de rutina, era un peligro posible.

Pero a veces el subconsciente registraba detalles que la parte racional de su mente no percibía; aquellas imágenes o palabras se quedaban allí dentro, y lo incontrolado de su cerebro permanecía funcionando incluso en el sueño. Cuando algo era inusual y no encajaba, rebrotaba en forma de inquietud, de una sensación, como la de aquella mañana, de que había algo fuera de su control. Por lo tanto, y por si acaso, a pesar de luchar contra temores y presentimientos, los tomaba en serio.

En lo concerniente a la seguridad de su jefe, Gutierres no consentía el menor asomo de broma.

Antiguo guardaespaldas del presidente de Estados Unidos, era ahora mucho más que un experto en protección. Era el jefe de «los pretorianos» de David Davis. Y ese título comprendía responsabilidades muy amplias y en ocasiones inconfesables.

Reaccionó en fracciones de segundo. Estaba seguro de que Davis se encontraba bien, pero a grandes pasos llegó al despacho del presidente para comprobarlo. El viejo estaba sentado tranquilo frente a su mesa que miraba al Pacífico y le contempló por encima de las gafas que usaba para leer en su ordenador.

—¿Qué ocurre, Gus?

—No lo sé aún, señor —repuso éste—. En unos momentos le informaré de la situación.

El viejo afirmó con la cabeza continuando con su lectura como si el tema no le incumbiera.

La desazón que Gus sufría momentos antes del estallido había desaparecido por completo, él era hombre de acción y en aquellos trances daba lo mejor de sí mismo. Tenía dos planes básicos de emergencia previstos: evacuar o resistir en aquella planta. Sólo precisaba conocer algún detalle de lo ocurrido para tomar su decisión.

## 5

La detonación se produjo en el ala opuesta de donde Davis se encontraba, pero éste reconoció el estampido de una carga explosiva. A su edad evitaba inquietarse y pocas cosas lograban alterarle. En la guerra había aprendido que no quedaba más remedio que confiar la vida a los camaradas, y al fin y al cabo le pagaba a Gus para que se preocupara por él. Respetaba a su guardaespaldas, era un número uno en seguridad, y sabía que empleaba bien el dinero que le costaba.

No hacía falta verle para saber que Gus tomaría el control de la situación y la única tranquilidad que el viejo obtuvo cuando éste apareció fue la de saber que estaba vivo y, como no esperaba menos, justificando su sueldo.

La Davis Communications Corporation era el *holding* de comunicaciones más poderoso del país, del cual el viejo era socio fundador y mayoritario, además de presidente ejecutivo y del Consejo de Administración.

Sólo por su presencia en Estados Unidos con cadenas de televisión de distinto tipo, radio, periódicos, música, editoriales y cine, era de por sí el mayor ente de comunicación y desarrollo de contenidos de entretenimiento, noticias y opinión del mundo en el siglo XXI. Aunque, para Davis, no había hecho más que empezar. Su visión, su deseo, era el establecimiento de sus negocios en los principales países en los próximos cinco años. De hecho, ya había sentado bases muy potentes en los anglófonos. Aquel viejo arrugado aparecía en todas las listas de los personajes más poderosos del planeta. Pero nadie se atrevía a ponerle entre los cinco primeros puestos. No le gustaba la excesiva popularidad, tenía el poder para impedirlo y lo usaba.

Davis llegó aquel día en su limusina blindada, conducida por un par de elegantes ejecutivos, cuyos cristales ahumados impedían la visibilidad del interior, solitario en la parte posterior del vehículo, y escondido detrás del *Wall Street Journal*.

El espacioso compartimiento acentuaba aún más la pequeñez del cuerpo del viejo, que a fuerza de arrugas parecía haber encogido en su interior. De pelo escaso y blanco, sus ojos se movían vivos y oscuros tras la ampliación producida por las gafas.

A pesar de su aspecto frágil y de sus setenta y muchos años, Davis era un hombre presumido; alardeaba de ser el ciudadano de California con el mayor número de amenazas de muerte pendientes sobre su cabeza. Sus acompañantes sabían que era cierto, y sus estudiadas maneras, más que formales, quizá fueran sólo producto de la tensión.

Cuando el coche giró a la derecha, el sol hacía brillar los penachos de las altas palmeras del bulevar y lanzaba reflejos desde la masa rectilínea del imponente edificio de acero, mármol blanco y cristal situado al fondo de la avenida.

Era la Torre Blanca, sede social de la Davis Corporation.

Evitando la entrada del aparcamiento general, el vehículo se dirigió a una puerta que se abría en aquel momento.

Otro par de ejecutivos aguardaba en el interior del garaje. El de mayor edad, de anchas espaldas y mirada penetrante, esperó a que la entrada exterior del aparcamiento estuviera completamente cerrada, y sólo entonces abrió la puerta del coche.

—Buenos días, señor Davis.

—Buenos días, Gus. —El viejo descendió del coche—. Veo que hoy te has adelantado.

—Cierto. Quería resolver varios asuntos antes de su llegada.

—Bien, no tengo problema en que trabajes horas extras. Dime, ¿cuándo tengo la primera reunión?

—No tiene visitas en la agenda esta mañana, señor; sólo a las cinco de la tarde la junta con los presidentes.

—Gracias, Gus. —Precedido del conductor y su acompañante, el viejo fue hacia los ascensores. El hombre les siguió, mirando con recelo a su alrededor, continuaba con un inquietante dolorcillo de espalda. Gus

Gutierres siempre examinaba con mirada crítica de jefe perfeccionista a aquellos hombres de aspecto atildado. Eran guardaespaldas, pero él sabía bien que muy pocos estaban capacitados para cumplir con las exigencias del trabajo que se les encomendaba a éstos.

Se esperaba de ellos no sólo que fueran capaces de mantener una estricta seguridad en torno a Davis, dentro y fuera de las oficinas, sino también de realizar funciones secretariales y ejecutivas. Conocían a la perfección las relaciones, tanto de trabajo como de amistad, del presidente ejecutivo, identificando a cada persona por su nombre, aspecto e historia.

Universitarios, no desentonaban en la mesa del restaurante más *in* de Hollywood, siendo capaces de seguir con facilidad una conversación ya fuera de negocios o relativa a los últimos chismorreos sociales.

De hecho, la mayoría de las relaciones de Davis desconocía que aquel simpático individuo que se sentaba junto a ellos en la mesa le podría partir el cuello de un manotazo. Y que no dudaría un instante en hacerlo, de intuir una amenaza por su parte hacia su jefe.

–Les presento a Gus Gutierres, del Departamento Legal –decía Davis a sus interlocutores–. Hoy nos acompañará en nuestra conversación.

A esta guardia personal los empleados de la Torre la denominaban «pretorianos» en recuerdo al ejército privado de los césares. Eran independientes del servicio de protección del edificio, que trabajaba uniformado, y cuyo jefe era el responsable de seguridad de la Corporación, Nick Moore.

Los pretorianos eran respetados físicamente y temidos profesionalmente. En ocasiones, uno de ellos pasaba a ocupar un puesto en algún departamento de la Corporación, donde a partir de entonces progresaba en su trabajo como cualquier otro ejecutivo. En esta «segunda vida corporativa», los pretorianos eran invitados con mayor frecuencia a reuniones en el exterior del edificio y se sospechaba que formaban un «canal de información» privilegiado.

Se decía que ganaban mucho más dinero por las mismas responsabilidades y que eran ascendidos antes que los demás.

De algo valdría que el presidente ejecutivo les confiara físicamente su vida.

—Buenos días, señor Davis —saludó, dando un respingo, la empleada que ocupaba el ascensor.

—Buenos días —contestó Gutierres en nombre del grupo. Davis se limitó a saludar con la cabeza iniciando una mueca que aspiraba a ser sonrisa.

Gutierres hubiera preferido usar las tarjetas codificadas que bloqueaban el ascensor y conducirlo directamente a la planta trigésima segunda, y así lo hacía con las visitas importantes. Pero Davis se negaba. Era su forma de ojear a la gente que habitaba las oficinas y husmear el ambiente que se respiraba. Y como Gutierres consideraba que fuera del piso treinta y dos, que él controlaba, el resto del edificio de la Torre no respondía a los requerimientos mínimos de seguridad para el presidente, a cada entrada y salida de éste se veía obligado a montar toda la rutina de protección.

En la planta cero, Davis reconoció, entre los que entraban, a un empleado veterano.

—Buenos días, Paul.

—Buenos días, señor Davis.

—¿Cómo está la familia? Tenías dos hijas en la universidad, ¿cierto?

—Sí, señor. Ya hace tiempo que terminaron.

—¿Qué hacen ahora?

—Una trabaja en finanzas en Save-on y la otra, en una compañía de seguros.

—¿Se han casado?

—La mayor sí.

—¡Bien! Pronto, abuelo.

—Sí, señor, seguramente.

—Cambiaste de departamento hace unos años, ¿verdad?

—Sí, ahora estoy en márketing televisivo.

–Es lo que tenía entendido. ¿Qué *rating* en Nielsen calculas que *Nuestro agente en Miami* va a alcanzar este viernes?

Gutierres pudo ver cómo el empleado se tensaba ante la pregunta.

–Bueno... está sufriendo una fuerte competencia de la nueva serie policíaca que se emite en la misma franja horaria, pero... creo que seremos capaces de mantener al menos un *rating* de un 8,5/16.

–Eso estaría bien. Y...

–Ésta es mi planta, señor Davis. Un placer haberle saludado. ¡Que tenga un buen día! –El alivio del hombre al salir fue evidente.

–Hasta luego, Paul.

Los empleados odiaban y temían esos interrogatorios. Si la respuesta no era la correcta, o Davis detectaba algo preocupante, en media hora un alud de preguntas y solicitudes de informes caerían como avalancha, aumentando de piso en piso, desde la planta superior, en la que Davis habitaba, hasta la del infeliz protagonista. No existía forma posible de escapar.

Con sus muchos años a cuestas, Davis gozaba de una mente despejada que detectaba cualquier anomalía y de una sorprendente memoria tanto para las cifras como para los pequeños detalles. Y no consentía explicaciones insuficientes.

## 6

El grupo se dirigió hacia la zona central del edificio cruzando la puerta de una de las escaleras de emergencia. Algunos empleados salían de los despachos preguntándose qué había ocurrido. No se veía a White.

–Definitivamente, no es un terremoto –comentó Karen a una secretaria, que la seguía vacilante.

Al llegar a la zona de los ascensores, algunos parpadeaban sus luces anunciando su llegada, y un guarda de seguridad hablaba por su teléfono móvil. La lujosa moqueta se encontraba cubierta de papeles y algunos cascotes de yeso. De uno de los ascensores salió Nick Moore, el jefe de seguridad del edificio, acompañado por un guarda que portaba un extintor. De otro ascensor salieron un par más.

–¡Una explosión en el ala norte! –les gritó Moore–. ¡Seguidme! ¡Jim, consigue otro extintor!

Y los cinco corrieron en la dirección contraria a la del grupo. Los despachos de White y de Steven Kurth, el presidente de la Eagle Motion Pictures y el hombre más poderoso de la Davis Corporation después del propio Davis, estaban ubicados en el extremo norte.

Los ascensores parpadearon de nuevo, y apareció un pretoriano, que, sujetando del brazo a uno de los guardas recién llegados en otro ascensor, preguntó:

–¿Qué ha ocurrido?

–Una explosión ha destrozado el ala norte del piso.

El pretoriano se puso a hablar por su móvil, mientras el guarda se incorporaba a sus compañeros.

La mayoría de los del grupo de Karen se detuvo al llegar allí, dudando entre la huida o la satisfacción de su curiosidad. Extrañamente, las alarmas de evacuación no habían sonado aún y los ascensores continuaban funcionando. Karen se dijo que la explosión debía de haber destruido los sensores de alarma.

Andersen se lanzó detrás de los guardas y Karen siguió a su jefe. «Hay una escalera de seguridad más adelante», se dijo.

Conforme avanzaban, más escombros y papeles cubrían los suelos. Los carteles originales de los clásicos más famosos de la historia del cine que, lujosamente enmarcados, adornaban el corredor estaban inclinados o caídos.

La planta al final del pasillo tenía un aspecto desolador, distinto por completo de como Karen recordaba la zona. Excepto el extremo nordeste del piso, donde aún se alzaban algunas paredes, el resto estaba arrasado. Los despachos de White y Kurth ya no existían.

A la altura de la vista quedaba una enorme área diáfana, y en el suelo se amontonaban mesas, sillas, restos de armarios, cascajos y papeles, muchos papeles.

Karen notó que faltaban los cristales tintados de la esquina noroeste y que el sol parecía mucho más agresivo que de costumbre. Allí ocurrió. En el despacho de Steven Kurth.

El falso techo había desaparecido, descubriendo la estructura interior del edificio. Los cables colgaban, y desde varios puntos del techo caían grandes chorros de agua, seguramente del sistema antiincendios.

Un sonido de sirenas empezó a llegar desde la calle.

Moore, el jefe de seguridad del edificio, recuperaba, junto a dos guardas, un cuerpo de los escombros. Otro guarda pedía ayuda médica por teléfono y los demás removían los restos buscando víctimas.

Karen reconoció a la mujer que sacaban de entre un armario caído y una mesa.

–¡Sara! –gritó acercándose a ella. Tenía el pelo lleno de polvo y una herida en la frente que sangraba. Moore le tomaba el pulso.

–Sara, ¿cómo está? –preguntaba Andersen. La mujer entreabrió los ojos y los cerró de nuevo.

–El señor Kurth –dijo a media voz, esforzándose–. El señor Kurth está en su despacho.

–Ya no hay despacho –dijo Andersen alzando la vista hacia donde unos minutos antes se alzaba la lujosa oficina del segundo ejecutivo más poderoso de la Corporación.

Allí, en una zona extrañamente limpia de cascotes, de espaldas y alzando su amplio cuerpo contra el sol que entraba a raudales por la apertura provocada por la explosión, estaba Charles White.

–Hay que encontrar a Kurth –gritó Andersen a los que buscaban entre los escombros.

White se giró lentamente, apartándose del lado de la calle, y dio varios pasos hacia lo que había sido el centro del despacho.

–No hace falta que busquen a Kurth. –Su vozarrón se impuso al revuelo de los que se afanaban, y todos se detuvieron para mirarle–. Lo he encontrado. –White hizo una pausa–. Está treinta y un pisos más abajo, en la calle. –Y añadió–: Que Dios se apiade de su alma.

Sara sollozó, y varios corrieron a mirar hacia abajo a través de los ventanales rotos. Las sirenas se oían más fuerte.

–¡Oh, Dios mío! –oyó exclamar Karen a su espalda–. ¡Señor Kurth!

Al volver la cabeza vio a Dana, la secretaria, que finalmente había decidido ver lo ocurrido, y tomándola de un brazo como para consolarla, la miró. Los ojos azul intenso de Karen brillaban más que de costumbre cuando le dijo:

–El sucesor ha muerto. –Lanzó una mirada resentida en dirección a White, que continuaba alzando su mole en el centro de lo que había sido el despacho del difunto, como cazador fotografiado sobre la pieza cobrada–. Y ése quiere su trono –murmuró entre dientes.

# 7

El amplio salón situado en el ala norte del piso treinta y dos estaba adornado con cuadros y esculturas de conocidos artistas modernos. Los ventanales mostraban aún una brillante mañana, como si la tragedia ocurrida minutos antes hubiera sucedido en otro planeta.

Silenciosos, sentados alrededor de la gran mesa de raíz de nogal, estaban los presidentes de las distintas funciones de la Corporación, con las únicas ausencias de un viajero, de los responsables de las divisiones de Música y Editorial, con oficina en Nueva York, y del presidente de la Prensa Internacional, con base en Londres. Davis había requerido la presencia del jefe de seguridad del edificio, Nick Moore, un extraño en aquellas reuniones. Un pretoriano lo acompañaba, ya que, a pesar de su cargo, Moore no tenía tarjeta de acceso a la planta.

La breve agenda que les habían entregado descansaba sobre la mesa. «Desaparición de Steve. Acciones a tomar.»

–El viejo es increíble –comentó Andersen al presidente de Finanzas–. Acaban de matar a su mejor amigo, y colaborador durante más de cuarenta años, y aquí le tienes, dictando agendas para reuniones.

Un sillón vacío, colocado en el centro de la mesa, esperaba al presidente ejecutivo, y justo a su hora entró Davis, con semblante serio pero firme. A su lado, el inseparable Gutierres.

–Buenos días –dijo mientras andaba hasta su lugar.

–Buenos días –contestaron los demás a media voz.

–Bien –comenzó una vez acomodado, recorriendo con la mirada los semblantes de los presentes–, ya sabéis por qué nos reunimos. –Hizo una pausa–: Vamos a discutir la situación y a establecer la estrategia adecuada.

Se interrumpió y nadie hizo un solo movimiento. La atención de todos se centraba en su rostro.

–Hemos localizado a los que están fuera –continuó después de unos segundos–. Les he comunicado personalmente lo ocurrido. –Davis hizo una tercera pausa y contempló otra vez el semblante de cada uno. Parecía como si le costara trabajo seguir con su explicación–. Dados los hechos, he invitado al señor Moore, ya que la seguridad es el tema a tratar. Empecemos.

–David –dijo Andersen con voz solemne–, estoy seguro de que hablo en nombre de todos al expresar nuestro gran dolor e indignación por lo ocurrido a Steve. Era un caballero, un gran amigo y una persona muy querida. Deseamos expresarte a ti en particular nuestra más sentida condolencia por la íntima amistad que sabemos os unía.

–Gracias, Andrew, y gracias a todos –repuso quedamente Davis. Luego, alzando la voz y mirando a Moore con dureza, dijo–: Señor Moore, explíquenos lo ocurrido.

La cara habitualmente roja de Moore palideció. El hombre, ex policía de gran tamaño, andares chulescos y voz autoritaria, estaba ahora sentado en el extremo de su silla y obviamente nervioso. La situación y el lugar parecían intimidarlo.

–Una bomba, señor Davis –farfulló–. Creemos que ha sido una bomba.

–¿Quién diablos ha podido entrar y poner una bomba en pleno piso treinta y uno? –preguntó White–. Poca gente tiene acceso a esa planta, y todos son empleados.

–Y los de mantenimiento y limpieza son estrictamente controlados a la entrada y a la salida, señor –añadió Moore.

—¿Quiere decir que lo hizo un empleado de la Corporación? –interrogó Davis, arqueando las cejas, incrédulo.

—La policía iniciará la investigación de inmediato, señor, pero lo más probable es que haya sido un paquete o carta bomba exterior.

—Entonces, ¿qué demonios hacía su gente? –saltó Davis–. ¡Les pagamos para que nos protejan!

—No lo sé, señor –balbuceó Moore–. Lo siento, señor, es sólo la teoría más probable. Tendremos que esperar a preguntar a Sara cuando esté en condiciones. Al señor Kurth le llegaban muchas cartas y paquetes con libros o posibles guiones para películas. Le aseguro que jamás se entregaba un paquete sospechoso y sólo los de remitente identificado y aceptado por Sara entraban en su oficina.

Se hizo el silencio. La furia de Davis parecía haber remitido, estaba deshinchado. Su avanzada edad se manifestaba ahora como nunca antes, haciéndole parecer más pequeño.

—David –intervino White–, los empleados están muy excitados y no creo que nadie esté haciendo otra cosa que hablar de esta desgracia. Propongo que, en honor de Steve, los enviemos a casa y se cierre el edificio durante el resto del día en señal de duelo.

—Si me permite, señor –dijo Moore–. Es una buena idea. Deberíamos desalojar el edificio por si hay más bombas. Además, la policía está insistiendo en ello.

—¡Y una mierda! ¡No vamos a desalojar el edificio! –repuso Davis golpeando la mesa con la palma de la mano. La súbita elevación de su voz sobresaltó a los presentes–. ¡Eso es lo que quiere el hijo de puta de la bomba! –El viejo recorría con su intensa mirada los ojos de cada uno de los reunidos–. ¡Quieren intimidarnos, asustarnos, doblegarnos! ¡Ah no, David Davis no les dará ese placer!

—Perdona, David, pero algunos empleados están al borde del pánico por temor a otra bomba, hablan del integrismo islámico. No les podemos exigir que sean héroes –dijo Andersen–. Creo que es buena idea cerrar hoy el edificio.

–Esta Corporación, como otras del país, como la nación entera, está permanente amenazada –contestó con calma Davis– y algunos de nosotros mucho más. ¿Cuántas amenazas recibes a la semana, Tom?

–Bastantes –afirmó el presidente del grupo televisivo.

–Señor Moore, ¿cuántas amenazas, insultos y bromas de mal gusto reciben nuestras centralitas?

–Docenas al día, señor.

–¿Cuántas cartas recibimos con comentarios negativos sobre nuestros programas de televisión o películas, que van desde un desacuerdo razonado hasta el insulto o incluso la amenaza de muerte?

–Incontables, David –contestó White.

–¡Incontables, ésta es la palabra! –continuó Davis subiendo de nuevo el tono–. ¡Steve había recibido incontables coacciones y amenazas de muerte! ¡Yo recibo incontables coacciones y amenazas de muerte! ¿Sabéis qué hago con ellas?

La mayoría de los asistentes movió ligeramente la cabeza afirmando conforme Davis les miraba.

La costumbre del presidente ejecutivo de seleccionar y coleccionar las cartas con amenazas más originales, violentas, o las escritas por alguien importante, para luego enmarcarlas y colgarlas en los aseos de la planta trigésima segunda era casi de dominio público. Las paredes estaban materialmente cubiertas de tales cuadros de techo a suelo, y los más intimidantes se ubicaban en los excusados.

–¡Me cago en ellas! –añadió después de la pausa–. ¡Yo no sólo luché por este país y contra los nazis, sino también por la libertad! ¡Incluida la libertad de expresión!

Todos sabían que Davis había falseado su edad para poder combatir como piloto de caza voluntario en Inglaterra durante la Segunda Guerra Mundial y que poseía la medalla al valor.

–Steve no es el primer amigo que he visto morir a mi lado. –Su voz se quebró.

Los demás le miraban consternados y con el corazón en un puño. Sus ojos estaban brillantes por las lágrimas. ¿Iba David Davis, leyenda de duro entre los duros de Hollywood, a llorar?

—En la época del senador McCarthy y su caza de brujas conseguimos sobrevivir con dignidad —continuó con voz más firme—. Directores, guionistas, actores, todo el mundo lo sabe y se nos respeta por ello.

»¿Con qué frecuencia los defensores de la mayoría moral bloquean las centralitas, mandan toneladas de cartas, presionan a los anunciantes de nuestras televisiones porque en un *talk show* se habló a favor del aborto, o porque en tal película se hace apología de las madres solteras o por lo que llaman lenguaje obsceno? Cualquier pretexto es bueno.

»¿Con qué frecuencia hacen lo mismo desde el otro extremo? Alegan que damos papeles "indignos" en nuestras producciones a hispanos y a negros, o que pagamos menos por el mismo trabajo a las actrices que a los actores, o que no les gusta la cara de alguien. También bloquean centralitas, amenazan, y presionan a los anunciantes.

»Cada día aparecen nuevos grupos de radicales. Incluso una organización extremista hebrea nos acusó de promover la causa árabe contra los judíos. ¡Y quiso montar un boicot! ¡Diablos! Steve era judío, yo soy judío, y desde esta casa hemos apoyado activamente la justicia y el derecho del Estado de Israel. Pero no somos fanáticos y los árabes también son seres humanos.

»Siempre hemos seguido lo que nuestra conciencia dice que es lo correcto y no nos dejamos intimidar. Lo hicimos cuando Steve vivía y más lo haremos ahora que uno de esos locos hijos de puta lo ha matado. —Se encaró a Charles White—. Y al contrario de lo que tú propones en señal de respeto a Steve, hoy se trabajará normalmente.

—David, como presidente del Departamento Legal —dijo con sumo cuidado Andrew Andersen—, debo insistir en la recomendación de cerrar las oficinas de inmediato como sugiere la policía. De existir otra bomba y resultar alguien herido o muerto, los juicios y las demandas por imprudencia temeraria no sólo costarían fortunas en indemnizaciones, sino que es probable se resolvieran en condenas de cárcel para alguno de nosotros.

–¿Y darle el placer que busca al asesino? ¿Y enseñarle el camino para futuros chantajes? ¡No, absolutamente no!

–David, por favor, considéralo de nuevo –insistió Andersen–. Nadie pensará en ningún tipo de debilidad, sino en una señal de duelo lógica y natural.

–¡Ya basta! He oído tu consejo y el de los otros. Has hecho tu trabajo y has puesto a salvo tu bonito culo de abogado. La decisión es mía y asumo personalmente toda la responsabilidad; no estaría yo en el negocio de hacer películas si no supiera asumir riesgos.

El silencio se hizo denso. Al cabo de unos momentos el presidente del área televisiva se atrevió a hablar.

–¿Cómo manejaremos la noticia ante los periodistas?

–Debiéramos minimizar su impacto –recomendó el financiero–. El asunto será muy negativo para nuestra cotización en bolsa. El valor de nuestras acciones se va a resentir. No sólo hemos perdido a un ejecutivo clave, sino que ha sido asesinado por una bomba instalada en el corazón de la oficina central de nuestra Corporación. Si Wall Street considera que la David Corporation es objetivo de un grupo terrorista, los inversores huirán de nuestros valores.

–Desde luego que vamos a minimizar el impacto de la noticia –admitió Davis–, pero no por la maldita jodida bolsa. Los criminales deben disfrutar lo menos posible de su crimen.

–Podríamos referirnos a lo sucedido como un «accidente» –propuso Andersen–, como una explosión de gas o algo así.

–Difícil, porque el edificio no tiene gas en esa planta, pero no imposible –intervino otro–. Eso sería aceptable, pero como último recurso.

–No –dijo Davis–. Simplemente, quiero que no se hable del suceso. Tom, encárgate de contactar personalmente con los directores de las demás cadenas de televisión. Charles, a través de nuestra agencia de relaciones públicas, controla las radios y los periódicos. Aquí no ha pasado nada, ¿entendido?

Todos asintieron con la cabeza.

–Me temo que habrá dos o tres difíciles de convencer –anunció el presidente de televisión.

—En ese caso, diles que voy a hablar con sus jefes —contestó Davis—. Con bomba o sin ella aún puedo patear unos cuantos culos. Y quiero hablar en persona con el policía a cargo de este asunto.

—Sí, señor. ¿Cuándo quiere verlo? —se apresuró Moore.

—Quizá hoy por la tarde, o mañana. Ahora tengo otras prioridades.

—¿Anna? —preguntó Andersen.

—Sí, precisamente. —Davis parecía de pronto fatigado—. Ya he hablado con su hijo. Iremos con el doctor de la familia para darle la desgraciada noticia.

»Es probable que las honras fúnebres sean el sábado y se restrinjan a la familia y los amigos íntimos.

»Mañana, a partir de las doce, no trabajaremos en señal de luto. Se comunicará mi agradecimiento personal a los empleados que se dirijan a su iglesia, sinagoga o templo para rezar por Steve.

»La Torre permanecerá abierta, pero se cancelarán las visitas programadas para la tarde. Sólo se atenderá a las personas que hayan hecho largos desplazamientos y no puedan cambiar su cita. Se hará por respeto a ellas; no por negocio. Las entrevistas serán breves. Al final de la tarde los empleados volverán al edificio, donde los jefes de departamento o sección leerán una nota en honor de Steve antes de la salida. ¿Queda claro?

Todos asintieron.

—David —dijo Andersen—, es inevitable que los empleados hablen entre sí y que el rumor de lo que ocurrió en realidad se extienda.

—No importa. Si los medios de comunicación no lo publican, la noticia no existe. Y os aseguro que no lo harán, aunque tenga que encargarme de ello yo en persona. Aquí no ha pasado nada. Aun así, espero que hables tú directamente con los testigos de la explosión en la planta treinta y una y con los que vieron el cuerpo en la calle. Agradeceré su discreción. —El viejo se quedó pensativo unos segundos para añadir—: En cualquier caso, nos referiremos a lo ocurrido siempre como «el fallecimiento de Steve», ¿entendido?

Más asentimientos.

—Andrew.

–Sí, David.

–Habla tú ahora con ese policía. Dile que le hago responsable directo de que su gente tenga la boca cerrada cuando salga de este edificio. Dile que se juega su puesto. Que sepa que el alcalde de la ciudad está siempre sentado al lado del teléfono esperando a que yo le llame.

Davis calló un momento, y el silencio se impuso. Luego continuó con lentitud premeditada y arrastrando las palabras.

–Dile que espero que encuentre pronto a los culpables. Dile que lo tomaré como un favor personal y yo siempre recuerdo los favores. Dile que si encuentra a diez de esos fanáticos responsables del asesinato, mejor que si es sólo uno. Que no se preocupe, que por muy buenos abogados que tengan, se hará justicia. La piel de esos miserables no vale nada. Yo sé lo que hay que hacer.

»Gracias. Esta reunión ha terminado. –Sin decir más, salió.

Todos sabían lo que sus palabras significaban.

Levantándose de inmediato, Andersen se dirigió al extremo de la mesa donde un pretoriano tomaba notas.

–No incluyas los últimos comentarios de Davis en la minuta de la reunión –le dijo.

# 8

Hacía frío en la calle; la radiante mañana se había convertido en una tarde deslucida, ligeramente brumosa.

El sol acababa de ocultarse en algún punto del Pacífico, los automóviles tenían los faros encendidos y en la San Diego Freeway el tráfico era denso. Las luces formaban dos enormes serpientes luminosas y gemelas, roja hacia el sur, blanca hacia el norte, moviéndose lentas, sinuosas y en la radio sonaba una melancólica canción country de amores no correspondidos.

No; no podía ir a su apartamento ahora. Le estaba esperando allí, agazapada entre sus muebles. Era ella otra vez. La maldita soledad.

Jaime tomó la siguiente salida, condujo su BMW por una avenida pobremente iluminada y aparcó frente a un edificio de una sola planta y exterior decorado en madera. Un gran rótulo luminoso donde se leía «Ricardo's» dominaba las últimas luces del día.

Al empujar la puerta, un aroma de brandy, ron y tabaco, junto a un cálido ritmo caribeño, le saludó. El establecimiento lucía una barra de madera larga y lustrosa, con dorados metálicos y altos taburetes a juego. En el interior, amueblado con mesas bajas y sofás, Jaime vio a unas parejas instaladas discretamente en la zona menos iluminada y dos mujeres y un hombre bailando en la pista. Jaime se sentó en la barra, cruzando su mirada con la de una hermosa rubia de falda ajustada que se encontraba varios metros más allá. Pudo ver su sonrisa, dientes blancos, generosos labios rojos y brillantes ojos azules. Ella le mantuvo la mirada unos momentos, mientras Jaime le devolvía la sonrisa, para luego atender a las evoluciones de los danzarines.

¿Era una sonrisa de invitación o un simple saludo? ¿O quizá se reía de su camisa manchada de café? Deseó tener algo en sus manos, una copa o un cigarrillo. Pero había dejado de fumar cinco años atrás.

–¡Bienvenido, hermanito! ¿Cómo te va? ¡Qué gusto verte de nuevo! –Ricardo apareció detrás del mostrador, sonriente y secándose las manos con un paño blanco.

Los dos hombres se estrecharon con fuerza ambas manos por encima de la barra.

–Bien, ¿y tú?

–Bien también, pero con malas noticias para ti. –Ricardo mostraba grandes dientes blancos bajo su recto y poblado bigote negro.

–¿Cómo?

–Sí –dijo bajando la voz–. La rubita estará acompañada. ¡Chin, mano! Lo siento. –Sus ojos brillaban con malicia.

Jaime se sintió más aliviado que apenado, como si su amigo le hubiera solucionado un dilema.

–Ricardo, debes promocionar mejor tu maldito local entre las señoritas solitarias.

–¡Sí, señor! Voy a hacer lo posible. ¿Cubalibre?

–No, hoy no. Tráeme un brandy.

Mientras Ricardo se alejaba, Jaime giró en dirección a la pista. Las dos muchachas movían las caderas al son de la música. Detuvo la mirada en el sensual movimiento de curvas y empezó a seguir el ritmo con los pies.

El hombre, vestido con chaqueta y corbata, bailaba erguido con movimientos austeros y dirigiendo su mirada y sonrisa alternativamente a ambas mujeres.

Más allá, la rubia recibía con un largo beso en la boca a un muchacho moreno. Al finalizar el beso, lanzó una nueva mirada y media sonrisa a Jaime antes de empezar a hablar con el chico.

Jaime se giró hacia la barra buscando a Ricardo con la vista.

–Mierda, ¿dónde se ha metido? –murmuró entre dientes. Sus pies habían perdido el ritmo.

Pero allí apareció Ricardo con unas copas, la botella de brandy y su sonrisa.

–¡Eh, Jaime! ¿Qué le pasó a tu camisa?

–El café, esta mañana.

–¡Bonita mancha, amigo! –Ricardo tenía poco trabajo y ganas de hablar–. Cuéntame cómo hiciste para ensuciarte así la camisa sin manchar tu elegante corbata de al menos ochenta dólares.

–El día que tú me cuentes cómo mantienes el bigote tan negro a pesar de tu edad.

–Bien, hombre, ¿cómo está tu hija? –Ricardo desvió la conversación–. ¿Cuánto tiene ya?

–Jenny tiene ocho años. Está muy bien. La veré este fin de semana.

–¿Continúa Delores con el gringo?

–Sí, y el gringo es un buen hombre. Trata muy bien a la niña.

–Bueno, pero nunca entenderé cómo una mujer tan hermosa puede tener el mal gusto de irse con un tipo como ése. Perdona, ahora vuelvo.

Con su mejor sonrisa, Ricardo se fue a atender al chico que continuaba hablando animadamente con la rubia.

Sí, Delores y él acudían frecuentemente al local de Ricardo cuando estaban enamorados. Parecía haber transcurrido tanto tiempo que le resultaba difícil pensar que ocurrió en esta vida. Había conocido a bastantes mujeres en los últimos años, pero no logró sentir aquello por ninguna. La vida es corta, se dijo, y por eso los juramentos eternos tienen un plazo aún más corto.

—Mis amigos de la policía me contaron que hubo una explosión donde trabajas, en la Torre Blanca, pero no he visto nada en la tele. —Ricardo interrumpió sus pensamientos.

—Sí, y un pez gordo voló por una ventana.

—Bueno, entonces quizá fuera un gran pajarraco. —Ricardo rió—. O quizá un pez volador.

—Muy gracioso, Ricardo. El hombre no era un mal tipo.

—Bien, lo siento. ¿Qué te pasa? Estás bastante chingado.

—Hay días mejores y otros peores, eso es todo.

—¡Vamos, hombre! —dijo Ricardo sirviendo un brandy a ambos—. Un cubano de pura cepa como tú no se raja por tontadas. Sean tiros o bombas.

—No es eso. O al menos es sólo una parte. A veces te aburre lo que haces. No ves que vayas a ningún lugar, pasan los años y te das cuenta de que has dejado por el camino lo mejor de ti mismo.

—¡Pero si estás hecho un jovencito!

—Treinta y nueve, amigo. Pero no es eso. ¿Dónde está aquello con lo que yo soñaba a los diecinueve? ¿Te acuerdas de cómo veíamos tú y yo la vida a los veinte? El mundo era romántico y estaba lleno de ideales.

—¡Pero qué mala onda traes hoy, Jaime! ¡Pero si te has convertido en un exitoso alto ejecutivo de una de las mayores corporaciones de América! Manejas un gran coche de importación, tienes tu velero en Newport y si vives en un departamento en lugar de en una casa, es porque quieres. ¿Qué más puede pedir un hispano en América? ¿Quieres ser el presidente del país? ¿Es eso lo que deseas?

—No. No quiero eso ni tampoco lo que tengo. Un *yuppie*. Me he convertido en un *yuppie* y, para mayor desgracia, cuando los *yuppies* ya están pasados de moda.

—Ahora me dirás que añoras tu tiempo de flores, pelo largo y guitarra, cuando andábamos sucios y con hambre. Éramos unos *hippies* de mierda.

—Sí, lo añoro. Pero no añoro tanto la estética como la ética. ¿Dónde están el idealismo, la poesía, la búsqueda de la libertad? Me niego a aceptar que todo lo compre el dólar. Que llegue el final y seamos sólo una cuenta bancaria a repartir.

—Jaime, no hay más brandy para ti –le dijo muy serio Ricardo llevándose la botella–. Te sienta mal.

# JUEVES

## 9

Las manos tecleaban con la fuerza y seguridad de quien conoce la rutina a la perfección.

En la pantalla apareció la lista de mensajes en espera. Uno era de Samael:

«El inicio de la cruzada ha sido bendecido con un éxito total. El primer muro ha caído. Samael».

De inmediato escribió la respuesta:

«Felicita a nuestros hermanos. Pero deben prepararse porque la muralla interior y última está mucho más protegida y hay que iniciar los pasos para derribarla. Por un tiempo deberemos usar la astucia y minar los cimientos del muro. Cada cual ha de colocarse en su posición y, cuando suenen de nuevo las trompetas y caiga la muralla, Jericó será nuestra y el enemigo perecerá. Arkangel».

Con la misma eficacia anterior, el mensaje fue enviado y luego se borró de la memoria del ordenador.

# VIERNES

## 10

¡Jaime! ¡Qué sorpresa! –Hermosa sonrisa, ojos de un azul profundo, media melena rubia clara–. ¿Cómo estás?

Jaime regresó de inmediato del lugar entre sus pensamientos donde se encontraba perdido; estaba cenando en Roco's y, terminada la ensalada, mordía una hamburguesa. De espaldas a la caja, desde su mesa, aunque podía ver la calle y observar a los habitantes del restaurancito, se había perdido la entrada de la rubia. Y ahora ella estaba de pie al lado de su mesa sosteniendo una bandeja con una ensalada, hamburguesa y una taza de café humeante. Menú poco original, pero el propio del lugar.

–Muy bien. –Aunque sorprendido por el conjunto de pantalón y chaqueta vaquera, reconoció de inmediato a la chica–. Gracias, Karen. ¿Cómo tú por aquí?

–Me cansé del menú de mi cocinera y, acordándome de este restaurante griego, he decidido cenar una sabrosa y auténtica hamburguesa americana.

–¿Tienes cocinera? –Jaime sonreía incrédulo.

–Claro. Se llama Karen Jansen. ¡Pero bueno! ¿Me invitas a compartir mesa o qué?

–Siéntate, por favor. –Hizo un gesto de bienvenida con su mano libre de hamburguesa.

Ella depositó la bandeja y, sentándose frente a él, lo miró sonriente. Jaime no se había perdido las curvas que los ajustados pantalones resaltaban.

–Creo que es la primera vez que te veo vestir pantalones.

Hacía tiempo que se conocían, pero él siempre la había visto vestida según un código, no escrito, que funcionaba para las mujeres con responsabilidades ejecutivas en la Davis, seguramente obsesión del viejo. Faldas no muy por encima de la rodilla y blusas con cuello cerrado o alto con botones. Las medias eran obligadas incluso en verano.

Pero ahora Karen vestía una camiseta negra con escote, que resaltaba sus pechos.

–Los pantalones son una conquista social a la que no pienso renunciar. Las mujeres hace tiempo que votamos en este país, ¿lo sabías?

Una luz de alarma se le encendió a Jaime, y por un momento sus músculos se tensaron. Conocía la reputación de agresividad de Karen y la había visto en acción más de una vez.

Pero ella lo miraba con una cálida sonrisa en los labios y una chispa de humor en los ojos. No parecía buscar, al menos por ahora, batallas reivindicativas sobre derechos femeninos.

–¿Y tu cocinera también vota? –Jaime le devolvió la sonrisa.

–No, ella no. Es inmigrante ilegal.

–No tenemos muchos inmigrantes ilegales rubios, con ojos azules y apellidados Jansen últimamente por el sur de California. Tengo el apartamento hecho un desastre. ¿Crees que si le hago una buena oferta, tu inmigrante ilegal vendría a arreglarlo de vez en cuando?

Ella no contestó y empezó a comer su ensalada. Jaime temía haber ido demasiado lejos, animado por los ojos azules de mirada amistosa y las recién descubiertas curvas femeninas de Karen, la compañía de la chica fuera del trabajo le estaba gustando y lamentaría estropearlo. Decidió mantener el silencio y esperar la respuesta de ella. Mordió su hamburguesa.

Al cabo de unos minutos interminables ella dejó de comer, apoyó los codos en la mesa y, acercándose ligeramente, le miró a los ojos. Había dejado de sonreír y el pequeño escote se abría sugiriendo vistas prohibidas. Al fin habló.

—Jimmy, ¿te me estás insinuando?

Él intentó no atragantarse con la hamburguesa al contestar. Ponderaba la respuesta preguntándose cómo podía ser ella tan guapa y agresiva a la vez.

—Kay —contestó usando también el diminutivo—, se trata de negocios, nada personal.

—Yo dejé los negocios hoy a las siete. ¿Continúas trabajando para la Corporación a estas horas o tienes pluriempleo con la mafia?

—Si has dejado de trabajar, eres tan agresiva en tu vida privada como en los negocios —le reprochó mirándola con seriedad.

—No, hombre. Estoy bromeando; en mi vida privada soy muy dulce. —La sonrisa regresó a sus labios.

Jaime se preguntaba qué hubiera ocurrido de haber contestado que sí, que era una insinuación intencionada, pero prefirió no insistir y esperar acontecimientos. Siguieron comiendo en silencio. De cuando en cuando sus miradas se cruzaban.

—¿No es terrible lo del atentado? —inquirió Jaime para llenar el silencio.

—Horrible —repuso con pena en sus ojos—. Por favor, no me lo menciones, es viernes y quisiera olvidarlo durante el fin de semana.

—¿Vienes mucho por aquí, Karen? —Él cambió de conversación rápidamente, quería ver su sonrisa de nuevo.

—En realidad no, esto cae lejos de mi apartamento, pero me apetecía una hamburguesa artesanal, como las de mi pueblo, y me he acordado de este lugar.

—¿De dónde eres?

—Deluh, Minnesota.

—¡Ah! Debería haberlo imaginado. Una típica rubia de Minnesota, descendiente directa de nórdicos y destacada *cheer leader* de su escuela. Apuesto a que eres una ferviente seguidora del Partido Demócrata.

—Sí a lo primero, sí a lo segundo y lo tercero no te importa. Ya sabes que en este país el voto es secreto. Y tú ¿de dónde eres?

–Yo nací en Cuba, pero he pasado aquí, en el sur de California, casi toda mi vida.

–¡Ah! ¡Claro! Yo también debiera haberlo imaginado. Un *latin lover* con ritmo. Seguro que eres un activo anticastrista votante inalterable del Partido Republicano.

–Sí a lo primero, y lo segundo tampoco te importa. Ya sabes que los hombres tenemos en este país los mismos derechos que las mujeres.

Ella le miró sonriente y continuó comiendo en silencio.

–Tú y yo somos iguales –murmuró dulcemente al cabo de un rato.

Jaime no pudo evitar una carcajada.

–¡De eso hablábamos! –exclamó–. Estás cenando con un rubito de ojos azules nacido cerca del polo Norte y con formas parecidas a las tuyas. –Con descaro premeditado le miró el escote.

–Tú y yo somos iguales –insistió ella con suavidad casi felina–. Sí, somos iguales –afirmó ahora con energía ante el silencio de él–. Somos minorías que alcanzamos responsabilidades laborales donde somos más minoría aún. ¿Cuántos hispanos están en una posición de vicepresidente en la Corporación? Ninguno, sólo tú. ¿Cuántos hay en el siguiente escalón de mando por debajo de ti? Ninguno, y pasará mucho tiempo antes de que los haya de nuevo. –Karen hizo una pausa y lo observó. Luego continuó–: ¿Cuántas mujeres hay en tu nivel, Jim? Ninguna. ¿Y en el mío, tres niveles por debajo de la cabeza? Sólo seis.

Él la escuchaba con atención, pero no dijo nada.

–Los grandes ideales de los setenta y los ochenta están muriendo en este país. Están matando la Acción Positiva. La están desmantelando. Si tú y yo empezáramos ahora, posiblemente jamás llegaríamos donde estamos.

–Bien, tienes algo de razón, pero exageras –admitió Jaime continuando con su hamburguesa–. En corporaciones semejantes a la nuestra hay muchas más mujeres y en los niveles más altos.

–Muy pocas, y en varios casos han llegado gracias a relaciones familiares. No exagero, Jaime. Lo cierto es que, a pesar de la tendencia involucionista actual, a nosotros nos mantienen ahí porque les hemos demostrado que somos muy buenos pero, de empezar ahora, no encontraríamos las oportunidades de entonces. Por eso tú y yo somos iguales –concluyó–. Miembros de especies en peligro en las grandes corporaciones.

–¿Quién podía imaginar que la atractiva rubia que se ha sentado a mi mesa es la presidenta de la sociedad protectora de minorías ejecutivas? –Jaime sonreía cínico.

Ella le devolvió una sonrisa forzada.

–Gracias por el título y el cumplido, pero estás evitando la cuestión –continuó, inclinándose en la mesa hacia él. La sonrisa había desaparecido–. Dime, Jaime, ¿te es indiferente el asunto?, ¿te parece bien que los jóvenes pertenecientes a minorías no tengan hoy la oportunidad que tú tuviste de probar tu valía?

Jaime estaba incómodo y su alarma interna le avisaba de nuevo. Instintivamente se apoyó contra el respaldo de su silla, y le pareció irónico retroceder ante una mujer tan atractiva. Justo lo contrario de lo que su instinto debería indicarle. ¿O sería que su instinto de supervivencia le ganaba la partida al instinto sexual? Sin duda, Karen podía ser peligrosa.

–Quizá tengas algo de razón –contestó con seriedad–, pero te estás dejando llevar por las emociones.

–¡Qué diablos, Jim! –repuso ella elevando la voz–. No estoy trabajando, éste es mi tiempo libre, y por lo tanto puedo darme el lujo de ser apasionada. –Sus ojos brillaban tanto que Jaime temió que lo deslumbrara–. Dime, ¿el asunto te es indiferente?

–No, Karen –contestó con recelo–, aunque últimamente he perdido sensibilidad en temas reivindicativos.

Volvía a sentirse incómodo. No le gustaba el rumbo que tomaba la conversación y sentía su intimidad violada al tener que descubrir sus más ocultos pensamientos a alguien que jamás había tratado socialmente.

–O sea, ¿que te preocupa? –preguntó ahora Karen con voz dulce; Jaime sintió alivio–. Cuéntame. –Ella adoptó la actitud de quien va a escuchar una revelación de suma importancia.

–Lo que tú describes es sólo el síntoma, el reflejo del hundimiento de las grandes ideologías. –Jaime decidió abrirse–. A mí me preocupa lo que hay detrás. Creo que hoy la gente actúa como si alguien hubiera gritado «sálvese quien pueda» y todo el mundo corriera a los botes pisando a los que encuentran en su camino.

–Así es la filosofía *yuppie*, y que me perdonen los filósofos.

–Yo lo llamaría simplemente estética *yuppie*. Pero lo cierto es que echo de menos la poesía, el espíritu de aventura, la búsqueda de libertad, el tener unos ideales, el creer en algo con pasión; aunque luego resulte equivocado. –Estaba hablando más de lo que quería–. Bueno, creo que te aburro. Estoy en los treinta y muchos y debo de empezar a sufrir la famosa crisis.

–No; no me aburres, todo lo contrario. Yo estoy en los treinta y muy pocos y pienso como tú.

Él la miró sorprendido.

–¿Estos temas le preocupan a nuestra más agresiva abogada? ¿Bromeas?

–¿La poesía y la aventura le preocupan a nuestro aburrido auditor? ¿Bromeas? –Luego ella continuó con su voz felina–. Te dije que éramos iguales, ¿cierto?

–La noche oscura me reservaba una bonita sorpresa. He encontrado mi alma gemela –dijo Jaime con ironía.

–Quizá sí. –Ella lo miraba con seriedad.

–¿Tú crees?

–Quizá –repuso pensativa–. Bien, la hamburguesa estaba tan buena como la recordaba. Ahora tengo que irme, el camino a casa es largo. –Se levantó.

–Ha sido realmente un placer, Karen –dijo él levantándose también.

Ella calzaba botas, y su altura continuaba siendo la misma que la que tenía en la oficina con tacones. Él le tendió la mano para estrechársela, pero ella le dio un beso en la mejilla.

–Yo también lo he pasado bien; la hamburguesa es realmente como las de mi pueblo –y añadió sonriendo–: Si me entero de que vuelves por aquí y no me invitas, sabrás realmente lo que es una abogada agresiva. No me gusta comer hamburguesas sola, adiós, Jim.

–Adiós, Kay.

La vio salir hacia su descapotable con el bolso colgado al hombro y un balanceo de caderas que jamás hubiera imaginado en ella. Mientras la veía alejarse, Jaime se sintió bien consigo mismo, tan bien como hacía mucho, mucho tiempo no se sentía.

Y se dijo que si ella cenaba sola un viernes, seguramente no tuviera pareja y que quizá...

# DOMINGO

## 11

*Hi daddy! How are you?* –Jenny llegaba corriendo por el césped de la casa de su madre hasta el coche.

Delores los observaba tras los visillos, y Jaime le envió un saludo con la mano. Añoraba los tiempos en los que los tres eran una familia. No hubo respuesta por parte de su ex mujer, o al menos él no la pudo ver. Ésta fue antes la casa de ambos, y contemplarla le entristecía; había invertido horas y horas de ilusión trabajando en ella, cuidándola, para convertirla en el hogar deseado y ahora era el hogar de otro hombre.

–Buenos días, mi amor –saludó a la niña besándola. Ella le dio un fuerte abrazo colgándose de su cuello–. Yo muy bien, ¿y tú, cómo estás?

–*Great, daddy! Are we going out today with your boat? Will we see the grandpas?*

–Sí, cariño, saldremos con en el barco y verás a los abuelos, pero háblame en español, por favor. Es bueno que lo aprendas y pones contento al abuelo. ¿De acuerdo?

–*All right, daddy!* –repuso la niña de nuevo en inglés.

Jaime sonrió, disfrutarían del día.

Pasaron tres horas deliciosas en el velero. La brisa era agradable y navegaron entre las playas de Newport Beach e isla Catalina, que sobresalía en el horizonte norte sobre una ligera bruma.

Ya hambrientos, atracaron la embarcación y, tomando el coche, bordearon la costa por la Pacific Coast Highway hasta Laguna Beach.

Cuando llegaron, el abuelo los esperaba cuidando el jardín.

—*Grandpa!* —gritó Jenny dando a Joan un fuerte abrazo.

Joan tendría más de setenta años y demostraba el placer de ver a su nieta sonriendo generoso bajo su grueso bigote blanco.

—¿Cómo está mi princesa?

—*Great, grandpa. And you?*

—¡Jenny, Jaime! —El grito desde el interior de la casa impidió a Joan contestar.

—*Grandma!* —gritó Jenny a su vez, y fue a dar un abrazo a la abuela. Ésta ya salía de la casa secándose las manos con su delantal.

—*Jaume! Com estàs, fill?* —le dijo Joan a Jaime mientras se abrazaban.

—*Good* —dijo la niña oliendo el aire—. *We are having* arroz cubano. *I love it!*

—Sí, mi hijita —dijo la abuela—. ¿Cómo no iba a hacerlo si tú venías?

Era un día espléndido y comieron en el porche del jardín trasero de la casa. Los colibríes visitaban las flores y los pequeños comederos que el abuelo Joan había dispuesto en lugares estratégicos.

—*Grandpa* —dijo Jenny al terminar los postres—, *tell me about* tu familia *and what happened in your old country.*\*

—Pero si ya te he contado esa historia muchas veces —dijo Joan ocultando su satisfacción—. ¿Seguro que la quieres escuchar de nuevo?

—¡Sí, abuelo! *Please!*

—Me lo sé de memoria —dijo la abuela Carmen—. Voy a preparar café.

Los demás se acomodaron para disfrutar de la sobremesa y de los relatos viejos de otro continente.

—Nací en la primavera de 1925. Los almendros estaban en flor cuando mi madre, Rosa María, me tuvo en la gran cama de nogal de la habita-

---

\* Cuéntame sobre tu familia y lo que ocurrió en tu antiguo país.

ción de matrimonio de nuestra casa, situada en una pequeña población cercana a Barcelona. Mi padre, Pere, llenó con las rosas del jardín la habitación y corrió a comprar puros habanos para familia, amigos y clientes. Estaba tan emocionado que por poco se le olvidan los bombones y las peladillas para las señoras.

»Crecí feliz entre la escuela, las calles del pueblo, la playa y la tienda que mis padres regentaban en la planta baja de nuestra casa. Entre un padre soñador y apasionado y una madre más preocupada por las cosas terrenas y materiales.

»Papá discutía frecuentemente con representantes que venían a vender paños a la tienda o con clientes sobre cosas tales como la República, el Estatuto y muy especialmente sobre la Libertad.

»Las preocupaciones de mi madre se centraban en la salud de la familia, la escuela de sus hijos y en el pago de facturas; y en ocasiones me enviaba a casa de clientes con pedidos, o a cobrar pequeñas cuentas.

»–Hijo, debes ser honrado y trabajador –me decía–. Paga siempre tus deudas, y tu palabra ha de tener más valor que todo el dinero del mundo.

»En una ocasión, al regresar de uno de los recados, me encontré con mi padre saliendo de la taberna. Habría discutido con alguien y estaba más excitado que de costumbre.

»–Joan –me dijo poniendo sus manos en mis hombros y mirándome fijamente–, acabas de cumplir once años y ya eres casi mayor. Prométeme que serás un hombre libre, que no dejarás que te pisen o te humillen, que siempre pelearás por tu libertad.

»Me quedé asombrado, tanto por lo inesperado del discurso como por la forma extraña en que mi padre me hablaba. Tenía los ojos brillantes y esperaba ansioso mi respuesta. Pensé unos momentos antes de contestar:

»–Sí, padre. Te lo prometo. –Y el denso bigote de papá se levantó cuando la sonrisa apareció en su rostro. Me abrazó, me dio un beso en plena calle, y pasando el brazo sobre mi hombro, nos fuimos a casa. Mi padre me iba contando cosas importantísimas, que yo no entendía, sobre libertad, país, política y otros conceptos fundamentales para un hombre recién estrenado, como lo era yo a partir de aquel momento. Desde entonces empecé a interesarme por los debates políticos que mi padre sostenía con unos y otros.

»Una mañana de julio, ya en las vacaciones de verano, uno de los compañeros de *Partit* de papá entró corriendo en la tienda.

»–¡Pere! –vociferó–. ¡Los militares se han sublevado contra la República! ¡Se lucha en las calles de Barcelona!

»Mi padre se arrancó el mandil blanco que vestía en la tienda, lo echó encima del mostrador y gritó a mi madre, que lo miraba preocupada:

»–¡Voy a escuchar la radio de galena del farmacéutico!

»Salí corriendo detrás de mi padre y su amigo. No sabía exactamente qué implicaba aquello, pero por lo oído últimamente intuía que el asunto tenía que ver con mi libertad.

»El golpe en Barcelona fracasó, y los militares cayeron a manos de grupos armados populares y de la policía, pero triunfaron en muchos otros lugares de España.

»El año siguiente fue de noticias contradictorias, rumores, discursos inflamados y jóvenes que marchaban hacia el frente de batalla cantando himnos patrióticos. "Vale más morir de pie que vivir arrodillado", decía mi padre, junto con otras cosas de tono semejante.

»Pasé aquel año yendo a la escuela, a la sede del *Partit* y jugando con mis amigos a grandes combates en frentes de batalla imaginarios con nuestras escopetas de madera. Pero mi hermano y yo tuvimos que ayudar más a mamá en la tienda porque Pere se ausentaba con frecuencia.

»Un día, desde el comedor del primer piso de la casa oímos una discusión desacostumbrada, casi a gritos, procedente del dormitorio de mis padres. Cuando Rosa María bajó, tenía los ojos enrojecidos por el llanto. Yo ya no iría a la escuela el próximo septiembre y tendría que ayudar más en la tienda: papá se iba a combatir al frente.

»–Joan, me voy a luchar por nuestra patria y por nuestra libertad –me dijo Pere al despedirse–. Cuida de tu hermano, obedece a tu madre y reza por mí.

»Rosa María lo abrazó con fuerza. Luego le dio una espiga de trigo para que la guardara como símbolo de nuestro hogar. Cogí la mano de mi hermano, que lloraba en silencio, y noté como se me nublaban los ojos. "*Bona sort, pare!*", grité cuando el camión de cabina descubierta, con mi padre y un grupo de compañeros del *Partit* de pie en la parte de atrás, arrancó hacia Barcelona.

»Retuve la imagen de papá sonriendo con el fusil al hombro. Una bandera amarilla con cuatro barras rojas, que en realidad eran la sangre de un antiguo héroe, estaba sujeta a la cabina del camión y ondeaba al viento por encima de las cabezas de los voluntarios. Unos en el vehículo se pusieron a cantar un himno, y mi padre se unió a ellos mientras saludaba con la mano. Los que les despedíamos también cantábamos y vi como mi madre corría inútilmente tras el camión cuando éste se alejaba.

»Durante un tiempo recibimos cantidad de cartas suyas y, por lo que contaba, aquello, más que una guerra, parecía una aventura. Decía que quería pagar la espiga de Rosa María con poesías. Por eso escribía tanto.

»Murió a la orilla del río Ebro, en un asalto a bayoneta.

»Los compañeros del *Partit* nos dijeron que Pere fue un hombre afortunado:

»"Murió libre, luchando por patria y libertad –explicaban–. Jamás supo que perdió la guerra y el dolor de sus heridas duró poco. No tuvo que sufrir la humillación de la derrota o la prohibición de hablar su lengua materna. Tampoco sufrió hambre, enfermedad o campo de concentración."

»"Ni vio a los suyos vencidos y ultrajados."

»"El cuerpo de Pere quedó al lado del río Ebro y jamás volvió. Pero el padre Río recogió su sangre y la fue llevando a través de los campos de nuestro país. Al final la entregó a la madre Mar, que la mezcló con la sangre de los héroes que durante miles de años han luchado por patria y libertad a orillas del Mediterráneo."

»"Y la mar mediterránea la trajo hasta la playa de nuestro pequeño pueblo."

»Por eso, a partir de entonces, cuando yo rezaba por mi padre, siempre iba a la playa.

»Rosa María lloró desconsolada cuando le contaron la historia por primera vez. Pero a la segunda les dijo a los del *Partit* que no se acercaran más por la tienda y que no volvieran a hablar conmigo. Además, ¿cómo diablos sabían ellos si el padre Río no habría concedido el mismo honor a la sangre del enemigo al que Pere quizá mató?

»Les dijo que hubiera preferido ser la esposa de un cobarde que viuda de un héroe, y que estaba segura de que la mujer de aquel a quien su marido habría matado pensaba como ella.

»Pero yo sabía que en algún lugar cerca del río Ebro los granos dorados de trigo del hogar de mis padres fructificarían, haciendo crecer espigas, y cuando el viento de poniente soplara, recitarían bajito las poesías que Pere no pudo terminar de escribir. Y sus versos llegarían a Rosa María. Y así Pere podría pagar al fin su deuda con ella.

»En el año 39 la derrota se hizo evidente. Grupos de soldados cansados, sin moral, cruzaban el pueblo hacia el norte. Hacia Francia. Ya no cantaban. Decían que volverían en poco tiempo y liberarían el país.

»Los supervivientes del *Partit*, igual que los de otros grupos y partidos, recogieron las banderas y se encaminaron al destierro.

»Yo ya tenía catorce años y le dije a mi madre que me iba con ellos. Rosa María respondió que estaba loco y que ella no lo consentiría, pero yo repliqué que le había prometido a mi padre que lucharía por mi libertad y que no aceptaría humillaciones. Aun sintiéndolo, debía irme.

»La pobre mujer se decía que la locura debía de ser la única herencia que el padre dejaba al hijo, y me hizo hablar con el cura, con el maestro y con algunos familiares para que razonara. Pero no cambié mi decisión. "Joan, eres demasiado joven. Esperar unos años no hará que faltes a la promesa hecha a tu padre", argumentaba Rosa María para ganar tiempo. "Mamá, tú me enseñaste que mi palabra debe tener más valor que todo el dinero del mundo –repuse mirando con calma a sus profundos ojos–. ¿Quieres que te traicione también a ti?"

»Rosa María se dio cuenta de que había perdido. Pero, como pequeña comerciante que era, iba a negociar hasta el final. Y al fin consiguió que aceptara ir a Cuba, donde ella tenía un hermano que había establecido un comercio de importación-exportación. Éste me tomaba de aprendiz y, naturalmente, se me trataría como a alguien de la familia.

»La buena mujer arregló mi viaje a Marsella en un barco de pesca que iría bordeando clandestinamente la costa. En Marsella tendría pasaje para La Habana.

»Me despedí de mi familia en el pequeño puerto al atardecer.

»–Joan, cuídate y escribe –me dijo mamá–. Sé trabajador y honrado, paga siempre tus deudas y jamás faltes a tu palabra.

»Me quedé mirando a la pequeña mujer de ojos verdes, llenos de lágrimas, y de cabello oscuro con demasiadas canas. Ella no luchó en el frente como mi padre, pero con su tenacidad y valor entregaba, generosa y heroica, su vida día a día por los suyos. Quise retener su imagen para siempre, quizá la veía por última vez, y nos abrazamos mientras acariciaba aquellas canas prematuras.

»En aquel momento me pregunté a cuál de los dos admiraba más, si a Pere o a Rosa María. No supe responder.

»Hay preguntas a las que uno jamás da respuesta por mucho que viva.

»Y subí al pequeño barco, rumbo a la libertad.

# LUNES

## 12

Voy a ver a Douglas. –Jaime se sentía inquieto y necesitaba salir del despacho.

–De acuerdo –contestó Laura sonriendo con malicia–. Espero que regreses de buen humor.

Jaime no apreciaba a Daniel Douglas, su colega en la vicepresidencia de Auditoría, pero al estar en la misma posición jerárquica podían abordar temas y sentimientos que raramente tratarían con su jefe, y menos con subordinados.

Afortunadamente, sus áreas de responsabilidad estaban completamente separadas. Jaime revisaba las actividades de distribución tales como cine, vídeo, televisión, periódicos, música y libros. El área de Douglas se centraba en los estudios Eagle y, por lo tanto, en la producción de películas y telefilmes. Discrepaban con frecuencia sobre cómo clasificar algunas cuentas o qué debiera aprovisionarse y de qué forma; incluso sobre los propios procedimientos de auditoría.

Esas diferencias y sus temperamentos les llevaban a discutir más y a volumen mayor de lo correcto, requiriendo en ocasiones de la intervención de Charles White, su jefe, para resolver algún punto irreconciliable.

Pero ahora no importaba la falta de sintonía. Jaime deseaba hablar y compartir sus inquietudes sobre el asesinato de Kurth.

—Buenos días, Jaime. —La secretaria de Douglas le recibió con una sonrisa demasiado risueña.

—Buenos días, Sharon. —Le devolvió la sonrisa.

—¿Quieres ver a Daniel?

—Sí.

—Me temo que no podrá ser ahora. Está en una reunión y no se le puede interrumpir. —A través de la puerta se oían los murmullos de una conversación en tono excesivamente alto—. ¿Le digo que le quieres ver?

—Sí, por favor, si eres tan amable. —Y giró para salir.

Justo en aquel momento se abriría la puerta, apareciendo una hermosa mujer con el ceño fruncido y los labios apretados. Era Linda Americo, jefa de equipo de auditoría del grupo de Douglas. Cerró la puerta con furia.

—Buenos días, Jaime —saludó forzando una tensa sonrisa al verlo y, sin esperar respuesta, enfiló el corredor con paso rápido.

—Creo que ya está libre. —Sharon continuaba con su gesto divertido—. ¿Aún le quieres ver?


—Precisamente estaba pensando en ti. —Douglas le recibió con un tono animado, que sonaba falso.

—¿Y eso?

—Sí, con referencia al programa de rotación de posiciones claves. ¿Lo recuerdas?

—Sí, lo recuerdo, pero ¿qué tiene que ver conmigo? ¿Quieres cambiarme el puesto?

—No, hombre. Resulta que tengo al candidato ideal para tu área. Pero debe ser ascendido a supervisor principal, claro. Tú tienes la posición por cubrir.

—¿Ah, sí? —Jaime estaba intrigado—. ¿Quién es?

—Posee formación contable de primera y ha trabajado como auditor y supervisor. Tiene entusiasmo, buen criterio, responsabilidad y trabaja duro. –Douglas ponía fuerza en sus palabras–. Nuestro jefe está impresionado por su labor y seguro que aprobará su ascenso.

–Seguro que sí. Pero dime quién es.

–Hace tres años y medio que trabaja para la Corporación y obtuvo su graduación en UCLA con notas excelentes –continuó sin contestar–. Lleva dos años como supervisor y ha demostrado que sabe liderar equipos.

–¿Quién es? –Aunque sabía ya la respuesta, Jaime insistió fingiendo cansancio.

–Es Linda Americo, una gran profesional.

–¿No era la chica que salía de tu despacho?

–Sí.

–Parecía acalorada, como si hubierais tenido una discusión. ¿No intentarás pasarme un problema?

–En absoluto –respondió contundente–. Linda es una excelente subordinada. Pero te contaré.

–Cuéntame.

–Ya sabes cómo son esas mujeres muy competitivas; trabajan mucho, pero a veces tienen choques temperamentales con otras féminas de las mismas características. Tengo otra jefa de equipo un poco más veterana, y los problemas son constantes; me hacen la vida imposible.

–Vaya, hombre. –Jaime fingió simpatía.

–Linda me contaba su último altercado. Está harta de esta situación y desea trabajar en armonía. Os llevaréis a la perfección y se sentirá muy motivada contigo.

–Deja que lo piense. No tenía planes para cubrir ese puesto por el momento.

–Jaime, lo consideraré un favor personal.

–¡Bien, hombre! Déjame ver qué posibilidades hay. Es una mujer muy guapa, espero que sea profesionalmente tan buena como dices.

–Verás como es incluso mejor.

–¿Algo nuevo sobre la muerte del viejo? –Jaime cambió al asunto de su interés.

—Al parecer, Los Hermanos por la Defensa de la Dignidad han llamado a un periódico reivindicando el asesinato.

—¡Hijos de puta! ¿Quiénes son y qué quieren esos locos?

—Lo que todos. Respeto y reconocimiento para su raza en películas y series de televisión. Según eso, todos los psicópatas y malos de las películas debieran ser hombres rubios y de ojos azules.

—Hay demasiado extremista y fanático por ahí.

—Ya verás, un día saldrá un grupo de amigos tuyos hispanos con algo semejante. —Douglas sonreía.

—¿Qué te hace pensar eso? —replicó Jaime, molesto.

—Ya sabes, todo rebaño tiene ovejas negras. Descontrolados.

—A veces las ovejas descontroladas son rubias.

—Vamos, hombre, no te enfades; bromeaba. —Douglas le dio una palmada en la espalda.

—Bien, debo volver al trabajo.

—De acuerdo. Gracias por la visita. ¿Cuándo me dices algo sobre Linda?

—Pronto. Pronto. —No le apetecía en absoluto comprometerse.

—Dime algo mañana. ¿De acuerdo?

—Veremos. Hasta luego.

Jaime regresó a su despacho malhumorado. ¡Qué forma tan zafia de pedir un favor!

Laura estudió, por encima de sus gafas, su expresión al regresar. No dijo nada, sólo intentó una sonrisa.

# MIÉRCOLES

## 13

Había resistido bien el fin de semana, con dificultades lunes y martes, pero ahora el recuerdo de Karen volvía una y otra vez. Jaime se acercaba a la ventana, y sus pensamientos corrían como perros vagabundos tras los coches que, cruzando el bulevar, se perdían hacia algún lugar desconocido: ella estaba siempre al final del trayecto.

No recordaba cuándo fue la última vez que pasó un rato tan agradable con alguien, y la tentación de invitarla a salir era ya irresistible; pero, precisamente porque le importaba, sentía timidez y no quería llamarla demasiado pronto. Ella se daría cuenta de inmediato de que él necesitaba verla. Entonces sonó su teléfono directo.

–¿El vicepresidente de Auditoría, por favor?

A Jaime le dio un vuelco el corazón.

–¿Karen?

–La misma de la hamburguesería. –La voz sonaba alegre.

–¡Ah!, sí, Karen. –Decidió fingir indiferencia. Aprovecharía que era ella quien llamaba–. ¿Qué puedo hacer por ti? ¿Necesitas que te audite algo?

–Muy gracioso el señor vicepresidente –continuó ella con voz cantarina–. Tendré que hablar con mi abogado sobre el tono que usted ha usado al ofrecerme su auditoría.

–Yo no tengo abogado. ¿Me podrías recomendar alguno en caso de que esto llegue a pleito?

–Conozco a una buena abogada, pero es cara.
–¿Cuánto?
–Una hamburguesa griega.
–Bien. Podríamos llegar a un acuerdo. –Se sentía Humphrey Bogart y no quería mostrar prisa–. ¿Qué tal mañana jueves?
–Imposible, tengo otro compromiso –respondió ella–. Propongo la noche del viernes.

Jaime sintió que perdía su pretendida ventaja y quedó por un momento callado ante el contratiempo. La noche del viernes era obviamente un compromiso más serio que la del jueves, lo cual le encantaba. Pero había quedado con una amiga y tendría que cancelar la cita. Su entrenamiento como negociador le decía que para recuperar su posición debía contestar que él estaba ocupado el viernes y ofrecerle el próximo lunes. Definitivamente, el lunes.

–Mejor el sábado –se oyó decir. Esperar hasta la semana siguiente le había producido un pánico repentino.
–¡Oh! Lo siento, pero el sábado no puedo.
–Bien, acepto el viernes. –Era una rendición, pero confiaba en que no se notara–. Pero tú invitas en compensación a un aviso tan corto.
–Dejemos que nuestros abogados lo discutan en la cena –dijo Karen–. Por cierto, al mío le apetece más ir a un restaurancito en New Port llamado The Red Gull. ¿Te parece bien?
–Pero ¿no querías una hamburguesa?
–Sí, me apetece, pero otro día. Estamos hablando de un viernes noche. ¡No seas tan agarrado, hombre! –Reía.
–Pero has sido tú la que... –Jaime se dio cuenta de que tenía poco que argumentar–. Bien, de acuerdo –aceptó.
–Recógeme en mi casa a las ocho. –Karen le dio la dirección–. Hasta entonces, cariño.

Jaime se quedó mirando el auricular, deseando besarlo.

# VIERNES

## 14

Pasaban siete minutos de las ocho cuando Jaime detuvo su coche frente a la barrera de acceso al complejo de apartamentos. Había dado un par de vueltas haciendo tiempo para llegar tarde y esperaba que Karen estuviera algo molesta, aunque no tanto como para estropear la noche.

Desde la garita un enorme guarda con aspecto de pocos amigos le interrogaba en silencio.

–Karen Jansen.

El guarda no contestó y, tomando el teléfono, marcó un número sin perder a Jaime de vista.

Las ocho y nueve minutos, no era su intención retrasarse tanto, pero estaba seguro de que ella le haría esperar.

El guarda soltó una carcajada, iluminando su rostro oscuro con una gran sonrisa de dientes blanquísimos.

–¿El señor Berenguer? –interrogó colgando el auricular.

–Sí.

–En el primer cruce gire a la derecha, por favor. –El hombre continuaba sonriente–. A cien metros encontrará a su izquierda una zona de aparcamiento ajardinada. Puede dejar el coche allí. La señorita Jansen vive en el edificio D, piso tercero B.

–Gracias –contestó Jaime, sorprendido e intrigado por la repentina amabilidad del hombre. Éste le respondió con un gesto amistoso.

La zona contenía edificios de media altura de estilo colonial sureño con clase. El espacioso césped y los crecidos árboles de los jardines estaban ya iluminados para la noche.

Se preguntó cuál sería el edificio D, pero no tuvo tiempo de averiguarlo; ella avanzaba a través del jardín, y Jaime dedujo que habría salido de su apartamento justo al colgar el teléfono tras hablar con el guarda. Sintió un toque de remordimiento por su retraso intencionado.

Abrigo negro, bolso y zapatos de tacón a juego. Los ojos azules y los labios más rojos que de costumbre le sonreían en una cálida bienvenida. Estaba muy, muy hermosa.

Bajó del coche y quedaron a treinta centímetros uno de otro.

–Hola, Jim.

–Hola, Karen.

A pesar del riesgo de herir las convicciones feministas que presuponía en la chica, lanzó el piropo:

–Estás muy guapa.

–Gracias –respondió ella, aparentemente encantada con el cumplido–. Y tú, muy atractivo.

A Jaime le sorprendía la actitud relajada y feliz de Karen, que, al contrario de lo que había temido, no mostraba el menor rastro de agresividad. Después de un instante de vacilación se apresuró a abrirle la puerta del coche.

–Gracias –repitió ella sentándose y, cuando el abrigo se abrió, dejó ver unas hermosas y largas piernas bajo una falda escueta.

Jaime tragó saliva, cerró con cuidado la puerta y dio la vuelta al coche pensando que era la primera vez que se las veía. Hasta el momento, para él las piernas habían sido una parte de la anatomía de Karen inexistente, y de repente habían pasado a ser una acuciante realidad.

Arrancó el coche dominando la tentación de echar otro vistazo a su fascinante descubrimiento.

Karen correspondió al saludo entusiasta del guarda.

–Hasta luego, Was.

El hombre, aún sonriente, mostraba su revólver.

Jaime no entendía aquello.

—Karen —preguntó finalmente—, ¿qué le dijiste al guarda por teléfono cuando llegué?

—Le dije que uno no se presenta tarde a la primera cita —respondió ella con tranquilidad—, y que te pegara un tiro en la cabeza si te entretenías un segundo más.

—Pues el sujeto tenía aspecto de no importarle hacerlo. —Jaime encajó la broma—. Pero hubiera sido un castigo excesivo.

—Naturalmente que lo habría hecho y, además, encantado de la vida. —Luego el tono de Karen se hizo severo—. ¿Así tratáis los latinos a las señoritas en vuestra primera cita?

—No siempre. Sólo cuando son exitosas ejecutivas —respondió él con sorna.

—¡Ah, no! —protestó ella con un divertido acaloramiento—. Los fines de semana no trabajo y exijo ser tratada como cualquier mujer; ni se te ocurra discriminarme, sería anticonstitucional.

—¡Vaya, ya sale la abogada! —La miró a los ojos. Ambos sonreían. No pudo evitar visitar con su mirada aquellas piernas; le atraían como un imán. Sabía que ella lo había notado y se maldijo por su incontinencia. Pero luego pensó que Karen le había pedido que no discriminara.

¡Habría que cumplir la Constitución del país!

The Red Gull era un romántico restaurante de estilo marinero con música suave, poca luz ambiente y velas rojas en la mesa.

La conversación progresó rápidamente de la intrascendencia de *hobbies* a áreas más profundas. Ambos exploraban con avidez zonas desconocidas del otro, dejando al descubierto las propias.

—Mi abuelo paterno murió en una vieja guerra, en Europa, luchó por la libertad —contaba Jaime—. Y mi padre abandonó su primera patria, emigró a Cuba, donde después apoyó a los castristas para luego tener que huir de la isla y venir aquí, también en busca de la libertad.

—Pues ya la ha encontrado —concluyó Karen—. Será un hombre feliz.
—No creo que él esté muy seguro de haberla encontrado.
—¿Por qué?
—Porque libertad es un concepto cambiante, una utopía que evoluciona. ¿Es la idea de libertad que tú y yo tenemos la que buscaban los padres de la Constitución de Estados Unidos? ¿La de la Revolución Francesa?
—Bueno, no llevar cadenas, poder ir a donde te plazca y votar a tus gobernantes ayuda a ser libre, ¿no crees? —argumentó Karen—. Pero a veces todos tenemos que hacer cosas que no deseamos. Para poseer una libertad total deberías tener el poder total.
—Demasiada filosofía. Temo aburrirte y que no aceptes otra cita.
—Te equivocas. —Sus ojos brillaban a la luz de las velas—. El tema me interesa. Me hablaste en la hamburguesería sobre el vacío de ideologías de nuestro tiempo, ¿verdad?
—Sí. Creo que los idealismos han muerto. La búsqueda de la libertad ha terminado.
—Ésa es la razón por la que no acepté salir contigo el sábado.
—¿Qué?
—Que ése es el motivo por el que te dije que no podía salir contigo mañana sábado. La libertad.
—¿Y qué tiene que ver con que tú y yo salgamos? —Jaime estaba sorprendido—. ¿En qué limita tu libertad salir conmigo el sábado? ¿Tengo aspecto de esclavista?
Karen rió alegremente, disfrutando de la confusión de Jaime.
—No podía salir mañana contigo porque quedé con unos amigos para ir a una conferencia en UCLA sobre la libertad y el poder en nuestro tiempo. Como ves, la libertad es la razón final de mi negativa.
—Muy lista.
—Cierto, pero ahora soy yo la que te invita a salir mañana. Siempre que vengas a la conferencia, claro. —Y luego añadió divertida—: Creo que puedes alcanzar el nivel intelectual requerido.
—Gracias por el aprobado, doctora, pero te recuerdo que fuiste tú quien me propuso salir hoy.

–Lo niego categóricamente –exclamó ella ampliando su sonrisa–. Jamás he pedido a un hombre que salga conmigo. Son ellos quienes me lo piden a mí.

La mano de Karen estaba sobre la mesa, y Jaime sólo tenía que tender la suya para tocarla. Lo deseaba intensamente, pero pensó que quizá fuera prematuro y que podría estropear la velada. No quería cometer errores.

–Eres una simpática desvergonzada.

–Quizá –respondió ella con una pícara mirada.

Jaime se preguntaba si lo estaría provocando premeditadamente.

# SÁBADO

## 15

Llegaron tarde a la conferencia, esta vez Karen le hizo esperar más de media hora. Jaime estuvo a punto de protestar, pero finalmente decidió callarse.

Unas trescientas personas, casi todas de aspecto universitario, escuchaban con atención. Vestían ropa informal y algunas estaban sentadas en el suelo cerca del orador. Ellos se acomodaron en unos asientos vacíos al fondo de la sala.

–El gran logro de la modernidad es que la inmensa mayoría de los dominados y expoliados no se dan cuenta de ello. Y lo más grave: se creen libres. –El hombre que hablaba habría superado ya los treinta y cinco, lucía perilla y usaba sus manos para dar mayor énfasis a las palabras–. ¿Estamos caminando hacia ese famoso mundo feliz?

»En la evolución humana existen momentos en que se forma una masa social crítica. Definimos "masa social crítica" como el número suficiente de individuos que, pensando y actuando en una misma dirección, hacen cambiar las cosas. Antes los cambios sociales sucedían mediante revoluciones o conquistas, ahora ocurren gracias a los votos de los ciudadanos.

»¿Y cómo se crea esa masa crítica? –El conferenciante hablaba sin elevar la voz, con cierta lentitud, pero ponía énfasis en sus palabras–. La religión, la cultura definida como sentimiento de lo justo e injusto y la práctica económica son los ingredientes para la formación del pensamiento del individuo y de las masas.

»La mezcla de estos tres elementos produce el concepto de lo que es lo correcto y justo y define la posición política de los ciudadanos.

Los ojos oscuros del orador buscaban los de la gente que le escuchaba y se detenían clavando la mirada en alguno. Parecía leer en ellos, tomar energía, y así aumentaba la fuerza de su mensaje, que poco a poco iba creciendo en tono y volumen.

–Así pues, en una sociedad como la nuestra, en la que cada ciudadano tiene un voto, la persuasión y la convicción son las armas fundamentales para obtener el poder, ya sea político, económico o incluso religioso.

»Pero para que se produzca la masa social crítica es necesario que el concepto de "lo que es correcto y justo" sea transmitido. Que llegue convincentemente a un gran número de ciudadanos.

»En el pasado esta labor la realizaron los sacerdotes con la religión y los trovadores y comediantes desde el entretenimiento; ellos fueron los encargados de transmitir y convencer a los ciudadanos de lo que era correcto y justo. ¿A quién le corresponde este papel hoy en día? A los medios de comunicación. Son ellos quienes se han apropiado de ese gran poder y lanzan de manera continua su mensaje a través de películas, programas de televisión o artículos de prensa.

»Hemos dado a la radio, a la televisión y a los periódicos la llave de nuestra casa y el acceso a nuestro voto. Y en democracia, al votar, cedemos nuestra pequeña gota de poder político a alguien que finalmente lo usará según su propio criterio y conveniencia.

Jaime pensó que por la forma en que el hombre se expresaba le recordaba más a un predicador televisivo que a un profesor universitario. Definitivamente, parecía un misionero, y eso le hizo recelar.

–Las películas de cine y los programas de televisión son la segunda exportación, en valor monetario, de Estados Unidos. Pero su importancia supera la económica; es un arma muy efectiva. La venta del estilo de vida americano en los cinco continentes ha propiciado la caída del telón de acero, el derrumbe y la transformación de los sistemas comunistas.

»Sus ciudadanos, consumidores ávidos de imágenes y entretenimiento, fueron persuadidos, a pesar de las máquinas locales de propaganda, de que el alto estándar de vida americano era el objetivo de sus vidas y empujaron los cambios en sus países, ayudados por la ineficiencia de aquellos sistemas que proponían filosofías de vida alternativas. Y así es como Estados Unidos ha ganado la tercera guerra mundial. Sin tener que disparar un solo tiro.

Jaime observó a Karen y, viendo la avidez con la que escuchaba al orador, su prevención hacia el hombre aumentó.

–Éste es sólo un ejemplo del poder de los medios de comunicación. Convencen, seducen al ciudadano, consiguen ventas, creyentes de nuevas religiones, elevan al poder a los presidentes que rigen el destino de las naciones. Persuaden de que el sistema es justo y que él, el individuo, es libre.

»Pero ¿es libre nuestro ciudadano medio? ¿Tiene libertad para decidir cuántas horas duerme? ¿A qué hora se levanta y si va a trabajar o no? ¿Tiene realmente esa libertad? Yo les reto a que lo piensen. Podemos decidir qué hacemos el domingo o adónde vamos de vacaciones; siempre que tengamos el dinero, claro. ¿Qué cosas importantes de nuestra vida podemos cambiar? Analícenlo y verán que realmente son pocas. ¿Somos libres? ¿O nos han convencido de que lo somos? –Aquí el hombre marcó una larga pausa–. Termino con un dato final: el 75 por ciento de los medios de comunicación está controlado hoy por las grandes multinacionales. Y esas grandes corporaciones tienen el poder de comentar, manipular y censurar las noticias.

»Jeff Cohen, ex columnista de *USA Today y Los Angeles Times*, dice que "estamos asistiendo a la creación de un sistema de propaganda, en este país, mucho más sofisticado que el de la antigua Unión Soviética".

»Piensen sobre esas palabras. Muchas gracias.

La sala se llenó de aplausos y, terminados éstos, un muchacho de la cuarta fila inició el turno de preguntas. Karen se inclinó hacia Jaime y le habló al oído.

–Interesante, ¿verdad?

–Sí. Ese hombre es un revolucionario. –Pero calló su pensamiento: ¿no sería un manipulador en busca del poder, que tanto criticaba, para sí mismo?


Terminadas las preguntas, muchos de los asistentes se agruparon en corros de animada conversación.

–El conferenciante es amigo mío. Se llama Kevin Kepler. Te lo presentaré luego; ahora tiene demasiada gente alrededor. –Cogiéndole de la mano, tiró de él hacia un lado de la sala–. Quiero que conozcas a otro amigo, ven.

Se acercaron a un grupo; un hombre se apartó al verlos.

–Peter, éste es Jaime Berenguer –presentó Karen–. Jaime, mi amigo Peter Dubois.

Se dieron la mano. El hombre, de pelo y barba blancos, tendría unos sesenta años. Vestía un amplio chaquetón de lana con dibujos indios y pantalones y botas vaqueros.

–Encantado de conocerlo, señor Berenguer. –Le miró con sus ojos claros, de extraña fijeza.

–Un placer –contestó él, dudando de que llegara a serlo.

–Jaime es un compañero de la Corporación –informó Karen.

–Tiene usted un apellido interesante, señor Berenguer. ¿De dónde es originaria su familia?

–De Cuba.

–¿Y antes? ¿De dónde proceden?

–De España.

–Y me atrevería a afirmar que del antiguo reino de Aragón.

—Sí, está usted en lo cierto. –Jaime sonreía asombrado–. ¿Cómo lo ha adivinado?

—Peter enseña historia –intervino Karen–.y su especialidad es la Edad Media.

—Usted es un descendiente de los Ramón Berenguer, condes de Barcelona, y con posterioridad reyes de Aragón –continuó Dubois con solemnidad pero sonriendo–. He dedicado mucho tiempo de estudio a ese período histórico y a los hechos que esos personajes y sus descendientes protagonizaron. Unas gentes fascinantes.

—No tenía noticia de tales antepasados. –A Jaime le divertía la sorpresa–. Me gustaría saber más de ellos.

—Estoy seguro de que sabe más, pero ahora no se acuerda. –El hombre mantenía una mirada fija, de ojos demasiado abiertos, que recordaban a los de una serpiente.

—¿A qué se refiere? –quiso saber, sorprendido.

—La persona, señor Berenguer, tiene en su interior registros insospechados. Unos los denominan memoria genética y otros les dan distintos nombres. Está allí, y sólo hay que llamarla; le sorprendería comprobar lo que almacena su memoria.

—¿Está usted bromeando? –inquirió Jaime–. ¿Así, sin más? ¿Como si se tratara de un disquete de ordenador?

—No. No está bromeando –intervino Karen–. Tengo conocidos que han sido capaces de recuperar parte de su memoria. Es una experiencia única.

—Sí, señor Berenguer. –Dubois hizo un gesto con su mano izquierda, y Jaime distinguió un anillo con la extraña forma de una herradura–. Precisamente, yo colaboro con un grupo de trabajo que desarrolla técnicas para conseguir esas experiencias y hasta el momento el éxito nos ha sonreído en un considerable número de casos. Puede creerme que cuando ocurre, compensa con creces el esfuerzo.

—Estoy asombrado. Creo haber leído algo semejante, pero jamás me he tomado en serio esas historias.

—Pues le aseguro que algunas son ciertas.

–¿Quiere usted decir que yo podría llegar a «evocar» algo que jamás me ha ocurrido a mí, pero sí a un antepasado mío?

–Es muy posible que usted recuerde. Depende de la actitud y la fe que tenga al enfrentarse a ese tipo de experiencia no cartesiana. Los hay que su incredulidad les bloquea por completo y jamás llegan a conseguirlo.

–¿Podría yo rememorar los hechos de mi antepasado el rey? ¿De Berenguer, como usted le llama?

–Sí, pero es improbable. Lo lógico es que se topara antes con experiencias de otros. Su historia genética está formada por el aporte de miles de individuos.

–No se ofenda si soy escéptico, pero me suena a prácticas espiritistas. No creo en estas cosas.

–No me ofendo. Usted es libre de creer en lo que quiera, pero conozco a multitud de personas cultas, inteligentes y de gran nivel intelectual que lo han vivido. Si usted decide prejuzgar, se aferra a creencias oficiales y no tiene interés por ello, está en su derecho, no seré yo quien lo censure. –Sin perder su sonrisa, el misterioso personaje cambió de conversación–. ¿Qué opina de la conferencia?

–Interesante. Pero volviendo a lo de la memoria, comprenda mi asombro –se apresuró a añadir Jaime– y, desde luego, no me negaría a experimentarlo.

–Bien, en tal caso, acuda a una de las reuniones. Precisamente mañana salimos de excursión. Quizá Karen, si no tiene otro compromiso, le quiera invitar.

–Claro que tengo otro compromiso –dijo Karen–. Además, ¿para qué querría invitar yo a este cubano incrédulo?

A Jaime le hizo gracia la provocación de Karen y se quedó mirándola, ladeando la cabeza con mirada suplicante.

–Bueno. Si me lo pide bien y se lo gana, quizá cambie mis planes y lo invite.

–Por favor, Karen.

–Veré qué puedo hacer. Pero primero he de consultar mi agenda.

–Disculpen, tengo que dejarles –dijo Dubois con amabilidad, tendiéndole la mano–. Encantado de conocerle, señor Berenguer. Ya sabré mañana si al final consigue convencer a Karen.

–Encantado y hasta pronto –respondió Jaime estrechándola.

## 16

–¿Cómo se encuentra Sara? –Davis usaba su habitual estilo enérgico.

–Se recupera bien del shock –respondió Andersen, el presidente de Asuntos Legales–. Insiste en volver al trabajo, pero el médico quiere que continúe en reposo. Llevaba más de treinta años trabajando con Steve y no se puede quitar de la cabeza que ella le pasó la bomba. Se siente culpable.

–¡Qué tontería! Que vuelva a trabajar si quiere. La actividad es la mejor medicina y estar con los demás le ayudará a quitarse bobadas de la mente. –Davis se dirigió ahora a un hombre de unos cincuenta años, sentado a la mesa de conferencias–. Inspector Ramsey, imagino que ya ha interrogado a Sara. ¿Qué recuerda ella?

Habían tenido que esperar al sábado para que Davis pudiera encontrarse por primera vez con el inspector encargado de la investigación. Ramsey vestía un traje vulgar, corbata barata y estaba jugueteando con un cigarrillo en sus manos. Su aspecto contrastaba con el traje caro y la corbata italiana de Gutierres. Tenía la apariencia de un funcionario cualquiera de la administración de la ciudad, y su aspecto era poco brillante, pero el propio alcalde lo había recomendado a Davis, y éste no se dejaba impresionar por trajes y corbatas de marca.

–Nada que pueda aportar pistas –contestó con lentitud–. Dice que pasó al señor Kurth un par de sobres grandes con indicaciones de «abrir sólo por el interesado» que parecían guiones de película. Habitual. Le hemos mostrado pedazos de envoltorios recuperados de los escombros del despacho, pero Sara no ha podido identificar ninguno.

–¿Algo en la carta de reivindicación del atentado? –intervino Gutierres.

–El FBI no tiene constancia de ninguna organización llamada Los Defensores de América, aunque puede ser un segundo o tercer nombre de algún grupo paramilitar extremista. Están investigando. Otras compañías de comunicaciones han recibido las mismas cartas. Amenazan por lo que consideran contenidos liberales y antiamericanos de programas televisivos o películas. Pero jamás habían reivindicado un atentado.

–Son viejos conocidos nuestros –informó Gutierres–. Desde hace más de un año no dejan de enviar insultos y amenazas para todos, pero en particular para los señores Kurth y Davis.

–Necesito esas cartas –dijo Ramsey–. ¿Las conservan ustedes?

Gutierres miró a Davis, que asintió levemente con la cabeza.

–Sí, las tendrá hoy mismo.

–¿Encontraron algo en la carta? –inquirió Davis.

–No había huellas y se imprimió en papel corriente, con la impresora más vendida en América y con un programa de escritura de lo más común. Sin huellas digitales. Ninguna información relevante.

–¿Qué han averiguado sobre la llamada telefónica de Los Hermanos por la Defensa de la Dignidad?

–Nada. El FBI tampoco tiene constancia de tal grupo. El individuo que llamó tenía acento de Nueva York y ésa es la única pista.

–¿Y de los análisis de los restos de la oficina?

–Fue una explosión tremenda. Los cristales exteriores del edificio son a prueba de grandes impactos y logró romper un buen número. El señor Kurth estaba entre la bomba y los cristales. –Ramsey se expresaba con lentitud, arrastrando las palabras–. Murió al instante, literalmente reventado por la fortísima onda expansiva. Cuando voló por la ventana, ya estaba muerto.

–Puede ahorrarse usted los detalles –cortó Davis–. Le he preguntado por lo que encontraron en la oficina. Supongo que toda esa gente que usted envió habrá servido para algo.

–Señor Davis –dijo Ramsey dejando de jugar con el cigarrillo, apoyándolo por el filtro en la mesa y manteniendo el otro extremo vertical con la punta de su dedo índice–, usted dirige esta compañía y yo dirijo la investigación. –Se inclinó ligeramente hacia delante–. Aclaremos desde un principio qué hace cada cual. Nosotros investigamos y ustedes colaboran. Es su obligación y usted no quiere aparecer como una persona que obstruye la ley. Las preguntas las hago yo, y si respondo a las suyas, será por pura cortesía y hasta donde yo crea que es adecuado. Tienen ustedes suficientes problemas, y será mejor que no los aumenten.

No se oyó más que el silencio. El pretoriano que escribía la minuta de la reunión se quedó con una mano levantada sobre el teclado del ordenador y miraba a Ramsey con la boca entreabierta de asombro. Gutierres lanzó al policía la misma mirada que un gato lanzaría a un ratón; Andersen trataba de evitar la sonrisa. Nadie le hablaba así al viejo.

–Señor Ramsey –repuso Davis después de unos segundos–, creo que usted no se ha hecho cargo de la situación tal como es y se la voy a explicar. –Volvió a hacer una pausa–. Gran parte del dinero con que se paga su sueldo procede de los impuestos que paga la Corporación que yo dirijo. Y lo mismo ocurre con el sueldo de su jefe y el del jefe de su jefe. Con ese teléfono puedo llamar a alguien que va interrumpir cualquier reunión que tenga para contestar de inmediato mi llamada. Ese alguien puede patear su culo de tal forma que le quede plano para el resto de su vida. Y lo hará si yo quiero que así sea, porque logró su puto trabajo gracias al apoyo de esta Corporación. Y está cagado de miedo de perder su poltrona.

Apoyándose en el respaldo de la silla, Ramsey se tomó unos momentos antes de hablar.

–¿Le ayudo a decir lo que no ha podido decir? ¿Quería usted decir «patear su puto negro culo», quizá? –Hizo una pausa–. ¿Está usted amenazando en público al oficial que conduce la investigación de un asesinato ocurrido en sus oficinas? Es usted muy poderoso, señor Davis, pero no ha podido evitar que asesinaran a su mejor amigo. No sabe quién lo ha hecho ni si lo van a intentar de nuevo, pero si lo intentan, sabe que podrían tener éxito incluso contra usted.

»El poder tiene sus límites, señor Davis, y a veces una avispa puede herir a un elefante sin que éste haya podido hacer nada por evitarlo. Y aunque el elefante tuviera la suerte de acabar con la avispa, ello tampoco curaría el dolor de la herida. Piénselo.

–Inspector –intervino Andersen–, no malinterprete la expresión del señor Davis; es lenguaje común en nuestro negocio. La Corporación colabora totalmente en la investigación.

–Gracias por tu ayuda, Andrew –cortó Davis–, pero no la necesito. Espero que trabaje usted tan bien como habla, Ramsey. Y respeto lo que ha dicho. Vamos a colaborar con usted, pero atrape a esos cabrones de Los Defensores de América pronto. Entonces tendrá más que mi respeto: mi agradecimiento personal. Y esto vale mucho en esta ciudad y en este país. Espero que maneje en todo momento el asunto con la mayor confidencialidad, en especial ante la prensa. Y no me falle, porque si lo hace, entonces yo personalmente patearé su puto negro culo y haré que cincuenta más hagan lo mismo.

–Va usted muy aprisa –continuó Ramsey, ignorando la amenaza de Davis–. Es muy posible que Los Defensores de América o Los Hermanos por la Defensa de la Dignidad sean una simple cobertura de algún otro grupo o interés. Dígame, ¿quién se beneficia con la muerte de Kurth? ¿Competidores? ¿Alguien que quería su puesto en la Corporación? ¿Enemigos personales? Estoy seguro de que manejar un estudio cinematográfico no es trabajo de hermanitas de la caridad. ¿Enemigos políticos? El señor Kurth tenía gran poder político. ¿A quién molestaba?

–¿Así que cree que Los Defensores de América son una tapadera? –murmuró Davis, pensativo.

–Mire, Ramsey –terció Gutierres–, llevamos años recibiendo amenazas de individuos y de grupos. Predicadores de iglesia nos han bautizado como el Anticristo y han promovido el boicot a nuestras producciones televisivas. Esa gente es real. Existe de verdad y muchos son capaces de matar.

–Sí, existen. Claro que hay muchos extremistas y locos. Sin embargo, ¡qué bonita excusa! –repuso Ramsey.

—Ramsey —dijo Davis—, será una tarea muy difícil buscar enemigos y resentidos. Steve Kurth tuvo que pisar muchas cabezas y decir muchos noes en su trabajo. Esa vía hará la investigación eterna.

—El análisis de los motivos puede dar algunas pistas —replicó Ramsey—, pero también los medios de que se valieron los asesinos. El señor Kurth era judío, como usted, ¿no es cierto?

—Sí, es cierto, ¿y qué importa eso en la investigación?

—No lo sé aún. Puede importar tan poco como el hecho de que yo sea negro —repuso Ramsey con tranquilidad— o, al contrario, puede ser fundamental. ¿No es cierto que el señor Kurth no escondía su postura en el conflicto judío-palestino? ¿Y que era favorable a ceder territorios a los palestinos con tal de encontrar la paz? ¿Y que usted también lo es? ¿Y que eso contraría a grupos muy poderosos que influyen directamente en el gobierno del Estado de Israel? ¿No es cierto que han recibido cartas y llamadas amenazantes a causa de reportajes televisivos que proponían abiertamente la paz a cambio de concesiones? ¿Y que dichos grupos les consideran a ustedes traidores? ¿Y que algún rabino extremista les lanzó su maldición y condena? Ustedes tienen un gran poder para influir en el ciudadano americano y convencerle de quiénes son los buenos o los malos en el conflicto, y la opinión del ciudadano de la calle influye mucho más en la política del gobierno que la presión de los grupos financieros; la política del gobierno de Estados Unidos es fundamental para Israel. Luego eliminarles a ustedes puede tener un alto interés político.

—Creo que es usted quien tiene prejuicios racistas —le reprochó Davis—, y me temo que ve demasiadas películas de espías.

—Señor Davis, ha costado bastante poder identificar el explosivo usado pero, con la ayuda de algún amigo que trabaja en laboratorios especializados del FBI, lo logré. Es un explosivo raro. ¿Adivina cuál?

—Naturalmente que no. ¿Cómo diablos voy a saberlo?

—Se llama RDX. Un solo gramo es tan potente como un kilogramo de dinamita; pudo escamotearse fácilmente dentro del edificio. El mecanismo detonador debió de ser también muy pequeño y, por lo tanto, de alta tecnología. ¿Sabe usted quién usa ese explosivo?

–¡Maldita sea, Ramsey! ¡Déjese ya de adivinanzas!

–El RDX es el explosivo favorito de los servicios secretos de algunos países –dijo Ramsey con una sonrisa–, en especial del servicio secreto israelí. Con ese explosivo y un teléfono móvil lograron matar al jefe de la milicia de choque de los integristas islámicos de Hezbolá, Isadín Ayash.

–¿Insinúa que están implicados?

–Podría ser –contestó Ramsey estudiando con detalle la expresión de la cara de Davis.

## 17

–Tendrás que ganarte tu invitación a la excursión de mañana. Yo no voy al bosque con cualquiera –le dijo Karen al despedirse después de la conferencia.

Y ahora se encontraban cenando en un excesivo restaurante francés donde ella se aplicaba con elegancia en unos *escargots* y él tomaba un *foie* fresco. Traje y corbata eran obligados, y Karen vestía un elegante conjunto de noche oscuro con falda ceñida y escote generoso; el contraste con su cabello rubio y su piel muy blanca era espléndido. Estaba bellísima.

Karen decidió que parte del precio que él debía pagar para ser invitado a la excursión era una magnífica cena. Y que sería ella quien escogiera el restaurante.

Jaime, como comenzaba a ser costumbre en él, tuvo que cambiar los planes para la noche y el día siguiente. No se perdería por nada del mundo la oportunidad de estar juntos.

Era obvio que el restaurante era caro hasta la indecencia y que Karen no se ofrecería a pagar la mitad de la cuenta.

Aun así, él pensaba que era una buena inversión y que disfrutaría hasta el último de la larga hilera de dólares que costaría la cena.

–Háblame de la excursión de mañana. ¿Tengo que sacar el polvo a mi uniforme de *scout*?

—Iremos hasta la zona sur del Parque Nacional de las Secuoyas en coche y luego habrá que andar algunos kilómetros por el bosque, almorzaremos con un grupo de amigos.

—¿Y qué vais a hacer allí? ¿Os dedicáis a invocar a los duendes del bosque? ¿Alguna ceremonia mística? ¿Brujería?

—En realidad ofrecemos sacrificios humanos, y tú eres el elegido —puntualizó Karen con amplia sonrisa.

La abogada sabía cómo mantener un buen combate dialéctico, disfrutaba con ello, y le encantaba devolver golpe por golpe. Maldita Karen, pensó. ¿Cómo logra controlar siempre la situación? Eso le retaba. ¡La veía tan hermosa! Se imaginó abrazándola y besándola en el bosque sobre un suelo cubierto de helechos.

—No pongas esa cara, hombre —azuzó ella ante su falta de respuesta—. Se trata de un gran honor.

—Será un gran honor, pero te advierto que si la fiesta de mañana corre a mi cargo, entonces no pienso pagar también la cena de hoy.

Ella soltó una pequeña carcajada mientras atacaba al siguiente caracol. Parecía pasarlo muy bien, y eso llenó a Jaime de placer. Se animó a lanzar otra estocada.

—Al menos espero que, como es costumbre con los condenados, me concedas mi último deseo.

Karen detuvo su *escargot* a medio camino, mirándole con el cejo ligeramente fruncido y con un inicio de sonrisa en los labios. Había electricidad en sus ojos, y él sintió un estremecimiento. Al cabo de unos largos segundos Karen introdujo con lentitud el *escargot* en su boca sacando ligeramente la lengua y moviéndola levemente entre sus húmedos labios rojos. Luego apartó su mirada de la de Jaime para concentrarla en el plato mientras empezaba a manipular el siguiente animalito. No contestó nada, pero sus labios contenían aún aquella sonrisa. Él no recordaba haber visto nada tan sensual en su vida.

—Y aparte de las brujerías y de los sacrificios, ¿que más hacéis? —inquirió para romper el silencio en el que Karen se había encerrado para no responder.

—Pues vivir y disfrutar de la naturaleza, estar con los amigos y charlar. También ampliamos nuestro grupo. Somos gentes que compartimos ideas semejantes sobre la vida e invitamos a otros amigos para que conozcan nuestro pensamiento.

—¿Y qué relación tiene eso con la memoria genética que mencionó esta mañana Dubois?

—A veces mucho y a veces nada. —Había misterio en la ambigüedad—. Todo depende de hacia dónde vaya la conversación.

—¿Vendrá Kevin Kepler?

—Es posible; viene con frecuencia. —La sonrisa de Karen había desaparecido y se mostraba evasiva.

—¿Desde cuándo conoces a ese grupo?

—Ya hace algunos años —dijo luego de tomarse algún tiempo antes de responder—. Conocí a algunos cuando iba a la universidad. Después el círculo se amplió. Es gente que me gusta. Hablando de gustos, ¿qué tal tu *foie*?

—Excelente. ¿Y tus caracoles?

—Saben mejor si les llamas *escargots*. Me encantan, pero prefiero no pensar que son esas cosas que se arrastran por el jardín.

Era evidente que Karen quería desviar la conversación. Jaime pensó que era mejor no presionarla; ya iría conociendo las cosas a su tiempo.

—Hablando de gustos, estás muy hermosa.

—¡Hablábamos de comida!

—Cuando los cubanos estamos frente a una mujer tan hermosa como tú, decimos que está para comerla. Y tú estás para comerte.

—¿Ves como estamos hechos el uno para el otro? —le recordó mirándole con sus brillantes ojos azules y manteniendo una sonrisa irónica—. Yo sacrifico a las personas y tú te las comes.

—Pero mi forma de comer no duele, sino que gusta, y luego te quedas más viva y feliz.

—¿Es una amenaza o una invitación?

—Una invitación.

—Muchas gracias, sabía que invitabas tú a la cena. —Cambió a una expresión severa frunciendo ligeramente las cejas—. ¿Sabes que con ese tipo de expresiones cubanas puedes tener problemas en este país?

—Hay ocasiones en las que merece la pena arriesgarse —repuso Jaime alargando la mano y tocando con la punta de sus dedos la mano de Karen. Ella, sin moverse, continuó mirándolo como si no pasara nada. Se sentía tenso y con un pequeño nudo en el estómago. Pero no se podía librar de la fascinación que Karen ejercía sobre él—. Y por ti yo podría aceptar muchos problemas —concluyó.

—¿Es un cumplido o hablas en serio?

—Completamente en serio —dijo Jaime con la convicción plena de que era cierto.

Ella lo miró de una forma extraña.


Salieron a la fresca noche, y al arrancar su coche Jaime anunció:

—Te invito a una copa en un lugar muy peculiar.

—He espiado indiscretamente la factura y creo que debiera ser yo la que invitara ahora.

—Muy delicado de tu parte el sentir remordimientos cuando ya he pagado, pero no te preocupes, se te pasarán con una copa. Disfrutemos de la noche.

—Lo siento, mañana hay que madrugar. Otro día será, Jaime. Llévame a casa.

¡No le podía hacer eso!, pensó. ¡Estaba jugando con él!

—Karen, no me puedes hacer esto. Estoy fabulosamente bien contigo. Quédate un rato.

—No. Yo también lo estoy pasando bien, pero eres tú quien quiere ir a esa excursión. Mañana estaremos todo el día juntos. Ahora llévame a casa, por favor.

—Pero, Karen —suplicó él con tono cómicamente lastimero—, sólo una hora.

–Jaime, no estropees una velada tan deliciosa –le advirtió con tono serio–. Sé razonable. Dentro de unas horas nos veremos de nuevo. Ahora llévame a mi casa.

Él sintió como si le hubieran abofeteado. No dijo más. Giró con un súbito golpe de volante en la siguiente esquina, dirigiéndose a casa de Karen.

El silencio permitió oír la emisora de música country, que permanecía en un volumen bajo. Un vaquero de corazón destrozado reprochaba la ingratitud de su vaquera.

Luego de un largo silencio Karen preguntó:

–¿Vendrás a recogerme mañana o voy sola?

–Naturalmente que vendré.

–Gracias por su amabilidad, señor. A las ocho, por favor –dijo ella con tono dulce.

Was estaba de guardia y su cara se iluminó con una amplia sonrisa cuando se detuvieron en la barrera de entrada. Karen le saludó con la mano cuando abrió la barrera, y el hombre mantuvo su sonrisa moviendo la cabeza de arriba abajo afirmativamente.

Jaime arrancó, fantaseando con bajar del coche y darle un buen puñetazo al hombre en los dientes.

## 18

Jaime condujo el coche hasta la zona de aparcamientos de visitantes. Al salir dio un portazo y, abriendo la puerta a Karen, le deseó buenas noches.

Ella le cogió la mano despidiéndose. El destello fugaz de una sonrisa brillaba en sus labios; Jaime hizo ademán de irse, pero ella continuaba sujetándole la mano. La miró de nuevo a los ojos; había una curiosa chispa de luz en ellos.

–¿Aceptaría el señor una copa en mi casa?

Jaime tardó unos momentos en superar la sorpresa. Luego, mirando su reloj, intentó fingir indiferencia:

—Sí, acepto, pero tiene que ser rápido. Es tarde.

Ella no dijo nada, pero su sonrisa se amplió un poco más y, tirándole de la mano, lo condujo en silencio al interior del edificio.

El corazón de Jaime iba saltando en su pecho. ¿Estaría Karen jugando otra vez con él?

El apartamento era de estilo moderno, con paredes blancas y muebles negros. Grandes jarrones con flores de tela rompían el bicromismo. En cambio, los cuadros eran manchas de color. A Jaime le llamó la atención un tapiz, iluminado por un foco, que representaba una herradura con profusión de hilos plateados y dorados. Recordó el extraño anillo, también con una herradura, que lucía Dubois. ¿Casualidad?

—El bar está al fondo —Karen interrumpió su pensamiento—. Un whisky con un hielo y Perrier para mí, por favor. Ponte cómodo.

Jaime se quitó la chaqueta y, tras encender la luz, empezó a servir dos whiskys.

Desde algún lugar Sheryl Crow cantaba *Leaving Las Vegas* cuando Karen se acercó, los labios de ella, rojos y tentadores, se posaron en el vaso después de brindar con él.

—¿Quieres bailar?

—Encantada, señor.

Con su mano izquierda tomó la de ella, sujetándole el talle con la derecha. Su cintura era fina. Ella le puso la mano en la espalda y empezaron a bailar con lentitud, ligeramente separados. Jaime se sentía embriagado por su perfume, por tenerla en sus brazos.

—Karen, eres deliciosa —dijo acercando su boca al oído de ella.

—Y yo estoy muy bien contigo.

Siguieron bailando unos momentos en silencio, y Jaime empezó a notar una erección.

Por un instante se sintió turbado. Luego pensó: «¡Qué diablos, somos un par de adultos y no se va a escandalizar por que yo la desee!». Al tirar suavemente de ella notó que se acercaba sin resistencia. Ahora sus senos y vientre le rozaban. Ella ya habría notado el mensaje del deseo. Jaime la besó con suavidad en el cuello mientras ella le acariciaba ligeramente la nuca.

Él se sentía a punto de estallar en mil pedazos, rodaba cuesta abajo y sin frenos. Pero Karen disfrutaba jugando con él y en cualquier momento podría sorprenderlo desagradablemente.

Intentó un beso en la boca, sólo con los labios para tantear, y como ella no apartaba los suyos, Jaime se lanzó a mayor profundidad. Fue un largo y delicioso beso que les hizo parar el baile y apretarse el uno contra el otro. Jaime la cogió de la mano y la condujo a un sofá blanco que guardaba mil promesas. Ella le dijo bajito:

–¿Es ahora cuando me vas a comer?

Él no pudo menos que apreciar, aun en tal situación, el sentido del humor de la chica y le contestó en español, exagerando, sin demasiado esfuerzo, una gran pasión:

–Sí, mi amor, enterita. Toda tú.

Karen quizá no entendió la respuesta, pero sí el tono, y rió suavemente.

Ya en el sofá, Jaime la volvió a besar mientras con una mano buscaba uno de los senos dentro del amplio escote y, acariciándolo, lo hizo salir. Estaba cálido como la boca de ella.

Pensó que tocaba el cielo. Al contrario de lo anticipado con Karen, ella le cedía la iniciativa, entregándose sin reservas y olvidando los juegos que él tanto temía.

Momentos después, Jaime empezó a besarle el cuello, donde se entretuvo, para bajar lentamente hasta los pechos. Al empezar a mordisquear el pezón, oyó cómo ella suspiraba. Puso la mano desocupada sobre la rodilla, deslizándola lentamente por la media hacia arriba. Las medias se terminaron, y Jaime acarició la cálida y suave carne. Luego, levantando la costura de las braguitas, pasó su mano por debajo para acariciarle el sexo. Karen volvió a suspirar y, cuando apoyó su mano en la entrepierna de Jaime, él supo que no podía esperar más.

Buscó con su mano izquierda la cremallera de la espalda del vestido.

–Espera –dijo la chica girándose, Jaime tiró de la cremallera suavemente hacia abajo. Al abrirse, la tela oscura fue descubriendo una bella espalda de piel muy blanca y, al levantarse ella, el vestido cayó ayudado por un ligero tirón. ¡Qué bellas curvas de nalgas y caderas!

Él se dio prisa con su corbata, camisa y pantalones. Karen tenía una expresión seria cuando se giró, pero estaba intensamente provocativa. Se abrazaron y sus bocas se unieron de nuevo. Enloquecía con el contacto tibio de su carne.

Cuando Karen lo condujo al dormitorio, Jaime sólo se fijó en la cama, que tenía espacio suficiente para dos. Entre caricias y besos cayeron en el lecho y, desprendiéndose de su ropa interior, se colocó para penetrarla.

Pero, empujándole el pecho con ambas manos, Karen lo rechazaba.

Él sintió que su corazón se detenía. No. Ahora, juegos no. ¡No podía hacerle eso!

En la penumbra la miró a los ojos. Ella sonreía con timidez y mirar dulce.

–Espera un momento –dijo. Y moviéndose a un lado de la cama, le entregó algo. Era un preservativo.

Jaime suspiró con alivio aunque contrariado. No deseaba otra cosa que sentirse dentro de ella, pero resistirse era absurdo y estropearía aquel momento maravilloso. Después de todo, ¿cómo podía esperar lo contrario de ella? Sí; parecía como si Karen hubiera perdido el control por primera vez. Pero, sin duda, era un descontrol muy limitado.

Ella dejó ahora que la amara sin impedimentos y lo rodeó con brazos y piernas mientras se fundían en un nuevo beso. Empezaron a moverse con urgencia salvaje; Jaime estaba más allá de todo.

Al poco, ella tiró su cabeza hacia atrás, sacudiendo el cuerpo mientras llegaba al clímax, él no resistió más y los gemidos de ambos se unieron a la suave canción que venía del salón. Jaime se sintió estallar en el interior de ella. Era algo mucho más que físico. Eran sus nervios y su mente los que explotaban en una placentera sensación. Y se sintió lejos. Muy lejos.

Lejos de todas las cosas del mundo, de su vida y de su historia personal. Muy lejos de todo, menos de la suave y tibia carne de ella.

–Te quiero –dijo cuando regresó a la conciencia.

Al cabo de un rato de silencio, ella susurró:

–Quédate esta noche conmigo.

–¿Y la excursión de mañana?

–Pasaremos antes por tu casa para que recojas tus cosas. –Luego de unos momentos de silencio añadió–: Yo te conozco, Jaime. Te conozco.

–Yo también te conozco, cariño, y ahora mucho más.

–Pero yo te conozco de antes.

–¿De antes?

–Sí –dijo ella abrazándole de nuevo y besándole en la boca.

Él correspondió con todo entusiasmo, sintiendo de nuevo la pasión que crecía en su vientre, y perdió todo interés por investigar la enigmática afirmación. Deseaba amarla otra vez, y no era momento para la charla.

# DOMINGO

## 19

Los dedos «cliquearon» en el ordenador en busca del mensaje de noche:

«Arkangel».

Puntual como un centinela, esperaba el informe de Samael.

«La cruzada avanza con éxito. Logramos poner al inspector Ramsey sobre una línea de investigación equivocada; no sospecha la presencia de nuestros hermanos en Jericó.

»Continuamos tomando posiciones decisivas a la espera de la caída del muro interior. Dos nuevos ejecutivos claves han sido contactados por nuestros hermanos. Uno ofrece grandes posibilidades. Samael.»

Arkángel respondió: «Dios nos bendice, hermanos, con estos pequeños triunfos. Mantened la fe en nuestra victoria en el asalto final. Arkangel».

Con movimientos precisos, Arkángel eliminó cualquier rastro de ambos textos.

## 20

–¡No! –gritó Karen–. ¡No! –Se agitaba con angustia intentando escapar de aquella visión y, al fin, cuando pudo abrir los ojos, se dio cuenta de que soñaba.

Se incorporó en la cama jadeando; un sudor frío le cubría la frente y el cuerpo. Lentamente los contornos familiares del dormitorio suavizaron su tensión.

–¡No! ¡Dios mío! ¡Otra vez no! –exclamó a media voz. Jaime se había despertado sobresaltado por el primer grito y le acariciaba las manos.
–Tranquila, mi amor, no es nada. Ya pasó todo. Estás aquí, conmigo.

Abrazando sus hombros, la acunó como a una niña pequeña y ella se hizo un ovillo, acurrucándose contra él.

–¿Qué ha pasado, Karen? ¿Qué era?
–Nada, otra vez ese mal sueño. Me ocurre a veces. La misma pesadilla –murmuró. Pero ella sabía que no se trataba de un sueño.
–Cuéntamelo. ¿Qué pasaba?
–No puedo recordarlo con claridad, pero ahora ya estoy bien. Gracias, cariño.

Karen sí recordaba lo soñado. Demasiado bien. Recordaba a la perfección lo de esa noche, y también lo de antes. Miró el despertador.

–Son sólo las cinco. Duerme.

Él le sonrió feliz, abrazándola, y al poco su respiración indicaba un sueño apacible.

Pero ella no pudo dormir. La pesadilla se repetía siempre igual, y las imágenes continuaban frescas en su memoria. Incluso la fecha: 1 de marzo del año del Señor de 1244.


Karen se revolvió en su camastro de pieles dispuesto en el suelo. No había dormido mucho. A pesar de su agotamiento, no podía conciliar el sueño.

¿Era el hambre? No. La sed y el frío lacerante eran mucho peores.

La única iluminación de la estancia venía de las estrellas y entraba por un ventanuco del que colgaban los carámbanos de hielo. Un tenue arco de luz indicaba a sus ojos, acostumbrados a la oscuridad, la abertura donde había estado la puerta de la estancia.

Dos días antes arrancaron puerta y ventana para quemar su madera. No para calentar cuerpos y manos, sino para fundir nieve y poder beber agua. El agua tibia era uno de los pocos placeres que les quedaban.

Se estremeció cuando una nueva ráfaga de aire glacial cruzó el cuarto. A pesar de la capucha de piel que cubría su cabeza y casi todo su rostro, sintió que éste se cortaba un poco más.

Alguien se revolvió y gimió cerca. ¿Sería su querida Esclaramonda?

No. Lo peor no era la sed o el frío, sino el miedo. El Dios bueno le enviaba el sufrimiento físico para que éste le aliviara el temor penetrante que le encogía las entrañas. ¿O sería el hambre?

El viento traía quejidos de los heridos y el llanto de alguno de los pocos niños que aún sobrevivían. Cuando los lamentos cesaban por un instante, el silencio se hacía absoluto en la noche helada. Luego el aullido del viento iniciaba de nuevo el triste coro del sufrimiento humano. Y otra vez el miedo venía con el viento. Su cuerpo tembló. ¿Miedo o frío?

Sabía que ella, la señora de Montsegur, tenía privilegios. Descansaba sobre un suelo de madera, quizá el último grupo de vigas que quedaban y que no habían sido destinadas aún a la defensa o al fuego. Se levantó a tientas y tocó la pared gélida. El frío traspasó su guante de piel.

Allí, a los pies del muro, había estado su último baúl. Ya sólo quedaba un pobre montón de objetos metálicos, su espejo y el vestido que le había regalado su rey.

Habían quemado los baúles y también las ropas más viejas en busca de calor. Antes le había tocado el turno a los muebles. Sus joyas hacía tiempo que habían sido cambiadas por suministros e incluso para el pago de tropas. De nada sirvieron los mercenarios o los aventureros que acudieron para sostener el pueblo fortificado, conmovidos por los cantares de gesta del trovador Montahagol y sus amigos. Finalmente, unos huyeron y otros murieron.

La cresta de la montaña era como el lomo de un dragón gigante dormido que se extendía de este a oeste, con su parte más baja en el Roc de la Torre y la más alta, en el pueblo amurallado de Montsegur.

Dominando la parte alta de la cumbre, el pueblo era inexpugnable, ya que no existía ninguna máquina de guerra que pudiera, desde la base del monte, lanzar piedras que los alcanzaran.

Sin embargo, en octubre, unos escaladores vascos a sueldo de los franceses lograron trepar por la noche los sesenta metros de pared vertical cogiendo por sorpresa a los defensores del Roc.

Y una vez perdido el Roc, el muy superior ejército católico subió y fue conquistando, combate a combate, toda la parte este de la cima de aquel monte situado a mil doscientos metros de altura. Allí montaron sus catapultas, y piedra tras piedra machacaban las casas y a sus habitantes encerrados en la fortificación.

Con la cima, se perdieron los caminos secretos que habían permitido hasta entonces la comunicación del monte asediado con el exterior. Y con ellos se fueron los refuerzos, los suministros, la esperanza.

Después, justo en Navidades, el enemigo logró tomar la barbacana este y los edificios exteriores al recinto central amurallado que contenían casi toda la reserva de leña, vital para pasar el crudo invierno en las montañas.

De su joyero, en un tiempo envidiado por todas las damas de Occitania y Provenza, sólo conservó el collar de oro con rubíes rojos como la sangre, obsequio del rey.

Quitándose un guante, tanteó en busca de esa dulce joya cargada de recuerdos. Notó el frío del espejo y pensó en su belleza que antaño los trovadores se complacían en cantar.

El espejo había sido su amigo íntimo, el mismo que le devolvía la seductora sonrisa por la que los caballeros occitanos competían. Pero aquella estrecha relación con el espejo terminó cuando empezó a perder sus dientes perfectos.

Las canciones sobrevivirían a la belleza. Pero la perfección del cuerpo se iba con el tiempo, como todas las ilusiones físicas que el Dios malo y el diablo habían creado. Pero, más que con el tiempo, la hermosura se iba con las penas. No volvería a mirarse en el espejo.

Encontró el collar y se lo puso.

Luego bajó la capucha y, quitándose su abrigo de piel de oso, lo dejó caer. Se desnudó rápidamente, sintiendo como su cuerpo tiritaba de frío. Vestida sólo con la joya, tan cálida en otro tiempo, encontró a tientas el vestido del rey y se lo puso.

A pesar de los treinta años pasados y de haber parido a cinco hijos, el vestido aún le sentaba bien.

Se arropó con el abrigo y, calzándose los guantes, empezó a andar a tientas hacia la tenue iluminación de la puerta. El suelo de madera crujía a su paso.

Llegando al dintel, lanzó un beso con su mano a los que dormían en la oscuridad y sintió que las ráfagas de aire eran más intensas y frías.

Con decisión inició el descenso de las escaleras de piedra que bajaban desde lo alto del segundo piso del caserón fortificado hasta el nivel de la calle.

Un cielo cubierto de estrellas rutilantes se extendía sobre su cabeza. Abajo el poblado herido, amortajado por la nieve, se alargaba hacia el este, rodeado aún por sus maltrechos muros.

En la oscuridad, a su derecha, estaba la cordillera pirenaica, con el macizo de San Barthelemy y Pic Soularac, de más de dos mil metros de altura, impidiendo la entrada de los cálidos vientos del sur.

Al final del valle, también a la derecha, se distinguían las fogatas de los franceses que, mandados por el senescal de Carcasona, sitiaban la Cabeza del Dragón o la Sinagoga de Satanás, como ellos llamaban a su querida aldea de Montsegur. Allí estaban el arzobispo de Carcasona con sus temidos inquisidores y el obispo Durand, reputado como el mejor experto en máquinas de asalto que existía. Y bien que justificaba su fama lanzando a sus cabezas bolas de fuego que prendían hasta en la roca y hundiendo paredes y murallas con las grandes piedras de sus catapultas.

Por la noche Durand detenía sus máquinas y dejaba que la naturaleza aplicara un arma más implacable: el frío y la falta de leña.

Al fondo, en la muralla este, se distinguía el gran resplandor de hoguera que los sitiadores habían encendido bajo el peñón rocoso sobre el que se levantaba, aún fuerte, una de las torres de defensa. Era peor que las máquinas de guerra del obispo.

–¡Aquí os quemaréis todos, herejes! –gritaba la soldadesca. Sin embargo, ahora el mayor deseo de los sitiados era acercarse al resplandor de aquel fuego para aliviar el dolor lacerante del viento helado.

Pero sería un suicidio. Poco le duraría el gusto a quien asomara la cabeza por el muro este de la fortificación; los hábiles arqueros franceses, emboscados en la oscuridad de la noche, ensartarían al infeliz como a una paloma, y en sólo unos instantes.

Karen bajó por la escalera poco a poco, tanteando los escalones con sus pies enfundados en gruesas botas de cuero y piel. El suelo resbalaba con el hielo, y a su derecha estaba el negro vacío.

Cuando logró alcanzar las losas de la calleja, avanzó hacia la plazoleta de casas apiñadas. El resplandor débil del único fuego que ardía dentro del pueblo provenía de la casa que cobijaba a los heridos, enfermos y niños. Cruzó la plaza hacia el extremo opuesto con paso resuelto pero cauteloso; la tenue luz del caserón y de las estrellas guiaba sus pasos.

De repente se detuvo sobresaltada. En el centro de la explanada, insinuada por el resplandor del caserón, había una figura, de pie, inmóvil en medio de su camino.

Sintió un vuelco en su corazón y el miedo le apretó el estómago. Un contorno blanco, casi luminoso, le daba un aire de ultratumba. ¿Será un aparecido? ¡Buen Dios! ¡Habían muerto tantos!

Permaneció quieta, con el vientre encogido, oyendo los murmullos provenientes de la casona y sintiendo el viento. Notó la ansiedad crecer en su interior al ver aquel espectro que avanzaba hacia ella. Su corazón saltaba aterrorizado ante el desconocido y trató de huir, pero no pudo. ¡Sus piernas no se movieron, no le obedecían! Angustiada, quería gritar. Pero se quedaba allí, inmovilizada, achicada de pánico, mientras aquella figura fantasmagórica se le acercaba, suave, paulatina, inexorable como la muerte. En unos instantes sentiría el gélido contacto... y su corazón estallaría de terror.

Entonces, despertaba. Deseaba continuar y terminar con aquello de una vez, para no sufrirlo más, pero despertaba.

Miró a Jaime, que dormía feliz a su lado, y acarició su ensortijado pelo negro, que ya delataba alguna cana primeriza. Observándolo pensativa, después de suspirar, le dijo bajito, arrullándole como si de una canción de cuna se tratase:

–Quieres saber, querido Jaime, quieres saber, pero lo que no sabes aún es ¡cuánto te va a doler!

## 21

–¿Cómo lo pasaste anoche? –preguntó él.

Ella se lo quedó mirando, con una chispa alegre y maliciosa en los ojos, mientras tranquilamente tragaba el contenido de la boca.

El frío del exterior y los cristales empañados daban sensación de intimidad a aquel restaurancito especializado en desayunos de carretera, cerca de Bakersfield. Era uno de esos lugares cutres pero llenos de sabor, donde camioneros, policías y vendedores en ruta terminan tomando café juntos.

Ambos estaban hambrientos y pidieron unos grandes zumos de naranja, huevos fritos con jamón y beicon, acompañados de patatas *half browns* y tostadas con mantequilla y mermelada. La pequeña y gastada mesa de formica quedó abarrotada de platos.

A pesar del aspecto basto del local, para Jaime aquel lugar acababa de convertirse en lo más cercano al paraíso que había estado desde hacía muchos años. Unos tazones de café humeante de penetrante aroma completaban la escena. Y por encima de todo, ella: Karen. Tan hermosa. Allí, frente a él, al otro lado de la mesita, con su atractiva personalidad que llenaba el casi desierto comedor.

Jaime se sentía feliz, inmensamente feliz. Le costaba trabajo convencerse de su suerte, de que aquello era real. Había conseguido a esa mujer de aspecto inalcanzable, y para su mayor felicidad, el sexo había sido excelente. Al menos para él.

–No estuvo nada mal –respondió Karen, ya con la boca vacía–. No debes preocuparte, pasaste bien el examen. ¿Cómo le fue a don Jaime? –preguntó alcanzando su café y tomando un sorbo.

–A don Jaime, excelente. Pero su tarjeta de crédito está seriamente dañada.

El eco de la risa de Karen resonó dentro del tazón de café.

–Bueno, te invito yo al desayuno. No quiero que por mi culpa te pongan en la lista de morosos.

–Gracias por preocuparte de mis finanzas.

–Espero que me invites a más cenas y para eso necesitas tu tarjeta de crédito en buen estado.

–Siempre tendré un buen crédito para ti, sobre todo si hay un final de noche como el de ayer.

Karen soltó una risita.

–Viciosillo –sentenció–. Tú invítame; luego el destino y la suerte dirán.

–Esperaba un compromiso más firme.

–¿De un abogado? ¡Debes de estar bromeando!

Ahora fue él quien soltó una carcajada. Ambos siguieron comiendo.

«Tendría que saber más de la vida», pensó Jaime. «Con un divorcio a cuestas y varias relaciones sentimentales antes y después, no debiera estar enamorándome así.» Se sentía como un colegial y más enamorado que la primera vez. Éste debería ser un mal que, como el sarampión, pasara con la edad, pero ahora, con casi cuarenta años, estaba loco perdido por esa coqueta que él intuía sumamente peligrosa. Y la sensación de peligro lo enloquecía más.

Pero algo sí había aprendido con los años: una plenitud como la que ahora gozaba era un regalo de Dios infrecuente, y era pecado desaprovecharla. Aquella mañana él se sentía inmensamente dichoso, y sabía que debería luchar mucho en el futuro para conseguir más instantes como aquél.

Pero ahora y hoy eran momentos únicos. Miró cómo el primer rayo de sol traspasaba los cristales. Olió el tocino y el café. Se extasiaba con sólo oír la voz de aquella mujer. Su sonrisa, la sonrisa de Karen, era mejor aún que el sol en la fría mañana. Y buscando espacio en la apretada mesita, capturó su mano y ella aceptó la caricia. Y a ese contacto se unió el de las miradas. Jaime sintió que las puertas del cielo se abrían y que una oleada de esa plena, infrecuente y embriagadora felicidad los envolvía.

Cruzaron Bakersfield y tomaron la 178 hacia Sierra Nevada. Al poco, a la izquierda de la carretera apareció el río Kern; luego, los carteles anunciando la entrada del Parque Nacional de las Secuoyas.

Siguieron un tiempo el curso del río, paralelo a la carretera; Karen indicó a Jaime una zona de aparcamiento donde ya había un buen número de coches.

–Vamos, hay que andar un poco.

Se pusieron chaquetones y guantes, y se sumergieron en la fresca mañana. Karen tomó un sendero ancho entre los altos árboles y avanzó como quien conoce bien el camino; Jaime, cogido de su mano, sentía el vértigo de la altura de los gigantes. Los rayos del sol y los ruidosos pajarillos jugaban allá arriba, a cincuenta metros de sus cabezas.

En un recodo tiró de ella hasta detrás de uno de los enormes troncos, Karen se dejó llevar y, abrazados, se besaron sobre un suelo de helechos. Lo que apenas hacía catorce horas era una fantasía, resultaba ahora fácil. Quería más.

–Vamos, Jaime, llegamos tarde –le cortó ella–. Y no nos van a esperar.

Jadeantes, soltando vaho por la boca al aire cristalino de la sierra y alegres, reanudaron el camino a paso rápido.

Al rato, tomando una vereda, llegaron a un claro entre los árboles más altos, y allí se encontraron con unas cincuenta personas. El grupo charlaba, reía y tomaba café de varios termos gigantes. Mas allá se veían los todoterreno que sin duda habrían acarreado los suministros.

Karen fue recibida con numerosos y cálidos saludos, y empezó la sesión de presentaciones. A Jaime le ofrecieron un café, y un hombre llamado Tim se puso a hablarle sobre aquellos maravillosos árboles, mientras Karen mantenía una animadísima conversación con tres mujeres que la acogieron con grandes muestras de entusiasmo y exclamaciones. Pasados unos minutos, Karen dejó de hablar y, acercándose a Jaime, le señaló a un hombre que, sentado contra uno de los árboles, se dirigía a unas diez personas que escuchaban con atención.

Era Peter Dubois. Parecía como si sólo hablara para los que estaban a su alrededor, pero en pocos instantes todo el mundo le escuchaba.

–Es Peter, hay quienes le llaman «Perfecto» –le dijo Karen en voz baja–. Pero él prefiere «Buen Hombre» o «Buen Cristiano». Así es como nosotros llamamos a los que tienen los conocimientos para enseñar y ayudar a los demás.

–A pesar de que alguno de estos gigantes que nos rodean tiene más de dos mil años, nuestra tradición es más antigua –decía Dubois–. Arranca de los tiempos bíblicos y de las enseñanzas de Cristo, de la sabiduría del primer Cristianismo aprendido en la fuente original y transmitido por el Evangelio de san Juan. Las palabras de Cristo fueron mutiladas con el paso del tiempo, escondidas y censuradas por quienes han usado la religión como una forma de someter al individuo. Somos depositarios directos de la herencia de los Buenos Cristianos. De aquellos que en el siglo XIII querían leer directamente los Evangelios para conocer la palabra primera en rechazo de las versiones oficiales. De quienes no aceptaron los poderes y posesiones terrenales de la Iglesia por creerlos germen de corrupción y de interpretación interesada de la palabra divina en favor de los poderosos de la tierra. De aquellos cristianos que los inquisidores católicos llamaron cátaros. Que creían en la igualdad de la mujer con el hombre y de unos hombres frente a los otros. Y de aquellos cristianos que creían en la reencarnación múltiple del individuo hasta que aprendiera a vencer sus debilidades, triunfando así sobre el Dios malo y el demonio.

Su voz se alzaba entre los árboles y subía al cielo. A Jaime, el bosque se le antojó una enorme catedral gótica y Dubois, un predicador medieval. Estaban en otro tiempo, en otro lugar.

–Contra ellos se inventaron la Inquisición y las cruzadas de unos cristianos contra otros cristianos. Y fueron quemados en hogueras, exterminados. Fueron despojados de sus bienes. Su patria invadida. La libertad murió entonces. Hará ochocientos años.

»Pero ellos sabían que volverían, y que serían mejores cuando volvieran, porque las almas evolucionan con el tiempo caminando hacia la perfección.

»Nosotros somos sus descendientes espirituales y, aunque nuestras creencias hayan evolucionado, continuamos por su misma ruta.

»Amigos que os reunís con nosotros por primera vez, os invitamos a andar juntos el camino. El de la verdadera libertad. La libertad de la mente. Y la del espíritu.

Dubois calló, y por un momento el único discurso fue el del viento y los pájaros.

Luego otra voz se levantó en el claro. Era Kevin Kepler, a quien Jaime no había visto antes. Estaba sentado a unos metros de Dubois.

–Lo que sí te pedimos es tu compromiso inmediato por la lucha hacia nuestro objetivo y la aceptación de nuestras normas: eso requiere disciplina. Somos muchos y comprometidos, tenemos algún poder ya, y el deber de usarlo para luchar por la libertad de la mayoría. Sí, por la libertad última, la libertad de pensamiento. Esa libertad que se ve continuamente amenazada por grupos integristas de distintas tendencias que quieren imponernos sus credos.

»A nosotros no nos importan sus creencias, pueden seguir a Cristo, a Mahoma o a Confucio; pero todos los que pretendan imponer su religión como la única válida, sin darle al individuo el derecho a contrastar sus ideas, son iguales, dañan a la persona robándole su libertad y retrasan su evolución hacia un ser mejor. –Kevin hizo una pausa y el grupo continuó silencioso.

»Bienvenidos los que no nos conocíais; os invito a quedaros en nuestro grupo. Muchos lo haréis, porque los amigos que os invitaron saben que buscáis algo. Es muy probable que hoy lo encontréis. Si así es, estamos muy felices con vuestra llegada y os acogemos con alegría.

»Si no es así, también nos alegramos de que hayáis venido y os deseamos un feliz día de excursión. Sabed que cuando el camino de la vida os lleve a pensar de forma parecida a la nuestra, continuaréis siendo bienvenidos. –Hizo una pausa y sonrió–. No más sermones por hoy, sólo charlas de amigos. Y ahora, la comida.

## 22

–Ella miente, Andy –repitió Daniel Douglas.

–Puede ser, no dudo de tu palabra, pero ¿qué pruebas tienes? –Andrew Andersen, el presidente de Asuntos Legales de la Corporación, sentado detrás de su mesa de escritorio, se apoyó en su sillón mientras alisaba su pelo rubio canoso con la mano.

El hombre vestía pantalón blanco, zapatos náuticos y jersey marino; parecía que iba o venía de una regata.

Al otro lado de la mesa, en pantalones vaqueros y jersey, se sentaban Douglas y su jefe, Charles White, el presidente de Auditoría y Asuntos Corporativos, que mostraba aquella mañana sus oscuras ojeras más marcadas.

La tercera silla, ahora vacía, había estado ocupada hasta unos minutos antes por Linda Americo.

Por alguna razón, Andersen había querido poner su mesa como barrera, distanciándose de sus interlocutores, cuando generalmente usaba una redonda de cristal situada en la otra sección de su despacho, donde las conversaciones tenían un aire más informal e igualitario.

–¡Por favor, Andy! He trabajado para la Corporación, con total fidelidad, durante quince años. No ha habido ninguna queja de mí, ni en lo profesional ni en lo personal. –Douglas estaba sentado en el borde de su silla y miraba alternativamente a los otros–. Al contrario, hasta el momento todo han sido elogios y ascensos, y desempeño mi trabajo como vicepresidente con la plena satisfacción de mi jefe. ¿No es así, Charles?

White asintió con la cabeza, pero no abrió la boca.

–Creo que merezco alguna credibilidad frente a esa chica, que no es más que jefa de Auditoría y que lleva poco tiempo en la Corporación. Es mi palabra frente a la suya.

—No importa lo que nosotros creamos, Daniel —dijo lentamente Andersen—. Lo que cuenta es lo que un jurado decidiría si Linda nos llevara a juicio; siempre le darían la razón a ella.

—No es como ella lo ha contado.

—Lo siento, no podemos permitir que la Corporación sea acusada en los tribunales por acoso sexual.

—Charles, dijiste que hablarías con Davis. Él conoce mi trabajo y mi fidelidad de todos estos años.

—Lo he hecho —dijo moviendo la cabeza negativamente.

—Quiero hablar personalmente con él.

—Ya está todo hablado —repuso Andersen—. Ha dado instrucciones muy claras. No quiere saber más y no te va a ver.

—¿Qué quieres decir con eso? —La alarma sonaba en su voz.

—A estas alturas debieras saberlo tan bien como nosotros. —Andersen bajó la voz—. Tu relación con la Corporación ha terminado.

—¿Así, sin más? Hace sólo tres días que Linda entró en tu despacho con esa historia y hoy, domingo, me echáis —exclamó subiendo la voz.

—¡Daniel, por Dios! —repuso Andersen elevando también su voz al tiempo que daba una palmada encima de la mesa—. Se ha llevado a cabo una investigación a fondo e imparcial. Tú has expuesto tus puntos y ella, los suyos. Hemos entrevistado a testigos. Dime, ¿puedes negar que te has acostado con ella?

Douglas permaneció callado.

—Claro que no puedes negarlo —continuó Andersen—. Ella tiene todas las pruebas posibles de vuestra relación y testigos que declaran que tú la presionabas continuamente. Americo mantiene que has forzado su voluntad gracias a tu posición jerárquica.

—Pero, Charly —dijo Douglas dirigiéndose al otro hombre—, tiene que haber otra solución. Lo nuestro fue una relación entre adultos, libremente consentida por ambos. Completamente libre. Lo juro. Además, tengo una familia con cuatro hijos que no van aún a la universidad, necesito el dinero.

—Lo siento, Daniel —repuso Andersen—. No lo pongas más difícil. Yo no puedo hacer nada, y Charles tampoco. Tú sabías los riesgos que tomabas. Participas en el plan de acciones de la compañía, y su valor ha subido mucho últimamente; podemos comprar tus acciones a precio de mercado. Además, a ti no te interesa el escándalo, ya que vamos a dar buenas referencias tuyas en cuanto al desempeño de tu trabajo y te será fácil encontrar otro empleo.

Daniel bajó la cabeza, abatido. Los otros dos intercambiaron una mirada en silencio y luego volvieron su atención hacia él.

–Es injusto –se lamentó al cabo de un rato–. ¿Qué va a ocurrir con ella?

–Va a mantener su empleo.

–Pero ¿por qué esa discriminación? Ella continúa tan feliz, y yo, en la calle. Es totalmente injusto.

–Te voy a decir el porqué, aunque debieras saberlo –repuso fríamente Andersen–. Si la despedimos, ella será víctima de un complot y de una venganza sexista. Mala publicidad para la Corporación. Además, tú eras su jefe, tenías poder sobre ella debido a tu posición y, por lo tanto, eres el responsable. –Abrió las manos y las dejó caer sobre la mesa como dando por terminada la conversación–. Lo siento, Daniel, pero es así.

–Pero ese tipo de cosas ocurren cada día en los propios estudios Eagle y en las demás agencias y estudios que trabajan para ellos; es algo normal en el *show business*.

–Puede ser. Quizá vaya con los artistas, su *glamour*, sus ambiciones y lo que pagan por ellas. Los productores sabrán cómo manejan esas situaciones para protegerse de acciones legales contra el estudio. Aquí, en este edificio y en la Corporación, ésta es nuestra política, no sólo como protección legal, sino porque Davis lo quiere así. –Andersen se levantó de la silla y miró su reloj para dejar claro que la entrevista había terminado–. Tengo que irme. –Y señaló en dirección a la puerta–. Buena suerte. Fuera os espera un guarda de seguridad que os acompañará.

Los dos hombres anduvieron en silencio por los corredores solitarios de la planta vigésima primera hacia el ascensor.

Un soleado domingo por la mañana como éste mantenía el edificio prácticamente desierto. Sólo empleados con asuntos urgentes o de alta motivación y ambiciones acudían a trabajar en un día festivo. Los que lo hacían vestían informalmente, nada que ver con el estricto código de trajes de los días laborables. Parecía que querían autoconvencerse: «Será sólo un ratito y luego iré a disfrutar del fin de semana». En algunos casos el ratito se convertía en todo el día.

Daniel llevaba bajo el brazo unas cajas de cartón recogidas en el despacho de Andersen para transportar sus efectos personales. Ambos conocían el ritual.

Hasta hacía unos minutos, Douglas era un alto ejecutivo y merecía toda confianza. Tenía acceso a todo tipo de datos. Información confidencial, vital.

De golpe y después de quince años de trabajo para la Corporación, se había convertido en un individuo sospechoso que podía ofrecer sus secretos a competidores o a personas aún más peligrosas.

Allí estaba su ex jefe, White, con un guarda de seguridad esperando en el pasillo para vigilar que lo que se llevara en las cajas fueran efectos estrictamente personales. Después de muchos años trabajando juntos, de salir de la oficina ya entrada la noche, de compartir problemas y confidencias, la situación era muy violenta.

—Ella es una vulgar puta, Charles —dijo una vez depositados los marcos de las sonrientes fotos de su esposa e hijos en una caja—. Es una vulgar puta, que me buscó y me provocó. No lo pude evitar, fui un estúpido y merezco este castigo de Dios por haber caído en la tentación y haber usado su maldito coño. —Continuó recogiendo sus cosas y al cabo de un rato prosiguió—: Espero que Dios y mi esposa me perdonen —dijo deteniendo su trabajo y mirando de frente a White. Luego levantó la voz—: En cuanto a la Corporación, que me debe tanto tiempo trabajado extra y jamás pagado, desvelos, preocupaciones y horas perdidas de sueño, ¡que la jodan!

—Vamos, Daniel, cálmate. —White se alegraba de que el asunto se resolviera en domingo, evitando así un posible escándalo público.

—Y a ti y a Andersen, que también os jodan —exclamó Douglas con crispación—. No me habéis ayudado para nada. Yo esperaba de ti y de los demás amigos un apoyo que no he recibido. –Se estaba encarando a su ex jefe, apuntándole con el dedo índice entre los ojos.

White se puso rígido, irguió su enorme cuerpo y respondió con firmeza, arrastrando las palabras, mirándole a los ojos y elevando su potente voz:

–Daniel, contrólate. Sé lo difícil que es para ti, pero has jugado con fuego y te has quemado. Compórtate ahora como un hombre. Tú tenías poder sobre ella y ella denuncia que tú lo has usado para obtener sus favores sexuales. Los conseguiste, engañando a tu mujer y cometiendo pecado de adulterio. –Hizo una pausa y evaluó la actitud hostil de Douglas–. He hablado con Davis, he hecho todo lo posible. Sabes que bajo ningún concepto deseo que te vayas, pero Andersen ha presentado a Davis mil y un argumentos legales. Él es el responsable de tu despido. Él y tu propio pecado. Cálmate y asúmelo. El guarda de seguridad que nos espera en el pasillo tiene instrucciones de Andersen de echarte sin más del edificio si causas problemas. Imagino que quieres salir dignamente por la puerta. –Hizo una pausa y añadió–: Además, tus amigos, los que tú sabes, no te abandonaremos.

Douglas no dijo nada y continuó llenando las cajas. Cuando terminó, preguntó:

–¿Cómo me despido de mis subordinados y compañeros?

–Les diré que has presentado tu renuncia, si alguien quiere saber más, que te llame. Es lo recomendado por Andersen y lo que Davis ordena. Tú les puedes dar la versión que quieras. La Corporación no dará ningún detalle. Seguridad no te dejará pasar si vienes sin que alguien autorizado te cite. Esperamos que no llames por teléfono a nadie, salvo a mí o a Andersen. Y, naturalmente, todos tus códigos de acceso a los sistemas han sido cancelados.

–¿Qué más falta por hacer? –preguntó Daniel con sequedad.

–Necesito la tarjeta de seguridad de acceso al edificio, la de crédito de la Corporación, tu última nota de gastos y las llaves del coche de la compañía. ¿Está aparcado en tu plaza de garaje?

–Sí –contestó abriendo su billetera y lanzando encima de la mesa las tarjetas. Luego hizo lo mismo con las llaves del coche–. La nota de gastos te la mandaré por correo.

–De acuerdo. Una vez comprobados los gastos, se te enviará un cheque a casa por lo que se te debe. ¿Alguna pregunta?

–Ninguna.

## 23

De regreso de las secuoyas, Karen dormía apoyando su cabeza sobre el hombro de Jaime. En algún recodo de la carretera el sol, de camino al ocaso, lo deslumbraba a pesar de la protección de sus gafas. El paisaje era hermoso, pero sus inquietos pensamientos le impedían apreciarlo con plenitud. ¿Qué significaba lo vivido en las últimas horas? ¿Por qué aquellas ideas lanzadas por los Cátaros al aire transparente del bosque se clavaron en su mente como flechas en un blanco?

No eran lo que querían aparentar. ¿Cuál sería el papel de Karen en el grupo?

El coche, de cambio automático, y la carretera sin curvas cerradas le permitieron apoyar su mano derecha en la rodilla de su compañera. Agitándose un poco, ella puso su mano sobre la de él.

–¿Cómo estás, Jaime? –preguntó.

–Bien, cariño, ¿y tú?

–Excelente. Me había quedado dormida.

–Lo he notado. Y con mi hombro de almohada.

–Me gusta. Dime, ¿cómo has pasado el día?

–Contigo, estupendo.

–¿Y qué opinas de mis amigos?

–Sorprendentes.

–¿Por qué?

–Porque son algo más que un grupo de amigos. ¿De qué se trata? ¿Una secta religiosa? ¿Qué pretenden? ¿Por qué me invitaste a la reunión?

–Son mis amigos, Jaime, y tú también. He querido que los conocieras. ¿No es lo normal? –Karen se había incorporado y ahora le miraba al hablar.

–Sí, pero ellos no son unos amigos normales. Tienen la misma forma de ver la vida. Y parece que un programa. Y una religión. No es lo que uno espera de un grupo de amigos.

–¿Por qué no? Tenemos creencias comunes y eso nos hace ser afines en muchas cosas, luego somos un grupo de gente unida y, por lo tanto, amigos.

–Bien, ¿y qué me dices de los discursos de vuestros gurús? Kevin Kepler ha hablado de disciplina. ¿Era eso una reunión de amigos o la promoción de una secta?

–Los que tú llamas «nuestros gurús» son gente que tiene cosas que decir que interesan al resto. Y se les escucha con respeto, ¿qué problema hay en compartir principios y creencias?, ¿es que es mejor que nos reunamos para comentar los partidos de béisbol o el último modelo de coche de importación?, ¿o que nos citemos en el bar de moda para hablar de cuánto ganamos en la bolsa? Creí que te interesaban temas más profundos, Jaime, por eso te invité. Parece que me he equivocado. Si es así, lo siento. –Con expresión seria, Karen apartó su mano de la de Jaime.

Él se alarmó, no quería estropear el día con una discusión; puso manos al volante, abandonando la rodilla de ella, y tardó unos minutos en contestar.

–No; no te has equivocado, y te agradezco que me presentaras a tus amigos y la oportunidad que me ofreces de saber más de ti. Sólo que no es lo que yo esperaba.

–Por lo que tú me contaste, creí que te interesaría.

–Algo de lo tratado me interesa, y lo cierto es que sí siento un vacío en mi vida. –Jaime decidió desactivar el conflicto y confiarse–. He renunciado a mis sueños de juventud, sin tener nada que los reemplace. Y también siento como si traicionara una valiosa tradición familiar.

–¿La de tu abuelo y tu padre? ¡Cuéntame algo más de ellos!

Jaime se sintió aliviado al ver de nuevo la sonrisa de Karen. Era como si, al iniciarse el final de aquella tarde de invierno, estuviera amaneciendo un sol mucho más bello.

–La historia es larga.

–También el camino a casa es largo.
–Intentaré resumir.

Karen se acomodó en el asiento, mirándolo cual niña pequeña esperando el relato de un cuento maravilloso.

«Mi abuelo paterno luchó en una vieja guerra civil europea por su libertad, la de sus hijos y la de su pequeña patria. Murió sin conseguir nada de ello. Lo único que logró fue dejar su ejemplo a su hijo, mi padre. Le hizo prometer que sería un hombre que no se dejaría pisar y que siempre lucharía por sus ideales.

»Mi padre, Joan, emigró a Cuba, donde durante muchos años trabajó para su tío, instalado en La Habana, fundando con su ayuda un comercio floreciente. Pasado el tiempo, ya con un buen patrimonio, se casó con una señorita de la sociedad. Allí nací yo. Mi padre simpatizaba con la revolución de Castro e incluso la apoyó clandestinamente.

»En la Nochevieja de 1959 los revolucionarios entraron en La Habana y Batista y los suyos huyeron. A pesar de la consternación del resto de la familia, en casa de mis padres se brindó alegremente por el futuro y por la nueva vida en libertad.

»Muy pronto mi padre se desencantó. El nuevo año trajo una nueva forma de dictadura. Las tensiones con los norteamericanos llevaron a Castro a apoyarse en los rusos y pronto se prohibió el comercio con Estados Unidos.

»Eso arruinó a mi padre económicamente. Y fue también un gran golpe moral, ya que él había puesto su pequeña aportación para aquel cambio. Había creído en el mensaje de libertad, y ahora perdía gran parte de la suya. Mi madre le dijo: "Joan, esto va de mal en peor. Ese Castro nos hace comunistas a todos. Vayámonos, mi amor, antes de que la situación se estropee más".

»Vendieron lo que pudieron y con algún dinero ahorrado embarcaron hacia Estados Unidos. Podríamos haber ido a España, donde la familia de mi padre nos ofrecía su ayuda para instalarnos, pero Joan proclamó que no viviría más en una dictadura y que escogíamos la libertad: se confió al mar como el ancho camino hacia la esperanza.

»Al entrar en el puerto de Nueva York vimos la estatua de la Libertad. Yo era demasiado joven para recordarlo, pero mi madre lo cuenta. Mi padre me cogió en brazos y, sujetándome con su brazo derecho, puso el izquierdo en los hombros de mi madre. Luego, desde la cubierta del barco, contemplando aquel maravilloso símbolo, nos dijo solemnemente: "Ésta es la patria de los libres. Llegamos a la libertad".

»El inicio de la nueva vida fue durísimo. Los amigos que por negocios tenía mi padre en Nueva York sólo le consiguieron un trabajo como vendedor comisionista. Su zona era la que nadie quería. Comprendía Harlem y otros barrios pobres. Con su deficiente inglés y una familia a la que alimentar, Joan no podía escoger.

»Cuando cubría los barrios marginales, empezaba a trabajar muy pronto por la mañana. Muchos de sus clientes hablaban español y eran inmigrantes recién llegados a la gran urbe de la libertad. No confiaban en los bancos, y mi padre tenía que cobrar las ventas en la trastienda, dólar sobre dólar en efectivo, sabiendo que en aquellos lugares su vida valía mucho menos que ese puñado de billetes arrugados recibidos de la última "bodega".

»Cerca del mediodía Joan intentaba alejarse de las zonas peligrosas. Era el momento en que los muchachos de las *gangs* despertaban después de una noche de acción y empezaban a plantearse cómo conseguir dinero para el día.

»Fue entonces cuando Joan supo lo que era el miedo. No por su vida, sino por la de mi madre y la mía si él era asesinado. Supo que mi madre también estaba aterrada. Y se dio cuenta de que no era libre. Que odiaba aquel trabajo, pero que era lo único que tenía, y no podía dejarlo porque era responsable de su familia. Lo peor era por la mañana, cuando se despedía con un beso pensando qué sería de nosotros si él no regresaba por la noche. Y aun en las ocasiones en que se enfrentó a una navaja, su temor de ser herido o morir era menor que el que experimentaba por las mañanas al dejarnos, con una lágrima en los ojos, pensando en nuestro destino sin él.

»No era libre. No podía ser libre con tal inquietud, nadie puede ser libre así.

»Mi padre siempre dice que en Nueva York hay dos estatuas de la Libertad. Una es gigantesca, de expresión seria y distante. Se la puede ver desde muy lejos, es inalcanzable, dura y fría como la piedra con que está hecha.

»La otra es pequeña y está escondida. Es amable, fácil, sonriente y cálida. Está cubierta de oro y se ofrece generosa a quien es capaz de encontrarla, aunque sólo la ven los inmigrantes elegidos: aquellos pocos que llegan al país con mucho dinero, esos que hallan todas las puertas abiertas.

»Pasaron unos años, y nuestro inglés y la situación económica de la familia mejoraron algo. Pero mi padre no era feliz.

»Un buen día nos fuimos hacia el oeste, de nuevo en busca de libertad. Y así llegamos al sur de California, donde montó un pequeño negocio que funcionó bien, aunque no tanto como el de La Habana. Aquí es donde nos convertimos en ciudadanos americanos y donde yo crecí.»

—Pero si tu padre sintió tal desengaño con este país, ¿por qué se hizo ciudadano?

—No lo sé seguro, quizá porque fue lo que más se acercaba a su sueño. O que ya estaba viejo y cansado para buscar más. Te invitaré un día a comer a casa de mis padres y le haremos la pregunta al propio Joan.

—Iré encantada. —Sonreía formal—. Pero con respecto a ti, Jaime, ¿qué hay de tu libertad y de tus ideales?

—Los tuve, Karen. Fui un *hippy* tardío en busca de utopías. Los ideales se fueron con el paso de los años y dejaron un vacío que me hace sentir mal en muchas ocasiones.

—¿Ves, Jaime? Yo sabía que no me equivocaba contigo. —Ella puso ahora su mano en la rodilla de él—. Te dije que éramos iguales, ¿lo recuerdas?, y tú bromeaste sobre ello.

—Sí, lo recuerdo, pero ¿cómo te diste cuenta? ¿Cómo sabías que mi primera preocupación no era el béisbol o los coches de carreras?

—Qué importa cómo; intuición quizá; lo importante es que tú eres uno de los nuestros. Únete a nosotros para luchar por tu libertad y la de los demás.

–Karen, ¿qué papel desempeñas tú en el grupo? –Jaime se sentía inquieto, había algo que no terminaba de encajar.

–Soy una más, como todos. Creo en su lucha y lucho con ellos. El único distinto es Dubois; es un Buen Cristiano o Perfecto que hace las funciones de obispo y tiene a sus asistentes primero y segundo en San Francisco y San Diego. Su función es puramente espiritual y rechaza cualquier tipo de violencia, aun aceptando que otros luchemos en defensa de nuestros ideales. Pero ¿qué importa eso ahora? Lo primordial eres tú. Encajarás perfectamente. ¿Qué me dices?

–Quisiera saber más sobre el grupo, Karen. En especial, sobre su lucha y lo de la obediencia. –Algo en su interior le advertía que no se comprometiera, pero temía perder a su amiga–. Puede que esa gente tenga algo de lo que voy buscando, y me intrigan. Pero sobre todo me importas tú. Ésa es la razón por la que estoy contigo ahora y por la que estaré con tus amigos para conocerlos mejor.

–¡Esto es estupendo, Jaime! –dijo ella con un saltito y dándole un beso en la mejilla–. ¡Verás como te gustará!

El sol se había ocultado dejando un espectacular resplandor rojizo, en violento contraste con el azul oscuro de las nubes del horizonte.

El tráfico era más intenso y los coches llevaban las luces encendidas. Continuaron un tiempo en silencio mientras escuchaban la música de la radio y sus propios pensamientos.

–¡Esto hay que celebrarlo! –Karen rompió el silencio al cabo de un tiempo–. Tengo algo de comida en la nevera y una buena botella de vino. Creo que voy a poder convencer a mi cocinera para que nos prepare una buena cena.

–¿Te refieres a tu inmigrante ilegal rubia y de ojos azules?

–La misma. –Karen mantenía su mano en la rodilla de él.

–Acepto encantado.

–Pero antes deberíamos recoger tu pijama.

–¿Te molesta si duermo sin él?

Karen soltó una de sus risas cantarinas.

# MARTES

## 24

¿Te has enterado de que Daniel Douglas ha dejado la Corporación? –preguntó Jaime.

Cenaban hamburguesa y ensalada en Roco's, y era su primera cita desde el beso de despedida, la mañana del lunes, en el apartamento de Karen; Jaime había esperado con ansiedad este encuentro los casi dos largos días pasados sin verla.

–Algo he oído. Pero tú sabrás más.

–El lunes, White me llamó para darme la noticia. Circularon una ambigua comunicación oficial terminada con aquello de «le deseamos lo mejor en sus nuevos proyectos profesionales»; en realidad lo han echado.

–¿Sabes por qué? –Karen parecía cuidadosa.

–No oficialmente. Pero todo se sabe y Laura, mi secretaria, me dijo que era un lío de faldas. Le pedí aclaración a White y me contó, de forma muy confidencial, que Douglas había tenido un asunto con una de las mujeres que trabajaban para él. Se llama Linda Americo, es joven, atractiva y una ejecutiva ambiciosa, que ascendió muy rápido gracias a él.

–¿Y lo han echado sólo por eso?

–Aunque yo no me llevaba bien con Douglas, tenía un trato frecuente con él. Era de esos tipos que siempre tienen un retrato de su mujer e hijos en lugar visible y destacado del despacho. Por Navidades enviaba como tarjeta de felicitación una foto de toda su familia engalanada frente al hogar y al árbol decorado. Era muy conservador, política y socialmente; me asombra lo ocurrido.

–Los que quieren aparentar ser los más morales son los que esconden los esqueletos más feos en sus armarios –comentó Karen sonriendo con ironía.

–No sabía que existiera tal *affaire,* pero comprendí que tenía problemas con Linda cuando la semana pasada intentó convencerme de incorporarla a mi equipo, ascendiéndola.

–Parece que llegó tarde.

–Me temo que sí. He estado esperando y, como Douglas no daba señales de vida, hoy le he llamado a su casa. Está destrozado, no sólo por su trabajo, sino porque quizá su mujer le pida el divorcio. Linda lo ha utilizado para progresar y, al negarle él una nueva promoción, le amenazó primero y luego cumplió su amenaza.

»La chica tenía prisa, lo ha exprimido miserablemente y cuando no ha podido sacar más de él, lo ha dejado tirado, pisándolo como si fuera una lata de refresco usada, por el simple placer de oír el ruido que hace al aplastarse contra el suelo. Le ha destrozado la vida en todos los sentidos.

»Es una ambiciosa que no ha dudado en buscarlo, seducirlo y abrirse de piernas cuando Douglas le podía dar lo que ella quería. Y cuando no pudo sacarle más, se ha ensañado con él. ¿No podía simplemente dejarlo? Ella sabe lo puntilloso que es Davis en lo referente a las relaciones sexuales entre los empleados y, cuando lo denunció, sabía que acabaría con él. Linda es una mujer hermosa, pero me da un asco infinito.

–Oye, ¡espera un momento! –Karen había perdido su sonrisa y le cortó con brusquedad–. Estás sacando conclusiones demasiado deprisa. ¿Cómo sabes que la versión de Douglas es la auténtica? Yo lo veo distinto. Han tenido un asunto que ha terminado mal. Tú dices que ella lo ha usado para ascender. Yo conozco a Linda y es una mujer profesionalmente muy capaz, que hubiera ascendido igualmente. Además, si ella ha obtenido ventajas profesionales gracias a su relación con Douglas, es culpa de él. ¿Qué le daba ella a cambio? –Karen fruncía ligeramente el ceño y hablaba con una dureza desconocida hasta entonces por Jaime; no esperó a que él respondiera–. Le daba una relación cómoda y halagadora en la que él se acostaba con dos mujeres a la vez. Aparte de tener en su casita a su familia ejemplar e ir a la iglesia todos los domingos, Douglas disfrutaba de una mujer joven que, como tú dices, es, asimismo, hermosa, mientras ella perdía su tiempo y su juventud en una relación sin futuro. No estaba nada mal lo que él sacaba del asunto, ¿no crees? Y no dudó en traicionar y mentir a su esposa, ¿verdad? ¿Y me dices que Douglas, además, ascendió a su amante? ¡Qué asco de tío inmoral, que paga favores personales con los activos de la Corporación!

–No es así, Karen, él se había enamorado de ella.

–¿Ah, sí? Él sí estaba enamorado de ella, ¿y ella de él no? Estás prejuzgando el asunto bajo una visión machista.

–¿Cómo que machista? –Jaime empezaba a enojarse–. Esa mujer ha ido con mala intención. Si no, dime: ¿por qué lo ha denunciado por acoso sexual cuando era un asunto personal entre ambos? ¿Qué necesidad tenía de hundirle?

–Linda es mi amiga y tú estás asumiendo lo que no sabes. Él estaba en una situación de poder frente a ella, simplemente porque era su jefe. Y ha usado ese poder para que ella cediera primero y para que alargase la relación después. Él quería mantener la situación tal cual. Se acostaba con ella cuando le parecía y luego volvía a su casa con su perfecta familia para follar con la otra. Linda le pidió que escogiera, y él quiso mantener las cosas como estaban a toda costa. La denuncia ha sido la única salida que Linda tenía para recuperar su libertad.

–Aun así, estoy seguro de que había otra solución. –El tono de Jaime subía–. Y también estoy seguro de que ella ha buscado aumentar sus privilegios profesionales subiendo el precio de su sexo. Se le quedó pequeño el puesto y el tonto de Douglas le habría prometido otro ascenso con tal de retenerla. Cuando vio que no se lo podía dar, ella se libró de él para siempre. No necesitaba ser tan cruel y, por muy amiga tuya que sea, para mí es una simple puta.

–Bien, ¿y qué crees que le va a pasar a ella? No la han despedido y en teoría la Corporación la apoya como víctima de acoso sexual. Pero sólo es porque tienen miedo a un escándalo y posible juicio. Por eso lo hacen.

»Ella va a quedar marcada para toda su vida profesional porque sus jefes son unos sucios machistas como tú, que siempre se referirán a ella como "esa puta que se acostaba con Daniel para que la ascendiera y que después le mordió ahí". Su futuro profesional en la Corporación es nulo. Linda ha demostrado un gran valor al librarse de él de la forma en que lo ha hecho.

–¡Qué valor ni qué pobre chica! Nadie la perseguía. Se acostaban y lo hacían fuera de la oficina. Ahora imagina que ella fuera la jefa y la situación, la inversa. Todo el mundo se reiría de él y Linda jamás sería despedida.

–Puedes desviar la conversación si quieres, pero yo apruebo los métodos que ella ha usado para recuperar su libertad. Y la apoyo.

–Karen, ésa no es la forma –repuso Jaime luego de unos instantes de silencio. «Se deja llevar por las emociones y no razona lógicamente», pensaba–. Imagina que lo nuestro se termina por tu parte, que yo continúo queriendo verte y tú no, aunque yo insista. ¿Qué necesidad tendrías tú de denunciarme como un superior que te acosa? Estoy seguro de que tú no lo harías.

Karen le miró y calló. Hubo un brillo en sus ojos azules y un esbozo de sonrisa bailaba en sus labios.

–¿Ah, no? ¿Cómo lo sabes? –preguntó con suavidad. Jaime empezó a sonreír conforme la sonrisa de ella se iba ampliando. La fuerte tensión entre los dos estaba desapareciendo. Y él se sentía aliviado.

–Porque tú eres una chica con principios morales y jamás me harías eso.

–Pero soy también una chica ambiciosa. Imagínate que no me das lo que yo quiero cuando yo te he dado todo lo que tú querías. Me podría enfadar mucho.

–Pero lo que tú quieres y lo que yo quiero es lo mismo. ¿No es así, cariño?

–No seas tan vanidoso ni estés tan seguro.

–Pero tú jamás lo harías.

–Linda es mi amiga, y yo le aconsejé como amiga y abogada. No dudaría un instante en hacer lo mismo.

Karen no sonreía y pronunció las palabras con un énfasis especial. Jaime notó como su propia sonrisa se borraba de su cara. Después de un incómodo silencio en que ambos mantuvieron la mirada, Karen soltó una alegre carcajada.

–¡Te tengo en mi poder, señor vicepresidente! –exclamó con dulzura.

–Bromeas, ¿no es cierto?

–Claro, cariño. Desde luego. Pero ella es mi amiga.

Jaime la miró con suspicacia. Sentía en su interior que ella era muy capaz de hacer lo que Linda había hecho. No creía que bromeara y había un aviso cierto flotando entre ambos. ¿En qué lío se habría metido acostándose con Karen?

–Además, debes ver el aspecto positivo de este asunto –continuó Karen–. Con Douglas despedido, de irse tu jefe, es casi seguro que tú serías ascendido a presidente de Auditoría. ¡No está mal para un hispano!

Jaime intuía que el juego iba más allá y que la amenaza seguía allí. Una sensación, mezcla de atracción irresistible y temor a un peligro oculto pero real, lo invadió.

Oyó una voz interna advirtiéndole: «Como mariposa a la llama».

# MIÉRCOLES

## 25

El sol se ocultaba, y el senador McAllen miró los eucaliptos, palmeras y grandes matas de adelfas que, bordeando la carretera, ya escondían sombras en su interior.

–Es testarudo –comentó a su acompañante–. Es como un viejo rey y tiene formas y actitudes de tal. No pondrá las cosas fáciles.

–Lleva usted un mensaje del presidente de Estados Unidos, senador, y eso abre todas las puertas del país y las de la mayoría del mundo.

–No, John; no necesariamente las de David Davis –se quejó McAllen–. En realidad, Davis se cree que el presidente le debe el puesto a él. Y lo proclama sin ningún rubor.

–Puede ser cierto.

–Lo sea o no, el caso es que Davis espera que el presidente siga sus instrucciones y no viceversa.

–¿Es la Torre Blanca más poderosa que la Casa Blanca? ¿Está por encima del presidente?

–Para Davis, este país es una monarquía; él, el rey, y el presidente, su primer ministro. –McAllen suspiró.

La limusina y los cuatro motoristas de la policía que la escoltaban pararon frente a la gran verja de hierro que daba acceso al rancho. Las cámaras de seguridad observaron al grupo atentamente.

Cuando las puertas se abrieron, se encontraron con dos hombres, en traje, rodeados de guardas, que sostenían fusiles automáticos, esperándoles. Parecía un pequeño ejército en formación.

McAllen sabía que no estaba todo a la vista e instintivamente buscó con su mirada a los tiradores dispuestos entre los espesos arbustos del jardín. No pudo ver a ninguno.

Las puertas se cerraron, y uno de los pretorianos se dirigió a la ventanilla del senador.

–Bienvenido, senador McAllen. Es un placer verle de nuevo.

–Gracias, Gus. Conmigo viene el señor Beck.

–Un placer, señor Beck –saludó Gutierres a través de la ventanilla–. Le esperábamos también a usted.

–Placer –repuso Beck sucinto.

–Senador, ya conoce usted las costumbres de la casa. Me temo que su escolta y su coche tendrán que quedarse aquí. Mi colega acompañará a su comitiva al edificio de recepción, donde serán bien atendidos.

–Bien, bien –gruñó McAllen mientras hacía una seña a Beck para que bajara del coche.

Otro vehículo se detenía en aquel momento frente a ellos, y el conductor bajó, dirigiéndose sin preámbulos a Beck.

–Estoy seguro de que el señor Beck, dada su profesión, lo entenderá –dijo Gutierres mientras el pretoriano cacheaba al hombre sin ninguna delicadeza–. Es el procedimiento de rutina.

El guardaespaldas encontró el revólver que buscaba pero nada más y, quitándoselo sin pronunciar palabra, lo guardó en algún lugar de su amplia chaqueta.

–Naturalmente, le devolveremos su «amiguito» a la salida, señor Beck. Disculpe las molestias –le consoló Gutierres. Luego se dirigió a McAllen–. Imagino que, como de costumbre, el senador no va armado. ¿No es así, señor?

–No voy armado –confirmó McAllen con cierto fastidio.

–Gracias, senador. Podemos subir al coche.

El trayecto fue de pocos minutos, siguiendo una carretera de un solo carril por sentido y flanqueada por altas palmeras y hermoso césped. Más lejos se veían grupos de árboles y jardines.

Bordearon una cerca en cuyo interior se encontraban caballos y al fondo se veían unas construcciones que debían de ser los establos. Al fin llegaron a los jardines del edificio principal; una amplia y bella casona de estilo colonial español en donde el coche se detuvo.

Beck pensó que no se parecía demasiado a las típicas construcciones modernas de Los Ángeles que con madera, azulejos y estuco imitaban el estilo. Aquello tenía aspecto de auténtico y antiguo. Debía de haber sido la gran casa de uno de los ranchos del sur de California, en tiempos de España y luego de México.

Gutierres les condujo al interior, hacia uno de los grandes salones laterales. Era una biblioteca construida en caoba y nogal, donde los libros llegaban hasta el artesonado de madera. El fuego saltaba alegre en la chimenea de piedra esculpida con motivos platerescos dando a la gran sala un aspecto acogedor y familiar.

En abierto contraste con la aristocrática decoración, Davis contemplaba un lienzo de pared con seis grandes pantallas de televisión, sintonizadas a otros tantos canales.

Davis se levantó del sillón al anunciar Gutierres la llegada del grupo. Con un solo gesto del mando a distancia, los televisores enmudecieron, se apagaron, y un panel de madera que parecía tan antiguo como el resto de la biblioteca se deslizó en silencio, ocultando los monitores.

McAllen se adelantó para estrechar efusivamente la mano de Davis.

–¿Cómo estás, David? Es un placer verte de nuevo. –El grandullón y carirrojo McAllen producía un cómico contraste de tamaño y aspecto con el pequeño y enjuto Davis.

–Muy bien, gracias, Richard –dijo Davis, que no se había movido de su lugar y se erguía como para aumentar de estatura–. Te veo bien.

–Sí, gracias. Te presento a John Beck. Ya te anticipé que vendría conmigo.

–Señor Beck.

–Un placer conocerlo, señor Davis.

–Igualmente. ¿Quieren sentarse, por favor? –Davis señaló unos sillones enfrente del suyo.

Los dos hombres se sentaron, y también lo hizo en silencio Gutierres.

–David, quiero expresarte mis sentidas condolencias y las de tus amigos de Washington por la muerte de Steve.

–Asesinato.

–Exacto, asesinato. Y aunque ya te lo expresaron por teléfono, y el gobernador los representó en el funeral, el presidente, el vicepresidente y sus esposas te envían sus condolencias.

–¿Por qué no ha venido contigo el vicepresidente?

–¿El vicepresidente? –McAllen se puso a la defensiva.

–Sí –confirmó Davis–. Si el motivo de tu visita es tan importante, era de esperar que al menos el vicepresidente hubiera venido a verme en persona.

–Bien, David, el tema es ciertamente importante, pero hoy se trata de hablar de asuntos técnicos. Estoy seguro de que el vicepresidente y el propio presidente estarán encantados de escuchar lo que tengas que decir después de esta reunión.

–¿Asuntos técnicos? Yo no acostumbro tratar temas técnicos.

–Pero éstos en particular debes tratarlos tú personalmente, David. Tienen que ver con tu propia vida y con el futuro de la Corporación.

–Te escucho.

–Como sabes, el señor Beck ocupa un alto cargo en el FBI. El departamento que él dirige está especializado en la investigación de grupos de presión política o económica que no se mueven por los cauces habituales.

–¿A qué te refieres, Richard? ¿Acaso hay alguno que nosotros no controlemos? –ironizó Davis.

–Son grupos de ideologías políticas extremas –continuó McAllen dándose por enterado del comentario con una escueta sonrisa parecida a una mueca– o sectas religiosas que persiguen el poder dominando a sus discípulos. Usan la violencia física o psíquica y están al borde o fuera de los límites de nuestra Constitución.

–Tiene usted un trabajo interesante, Beck. Quizá un día podamos llegar a un acuerdo para que nos escriba el guión de una película. Pero ¿de qué nos sirve eso ahora?

–El inspector Ramsey ha pedido ayuda para identificar a quienes reivindicaron el asesinato del señor Kurth –intervino Beck–. En el FBI tenemos localizados a más de ochocientas agrupaciones antigubernamentales organizadas. De ellas, más de cuatrocientas son milicias entrenadas y expertas en armas y explosivos. Pero no tenemos constancia de los que reivindicaron el asesinato. El éxito obtenido y los métodos empleados son demasiado sofisticados para una simple pandilla de locos o un grupo nuevo. Creemos que se trata de una cortina de humo para esconder a alguien que sabe bien lo que hace. Opinamos que este asesinato es sólo el inicio y que es una pieza de un plan más sofisticado y ambicioso.

–Si niega la existencia de los grupos que reivindicaron el asesinato –interrumpió Gutierres–, ¿cómo explica que hayamos recibido durante más de un año sus amenazas?

–Los asesinos lo planearon con tiempo.

–Y tenemos buenos motivos para creer que lo van a intentar la próxima vez contigo, David –intervino McAllen–. El presidente quiere que extremes las medidas de seguridad.

–Dile al presidente que le agradezco su preocupación, pero que mi seguridad, como has podido comprobar, es francamente buena.

–El presidente quiere que prepares la sucesión en la Davis. Sabes mejor que nadie cuán poderosa es la Corporación. Tenéis periódicos, revistas líderes y uno de los mayores grupos editoriales del país. Controláis una de las cuatro mayores cadenas de televisión, además de múltiples canales de noticias y temáticos. Los estudios Eagle están siempre en los primeros puestos de la taquilla mundial y vuestra producción televisiva lanza cada temporada nuevos programas que alcanzan la mayor audiencia. Por no mencionar vuestro liderazgo en radio. La Davis tiene un valor estratégico clave para la seguridad del país.

–Querrás decir para la seguridad de vuestra victoria electoral, ¿verdad?

—Vamos, David, sabes bien que la importancia estratégica de la Corporación en el mundo es casi tan grande como la de la flota del Pacífico.

—Te equivocas. La importancia de la Corporación es hoy, a principios de siglo, mucho mayor que la de la flota. En especial para el vicepresidente. Para que pueda convertirse en presidente en las próximas elecciones.

—Con la muerte de Kurth, tu sucesor natural ha desaparecido. —McAllen obvió el comentario de Davis—. El accionariado de la Corporación está constituido de tal forma que, aunque tus herederos vendieran sus acciones, el control no sería total para ningún grupo. Y el valor de la compañía es tan grande que hace casi imposible un *buy-out*. Así pues, el poder que puedan ejercer los altos ejecutivos en la Corporación sería determinante para controlarla, aun sin tener casi ningún peso en el accionariado.

—Veo que has hecho tus deberes antes de venir a verme. —Davis forzó una sonrisa—. Pero ¿en qué me afecta a mí todo eso?

—La Davis es la obra de tu vida. Tiene tu estilo y refleja tus ideales de libertad, que coinciden con nuestra visión de un mundo tolerante y liberal, sin que el Estado influencie demasiado la vida civil. Esto puede cambiar dramáticamente si tú desapareces sin dejar asegurada tu sucesión. Tu obra moriría, y esa tremenda máquina de comunicación podría caer en manos de alguien que la usara en sentido contrario a como tú la has conducido hasta ahora, empujando al público hacia unas ideologías o religiones concretas.

—Richard, creo que la obsesión por manteneros en el poder os hace tener pesadillas. Además, mis ideales y los vuestros difieren en mucho.

—No son pesadillas —repuso McAllen. Luego se dirigió a Beck—. John, explíqueselo al señor Davis.

—Tenemos informadores e infiltrados en casi todas las sectas y especialmente en las más activas. Se sorprendería de lo poderosas que son algunas y de los contactos que tienen gracias a que unos adeptos ayudan a otros a escalar posiciones de poder.

—En ese caso estará perfectamente enterado de la última donación que he hecho a mi sinagoga, ¿verdad, Beck? —bromeó Davis enseñando los dientes en lugar de sonreír.

—Algunas de esas sectas son particularmente cerradas y acometen actividades que muy pocos adeptos del grupo conocen –continuó Beck sin detenerse ante el humor ácido de Davis–. O a veces una fracción más radical dentro de la misma secta toma una iniciativa extremista sin el conocimiento del cuerpo central. La investigación en esos casos es muy difícil. Sin embargo, puedo asegurarle que existe una poderosa sociedad secreta que está infiltrándose desde hace tiempo en Davis Corporation. Varios de sus empleados pertenecen abiertamente a ese grupo y algún ejecutivo importante podría ser adepto secreto.

—Beck, no dé usted más rodeos. Indíqueme quiénes son y actuaremos.

—No es tan fácil. Aunque tenemos sospechas fundadas de una secta en concreto y varios miembros de grupos distintos han sido identificados en la Corporación, no podemos demostrar aún su relación con el asesinato.

—Necesitamos pruebas fehacientes, Beck –intervino Gutierres–. No podemos permitir que se diga que en la Corporación perseguimos a una religión o secta. Simples sospechas no sirven.

—Los nombres, Beck –insistió Davis.

—No puede dártelos por ahora –terció McAllen–, pero estamos seguros de que el asesinato ha sido un paso importante en los planes para la toma del control por parte de una secta. Y van a continuar, David, y tú estás en su camino. –El senador hizo una pausa para continuar con un mayor énfasis–. Hemos decidido que el agente especial Beck se haga cargo de la investigación a partir de hoy. Así estarás más protegido y...

—Un momento, Richard. –La voz de Davis denotaba su irritación–. Venís con la historia de una secta y un complot, pero no queréis concretar qué secta es y no habéis podido establecer su relación con el asesinato. No me dais los nombres de los empleados sospechosos. No aportáis ninguna prueba. ¿Y con esa excusa quieres poner a esta lumbrera del FBI a dirigir la investigación para que meta en mis asuntos sus narices conectadas por Internet con Washington? ¿Os creéis que soy un jodido recién nacido? Cada día mis estudios rechazan diez guiones mejores que éste.

La roja cara de McAllen estaba pálida.

—Por favor, David, sé razonable. Pretendemos tu seguridad y la de la Corporación.

—Bien, señor Beck —continuó Davis sin hacer caso a McAllen—, ya que está usted tan enterado, ¿qué opina del explosivo que usaron Los Defensores de América? Por cierto, vaya nombre estúpido; de superhéroe de cómic.

—No he discutido aún los detalles con Ramsey ni con el laboratorio que realizó los análisis.

—Pero sí cree que puede venir a darme unos cuantos malditos consejos —le increpó con una dura mirada—. Díselo, Gus; dile lo que era.

—RDX, un explosivo usado por los servicios secretos.

—Sí, los servicios secretos —continuó Davis—. Pues yo opino de los servicios secretos lo que opina usted de las sectas. Sé que lo habrá hecho alguno de ellos, pero no sé cuál. Senador, ¿podría ser quizá nuestro propio servicio secreto?

—Por favor, David. —McAllen se escandalizó—. ¿Cómo puedes decir tal cosa?

—El señor presidente de los Estados Unidos de América está preocupado por mi sucesión —continuó Davis sin hacer el menor caso al tono quejumbroso de McAllen—. ¿Ya tiene candidato? ¿Quién es, Richard?

—La primera preocupación es tu seguridad, y por favor, no nos ofendas.

Davis se mantuvo en silencio.

—Yo respeto al presidente; transmítele mi agradecimiento por su preocupación —dijo Davis luego de una larga pausa, pasando de repente a un tono relajado y conciliador—. Agradezco la información que me ha traído el señor Beck, pero prefiero que la próxima vez aporte algo más que rumores. Quiero nombres y una conexión razonable si he de volver a verle. Y pruebas. Si no, no hace falta que se moleste en venir. Que trate contigo, Gus. O con Ramsey. Hasta que nos proporcione los nombres y motivos, nosotros seguiremos colaborando con la investigación, pero el inspector Ramsey continuará al frente. Él tiene toda mi confianza.

–¿Y en cuanto al tema de preparar una sucesión adecuada? –preguntó McAllen.
 –Dile al presidente que empezaré a considerar opciones. Bien, señores, es el momento de la cena. –Davis se levantó del sillón y los demás lo siguieron de inmediato–. Richard –dijo al senador tomándolo por el brazo–, tú y yo tenemos asuntos que tratar sobre los viejos tiempos. Vamos a cenar los dos solos. –Y añadió–: El señor Beck y Gus cenarán por su cuenta. Estoy seguro de que encontrarán muchos temas «técnicos» de que hablar.
 Beck vio como Davis se llevaba a McAllen del brazo fuera del salón. Al girarse, su mirada se cruzó con la de Gutierres. En la cara usualmente inexpresiva del jefe de los pretorianos bailaba una intencionada sonrisa divertida.

## 26

–¿Sabes?, Dubois despertó mi curiosidad hablándome de la memoria genética, pero no he vuelto a oír nada del asunto desde entonces.
 Jaime había invitado a Karen a una copa en Ricardo's. Allí se sentía como en su casa y pensó que el ambiente íntimo propiciaría una conversación en la que Karen se abriera a las confidencias, y le contara más sobre los misteriosos Cátaros.
 –¡Ah!, pero ¿estás interesado en ello? –repuso Karen, que abría los ojos fingiendo asombro.
 –Sí, claro. De ser cierto lo que contó Dubois, me gustaría experimentarlo.
 –Sí lo es, Jaime. Es cierto. –Hizo una pausa y añadió–: Te lo garantizo.
 –¿Cómo puedes estar tan segura? Hablas como si lo hubieras vivido.
 –Lo he vivido.
 –¿Tú? ¡Cuéntalo!

–No ahora. No estás preparado.

–¿Cómo que no?

–Mira, Jaime, éste no es un asunto que puedas visitar como un turista las Secuoyas. Requiere un conocimiento previo, una actitud positiva y un compromiso.

–No te entiendo. ¿Qué conocimiento previo se precisa?

–Antes que el conocimiento está tu actitud. Debes estar preparado para aceptar como posibles eventos que tu educación y tu pensamiento actual pueden rechazar con violencia.

–¿Como qué, Karen? ¿Qué debo aceptar?

–Prefiero no hablar del asunto si no anticipo tu actitud positiva.

–Por favor, Karen, no des más vueltas. Prometo escuchar con todo respeto lo que me cuentes. No puedo estar más positivo, créeme.

–Bien, si así lo quieres. –Karen hizo una pausa mirándole a los ojos. La luz del local producía un extraño reflejo en sus pupilas azules. Al continuar, lo hizo bajando la voz–. Lo de la memoria genética es un eufemismo que Dubois usó. No es así. No recuerdas lo vivido por tus abuelos o tatarabuelos u otro antepasado físico. Recuerdas lo vivido por tus antecesores espirituales.

–¿Qué es un antecesor espiritual? Es la primera vez que oigo tal cosa.

–Es tu yo más interior, Jaime, tu espíritu.

–No entiendo, Karen. ¿Qué tiene que ver mi espíritu con mis antecesores?

–Tu espíritu ya ha vivido vidas anteriores y siempre ha sido el mismo. Por lo tanto, los individuos que vivieron con tu mismo espíritu y su propio cuerpo son tus antecesores espirituales. El cuerpo muere, el espíritu permanece.

–Me estás hablando de reencarnación. ¿Es eso?

–Sí.

En aquel momento apareció Ricardo con las bebidas y las depositó en la mesita.

–¿Todo bien, muchachos?

–Sí, gracias –repuso Jaime.

Ricardo le dio un par de palmaditas amistosas mientras hacía brillar su sonrisa. Karen le correspondió con una no menos deslumbrante. Cuando ya se retiraba y ella no lo veía, Ricardo guiñó un ojo a Jaime y le hizo el signo positivo de aprobación con el pulgar hacia arriba. Le había gustado Karen.

—Cuesta creer lo de la reencarnación —dijo Jaime tan pronto como Ricardo se alejó.

—Ya te lo advertí.

—Pero imagina que lo creo —se apresuró a añadir—. O al menos creo que es posible. ¿Podría yo recordar vidas pasadas?

—Claro, Jaime, de eso estamos hablando. En unas condiciones especiales, puedes lograr acceso a trozos de información, a recuerdos de experiencias anteriores, que te ayuden a dar sentido a tu vida como continuación de un proceso de aprendizaje emprendido hace muchísimo tiempo.

—¿Has vivido tú ese tipo de experiencia o te lo han contado?

—Ya te he dicho que lo he vivido personalmente.

—¿Qué pasó? ¿Qué viste? Cuéntamelo, Karen.

—Lo siento, Jaime, ahora no puedo. Es algo muy íntimo. No creo que tengamos aún la confianza.

—Pero ¿qué dices? ¿No confías en mí? Tú y yo nos hemos contado cosas muy personales. Nos hemos acostado varias veces y no has mostrado ninguna timidez especial, ni yo tampoco. Nuestro contacto es de lo más íntimo. ¿A qué viene ahora ese recato?

—Te equivocas, Jaime. Te he ofrecido mi cuerpo sin reservas y tú a mí el tuyo. Pero es sólo algo físico. Algo que va a degenerar algún día y que va a morir. Nuestros cuerpos han gozado el uno del otro y ha estado muy bien. Pero eso es poco. Es mucho más fácil mostrar lo más íntimo de tu cuerpo que lo más íntimo de tus pensamientos, y es ahí donde está la continuidad de la vida, en tu espíritu, en tu yo más intrínseco.

Jaime no podía apartar la vista de Karen. Se dio cuenta de que se había quedado con la boca abierta. La cerró. Si Ricardo lo veía en esos momentos, se reiría durante el resto de su vida de «la expresión de tonto que Jaime tenía con aquella rubia».

–El verdadero ser es el espíritu, que evoluciona y progresa gracias, en parte, a las experiencias que se obtienen en la vida física. El cuerpo es sólo un instrumento. Usando el lenguaje antiguo, te diría que el cuerpo lo ha hecho el diablo y por ello es finito, mientras el espíritu es eterno.

–¡Pues diablo! ¡Qué buen cuerpo tienes, Kay! –exclamó Jaime queriendo usar el humor para ocultar su asombro e incredulidad.

Karen soltó una de sus alegres carcajadas.

–El cuerpo será un instrumento del diablo, como tú dices –continuó animado por la risa de ella–, pero yo gozo diabólicamente del tuyo con mi propio instrumento.

–¿Qué pasa? –cortó Karen, ahora seria–. ¿Te ríes de mí? ¿Ves por qué decía que no estabas preparado?

–Disculpa, Karen, no te ofendas. Respeto lo que me has contado. Sólo que el tema del cuerpo y del diablo se presta a bromas y no he podido reprimirme.

–Es cierto. Ya te dije que era el lenguaje de la Edad Media. En realidad, creo poco en el diablo, pero está bien, de cuando en cuando, echarle la culpa a alguien por cosas de las que somos únicos responsables. –Ella sonreía con picardía–. ¿No lo crees así, Jimmy?

–Absolutamente. –Él también sonrió–. Y si estás hablando del cuerpo, y de lo que estoy pensando, en lugar de culpar al diablo, habría que darle las gracias.

–Obseso –sentenció ella–. Pero aún te veo escéptico.

–No, Karen. Deseo con toda intensidad vivir mi propia experiencia y recordar mi pasado.

–Eso requiere un compromiso. Un compromiso serio.

–¿Qué compromiso?

–Varios. Esa experiencia te puede dar las claves de un camino que no sabías que estabas andando y una conciencia de dirección en tu vida que te obligará a no desviarte y a andar sin pausas. También deberás integrarte en nuestro grupo y asumir nuestra directiva. Eso no es tan fácil. La libertad es uno de los bienes que pretendemos. Sin embargo, en el camino hay que hacer cesión de ella para poder lograr el objetivo común. En otras palabras, debes prestar obediencia a los líderes del grupo.

–No entiendo las implicaciones, Karen. ¿Qué representa exactamente la obediencia? ¿Qué debo hacer? ¿No era la libertad lo que predicaban en las Secuoyas?

–No sé lo que la obediencia puede requerir en cada momento.

–Pero, Karen, ¿no te das cuenta del tufo a secta que tiene lo que me estás contando? –Había alzado la voz.

–Tú has preguntado y yo contesto. Ya discutimos eso antes y no pienso hacerlo ahora. Son mis amigos y yo estoy con ellos. Ya eres mayor de edad, Jaime. Escoge lo que quieras. Yo sí sé lo que quiero. –Karen se levantó de su asiento–. Y ahora quiero ir a casa, es tarde. ¿Me acompañas?

–Naturalmente, Karen. Yo te he traído –respondió Jaime levantándose de inmediato.

La intensidad del tráfico había bajado considerablemente, pero Jaime conducía con lentitud; quería estar más tiempo con Karen. Ella no parecía compartir el deseo.

–¿Nos vemos el viernes?

–Ya te he dicho que veo a mis amigos.

–¿Me excluye eso a mí?

–No, Jaime. Si vienes, serás bienvenido, pero primero debes aclarar tus ideas y tomar una decisión. Si vienes, es porque quieres ser uno más del grupo.

–Gracias por la invitación. Seguiré tu consejo y lo pensaré. Te llamo y lo confirmo. ¿Hasta cuándo tengo tiempo?

–Hasta el mismo viernes; no tengo otros planes. O voy contigo, o sola.

El silencio quedó entre ellos como una puerta cerrada que los separara. Jaime se sentía presionado. Y no le gustaba. ¿Qué había detrás de aquello? ¿Era lo del espíritu y la reencarnación una fábula? ¿Qué perdía siguiendo la corriente a Karen? Empezaba a entender lo que arriesgaba si no lo hacía. A ella. Y eso era lo último que podría aceptar. En pocos días Karen se había convertido en el pequeño sol alrededor del cual giraba el planeta de su vida. Le daba miedo tal dependencia, pero otra alternativa era ya impensable.

De pronto una sospecha cruzó su mente, rápida y terrible como un relámpago iluminando la noche.

–Karen, Linda Americo...

–Sí, ¿qué pasa con Linda?

–¿Es una de tus «amigos»?

–Sí, te dije que éramos amigas.

–Lo que pregunto, Karen, es si ella pertenece a «esos» amigos de los que hablamos; los que deben obediencia a los líderes.

–¿Qué te hace creer tal cosa?

–Podría explicar lo que hizo con Douglas. No veo que ella tenga motivos propios para hundirlo con tal saña. Responde, Karen, ¿es ella una cátara?

–No voy a responder, Jaime. Pregúntale a ella y que te conteste si quiere. No te puedo dar una información sobre Linda que yo conozca porque soy su amiga o porque soy cátara. Ya lo aprenderás si te unes a nuestro grupo.

–¿Qué interés podría tener vuestro grupo en acabar con Douglas?

–¿Qué te pasa? ¿A qué viene esa pregunta? ¿Te das cuenta de que nos estás acusando? No pienso continuar con este tipo de conversación –cortó Karen con firmeza.

El silencio volvió a convertirse en el tercer pasajero. Era un silencio pesado, incómodo. Lleno de preguntas. Lleno de presagios.

Cruzaron la barrera de entrada del grupo de apartamentos, y Jaime aparcó en la zona de invitados.

–¿Subo contigo? –preguntó sin demasiada convicción.

–Hoy no. Lo siento. Mañana he de estar muy pronto en la oficina; tengo un día difícil. –Se inclinó hacia él y, apoyando la mano derecha en su hombro, le besó. Fue un beso que no pasó de los labios, pero cálido y prolongado. Esa actitud cariñosa de Karen iluminó la noche–. Llámame –susurró como despedida.

Al salir, Jaime se sentía feliz, pero su maldita mente de auditor empezó a funcionar de nuevo. ¿Por qué lo de Douglas? ¿Le habría presionado Linda para que se uniera a los Cátaros como Karen lo hacía con él? Los paralelismos de la relación de Linda con Douglas y la suya con Karen eran demasiados. ¿Fue casual su primer encuentro en Roco's? ¿Estaba Karen interesada en él personalmente o en obtener algo para su grupo? ¿Llegaría el momento en que Karen buscara su ruina como Linda hizo con Douglas? Otra vez esa sensación de peligro. Más intensa que nunca. Sí, Karen era peligrosa. Y el grupo hacia el cual lo empujaba podría serlo mucho más.

Jaime supo que su decisión estaba tomada y en ella no participaban ni su mente ni su razón; era el corazón quien mandaba. Y no podía hacer otra cosa. Seguiría a Karen a donde lo llevara: como mariposa a la llama.

# VIERNES

## 27

Lo siento, jefe. –Las condolencias de Laura parecían fingidas–. Quizá esa gente no te caiga bien, pero debes contestarles. Conmigo ya no quieren hablar. –Con una pequeña reverencia le puso la lista de llamadas pendientes en la mano y, al salir del despacho, le presionó–. Dime a quién quieres llamar primero.

Pero a Jaime no le inquietaban las llamadas a devolver ni ningún otro asunto urgente. Sólo había un tema que ocupaba su pensamiento. Sólo una urgencia. Sólo una llamada pendiente. Y ésta era a Karen.

Era ya viernes, y para fingir que meditaba la respuesta al compromiso que ella le pedía, no la había llamado desde su encuentro en Ricardo's el miércoles por la noche.

Quiso hablarle temprano en la mañana y, al no encontrarla, empezó a preocuparse. Dejó recado en su oficina y en el buzón de su teléfono móvil. Al no saber de ella, después de comer bajó al Departamento Legal. La zona estaba casi desierta, pero encontró a un abogado que le dijo que no había visto a Karen en toda la mañana. No; no sabía cuándo regresaba a la oficina. Su asistente estaría comiendo. Jaime dejó un post-it pegado en la mesa de Karen: «Señorita Jansen, llámeme. Urgente. Jaime Berenguer».

La tarde continuó tensa, lenta, agobiante. El teléfono era un instrumento de tortura. Dolía cuando estaba mudo, hacía saltar el corazón cuando sonaba, pero aun era peor cuando la voz no era la querida. La calle se llenaba de oscuridades y las sombras se encaramaban por los edificios de enfrente persiguiendo al sol. ¡Dios! ¿Y si ella no le llamaba y no la podía ver aquel fin de semana? Sólo el pensamiento de la catástrofe era devastador. Jaime ya no podía permanecer sentado. ¡Otra vez el teléfono!

–¿Señor Berenguer?

–¡Karen! –Jaime sintió un alivio inconfesable.

–La misma. ¿Deseaba usted hablar conmigo?

–He intentado localizarte todo el día. ¿Dónde estabas?

–Defendiendo los intereses de la Corporación ahí fuera, en el campo de batalla y tú ¿qué has hecho?

–Pensar en ti.

–La Corporación no le paga para eso, señor vicepresidente. ¿Qué pensabas?

–Que quiero asistir a la reunión de esta tarde con tus amigos. Si la invitación sigue en pie.

–Sigue en pie. ¡No sabes cuánto me alegro!

–Pero tengo una pregunta.

–No. Ahora no, Jaime. El teléfono no es bueno para eso y tampoco los mensajes depositados encima de la mesa. Te espero en mi casa a las siete.

El teléfono sonó a los labios de Karen, luego un chasquido y se quedó mudo; había colgado. Pero a él no le importó lo más mínimo. Sentía un beso cálido en su mejilla. Ahora la tarde era maravillosa, radiante, espléndida.

Jaime no sabía adónde irían, ni en qué lío se iba a meter a partir de las siete; se dijo que le daba igual. Iría a donde fuera. Aunque fuera al mismísimo infierno. Pero con Karen.

## 28

Era un edificio en Wilshire Boulevard; estucado en blanco, tamaño medio, dos plantas de altura y un poco sucio por el tiempo y la contaminación. Jaime se dijo que podría haber sido igualmente un centro médico o las oficinas de una compañía de seguros. Karen giró a la derecha desde el bulevar introduciendo su coche en la zona de aparcamiento.

–Ya hemos llegado –dijo sonriendo al quitar la llave del contacto.

Una vez fuera del coche, tomó de la mano a Jaime y con paso tranquilo, como de paseo, lo condujo hasta la entrada. En la pared, al lado de una puerta doble de cristal ahumado que no permitía ver el interior, había una discreta placa de bronce donde se leía «Club Cristiano Cátaro».

Entraron empujando una de las hojas de la puerta y a Jaime el interior le recordó la recepción de su dentista. Unos sofás, una mesita central con varias revistas, plantas de decoración y unos cuadros de marco sencillo con imágenes de lejanos castillos encaramados en rocas escarpadas.

Detrás del mostrador, una mujer de unos cincuenta años, con gafas, les saludó sonriente.

–Buenas tardes. Hola, Karen.

–Buenas tardes, Rose. –Le devolvió el saludo con una gran sonrisa–. ¿Cómo estás? Tenemos cita con Dubois.

–Bien, muchas gracias. Sí, sé que te está esperando. Pasa, por favor.

–Rose, te presento a Jaime. Jaime, Rose.

Ambos se mostraron encantados. Karen no dio tiempo a los formalismos y tomando a Jaime por la mano, lo llevó hacia una de las puertas.

–Hasta luego, Rose.

Karen lo condujo por un pasillo, golpeó levemente la puerta de uno de los despachos, la abrió sin esperar respuesta, y entró saludando:

–Buenas tardes.

En un extremo de la habitación había una mesa de escritorio, y en el centro, una mesita con sofás y sillones. Dos hombres se levantaron al verlos; eran Peter Dubois y Kevin Kepler.

–Buenas tardes, Karen. ¿Cómo está usted, Berenguer? –Dubois dio la bienvenida con una sonrisa que suavizaba su dura mirada. Tendió la mano a Jaime, y éste la estrechó.

–Muy bien, gracias, Dubois. ¿Y usted?

–Excelente –contestó mientras Karen saludaba a Kepler con un beso en la mejilla–. Ya conoce usted al señor Kepler.

–Sí, nos conocimos en el bosque.

–Un placer verle de nuevo, Berenguer –dijo Kepler mientras ambos se estrechaban la mano.

–Sentémonos y hablemos de lo que le trae a nuestro club. –Dubois acompañó su invitación con un gesto.

–Karen dice que le gustaría pertenecer a nuestro grupo. –Kepler lo abordó tan pronto como se acomodaron–. ¿Por qué?

–Bien, su discurso del bosque me pareció muy interesante. –Jaime hablaba con lentitud, mirándolos alternativamente. No esperaba aquello; se sentía como cuando iba a la búsqueda de su primer trabajo y lo entrevistaban. No estaba preparado para un examen, pero deseaba aquel «empleo» y temía perder a Karen si lo rechazaban. Y eso no sucedería. Era la razón que le traía allí. La única e inconfesable–. En realidad –continuó–, podría aceptar mucho de lo que se dijo y, aunque me cuesta creer algún punto, mantengo una actitud positiva.

–¿Qué le cuesta creer? –inquirió Kepler. Su expresión era seria, al contrario que Dubois, que mantenía la sonrisa, aunque con ojos escrutadores.

–Lo de la memoria genética. O los recuerdos de anteriores encarnaciones, como luego Karen aclaró. Es fascinante, una bonita historia que me gustaría fuera cierta. Pero mi razón me impide creerla.

–¿Querría intentarlo? –preguntó Dubois.

–¿Intentar recuerdos de vidas anteriores?

–Efectivamente.

—¡Estaría encantado!

—Se trata de un rito de fase avanzada –objetó Kepler–. Podría ser prematuro.

—Cierto –confirmó Dubois–. En realidad, es frecuente que se intente y que el individuo no experimente nada; podría frustrarse mucho si acude a la ceremonia con grandes expectativas.

—Peter –intervino Karen–, creo que Jaime está preparado.

—Coincido con Karen –convino Dubois dirigiéndose a Kepler–. Y si el señor Berenguer está dispuesto a seguir nuestras reglas y códigos, debiéramos darle la oportunidad lo antes posible. Mañana mismo.

—Bien –aceptó Kepler–. Vosotros lo conocéis mejor que yo. También conocéis los riesgos. Si, con todo ello, queréis seguir adelante, que sea mañana.

—¿Qué me dice, Berenguer? –interrogó Dubois–. ¿Desea unirse a nosotros?

—Quiero vivir la experiencia –confirmó Jaime, que tenía la impresión de estar aprobando el examen–. Karen me habló de algunas normas de su grupo y estoy dispuesto a asumirlas.

—Ya aprenderá los detalles –intervino Kepler–, pero básicamente son tres puntos: primero, no comentar a nadie lo que vea, oiga o hable con nosotros; segundo, ayudar con todos los medios a su alcance a los hermanos y a los objetivos del grupo, y tercero, una obediencia razonablemente estricta a sus líderes.

—Estoy dispuesto a asumirlos, siempre que se trate de una obediencia razonable.

—Entonces, mañana hará un juramento solemne, Berenguer. –Dubois habló lentamente–. Y recuerde que no hay camino de regreso. –Ya no sonreía, y su rostro parecía distinto, el de otra persona; Jaime sintió un escalofrío. ¿A quién le recordaba?–. Medítelo esta noche. Si mañana se siente indeciso, no hay problema. El rito puede esperar y usted podría integrase en nuestro grupo con un grado menor de compromiso. Piénselo y, de no sentirse preparado, espere.

Jaime miró a Karen. Ésta le hizo un gesto afirmativo.

–Si cambia de opinión, dígaselo a Karen por la mañana –advirtió Kepler–. Si no, nos veremos a las once. Madúrelo. Debe estar seguro.


–Te invito a cenar en casa –dijo Karen a la salida.

Jaime notó la cálida y suave mano de ella y se sintió muy feliz.

Pero, profunda e inoportuna, aquella voz en su interior repitió de nuevo el presagio.

# SÁBADO

## 29

Jaime vestía una túnica blanca y, quizá por ello, la salita le recordaba a las usadas para desnudarse antes de una sesión de rayos. Pocos eran capaces de rememorar vidas anteriores la primera vez, le dijeron, y se sentía expectante aunque aprensivo por el extraño ritual y por la forma en que había llegado hasta allí.

—Luego te lo explico todo —le había dicho Karen.

Se despertó por la mañana con el contacto cálido del cuerpo de ella en el lecho, y desayunaron entre risas en la cocina, bañada ya por los rayos del sol. Después Karen condujo su coche hasta la zona de aparcamientos de un centro comercial y, justo al entrar, le dijo:

—Debes ponerte esto. No te extrañes si no ves nada; es su propósito.

Eran unas gafas de sol que cubrían los laterales. Cuando Jaime se las puso comprobó que, en efecto, no veía nada.

—¿A qué viene este teatro, Karen?

—Confía en mí. Más adelante lo entenderás, ahora sólo confía en mí.

A Jaime no le quedaba otra alternativa. Notó cómo Karen maniobraba el coche en el interior del aparcamiento, cómo finalmente aparcaba y cómo abría la portezuela de su lado.

—No te muevas ni toques las gafas, por favor —le advirtió antes de bajar.

Lo condujo a otro coche cercano y lo sentó en la parte trasera.

–Buenos días, Berenguer. –Reconoció la voz de Kepler–. ¿Está disfrutando de nuestra pequeña sesión de misterio?

–Lo intento, Kepler, lo intento.

Karen se sentó a su lado y tomó sus manos entre las suyas, y el coche se puso en movimiento. Al final del trayecto, que duró casi una hora, Jaime notaba curvas y pendientes. Debían de estar en una zona montañosa. Al detenerse, supo que la puerta automática de un garaje se abría. Recorrieron pasillos, bajaron por una estrecha escalera y cuando pudo quitarse las gafas, se encontraba en la salita.

–Te estás portando muy bien –le dijo Karen con el tono que se usa para hablar con los niños pequeños–. Ahora quítate toda la ropa y los zapatos y ponte esta túnica. No te muevas hasta que te venga a buscar.

A los cinco minutos, Karen apareció descalza y también en túnica blanca. Al cogerlo de la mano, Jaime aprovechó la ocasión para palpar a su amiga a través de la prenda, comprobando, para su regocijo, que también ella estaba desnuda bajo la fina tela. Hizo un gesto para levantar la prenda y ella se zafó.

–Ya basta, éste no es el momento –le advirtió apuntando con el dedo índice en el pecho y frunciendo el ceño–. Compórtate con respeto. Esto es muy serio e importante para nosotros y también lo será, espero, para ti. No me hagas quedar en ridículo.

Jaime no podía evitar ver el lado cómico de aquella escena, pero pensó que sería mejor seguir la corriente a Karen si no quería exponerse a males mayores.

–De acuerdo, seré un buen chico.

Ella lo condujo por un breve pasillo, apenas iluminado, y abriendo una puerta, apartó unas pesadas cortinas. Era una habitación de regulares dimensiones, donde grandes colgaduras de color granate oscuro cubrían los lados y la parte trasera ocultado puertas y posibles ventanas.

La pared del fondo estaba excavada en la roca; Jaime sintió que se hallaban en algún lugar bajo tierra.

Un tapiz de unos tres por dos metros, protegido por un cristal, destacaba en el muro de roca y la única luz eléctrica de la estancia se proyectaba con suavidad sobre la tela.

Sobre una sólida mesa de madera descansaban un cáliz dorado, con piedras verdes y rojas incrustadas, y cuatro bujías cuyas llamas desprendían fumarolas de un extraño perfume.

La mirada de Jaime se vio atraída de inmediato por el tapiz. Parecía antiguo, mucho. Los colores estaban desvaídos, y un mundo de personajes de distintos tamaños y una expresividad primitiva, pero impactante, parecía moverse y vivir dentro del lienzo.

Una gran herradura, en profusión de hilos de oro y plata, brillaba a la luz y ocupaba la parte central del paño.

Sobre la herradura, un Pantocrátor —el Cristo-Dios, en posición de rey y señor, del arte románico—, representado por una figura con ropajes reales, ojos muy abiertos y expresión seria, dominaba el conjunto. Tenía barba y las cejas arqueadas. Su gesto era estático, miraba de frente, estaba sentado en una silla-trono y toda su imagen se contenía dentro de una forma ovalada. La mano derecha, elevada en bendición y la izquierda, sosteniendo un libro.

Transmitía sensación de serena majestad. Sobre la corona, que rodeaba la cabeza con haces en forma de cruz, la letra griega omega, la última del alfabeto. En la simbología medieval indicaba el final de los tiempos y el juicio a los hombres. Fuera del óvalo, dos ángeles adorando a la divinidad.

Bajo la herradura, otra figura de disposición y tamaño semejantes, también sentada en una silla-trono, pero completamente inédita para los conocimientos que Jaime tenía del románico. En lugar de bendecir la mano derecha, sujetaba una espada enarbolada. La otra reposaba en su regazo con la palma hacia arriba, y sobre ella había dos pequeñas figuras humanas desnudas. ¿Adán y Eva?

La cabeza estaba coronada por llamas y el rostro era severo, de color encendido. Esa figura era un poco más pequeña, pero simétrica a la anterior, y el óvalo era más oscuro y con pequeñas llamas rodeándolo. Encima de la corona, la letra alfa daba idea del principio. La creación.

Un personaje, menor que los otros, destacaba en la parte derecha. Era un Cristo cubierto con larga bata, con los brazos en cruz, aunque sin la cruz. En el mismo lado estaban representados animales salvajes, labradores trabajando, comerciantes y, en la parte superior, monjes. Todo en aquel sorprendente arte, primitivo pero de gran expresividad.

En el lado izquierdo de la herradura aparecía un animal semejante a un dragón, con cuernos y siete ojos, que estrangulaba con su larga cola a un hombre. ¿Sería el Anticristo? Encima del monstruo, la figura de un diablo con cuernos y orejas de cabra, y largas uñas en manos y pies. Era de color casi negro y sostenía en su mano a un hombre de mucho menor tamaño. Una lengua puntiaguda parecía lamer la figura humana.

Monstruos marinos, ejércitos en lucha, ciudades en llamas, hombres y mujeres quemándose en hogueras completaban la zona izquierda. Jaime estaba fascinado por la belleza y el movimiento de aquellas representaciones.

Entonces Peter Dubois apareció de entre los cortinajes, situándose al otro lado de la mesa. Karen y Kepler se colocaron a los lados de Jaime. Todos vestían túnicas blancas e iban descalzos.

Sin más preámbulos, Dubois empezó a declamar en tono ceremonial y voz alta:

—¿Quién desea ser iniciado en el segundo grado de nuestra fe?

—Jaime Berenguer —contestó con tono más bajo Karen.

—¿Quiénes le apadrinan en su bautismo espiritual?

—Karen Jansen —dijo ella.

—Kevin Kepler —replicó Kepler.

—Karen y Kevin, ¿os hacéis responsables de que el iniciando esté en condiciones de recibir su bautismo espiritual?

—Sí, Buen Hombre —respondieron ambos.

—¿Os hacéis responsables de guiarlo en sus futuras dudas y necesidades espirituales?

—Sí —repitieron a la vez.

—Jaime Berenguer, ¿deseas ser iniciado en nuestro grupo?

−Sí, lo deseo.

−¿Prometes guardar en secreto todo lo que oigas y veas, así como no revelar a nadie las identidades de las personas que aquí conozcas?

−Sí, lo prometo.

−¿Prometes apoyar al grupo en su causa común, así como ayudar a tus hermanos y obedecer en lo razonable a quien se designe como tu líder?

−Siempre que sea razonable, lo prometo.

−¿Sabes que los peores males van ligados a la ruptura de esta promesa? ¿Los asumes y aceptas?

−Sí, los acepto.

−¿Aceptas someterte a la prueba del bautismo cátaro, sabiendo que puedes ser rechazado o sentir un gran dolor espiritual?

Jaime vaciló ante esos detalles inesperados pero, considerando que era tarde para preguntar, respondió:

−Sí, lo acepto.

−Entonces bebe el contenido del cáliz y no lo deposites en la mesa hasta que esté vacío.

Jaime levantó la dorada copa y la sintió extrañamente pesada. El líquido tenía aspecto de vino tinto ligero y de poca graduación, pero con un fuerte sabor a especias; dulce y picante. Apuró la bebida.

−Ahora recemos un padre nuestro, para que el Dios bueno nos ayude, a ti, a pasar tu prueba de iniciación, y a mí, a conducirla correctamente −dijo Dubois con voz suave.

−Padre nuestro, que estás... −Dubois empezó a rezar y los demás lo siguieron a coro.

La vista de Jaime se fue, atraída como por un imán, al singular tapiz. Mecánicamente seguía el rezo y notó que ellos variaban algo la antigua oración aprendida de sus padres y en la iglesia, pero no le dio importancia. Sentía el cuerpo y la mente que se relajaban y que una sensibilidad distinta le invadía.

¡Aquel tapiz...! ¿Realmente se había movido el dragón? El paño contenía algo más, estaba seguro. ¡Tenía vida propia!

La oración había terminado, y sintió la mano de Karen en la suya.

–Ven –le dijo conduciéndolo detrás de la mesa.

Allí había un pequeño diván y unas sillas. Karen lo hizo tenderse, y se sentaron, ella a su derecha, Kevin a la izquierda y detrás, Dubois.

Jaime continuaba viendo el tapiz desde su posición; los personajes tomaban movimiento, los ojos de las divinidades resplandecían. Notó las manos de Dubois en su cabeza y pronto un calor muy especial que venía de ellas. Pero él miraba al tapiz; no podía apartar la vista. ¡El fuego era real! Se dijo que la tela ardería en unos segundos.

–Cierre los ojos, Jaime –oyó.

Él lo hizo, pero las figuras en movimiento continuaban allí, ahora en su mente.

Jaime siguió las instrucciones de Dubois, que en un principio se le antojaron técnicas de relajación. Sentía el cuerpo laxo y la respiración pausada y lenta.

Pronto su mente estuvo vacía; sólo quedaban en ella los movimientos de las sombras de los extraños personajes, y lo único que notaba en su cuerpo era el calor, creciente, que provenía de las manos de Dubois.

Oía distantes las instrucciones del Buen Hombre, que empezaron a tomar variantes extrañas. Jaime obedecía instintivamente, sin cuestionarlas. ¿Estaría bajo hipnosis?

Pero el pensamiento se desvaneció.

Entonces se dio cuenta de que nada le afectaba. Nada en este mundo y tiempo tenía importancia.

## 30

Finales de julio del año de nuestro Señor de 1212.

Cinco muchachas, cubriendo su boca con un tenue velo, danzaban contoneando la cintura y lanzando sus manos serpenteantes por encima de sus cabezas. Bajo los tules que les ocultaban los senos, descubrían el vientre y envolvían de caderas a tobillos, se adivinaban unas redondeadas formas agitándose al compás de una música árabe lejana. Las imágenes, primero borrosas, fueron aclarándose mientras el volumen subía. Oyó los gritos, las exclamaciones, las risas. Una muchedumbre de hombres de armas con algunas mujeres, quizá las esposas de los soldados, quizá prostitutas o ambas, rodeaba a las bailarinas, haciendo corro al otro lado de la mesa y dando palmas. Caía la tarde y el fuerte calor de julio era mitigado por la sombra de unos grandes pinos.

La tropa estaba feliz, y los nobles, contentos; era un ejército victorioso que regresaba de una cruzada donde los reinos cristianos de Hispania habían derrotado a las terribles huestes de los almohades. Sí, cierto es que lucharon en tierras extranjeras contra un enemigo que no amenazaba directamente los reinos del rey don Pedro II de Aragón, su señor, pero ayudando a los castellanos hoy, libraban a su propia patria de una gran amenaza futura.

Además, el papa les había perdonado todos sus pecados con la bula de los cruzados. Todos. Sin importar cuántos ni cuán mortales pudieran ser. Para muchos de los allí reunidos, el perdón de los pecados era ganancia nada desdeñable, habida cuenta de la pesada carga que acarreaban antes de empezar la campaña.

Y finalmente el botín capturado a los almohades era bueno, tanto en la batalla como en la toma de varios pueblos y ciudades. Caballos árabes, joyas, armas, telas e incluso las cinco bailarinas y los músicos que tocaban. Todos estaban contentos y querían disfrutar de la fiesta.

Presidiendo la celebración, en una larga mesa de toscos tablones de madera, se encontraban los nobles principales y Jaime entre ellos. El festín estaba en sus postrimerías y la mesa, cubierta de restos de carnes, pan y frutas, parecía un campo de batalla. Todos golpeaban sus copas de plata al ritmo de la música.

Pero Jaime no compartía risas y bromas como de costumbre. Algo le preocupaba.

–¡Oh, mujer! –Levantándose a su lado, con la copa iluminada por el sol de poniente y brindando hacia las bailarinas, su amigo Hug de Mataplana recitaba acallando la música con su voz tronante–. ¡Obras de gran maestría son el ritmo de vuestros pies, la sonrisa de vuestros labios, la luz de vuestros ojos, la curva de vuestras mejillas...! –Aquí hizo una pausa quedándose inmóvil con su copa alzada al cielo. Un expectante silencio se impuso–. ¡Las mejillas de vuestro trasero!

Risotadas y aplausos siguieron el improvisado brindis de Hug, que saludó a unos y a otros con su copa, para luego beber el vino de un trago antes de sentarse.

Hug de Mataplana, noble caballero, destacado por su valor en el campo de batalla, también era un notable trovador, que no limitaba sus trovas al amor galante,* practicando sin limitación poesía mucho más sensual.

Hug se sentó mirando a Jaime con una amplia sonrisa, donde sus dientes blancos resaltaban entre la barba y su negro cabello ensortijado.

–¿Cuál de ellas queréis esta noche, don Pedro? –preguntó a Jaime bajando la voz y con tono cómplice–. ¿Qué os parece la de ojos azules? ¿Veis cómo mueve las caderas? Y si os habéis cansado ya de Fátima, dejádmela a mí.

Hug le hizo reír y Jaime lo agradecía, pero decidió no contestar y poner su atención en la danza y en los provocadores labios que adivinaba bajo los velos.

La música, que subía en rapidez e intensidad mientras las bailarinas giraban y saltaban haciendo sonar cascabeles, paró de súbito y los asistentes prorrumpieron en gritos y aplausos.

Las chicas salieron corriendo del círculo, protegidas por los guardias del rey, que no se esforzaron demasiado en ahorrarles el inevitable manoseo de la soldadesca.

No había terminado el pequeño tumulto cuando un muchacho de unos veinte años, con poca barba y vestido de juglar, ocupó el centro del círculo con su laúd.

* Amor galante: amor espiritual que los caballeros y las damas de la época se profesaban y que los trovadores cantaban. Así un caballero podía declarar su amor a una dama casada, o estando casado a su vez, y ésta aceptarlo como su caballero, porque, en todo caso, su amor no era físico.

–¡Es el juglar Huggonet, que viene de Carcasona y Tolosa! –exclamó Hug mientras la noticia corría entre la tropa al otro lado de la mesa.

El recién llegado hizo sonar algunas notas de su instrumento, y un sorprendente silencio se hizo entre la multitud cargada de vino.

Huggonet hizo una reverencia quitándose su gorro y proclamó con una voz fuerte y poderosa, que sorprendió a todos, proviniendo de alguien de aspecto tan delgado e inmaduro:

–Al señor don Pedro, conde de Barcelona, rey de Aragón, señor de Occitania, de Provenza, de Rosellón, de Montpellier, del Bearn y vencedor del moro en las Navas de Tolosa –clamó–, os pido, señor, licencia para cantar unos serventesios que un trovador occitano y mi propio corazón me han dictado.

Se hizo de nuevo el silencio y todo el mundo miró a Jaime, que, después de unos instantes de inmovilidad, con un gesto de su mano concedió:

–Tenéis mi permiso.

Huggonet tañó su laúd y en voz baja empezó a medio recitar, medio cantar la invasión que desde el sur lanzaron los ejércitos almohades. La intolerancia y fanatismo de sus tribus contra los dialogantes moros del Al-Andalus. Cómo el rey don Pedro acogió en sus estados a los refugiados cristianos, judíos y también algunos musulmanes que huían de las zonas ocupadas y temían perder su religión, su vida o ambas cosas.

¡Oh, generoso, compasivo y tolerante don Pedro!

Huggonet cantaba en su lengua de oc, pero con suficientes palabras en aragonés y catalán llano para ser entendido por la hueste catalano-aragonesa.

Cantó cómo las madres cristianas acunaban a sus bebés, temiendo por su vida frente a la marea cruel que venía del sur, y cómo los reinos cristianos de la antigua Hispania unieron sus fuerzas y destinos para combatir la amenaza. La voz de Huggonet subía en volumen, urgencia e intensidad conforme la previsible batalla se acercaba; la multitud guardaba silencio total sintiendo la emoción atenazar sus gargantas.

# El retorno cátaro

Y el 16 de julio del año del Señor de 1212, cristianos y almohades chocaron en las altas llanuras de las Navas de Tolosa.

Duros y aguerridos eran los almohades, pero valientes los castellanos, temerarios los navarros, y audaces los aragoneses y catalanes. Los de Castilla aguantaron con bravura la tremenda embestida de la antes nunca vencida vanguardia almohade.

Mientras, catalanes, aragoneses y navarros rompían el centro del ejército almohade, como un galgo rompe el espinazo a una liebre mientras la sujeta con los dientes.

¡Qué día de gloria y qué día de dolor! Gloria, cuando los caballeros aragoneses y catalanes, con su rey don Pedro luchando al frente, destrozaron el centro del ejército enemigo y llegaron hasta la propia tienda del caudillo almohade Miramamolín.

Gloria, cuando don Pedro demostró que era el mejor y primer caballero de la Cristiandad, y sus caballeros, que eran segundos sólo detrás del primero. ¡Y cómo se batieron los caballeros!, ¡y cómo lucharon los infantes!

¡Qué gloria y qué dolor cuando tantos fueron heridos o muertos luchando como héroes en la batalla!

Y recitó los nombres de los muertos más destacados para luego, con gesto abatido, dejar caer la mano derecha, con la cual tañía su laúd, como muerta. Parecía desolado. Los hipos y los llantos más o menos contenidos de la multitud se oían ahora perfectamente en el silencio. Huggonet recorrió con su vista media circunferencia de los que le rodeaban, y continuó:

Tan bravos infantes, tan gentiles caballeros que no vacilaron en ser mutilados o muertos para salvar a la Cristiandad. ¡Qué gloria para ellos y para los valientes que sobrevivieron!

Huggonet empezó a descender el tono de su voz.

¡Qué gloria cuando hicimos que Miramamolín, el antes bravo e invicto, aún corra hoy, desde el día de la batalla! ¡Y no parará de correr hasta cruzar Gibraltar y llegar a África!

¡Qué gloria para los cristianos que murieron como héroes y ahora están junto a los ángeles a la derecha del señor don Jesucristo!

¡Qué gloria y honor para vosotros, mis oyentes, que luchasteis en las Navas! ¡Pues seréis para siempre ejemplo de héroes y viviréis en las canciones que dictan los trovadores y cantamos los juglares!

Con un susurro y una nota tañida con gran fuerza, Huggonet calló.

Hubo unos instantes de silencio en que la multitud esperó, por si empezaba de nuevo. Luego estallaron en aplausos y vítores a Huggonet. Querían más.

El juglar aguardó a que la ovación cesara, dio dos notas y el silencio total se impuso de nuevo. Hizo otra reverencia a Jaime para pedir su permiso, y éste hizo un gesto afirmativo con la mano.

Sonó el laúd y empezó a cantar:

Mientras el rey don Pedro, con su sangre y la de sus súbditos, defiende tierras y almas para la Cristiandad, le están robando a traición.

El silencio se hizo, incluso más profundo. La muchedumbre ni se movía. Jaime sintió que una vieja angustia le atenazaba los intestinos.

Con la excusa de combatir a los cátaros, los franceses han entrado por la puerta de atrás de la casa del rey don Pedro para robarle, y el papa fue quien abrió la puerta cuando el señor de la casa, su propio vasallo, Pedro el Católico, luchaba en la cruzada contra el moro.

¡Qué infamia cuando los que se dicen católicos roban al rey católico que les defiende!

¡Qué traición cuando el señor rompe la promesa feudal de defender al vasallo!

¡Qué crueldad la de los franceses matando a mujeres y niños!

¡Preguntad a la iglesia de la Magdalena en Béziers, donde el infame legado de Inocencio III, Arnaut Amalric, abad del Císter, manchó el crucifijo del altar mayor, las sagradas paredes e inundó su suelo con sangre inocente! ¡Ni la paz de Dios respetan esos que dicen representarle!

¡Dios bueno! Ese día mataron en la iglesia a ocho mil Buenos Cristianos, y veinte mil personas en la ciudad, sin preguntar si eran católicos o cátaros, hombres, mujeres, niños o viejos.

¡Tú, Roma, y tu orden del Císter estaréis cubiertas de infamia y de indignidad por todos los siglos!

Y al noble y apuesto vizconde de Béziers y de Carcasona, Raimon Roger de Trancavall, el más gentil de los vasallos del rey Pedro, que se reunió para parlamentar con los franceses y salvar a las buenas gentes de Carcasona, también le asesinaron vilmente. ¡Valiente vizconde, tu señor el rey don Pedro te ha de vengar!

Roban al rey, matan a sus súbditos. ¡Oh, mi tierra d'Oc! ¿Qué será de ti?

Huggonet dejó caer otra vez su brazo derecho e hizo una pausa con gesto de abatimiento, bajando la cabeza sobre el pecho, callando.

–¡Muerte a los francos! –la multitud empezó a rugir indignada–. ¡Acabemos con esos cobardes!

Jaime sentía su angustia en aumento, y un sentimiento de indignación y odio rebrotó en su interior. A su lado, Hug se levantó de la mesa y, elevando el puño, gritó hacia la muchedumbre:

–¡Pagarán cara su infamia!

La multitud aulló. A la izquierda de Jaime, Miguel de Luisián, el alférez de batalla del rey, no parecía compartir la indignación general, y, golpeando con el puño la mesa, gruñó:

–Maldito Huggonet. –Sus profundos ojos azules brillaban hundidos entre cejas elevadas y una nariz que caía en vertical, destacándose del resto de la cara y dándole el aspecto de joven león.

El juglar levantó su mirada e hizo sonar de nuevo el laúd.

¡Qué crueldad la de Simón de Montfort cuando tomó Lavaur el año pasado! ¡Doña Guiraude de Montreal, la hermosa dama de los bellos ojos oscuros, fue violada, arrojada a un pozo y, aún con vida, la apedrearon hasta enterrarla por completo! ¡Y el malvado Simón ahorcó a su valiente hermano Aimeric y, en aquel triste día de primavera, quemaron en la hoguera a cuatrocientas personas indefensas!

Un murmullo de indignación, casi un clamor, se levantó cuando el juglar hizo una pequeña pausa. Jaime sentía su turbación crecer.

> ¡Mientras el rey don Pedro lucha contra el infiel, el traidor Simón, a pesar del juramento de fidelidad que le hizo, asesina a sus buenos súbditos cristianos! ¡Y se ríen los franceses cuando llaman cobarde a nuestro valiente rey don Pedro!

–¡Maldito hereje! –se oyó gritar al tiempo que con gran estropicio de copas y platos Miguel de Luisián saltaba por encima de los tablones de la mesa.

Miguel se precipitó hacia Huggonet, que había parado de cantar y le miraba con ojos desorbitados. En el corto camino que le separaba del juglar, Miguel había sacado su daga, cuyo filo brillaba amenazante al sol del atardecer.

El juglar reaccionó tarde y sólo tuvo tiempo de dar un paso mientras su laúd caía al suelo.

Miguel le agarró con una mano el cuello mientras le pinchaba el pecho a la altura del corazón.

–¡Te voy a enseñar, traidor, lo que le ocurre a quien insulta a nuestro señor!

El juglar parecía un muñeco en manos del hombretón rubio, que lo colocó delante de sí agarrándole del pelo, apoyando la daga en el cuello y haciéndole mirar hacia Jaime. Detrás de Miguel se había puesto otro hombre rubio que todo el mundo identificó como Abdón, el escudero, también con la daga desenvainada cubriendo las espaldas de su señor.

–¡Piedad, señor! –acertó a gritar Huggonet–. ¡Eso dicen los franceses, yo no!

Con más ruido de copas y platos, Hug de Mataplana saltó a su vez por encima de la mesa, mientras sacaba su daga gritando:

–¡Soltadlo, Miguel!

La multitud se estremeció en un rugido, y grupos de caballeros y tropa intentaban llegar al centro del círculo, algunos ya cuchillo en mano. Los guardias del rey no conseguían contener a la soldadesca exaltada.

—Soltadlo vos si os atrevéis —contestó Miguel mostrando en una amenazante sonrisa unos dientes que le conferían aspecto aún más leonino. Mientras, presionaba con su daga el cuello del juglar, que intentaba echar la cabeza hacia atrás.

Huggonet gritó con una voz que no recuperaba su potencia:

—¡Oh, rey Pedro! ¡Salvadme! ¡Traigo recado para vos!

Jaime recuperó la iniciativa. Era obvio que, en unos instantes, otra batalla ocurriría en aquel lugar, y, levantándose, gritó con una voz tan potente que logró dominar el tumulto y que a él mismo sorprendió:

—¡Deteneos todos! ¡Quien dé un paso más será ahorcado en la madrugada! Y vos, Miguel, soltad de inmediato a Huggonet.

—Sí, mi señor —dijo Miguel al tiempo que con su daga hacía un rápido corte en el cuello del juglar.

Y Huggonet cayó a los pies del aragonés con el cuello ensangrentado.

## 31

Como en el despertar de una pesadilla, Jaime continuaba viendo el cuello bañado en sangre de Huggonet y la sonrisa de Miguel de Luisián. Más que sonrisa, era la exhibición de los afilados colmillos de un león rubio, que, disfrutando de la agonía de su presa, retaba a quien se atreviera a disputarla.

Poco a poco recuperó la conciencia de dónde se encontraba, y ante sus ojos la imagen borrosa del singular tapiz se fue aclarando; los personajes estaban inmóviles.

Oía al Buen Hombre rezar una monótona e incomprensible cantilena en voz baja y notaba el calor de sus manos. El extraño olor de las candelas era más fuerte, más penetrante, y debajo de la túnica su cuerpo estaba empapado en sudor. ¡Dios, qué sensación! ¡Era como si todo hubiera ocurrido segundos antes!

Hizo un gesto para incorporarse, pero sintió que le fallaban las fuerzas y, dejándose caer de nuevo, cerró los ojos. Aún veía la sangre y los dientes de Miguel. Cesando en su rezo, Dubois apartó las manos de su cabeza, y Jaime experimentó una sensación de frío en el lugar donde éstas habían descansado.

–Jaime, ¿te encuentras bien? –Era Karen, que le acariciaba la mano con ternura.

Tardó en responder:

–Sí. –Abrió los ojos y al fin consiguió incorporarse.

–Lo ha vivido, ¿verdad? –le interrogaba Kepler, y Jaime se sorprendió de que aún continuara a su lado–. Ha viajado realmente a su pasado del siglo XIII, ¿cierto?

–¿Cómo lo sabe? ¿Cómo puede saber lo que he vivido?

–Fácil, amigo –respondió Kepler con lentitud–. Porque es lo que estábamos esperando. ¿O he de llamarle don Pedro? Por otra parte, usted ha gritado dándonos órdenes. No le he entendido mucho, pero con toda seguridad era en la vieja lengua de oc, o en catalán antiguo.

Jaime estaba atónito. Había deseado aquello, pero jamás hubiera esperado que le ocurriera de verdad. Se sentía confuso. Necesitaba pensar.

–Jaime –le dijo suavemente Dubois–, ¿se encuentra en condiciones de hablar ahora? Es una experiencia dura y traumática; voy a intentar ayudarle.

–Sí, pero quisiera vestirme antes. Tengo frío. –Su propio sudor le daba escalofríos.

–Cámbiese; cuando termine, continuaremos la conversación aquí.

Luego de secarse con la túnica, se vistió y, al regresar, encontró a Dubois solo en la habitación, al que relató su experiencia con todo detalle.

–Es usted afortunado –afirmó éste–. Los casos en que tal vivencia acontece justo en el bautismo espiritual son poquísimos, y eso tiene un significado.

—¿Qué significado?

—Que usted no sólo es quien creíamos que era, sino que está predestinado a tener un papel clave. Tiene una misión que cumplir.

—¿Cómo puedo ser quien ustedes creían que era? —Jaime se extrañó—. ¿Quiere decir que me estaban buscando? Y si es así, ¿cómo han podido encontrarme?

—Porque algunos de nosotros ya estuvimos antes donde usted ha estado hace unos momentos. Y logramos reconocerle.

—¿Que lograron reconocer en mí al personaje que acabo de vivir? —Jaime no podía salir de su asombro—. ¿Quién me reconoció? ¿Cómo es posible? ¿Y de qué misión me habla?

—Ya ha sufrido por hoy suficientes emociones; si hubiéramos querido anticiparle lo que acaba de vivir, jamás nos habría creído. Ahora no tiene más remedio que creer. Algunas de las respuestas le vendrán solas, cuando avance en su experiencia; otras se las daremos más adelante, cuando asimile lo de hoy. También hay preguntas que aún no se han formulado, y respuestas demasiado peligrosas por ahora. Confíe en nosotros, déjese llevar, y en su momento lo sabrá todo.

—¿Qué puedo saber hoy?

—Sepa que se ha colocado en un nivel muy avanzado de nuestro grupo. Sepa que está unido a nosotros de forma indisoluble, porque una parte de usted, lo que algunos llamarían el verdadero yo, ha vivido antes. En otra de sus vidas compartió tiempo y designios con muchos de los que formamos este grupo. El rey Pedro II el Católico, que vivió en la Edad Media a caballo de los siglos XII y XIII, es uno de sus antecesores espirituales. Teníamos la sospecha y ahora tenemos la certeza.

—¿Qué debo hacer ahora?

—Asimilar lo de hoy. Pensar sobre ello. Ahora ya es un iniciado y quizá experimente por sí mismo, sin la ayuda de nuestro rito, nuevas vivencias. No las fuerce, deje que lleguen a usted con naturalidad. Ha revivido un instante concreto de la vida de un personaje histórico del que posiblemente jamás había oído hablar antes. ¿No es así?

—Cierto. No estoy familiarizado con la historia antigua.

–Mejor. Deje que la historia brote de usted. Pedro II de Aragón aparece en los libros de historia. No consulte ninguno. No pregunte a expertos. No deje que esto le condicione; debe terminar su ciclo de recuerdos y entonces podrá cotejar lo vivido con lo que ha quedado escrito.

Jaime dedicó unos minutos a considerar las palabras de Dubois.

–Tiene sentido lo que dice –respondió finalmente.

–Ahora Karen y Kevin le conducirán de nuevo al lugar donde se encontraron. Lamento las precauciones de seguridad, que tal vez le parezcan ridículas, pero pronto podrá conocer la ubicación de este lugar y entenderá la necesidad de mantenerlo en secreto. Por ahora sepa que ha estado en nuestro Monte Seguro y que sólo tienen acceso a él las personas comprometidas con nuestra organización. Disfrute del fin de semana y no se aleje mucho de Karen. Estoy seguro de que ella permanecerá muy cerca de usted.

–¿Por qué cree eso? –Jaime se preguntaba qué sabría Dubois de su romance con Karen. ¿Estaría su amor en los planes de los Cátaros?

–Ella le ha apadrinado en su bautizo espiritual, lo que comporta una responsabilidad. Karen debería cancelar cualquier compromiso que tuviera este fin de semana para estar cerca de usted. Es un momento difícil y ella debe ayudarle. Kevin es igualmente responsable, pero me da la impresión de que usted va a preferir a Karen. –Luego de una pausa, añadió con una sonrisa que no mitigaba su intensa mirada–: ¿O me equivoco?

## 32

Se sentía extraño; las gafas opacas no sólo le impedían ver el camino de regreso, sino que simbolizaban su situación en aquella desconcertante aventura en la que andaba ciego. Lo que en la mañana parecía un juego ahora era demasiado real y escapaba del todo a su control. Pero alguien sí controlaba, mientras él, como una marioneta, tenía que danzar según se tensaban los hilos que otro movía. Ese pensamiento lo irritaba.

No obstante, lo vivido había sido extraordinario, inesperado y real. Tenía mil preguntas, se sentía excitado; pero también confuso. Necesitaba pensar, entender lo ocurrido, asimilarlo y quizá al final del proceso pudiera llegar a creer en lo que ahora le parecía inverosímil.

Karen intentó entablar conversación con él un par de veces durante el trayecto de vuelta, pero Jaime se mostraba cortante; ella decidió respetar su silencio e intercambiar algún comentario intrascendente con Kepler. Finalmente, llegaron al centro comercial y subieron al coche de Karen.

–¿Puedo quitarme las gafas? –preguntó él cuando el coche arrancó.

–Sí. Lamento el misterio, pero hay que proteger aquel lugar.

–¿Para qué necesitáis un lugar seguro? –inquirió Jaime–. En este país cualquier religión que respete una mínima legalidad está permitida.

–Pronto lo entenderás. Quizá algún día necesitemos ese refugio secreto, al que llamamos Montsegur. Por favor, no preguntes más ahora sobre él, sólo confía en mí –le dijo con gracioso gesto de súplica–. ¿De acuerdo?

–Karen, entiende que, conforme avanzo, este asunto me resulte cada vez más misterioso. En lugar de respuestas, sólo encuentro nuevas preguntas y me pides que confíe. Y lo hago, pero me encuentro bailando al ritmo de la música que pone otro. La sensación no me gusta.

–Bueno, pero al menos bailamos juntos. ¿No te consuela? –Ella compuso una de sus encantadoras sonrisas–. Dame tiempo y date tiempo. Poco a poco vendrán las respuestas. No es un viaje de turismo a la playa de Waikiki en Hawai, sino un viaje espiritual; no hay agencia de viajes y apenas mapas. Yo también tengo muchas preguntas y ando mi camino en ocasiones a tientas.

»¿Te apetece pasta con una buena ensalada? –exclamó de pronto excitada–. Conozco un restaurante italiano muy agradable, y está cerca de aquí. Invito yo. Me contarás tu experiencia, ¿verdad?

El restaurante era un lugar con encanto; la comida y el vino estaban francamente bien, y a Jaime el humor le mejoraba conforme comían. Karen escuchaba muy atenta su relato y de cuando en cuando lo interrumpía con una pregunta.

—Estos recuerdos inician un ciclo; tenemos el privilegio de revivir las enseñanzas de nuestro pasado –le explicó cuando terminó su relato–. Hay algunas lecciones ya asimiladas que están incorporadas en nuestro subconsciente. Por desgracia, hay experiencias no superadas o vicios que arrastramos a otras vidas, y así vamos de equivocación en equivocación hasta que aprendemos. Éste es el proceso que nos acerca cada vez más a Dios. ¿Te fijaste en el tapiz?

—¿Cómo no me iba a fijar? Es fascinante.

—Es una pieza auténtica del siglo XIII, bordada por la propia Corva de Landa y Perelha y sus damas cátaras, aunque el dibujo, quizá el modelo, es del siglo XII. Expertos en arte románico lo atribuyen a un misterioso artista desconocido, un verdadero Picasso del siglo XII. Le llaman El Maestro de Taüll. Muy pocas de sus obras han llegado a nosotros, pero es evidente que fue un genio.

»Los cátaros rechazaban el culto a las imágenes, y por eso, y porque la Inquisición quemó todo lo que encontró de ellos, ese tapiz es único. Lo usaban para instruir en conceptos elementales a los niños y a los no iniciados; traza algunos elementos básicos de la fe de los cátaros de aquel tiempo. Es parte del legendario tesoro que se salvó de Montsegur, el originario; un pequeño pueblo fortificado, refugio de los últimos cátaros, que resistió a los inquisidores. –A Karen le brillaban los ojos y sus palabras denotaban pasión–. Con el tapiz y varios libros que contenían la verdadera fe cátara, unos pocos creyentes escaparon por los caminos secretos de la montaña antes de que el pueblo cayera en manos de nuestros enemigos. Durante varios siglos estas enseñanzas y creencias se han tenido en secreto para evitar persecuciones, transmitiéndose la fe en grupos muy reducidos.

—¿Cómo llegó el auténtico tapiz a América? –La buena comida había mitigado algo el espíritu crítico de Jaime–.¿No será una imitación o un engaño moderno?

—Al tapiz se le ha hecho la prueba del carbono y, en efecto, data de los siglos XII o XIII. Antepasados de Peter Dubois lo trajeron de Francia con la esperanza de poder extender la fe con más libertad en el Nuevo Mundo. Hace pocos años que el catarismo salió de sus círculos secretos, aunque las cuestiones más complejas se reservan sólo para los iniciados, los que tienen el privilegio de haber vivido vidas pasadas.

–¿Qué significa la gran herradura en el centro del paño?

–La reencarnación. En la actualidad, con la moda de la espiritualidad oriental, esta idea empieza a ser aceptada, pero en Europa, hace ocho siglos, los cátaros ya creían en ella.

–Sería por eso que los quemaban –repuso Jaime con una sonrisa cínica.

–Por eso y porque con sus creencias atacaban a la Iglesia católica, que vivía en la opulencia y acaparaba todo tipo de bienes materiales, dando ejemplo de todo menos de pobreza y castidad. Se extendían muy rápido, y el papa temió perder su poder temporal y las ricas donaciones que los nobles le ofrecían a cambio de salvar sus almas. Por ello, con la ayuda de la nobleza del norte, en especial la francesa, el papa organizó una cruzada contra los Cátaros e inventó la Inquisición para acabar con su fe. Pero no debo contarte más; eres tú quien debe recordar.

–Me dijiste que tú también habías recordado, ¿verdad?

–Sí. Así es.

–Pues es tu turno de contar –la emplazó Jaime expectante–. ¿Viviste en el mismo tiempo que Pedro II el Católico? ¿Lo conociste?

–Te contaré mi vivencia –concedió Karen–, pero te aviso de que voy a omitir algo por el momento; es parte de mi obligación.

–De acuerdo, adelante –aceptó él, impaciente.

–Yo he experimentado varias veces a una dama cátara que vivió el asedio de Montsegur, ¿te acuerdas de la noche que me desperté con una pesadilla y tú me consolaste?

–Claro, fue la primera noche que dormimos juntos. No creo que pudiera olvidarla.

–Bien, pues no fue exactamente una pesadilla lo que me despertó.

–¿Qué era?

–Un recuerdo. Y muy angustioso.

—¿Cómo que un recuerdo? —se extrañó Jaime—. No estabas en la ceremonia del tapiz.

—El tapiz, la bebida del cáliz, las oraciones del Buen Hombre y el resto del ritual son sólo instrumentos para ayudarte a evocar y a veces no sirven para nada. La experiencia es tuya y sale de tu interior. Una vez que tu conciencia está activada, puede ocurrir que rememores por ti mismo, continuando uno anterior inacabado.

—¿Y qué recordabas aquella noche?

—Como te he dicho, era una situación angustiosa. Yo era una dama cátara encerrada en el pueblo de Montsegur, sitiado por los franceses y la Inquisición.

—¿Y qué pasaba?

—No lo sé, Jaime. Eso es lo que necesito saber —repuso con gesto triste—. En realidad, esa evocación se ha convertido en una pesadilla para mí. Me despierto muchas noches con las mismas imágenes que se interrumpen en el mismo instante. Estoy bloqueada, no consigo avanzar. Es como si necesitara algo más para terminar con la experiencia y así poder cerrar el ciclo.

—Pero ¿qué ves?

—Estoy en una plazoleta del pequeño pueblo sitiado, en una noche helada. Voy andando en silencio, sola, y de repente aparece una figura blanca, un espectro, un fantasma que me aterroriza. Me sobresalto y me angustio. Y aquí se corta la experiencia, que se repite una y otra vez sin que pueda avanzar.

—¿Y Dubois? ¿Por qué no te ayuda? —inquirió Jaime, preocupado.

—Sí, hemos seguido varias veces el mismo ceremonial de hoy con el propósito de continuar mi remembranza. Sin ningún resultado. Dicen que no debo de estar aún preparada, que terminará viniendo a mí.

—No has respondido a mi pregunta. ¿Me conociste en tu vida anterior?

—No he respondido porque no debo, Jaime. —Karen le miraba fijamente a los ojos con los suyos intensamente azules—. Tienes que explorar en tu memoria. Tú eres quien debe decir si me encuentras allí y quién soy. —Karen le dirigió una de sus luminosas sonrisas—. Si me reconoces y resulta que nuestras experiencias coinciden, y que yo era importante para ti, y tú para mí, será fabuloso, ¿no crees?

–Sí, lo creo –repuso Jaime pensativo.

## 33

La magia que les arropaba en el restaurante se desvaneció a la salida, y al subir al descapotable de Karen, Jaime se sentía crítico y enojado de nuevo. ¿Por qué le habrían concedido, precisamente a él, el privilegio de rememorar su vida pasada siendo sólo un recién llegado al grupo? ¿Qué deseaban obtener los Cátaros reclutándole? ¿Cuál era el papel de Karen en la trama? Demasiadas preguntas, demasiados misterios. Los Cátaros lo envolvían en una sutil tela de araña, y Karen le ocultaba información. ¿Por qué tenía que soportar aquella ridiculez de las gafas ciegas?

–Karen, llévame a mi casa, por favor.

–¿A tu casa?

–Sí, a mi casa. Deseo estar solo.

–Pero, Jaime, yo había hecho planes para salir a cenar y pasar la noche juntos.

–No, Karen. Lo siento. Otro día será. Hoy necesito estar solo y pensar.

–Creo que lo que necesitas es hablar conmigo –repuso ella con una sonrisa y un guiño–. Venga, hombre, te voy a tratar muy bien.

–Lo siento, no insistas. –Jaime intentaba controlar su irritación, pero no podía evitar un tono cortante–. Déjame en casa.

–Como quieras, pero te recuerdo que tu coche está en la mía.

–Lo había olvidado. ¿Serás tan amable de acercarme?

–Por supuesto.

El trayecto transcurrió en silencio, mientras desde la radio del coche Mark Collie cantaba *Trouble's coming like a train* («Los problemas llegan como un tren»). En la radiante y soleada tarde de invierno, tal como en la canción, él olía la tormenta y presentía negros nubarrones cubriendo el cielo.

Al detener su coche frente al de Jaime, Karen le dijo:

—Jim, no voy a salir hoy de casa. Mi obligación es estar junto a ti, pero no puedo impedir que tú no quieras estar conmigo. Si me necesitas, llámame; te esperaré. Hasta pronto.

Y le ofreció sus labios para un beso. Jaime acercó los suyos y los puso en los de ella brevemente, casi como en un picotazo. Los labios de Karen siguieron a los de Jaime en su retirada, pero no los alcanzaron.

—Gracias. Hasta la vista —le dijo él al despedirse, y salió acelerando todo lo que le permitía el corto trayecto desde el aparcamiento hasta la garita del guarda.

Tomó la Ventura Freeway este. Iba a demasiada velocidad. Lo sabía. ¿Había sido real lo vivido? ¿O era algún tipo de hipnosis, por la cual los Cátaros habían introducido en su mente una vivencia enlatada? ¿Realidad virtual por sugestión? ¿Cómo podía ser tan real un sueño? ¿Cuántos antes que él habrían pasado por lo mismo creyéndose el rey Pedro II de Aragón? ¿Dominaban Dubois y sus amigos una técnica tan sofisticada? Y si era así, ¡qué poderosa arma para ganar el control de voluntades ajenas!

Además, sentía que dependía de Karen, y no sólo por un ardiente deseo sexual. Peor aún. Quizá se había enamorado y por ello se sabía indefenso. Mucho. Y ella, ¿le querría o sólo lo usaba en su beneficio personal y en el de la secta? Si quisiera, podría utilizar la relación de ambos como arma contra él dentro de la Corporación. Tendría todas las pruebas de que se habían acostado juntos. Tal y como hizo Linda con el infeliz de Douglas. Linda. Estaba seguro de que Linda también era cátara. Karen no había querido confesárselo. ¿Por qué Linda había acabado profesionalmente con Douglas denunciándolo por acoso sexual en lugar de limitarse a cortar la relación? Estaba seguro de que los Cátaros tenían que ver con ello. ¿Pretendían controlar la Corporación? Karen le había preguntado si ahora, sin Douglas haciéndole competencia, sería él el sucesor de su jefe. Contestó que probablemente sí. Entonces, de desaparecer White de la escena, como lo hizo el pobre Steve Kurth en su vuelo desde la planta 31 al suelo, él, Jaime Berenguer, sería presidente de Auditoría.

Teniendo en cuenta que su misión era auditar lo que ocurría dentro de la Corporación, al someterle, los Cátaros infiltrados podrían hacer muchas cosas con impunidad. Sería un paso importante para tomar el control, y esto representaba mucho poder. Podrían influir en millones de mentes de Estados Unidos y del resto del mundo. Quizá miles de millones. Expandirían poco a poco ideas con los poderosísimos medios que aquella colosal máquina de propaganda, la Davis, poseía. Y luego, con el campo abonado, sería fácil hacer florecer su credo. Era una razón suficiente para matar.

¿Podía él consentir tal cosa? La tradición familiar de búsqueda de la libertad, su propia estima. ¡Dios! Qué indigno e inseguro se sentía ahora. ¿Vendería su dignidad por el amor de Karen? Temía la respuesta.

Unas luces por detrás lo alertaron. Redujo la velocidad y se detuvo en el arcén de la autovía. Un coche de la policía paró detrás del suyo. ¡Mierda! ¡Sabía que iba demasiado rápido! Los documentos. La prueba de alcoholemia. Suerte que había bebido poco y había pasado ya un rato. Dio cercano al límite pero sin sobrepasarlo.

Jaime pasó la tarde con su guitarra, cantando a las aguas azules del océano Pacífico, que podía ver desde su apartamento, más allá de las palmeras del jardín. Entre sorbo y sorbo de brandy, acariciando las curvas de su amiga guitarra, rumiando y analizando lo ocurrido, le vino el sueño.

Despertó cuando el sol se ocultaba en el océano. Fue una buena siesta, se sentía fresco y despierto. Había soñado, pero no recordaba qué, y se dijo que no le importaba. Su ánimo había cambiado, tenía aún muchas preguntas pendientes, pero ya no le agobiaban. ¿Qué haría por la noche?

Sabía que Karen le esperaba, que podría ayudarle en sus inquietudes, y deseaba estar con ella.

Pero ahora sentía que era tiempo de sacar sus raíces del suelo y vestir sus alas. Karen se estaba apoderando de él, lo dominaba, lo controlaba, lo absorbía; acudir a ella era como plantar para siempre sus raíces en una maceta. Y aquella noche quería volar, quería sentir su libertad.

Tomó una ducha, se vistió y se lanzó a la noche. Sentía su antiguo espíritu de la aventura, y la noche le atraía, brillante con sus luces y fascinante por lo que éstas podían esconder. Sin embargo, su corazón guardaba un pequeño pesar. Y él sabía que ese dolorcillo tenía un nombre. Se llamaba Karen. Quería vencer esa pequeña pena. Quería romper la dependencia. Quería recuperar la libertad que había perdido casi sin darse cuenta. Quería otra mujer para probarse que Karen podía ser sustituida.

Recordó un restaurante japonés con gran personalidad y una excelente barra de sushi. La cena estaba resuelta. Luego iría a Ricardo's y quizá la noche se mostrara propicia.

## 34

Karen sintió aquella ansiedad antigua que le apretaba los intestinos como una mano de hierro. En el centro de la plazoleta del pueblo asediado, en la cumbre de un monte de los Pirineos, el espectro se le aparecía de nuevo: de pie, fantasmal, inmóvil en medio de su camino.

Como tantas veces antes, su angustia iría a más cuando la presencia viniera hacia ella y su corazón se aceleraría hasta sentir un golpe. Aquél era el momento en que despertaba de su sueño, de su recuerdo, y todo se desvanecía.

Pero hoy era distinto; estaba dispuesta a llegar al final. La aparición empezó a acercarse saliendo de la tenue luz que provenía del caserón y penetrando en la zona de oscuridad que los separaba. Su corazón, apresurado, galopaba en su pecho, y, tragando saliva, aguantó. Con las estrellas por única luz, notaba, más que veía, la cercanía de la silueta a pocos metros.

El contorno blanco se difuminaba en la oscuridad hasta casi desaparecer. ¡Y avanzaba, ahora oculto, hacia ella! Deseó dar un paso atrás, huir. Sentía que aquello encerraba algo terrible; era el preludio de la muerte. El descarnado ángel anunciador. Un pánico incontrolable la estaba abrumando, pero debía soportarlo. Debía llegar al fin. Y el fin era la muerte de aquella vida. Si no lo lograba, la vivencia se rompería otra vez y la pesadilla regresaría mil veces más. Temblaba mientras aquello, con lentitud, en un tiempo inacabable, se deslizaba hacia ella.

Sentía que ya llegaba, y su cuerpo, en tensión límite, se preparó para recibir el último golpe, o para que su corazón, simplemente, reventara de miedo.

Pero aguantó. El contorno se perfilaba, la silueta cobraba sentido. ¡Ya estaba allí! Entonces lo reconoció.

—Dios esté contigo, hermana —saludó el fantasma.

—Dios esté contigo, Buen Hombre —dijo ella, sintiendo de repente un alivio infinito y como sus músculos se relajaban. Necesitó tiempo para que su ánimo se recuperara, ¿por qué aquel miedo frente a su mejor amigo?

Era Bertrand Martí, obispo de Montsegur, un hombre alto y delgado, que mantenía la cabeza descubierta a pesar del frío. Su abundante cabello cano se agitaba con las ráfagas de aire. ¿Por qué aquel terror frente al único que podía ayudarla? ¿Era acaso que, por primera vez, ella pretendía hoy mentirle, ocultarle algo? ¿Era su culpabilidad?

Karen se acercó e, inclinando la cabeza, le cogió las manos para besarle los guantes; él depositó con ternura un beso en la capucha de ella.

—¿Qué hacéis levantada a estas horas, dama Corba? —preguntó con su voz profunda.

—No podía dormir, Bertrand —dijo ella sin soltarle las manos—, y he venido a ver despuntar el alba.

El Buen Hombre no dijo nada, persistiendo en el apretón de manos. Ella notaba a través de la oscuridad la penetrante mirada del viejo; transmitía una paz que calentaba el corazón y hacía olvidar el frío.

–¿Qué hacéis vos aquí? –Él no contestó–. ¿Habéis consolado a los moribundos? No me digáis quién ha muerto esta noche; no quiero saberlo, Bertrand.

–Os esperaba a vos, señora.

–¿A mí? ¿Por qué? –preguntó ella apartando las manos con un sobresalto.

Él callaba, y ella sentía su mirada y su paz a través de la oscuridad.

–¿Cuánto más podremos resistir? –continuó Karen al rato, sin esperar respuesta.

–Lo sabéis mejor que yo, señora. Nada. Hemos terminado la leña y también los alimentos, nuestra gente está agotada y las catapultas de nuestros enemigos lo destruyen todo.

–¿Alguna esperanza de que nos llegue ayuda?

–Ninguna. Ni del emperador Federico II, ni del rey aragonés, ni del conde de Tolosa. Nadie nos ayudará.

–¡Oh, mi Dios bueno! Somos los últimos y con nosotros morirá la civilización occitana. Matarán nuestra lengua de oc y nuestra religión cátara. La cultura de la tolerancia, de la poesía y del trovador desaparecerá para siempre. ¿Por qué nos persiguen, asesinan y queman en las hogueras? ¿No les enseñó Cristo, como a nosotros, a amar y respetar a su prójimo? ¿Por qué el Dios bueno permite esta victoria al diablo y que las obras del Creador maligno, del mal Dios, se impongan en la tierra?

–No desesperéis, mi señora, no todo termina aquí. Sabéis que hace unas semanas Pere Bonet consiguió, junto con otros hermanos, burlar el cerco y puso nuestro tesoro a salvo. Con él se salvaron los escritos de nuestra fe y el tapiz de la herradura que vos y vuestras damas bordasteis. Nuestra verdad, nuestro mensaje, no arderá con nosotros en las hogueras de los inquisidores. Pere triunfará en su misión y las generaciones futuras recibirán nuestro pensamiento. –Bertrand hizo una pausa, cansado, y luego reemprendió su discurso–. Hoy, en nuestros oscuros tiempos dominados por el diablo, hay dos Iglesias. Una que huye y perdona; la nuestra. Otra que roba, persigue y despelleja; la suya. Pero los que nos persiguen también verán en el futuro la luz del Dios bueno y se unirán a su causa, y el Dios del odio será derrotado para siempre. –Bertrand le volvió a coger las manos–. Ahora, mi señora, serenad vuestro ánimo. No temáis por la vida de los que amáis ni temáis vuestra muerte. La muerte es sólo un paso necesario.

–No temo a la muerte, Buen Hombre, pero sí a la rendición. Montsegur debe resistir hasta el fin. Los católicos sólo podrán pisar esta tierra sagrada cuando haya muerto su último defensor.

–No es posible, señora. Los soldados que nos defienden son en su mayoría católicos y sobreviven aún niños inocentes que sólo han empezado a vivir el ciclo de esta vida y deben terminarlo.

–Pero harán renegar a los niños del catarismo y perderán el mensaje del Dios bueno. No, Bertrand, más vale que mueran aquí, con nosotros, a que caigan en sus manos.

–No, señora; no podemos decidir por ellos y terminar contra natura este ciclo de su vida. ¿No veis que, de hacer eso, os pondríais al nivel de nuestros perseguidores? ¿También creéis tener la única verdad y el derecho a decidir la vida de inocentes? Deben vivir, no os preocupéis por sus almas; ellas seguirán su camino hasta llegar al Dios bueno.

–Tenéis razón, por ello vos sois un elegido y yo no. Pero no puedo soportar ver a mis orgullosos occitanos vencidos, humillados, torturados y quemados. Tampoco veré los colores de nuestros enemigos ondear en Montsegur. Yo no me rindo, pero sé que mi marido pretende negociar mañana la rendición. –Karen le cogió de nuevo las manos al viejo–. ¿Es eso cierto, Bertrand? Vos no podéis mentir y él no quiere decírmelo. ¡Responded por el Dios bueno! ¡Hablad!

El hombre le miró a los ojos sin contestar.

–Luego es cierto –concluyó ella al ver que el silencio continuaba–. Yo moriré libre. No me someteré a los príncipes del odio. No me juzgarán ni me quemarán.

–Dama Corba, querida mía, no os dejéis cegar por vuestro orgullo ni hagáis nada que retrase la evolución de vuestra alma. Mostrad vuestra humildad como lo hizo Cristo, que, siendo Dios, se dejó juzgar por los hombres.

—El Dios bueno sabe que voy a morir, y no creo que Él tenga preferencia en cómo lo haga. Perdonadme, padre, pero en esta vida no dejaré que el enemigo ponga sus manos sobre mí y me humille. Dadme el *consolamentum*.

—¡No, hija mía! —exclamó el anciano soltándole las manos y abrazándola—. Quitad esos pensamientos de vuestra mente. Al cabo de unos instantes Corba notó como el abrazo se aflojaba, y, distanciándose un poco de ella, el hombre le dijo:

—No. No os lo puedo dar. El dolor ha ofuscado vuestra razón. Pensadlo de nuevo. Dominad vuestro orgullo.

—Lo tengo decidido desde que empezó el sitio, Bertrand. A Corba de Landa y Perelha, señora de Montsegur, sus enemigos no la cogerán ni viva ni muerta. Privarme del *consolamentum* no cambiará mi decisión. Lo sabéis tan bien como yo y por eso me esperabais aquí esta noche. Sabíais y sabéis lo que va a pasar. Me aguardabais, viejo amigo, para despedirme. Y también para darme el último sacramento.

Notaba de nuevo la mirada profunda de él a través de la oscuridad y sintió otra vez como la angustia volvía a crecerle dentro, atenazando sus vísceras. Las lágrimas acudieron a sus ojos mientras aguardaba ansiosa la decisión.

Al cabo de un rato, oyó una voz débil pero resuelta:

—Arrodillaos, señora.

Los cantos duros y helados de las piedras la hirieron cuando sus rodillas tocaron el suelo y su cuerpo se estremeció durante unos largos instantes. ¿El frío? ¿El miedo?

El viejo se había quitado los guantes y, metiendo sus manos huesudas en la capucha de piel de Karen, las posó justo en la parte superior de su cabeza.

Ella cerró los ojos y no sintió nada. Sólo su corazón latiendo locamente, su respiración agitada y el frío.

Bertrand murmuraba algo, pero ella no podía distinguir si era latín o la lengua de oc. Poco a poco empezó a sentir una sensación cálida en el pelo. Se iba extendiendo. Ya no sentía frío en las orejas y en la nariz. Su respiración se calmaba y el calor iba bajando al resto del cuerpo mientras empezaba a experimentar una paz que hacía tiempo no gozaba. Estaba despierta, pero no allí. Estaba por encima de su miseria presente, ya no sentía angustia, tampoco su cuerpo. Retrocedía en el tiempo percibiendo imágenes de su juventud, de su niñez, y se vio en el útero de su madre, protegida, feliz. ¿Era su madre de esta vida o la madre futura?

No deseaba abandonar nunca más aquel lugar, aquella sensación; era lo real, la existencia que quería y su verdadero destino. El resto, su vida actual, era sólo una pesadilla. Perdió la noción del tiempo, pero sólo habían pasado unos instantes.

El anciano apartó sus manos, tirando suavemente de ella para que se levantara.

–¡Oh, Bertrand! Siento ahora lo que deben de sentir los niños cuando nacen; por eso lloran. ¡Qué desconsuelo volver a este mundo! ¡Qué dura la realidad de la vida física! –dijo arrastrando las palabras–. Pero ahora sé que existe la paz en algún lugar.

–Que el Dios bueno os acoja.

–Y a vos también, querido amigo, cuidad de mis hijos y de los demás.

–Sí, señora.

Ella lo abrazó y él correspondió al abrazo, pero Corba no pudo recuperar la maravillosa sensación sentida hacía unos instantes.

El Buen Hombre se alejó con lentitud apesadumbrada hacia el edificio del que salía una débil luz.

## 35

Jaime contempló a la hermosa mujer oriental que, sentada a una mesa, sonreía conversando con una amiga a pesar del volumen de la música. Las minifaldas mostraban generosas unas bonitas piernas. Estaban solas. Pero él no intentaría nada sin antes tomar su trago.

Un grupo de calidad tocaba una rumba y la concurrencia seguía el ritmo de una forma u otra. La multitud danzaba en una pista repleta mientras la música caribeña sonaba más alta que de costumbre. Una variopinta mezcla de gentes acudía al lugar, y los latinos no parecían ser mayoría; sin duda, el local estaba de moda.

La mirada de Jaime se dirigía espontáneamente hacia las mujeres. Era su instinto cazador. Hermosas latinas, orientales, alguna muy atractiva morenita y bastantes rubias y castañas.

De pronto se sobresaltó: ¡aquella rubia de espaldas... era Karen! ¿Qué haría allí? Estaba hablando con un hombre. Jaime se abrió paso entre la gente acercándose a Karen mientras su corazón se aceleraba; se sentía traicionado. ¿No dijo que se quedaría en casa? Le tocó suavemente el hombro cuando llegó a su altura. Ella se giró. Ojos azules, el mismo tono rubio de pelo, casi el mismo peinado, pero no era ella.

–Lo siento mucho –le dijo experimentando, al contrario, un gran alivio–. Creía que era otra persona.

Algo debió de ver la rubia en su cara, puesto que soltó una carcajada.

–Espero que la otra sea guapa.

–Desde luego. Tanto como tú –contestó Jaime, cortés.

–Muchas gracias; eres muy amable –repuso ella.

La rubia quería seguir la charla, y había dejado a su acompañante con la palabra en la boca dándole la espalda como si no lo conociera. ¡Buena ocasión!, pensó Jaime. Está aún más dispuesta a jugar que yo. Pero su corazón aún latía acelerado con el pensamiento de Karen. ¡Lo que ahora necesitaba era una maldita copa!

–¿Has venido con ella? –continuó la chica.

–Sí –dijo Jaime mintiendo–. La estoy buscando.

–Buena suerte –dijo encogiéndose de hombros con un gesto ambiguo, y se giró hacia el otro hombre.

–Gracias –se despidió, abriéndose paso hacia la barra–. Maldita Karen –murmuró–, se me aparece como un fantasma.

Cuando el camarero le sirvió el cubalibre, oyó:

–Estás invitado, hermanito.

Allí estaba Ricardo, tras la barra, con su sonrisa de hermosos dientes y su negro bigote. Jaime se quedó helado; aquel gesto, aquella entonación al hablar. De pronto Ricardo le recordaba a alguien que había visto aquella misma mañana. No aquí, sino en un lugar muy lejano y en un tiempo remoto. No podía ser, pensó, pero era. Hug de Mataplana. ¡Tonterías! Jaime rechazó de inmediato tan absurda idea. Lo vivido por la mañana le había afectado más de lo que imaginaba. Empezaba a sufrir alucinaciones.

–Qué honor tenerte aquí. –Le saludó estrechándole ambas manos. Luego, repentinamente interesado y con malicia, añadió–: ¿Trajiste a la rubia?

–Qué placer verte –respondió Jaime con rapidez–. ¿Qué ocurre contigo? ¿Te alegras de verme a mí o querías verla a ella?

Ricardo rió.

–Pues sí, era una mujer espléndida y me encantaría volverla a ver. Pero tal como la mirabas, no me parecía que fueras a dejarla. ¿Qué pasa? ¿Ya la cambiaste por otra?

–No. He venido solo –respondió escueto. Aun con la confianza que lo unía a Ricardo, Jaime no deseaba iniciar una conversación sobre Karen. No era el momento. No quería.

–Llegaste al lugar indicado. –Ricardo sabía intuir y respetar la intimidad de sus amigos–. Tengo lo que necesitas. –Se le iluminó la cara de nuevo.

–¿De cuántos grados es el tequila?

–Vamos, Jaime. Tú no necesitas tequila. Tú necesitas una buena vieja.

–Puede que tengas razón, pero ¿es que te dedicas ahora a la trata de blancas?

–Amarillas, morenitas y la que se me ponga enfrente. Pero lo mío no es por dinero. Me gusta ver felices a mis amigos. ¡Espérame ahí!

Ricardo salió de detrás de la barra; tenía el bar bajo control y podía dedicar su tiempo a disfrutar. Y para Ricardo lo primero eran las mujeres; la música y los amigos competían en segundo lugar. Jaime se decía que Ricardo había encontrado finalmente un negocio donde el trabajo le traía el placer.

Cogió a Jaime por el hombro y le dijo con tono de gran confidencialidad:

–Hay una mejicanita nacida aquí pero con todo el sabor de Guadalajara; es muy cachonda. La amiga con la que va siempre está con un gringo. Quiero que la conozcas. Si te aplicas y le gustas, vas a ver lo que es bueno. Tiene un cuerpo y un ritmo para que te baile. Espero que no me hagas quedar mal; un amigo no puede fallar en eso. ¿Entendido?

Jaime se encogió de hombros; era obvio que Ricardo tenía conocimiento de primera mano de lo que hablaba. No le importaba que así fuera. En su época bohemia habían intercambiado amigas más de una vez.

–O sea, que me vas a usar para promocionar el negocio, ¿eh? Aquí viene Jaime a explotar la dinamita que los demás no pudieron encender porque tenían la mecha corta. –Jaime miraba a Ricardo con sorna–. No te preocupes. Estoy seguro de que, después de conocerme, no perderás a la cliente.

–Pinche cabrón –repuso Ricardo con una carcajada.

## 36

Karen sintió frío, pero no temor, y avanzó decidida hacia el otro extremo de la plazuela. Desde allí, tanteando las paredes en la oscuridad, los estrechos callejones la condujeron a las defensas exteriores de la aldea. Llegando al muro del noroeste, palpó la pared y miró las estrellas. Aún era de noche, pero lo sería por poco tiempo.

Empezó a escalar el muro lentamente y con cuidado. Oyó que gritaban desde arriba:

–¡Alto! ¿Quién es? –Era un guardián. Sonrió y bendijo a los que resistían hasta el final.

–Soy yo, Corba –le dijo con voz firme.

–Buenas noches, señora.

–¿Frío?

–Mucho, señora.

–Que el Dios bueno os bendiga, soldado.

Continuó subiendo por la escalera, que ahora giraba, apoyada contra el muro orientado al este; la hoguera que los sitiadores mantenían pegada a la muralla se encontraba al otro lado.

–¡Dama Corba, vigilad no exponeros a la luz! ¡Los arqueros están al acecho!

–Gracias.

Al llegar a la parte alta de la fortificación, Karen avanzó cubriéndose tras el antepecho para no ser vista desde el exterior y, llegando a un tramo descubierto, lo cruzó con rapidez; las llamas no llegaban hasta esa altura, pero sí se notaba el calor al cruzar el hueco.

Se quedó en aquel lugar, cubierta por el parapeto de la muralla, pero cerca de la abertura.

Pronto despuntaría el día. Las estrellas lucían rutilantes en el cielo helado de la primera noche de marzo.

Sentándose en una piedra tallada, miró desde allí su casa fortificada; a duras penas adivinaba su silueta al otro lado del recinto. Sus hijos, su esposo y su madre estaban allí. El Dios bueno los cuidaría. Sus ojos se llenaron de lágrimas al pensar en ellos.

Continuaba sintiendo paz en su interior y recordó mejores tiempos, cuando el rey de Aragón se rindió a su amor. Ella había sido la bella entre las bellas, la noble entre las nobles, la dama de mayor encanto. Cantada por todos los trovadores, pretendida por los más nobles de Occitania, Borgoña, Gascuña, Provenza, Aragón y Cataluña. Sus ojos verdes embrujaban, su voz seducía. Corba, la Hechicera, la llamaban las envidiosas.

No había nacido para ser humillada y no les daría ese placer a los inquisidores.

El negro cielo empezaba a mostrar líneas azul oscuro que permitían distinguir las montañas del este y del sur. El alba llegaba, y sentía la tranquilidad de quien no sufre con las dudas.

Lentamente se desprendió de sus botas de cuero y sacando sus zapatos de baile de los anchos bolsillos de su abrigo, se los calzó. Se despojó de su abrigo quedándose sólo con su vestido de gala; con el que danzaba en las fiestas. El vestido del rey, se dijo: el traje que vestía para esperar a Pedro y con el que lo despedí.

Un viento helado e inclemente le hizo tiritar el cuerpo, pero ella no lo sentía como suyo, porque en su interior conservaba aún el calor que le había dado Bertrand.

Miró de nuevo las estrellas y empezó a recitar:

—Padre nuestro, que estás en los cielos. Venga a nosotros tu reino. —Dio tres pasos lentamente y se colocó en una grieta de las protecciones de la muralla. Notaba el calor de la corriente de aire ascendente, y al frente, por encima de las montañas, la franja azul se había ampliado dejando ver otra más clara—. Hágase tu voluntad, así en la tierra como en el cielo. —Fue consciente de que algo se rompía en el parapeto de piedra a su derecha. Una flecha—. El pan nuestro, supersustancia, dánoslo hoy.

Se acercó al borde sintiendo de pleno un fortísimo calor ascendente. Miró hacia abajo y a través de sus ojos húmedos, por un llanto quedo pero imparable, vio el fuego, fascinante, que se retorcía allí, en el fondo, como un enorme dragón impaciente por su presa.

Notó el silbido de otra flecha. Los hombres gritaban fuera de la muralla, también los oía dentro.

—Y perdónanos nuestras deudas así como nosotros perdonamos...

Otra flecha.

Corba emprendía su vuelo. Y como un negro cuervo hembra en la oscuridad, voló para propagar la herejía por el mundo. O así lo contaron los católicos, que bruja la llamaban.

Lo cierto es que se zambulló como había aprendido a hacer de niña desde las barcas en el Mediterráneo cuando su padre era cónsul de Tolosa en Barcelona.

Sintió que entraba en un mar ardiente y que los tules de su amado vestido y su antes espléndida cabellera azabache se convertían en luz y en calor, mucho calor.

–Y no nos dejes caer...

Continuaba sintiendo paz.

El impacto, en el centro de las brasas de la hoguera, levantó innumerables pavesas que, brillantes, subieron con el aire caliente hacia el amanecer. Sin embargo, no llegaron a las distantes y frías estrellas que contemplaban, impasibles, el fin de Corba, la Dama.

Karen despertó de su visión. Estaba allí, en su cama, en su apartamento de Los Ángeles. Sentía la tibieza agradable de las sábanas. La pesadilla había llegado a su fin. Lo que tanto había anhelado y tanto había intentado forzar en las ceremonias frente al tapiz cátaro acababa de ocurrir ahora espontáneamente en pleno sueño. Trató de grabar lo visto y lo sentido en su mente. ¿Acaso podría olvidarlo? Había logrado desbloquear su memoria y avanzar hasta el final de su ciclo. Y ahora, superados el dolor y la angustia, el sentimiento era profundo y hermoso. ¡Qué terrible historia y, al mismo tiempo, qué bella! Jamás borraría aquellos momentos vividos. ¿Vividos cuándo? ¿Hacía segundos o siglos?

Tendió sus brazos, aún con las imágenes de su ensoñación en los párpados. Buscaba a alguien, pero sólo encontró el vacío. Le faltaba el calor de otro cuerpo, el calor de Jaime.

¿Dónde estaba? Había huido. Llamó a su apartamento a las diez, a las once y a las doce sólo para oír su voz enlatada desde el contestador. Miró el reloj de la mesilla de noche. Las tres de la madrugada y él, allí fuera, perdido en las infinitas posibilidades nocturnas de aquel gigante llamado Los Ángeles.

Jaime tenía miedo. Sí, tenía miedo de ella y del juramento de fidelidad y obediencia hecho a la congregación cátara. Miedo a perder su libertad, la verdadera herencia de su familia que, como toda utopía, jamás se convertiría en moneda.

Estaba huyendo. ¿Cuán lejos? ¿Por cuánto tiempo? Karen no lo sabía, pero deseaba que volviera pronto. ¡Ahora mismo! Ella sí necesitaba compartir con alguien la maravillosa experiencia aquella noche, y especialmente con Jaime.

Sabía que volvería. Nadie había resistido jamás la necesidad de cerrar el ciclo de memoria espiritual una vez abierto. Jaime querría volver a retomar las imágenes y sentimientos del rey Pedro y no se detendría hasta llegar al final. Aunque con ello sufriera. Aunque se convirtiera en esclavo del pasado y renunciara a parte de su libertad.

Karen se levantó de la cama, fue a la cocina y sacó del refrigerador un botellín de Perrier. Puso una generosa ración de whisky añejo de malta en un vaso y lo rebajó con el agua. Acercándose al gran ventanal del salón, apagó las luces y descorrió la cortina. La noche estaba silenciosa y la luna, en un brillante cuarto creciente. Se sentó sobre la mullida alfombra blanca agradeciendo lo bien que la arropaba su viejo y poco sexy camisón de algodón. Y miró las luces de la ciudad. Él se encontraba allí, en algún lugar, y aunque no lo supiera, volvería a ella.

Karen sabía que sólo tenía que esperar. Como había hecho antes, tanto tiempo atrás, tantas veces. Sólo aguardar a que él viniera. Y vendría.

Clavó sus ojos azules en la oscuridad.

–Ven –le dijo.

## 37

Ricardo localizó a Marta bailando suelto en la pista con un hombre. De hermoso pelo negro y ojos expresivos, Marta tendría unos treinta y algo. Llevaba un vestido oscuro de falda corta que marcaba las bonitas curvas de sus caderas y luego se acampanaba ligeramente para dejar descubiertas unas largas, consistentes y bien torneadas piernas. Tenía gracia y estilo al moverse. Sin ningún miramiento hacia el acompañante, Ricardo pidió a otra chica que bailaba en la pista que la llamara, ya que la música impedía que le oyera. Cuando Marta miró a Ricardo, éste le indicó con grandes gestos que se acercara.

–Marta, te presento a mi mejor amigo, Jaime –le dijo cuando Marta llegó hasta ellos–. Le he hablado mucho de ti y está loco por conocerte –mintió Ricardo con descaro.

–Encantada.

–Un placer.

Se dieron la mano.

–Los dejo. Tengo un negocio que atender. Pero antes necesito hablar algo en privado con Marta –dijo Ricardo tirando de ella para cuchichear a su oído al tiempo que lanzaba miradas pícaras a Jaime.

Marta parecía divertirse y miraba a Jaime con una sonrisa que se hacía más o menos plena según los giros del relato de Ricardo.

–A ver cómo te portas –retó éste a Jaime al irse.

Quedaron frente a frente, ambos sonriendo, Jaime con su cubalibre en la mano, y Marta mirándolo con atención, con las suyas cogidas a la espalda.

–¿Qué te ha contado ese sinvergüenza de mí? –preguntó Jaime.

–Cosas buenas. Pero lo que yo quisiera saber es lo que te ha contado de mí.

–Maravillas; vamos, que eres la candidata ideal para mi próximo matrimonio. –Jaime conocía bien el estilo de su amigo.

Marta soltó una carcajada.

–A mí me ha dicho que eres un alto ejecutivo divorciado, que tienes mucho dinero y el corazón destrozado. Mi misión de esta noche es curártelo.

Jaime rió con ganas; típico de Ricardo.

–Ricardo es un buen amigo. ¿Piensas aceptar la misión?

–Bueno, acabo de conocer a un muchacho que no está nada mal y lo he dejado en la pista plantado –contestó ella fingiendo que tomaba una decisión importante–. Por otra parte, tú vienes muy bien recomendado, y Ricardo me ha amenazado con negarme la entrada al club si no te trato bien. Dime, ¿cuán interesado estás tú en que yo acepte la misión?

—Mucho. Mi corazón está empezando a sanar con sólo verte.

—Bien, pues ven conmigo. Me voy a dar el placer de tener dos galanes por un ratito –le dijo con un gracioso guiño–. Claro que tú llevas un poco de ventaja.

Jaime la siguió hasta la pista pensando que Marta sabía jugar bien sus cartas. Ella le presentó a su acompañante y, sin dar más explicaciones, se puso a bailar. Con ritmo y sensual, Marta evolucionaba entre los dos hombres; sentir que competía por ella hizo que el deseo creciera en Jaime.

Luego de varias piezas empezó a sonar un bolero y, justo al identificar la música, el rival de Jaime pidió el turno a Marta. Ésta se excusó diciéndole que Jaime le había solicitado antes el primer lento y cogió a Jaime para bailar.

—Espero que al menos sepas bailar bolero –le dijo.

—Por favor, ¿no has notado mi acento cubano? ¡Mi abuelo inventó el bolero!

Marta rió alegremente, y ambos se concentraron en la danza.

Al cabo de un rato, Jaime invitó a la chica a tomar una bebida en la barra. Hablaron. Ella era americana de primera generación y había prosperado; máster en ciencias económicas, trabajaba para un importante banco del sur de California. Hacía tiempo que se había independizado de su familia y del barrio, y vivía sola en su propio apartamento. Eso no les gustaba a sus viejos, aunque se sentían orgullosos de su hija. La vida la había puesto en una situación en la que no tenía que depender de sus padres ni de ningún hombre, y ella disfrutaba de su libertad. Ricardo tenía razón. Era una mujer estupenda, y la excitación del momento le estaba haciendo olvidar a Jaime lo pasado aquella mañana.

Sobre las tres Marta miró el reloj, y Jaime le preguntó si deseaba irse. Ella dijo que sí, y Jaime la miró a los ojos con una leve sonrisa y preguntó:

—¿Tu casa o la mía?

–La tuya –dijo Marta, y un pequeño escalofrío de placer anticipado recorrió el cuerpo de él.

Salieron a una noche diáfana. Él la cogió por la cintura; ella hizo lo mismo y anduvieron hasta el coche en silencio, viendo el brillo de las luces.

De pronto, a Jaime le pareció ver algo extraño, pero familiar, en la oscuridad. Era como el destello azul, quizá verde, de unos ojos femeninos que lo llamaban desde la oscuridad profunda. Veía los ojos y oía un murmullo incomprensible que lo invocaba. Algo pasaba en su interior que no podía controlar.

Tenía a su lado una hembra como pocas tuvo antes. Y la deseaba. Pero algo lo atraía hacia otra mujer. Era una obsesión.

«Como mariposa a la llama», le avisó su voz interna.

–Tonterías –murmuró.

–¿Dices algo? –preguntó Marta.

–¡Oh! Nada, mi amor. Que estoy feliz de estar a tu lado –contestó Jaime abriéndole la puerta del coche.

# DOMINGO

## 38

Cuando Jaime despertó avanzada ya la mañana, en su cama, medio cubierta por una sábana, dormía Marta; ambos estaban desnudos. Apartando las ropas, contempló a su compañera.

De formas generosas pero sin exageración, Marta era una bella mujer. Otra vez Jaime comparaba. No pudo, a lo largo de la noche, quitar de su mente la imagen de Karen, hasta el punto de que en algún momento llegó a creer que le hacía el amor en el cuerpo de Marta. ¿Por qué?

Karen debía de ser bruja y él había caído bajo su influjo. Las dos mujeres no se parecían en nada; Marta tendría casi la altura de Karen, aunque los miembros y curvas de Karen eran más estilizados. Una era rubia, la otra morena. Marta tenía la tez blanca con un ligero bronceado, Karen era más pálida. Una seducía con unos hermosos ojos oscuros almendrados, los otros eran de un azul intenso. El vello púbico de una era rubio y escaso, mientras que el de la otra formaba graciosos rizos negros. Con una hablaba español, con la otra inglés. Marta era más madura, más desinhibida en el sexo, tomando iniciativas que Jaime desconocía en Karen. Había sido una noche estupenda, sin embargo, algo no iba bien. Había traicionado a Karen. ¿Era eso lo que le dolía?

¿O era el recuerdo perturbador de la experiencia del día anterior en el refugio secreto de los Cátaros?

Cualquiera que fuera la causa, Jaime no experimentaba la satisfacción y el relajo que debía sentir luego de una noche en la que había conseguido a una hembra tan hermosa como la que tenía en su cama. ¿Por qué?

Marta abrió los ojos. Miró a Jaime y, sonriendo, alcanzó la sábana para luego cubrirse pudorosa.

–Buenos días –saludó tapándose hasta la altura de la boca.

–Buenos días, Marta. ¿Cómo estás?

–Genial. ¿Y tú?

–Excelente. Ha sido una noche fabulosa.

–Bueno, me alegro. Misión cumplida. Ricardo me dejará volver al club.

–¿No me dirás que lo has hecho por Ricardo? –preguntó Jaime escandalizado.

–No, tonto. Te conocí por él, pero luego yo escogí entre dos opciones y no me arrepiento de la elección.

–Menos mal.

–Bien –continuó Marta con una sonrisa burlona–. ¿Qué haces ahí de pie y en cueros? ¿Alguna demostración de atributos por si no me enteré? Estuvo bien anoche, pero tampoco es para tanto.

Jaime no esperaba la pulla. En realidad, estaba tan absorto en sus pensamientos que no había reparado en que estaba exhibiéndose desnudo. Rió con ganas.

–Decidía si ir a la ducha o a la cocina a preparar el desayuno

–¡A la ducha! –gritó Marta saltando alegremente de la cama, Jaime la persiguió.

En la ducha hicieron de nuevo el amor, bajo el agua, explorándose los cuerpos. Marta era imaginativa y una compañera divertida. Luego de secarse, fueron a la cocina, donde se vistieron sólo con los delantales. Jaime observó que el trasero de Marta no era elevado y respingón como el de Karen, pero era redondeado, contundente y tremendamente sensual.

Prepararon un abundante desayuno con aromáticas tostadas, huevos fritos, beicon y café. Todo estaba perfecto, pensó Jaime, pero ¿por qué se sentía inquieto? ¿Por qué no disfrutaba del momento y de la deliciosa mañana?

–Marta.

–Dime, Jaime.

–Hoy es el día que veo a mi hija y hemos quedado en comer juntos –mintió–. Espero que no te molestes si no te invito, pero tiene ocho años y es muy sensible a mis amistades femeninas.

Marta parecía desilusionada, pero sonrió.

–No importa –dijo–. Otro día será.

Cuando Jaime la dejó en su casa, ella le besó en los labios y se despidió.

–Llámame.

–Lo haré. Gracias por esta noche.

–Adiós, Jaime.

Pero los pensamientos de Jaime ya estaban en otro lugar y, olvidándose de la multa del día anterior, aceleró hacia donde su mente había pasado la noche. ¡Dios, por favor, que Karen esté en su apartamento!

El guarda de la puerta era desconocido para Jaime y con una desesperante parsimonia llamó por el telefonillo interior mientras Jaime agonizaba en la espera. ¿Habría salido?

Al fin le franqueó la barrera haciendo un gesto para que pasara y Jaime suspiró aliviado.

Al abrirle la puerta, Karen vestía aún el viejo y cálido camisón; no dijo nada, se quedó mirándolo de arriba abajo y le tendió los brazos. Jaime la estrechó con fuerza, se sentía tan feliz que las lágrimas asomaron a sus ojos.

–Karen. Gracias por esperarme, amor mío.

Karen lo hizo pasar cerrando la puerta, y con el siguiente abrazo sintió que había llegado a casa. Al hogar. Ya no tenía más preguntas. Al menos no entonces. No quería más que disfrutar de aquel momento maravilloso.

Karen tampoco hizo preguntas. Sólo murmuró:

–Sabía que volverías.

# MARTES

## 39

Los jardines que limitan la playa de Santa Mónica se encontraban desiertos al amanecer. Una brisa fría agitaba las palmeras, y el océano Pacífico, oscuro y lejano, se distinguía al fondo, más allá de la ancha playa.

John Beck, pantalón corto, chaqueta de chándal y cabeza cubierta con la capucha, corría cumpliendo su rutina de ejercicio matinal. Le encantaban la soledad de aquellas primeras horas y el frío, que hacía humear el aire que expulsaba por la boca.

Pero aquella mañana percibió que no estaba solo. Su ritmo era rápido, pero oía el sonido de otras zapatillas de deporte acercándose detrás de él. Inusual.

Aunque ahora su trabajo en el FBI era más de despacho, no había perdido los reflejos y desconfiaba de lo insólito. En aquel momento y lugar, lo extraño jamás traería buenas noticias. El otro se acercaba. Sin dejar de correr, abrió su chándal y asió su revólver. Notaba que el desconocido estaba ya casi encima de él. Entonces, saltando a un lado, se le encaró.

–Buenos días, Beck –le saludó el hombre al tiempo que de soslayo percibía la mano del agente dentro del chándal aferrándose a las cachas del revólver–. Puede dejar su arma tranquila, hoy no tengo intención de hacerle daño. –Gus Gutierres, también en atuendo de deporte, insinuaba una sonrisa divertida y le hizo un gesto para que continuara corriendo.

–Buenos días, Gutierres. –Beck continuó su carrera, ahora los dos en paralelo–. No esperaba visitas. Porque imagino que nuestro encuentro no es casual, ¿verdad?

–Claro que no. Ese tipo de asuntos prefiero tratarlos en el bar, pero no parece que usted visite tales lugares.

–Me ha estado vigilando.

–¿No se ha dado cuenta? ¡Bien!

–¿Qué quiere? –Beck empezó a ir más rápido; era una forma de relajar la tensión que la inesperada visita le provocaba.

–Desde la cena en el rancho no hemos vuelto a hablar, pero usted ha estado entrando y saliendo a su antojo de la Torre Blanca haciendo muchas preguntas. –Gutierres le seguía sin dificultad.

–Cierto. ¿Y?

–No le he impedido hablar con quien usted ha querido y preguntar lo que se le antojara. Sin embargo, usted no me ha dado ninguna información sobre las sectas que dijo estaban tomando posiciones de control en la Corporación. Y ha llegado el momento de darme los detalles.

–¿Y si me niego? –Beck se sentía molesto. El tono de Gutierres era demasiado perentorio, sin duda se le había pegado la arrogancia de su jefe. Y el hecho de sorprenderlo como lo había hecho corriendo en la madrugada, alarmándolo, escondía una amenaza intencionada. Gutierres le decía con aquello que podía apuntarle en la nuca cuando quisiera y se lo advertía sin verbalizarlo.

–Washington tendrá que buscarse a otro hombre. Será declarada *persona non grata* en la Corporación. Le prohibiré la entrada en nuestras instalaciones y el inspector Ramsey dejará de pasarle información.

–No puede hacer eso. –Aceleró de nuevo el ritmo, que ya era muy veloz.

–Claro que puedo. Davis puede, luego podemos. –Gutierres se puso a su altura sin dificultades; no parecía que el esfuerzo menguara su capacidad de hablar.

–¿Qué quiere saber?

–Todo lo que usted sepa.

–Jamás le contaré todo lo que sé. –Beck se notaba jadeante.

–Bien. Déme algo que me satisfaga. ¿De qué secta hablaba la semana pasada en el rancho?

–Hablaba de los Cátaros, pero también dije que no teníamos la certeza de que estuvieran implicados en el asesinato de Kurth. Sabemos que también hay creyentes de otras sociedades secretas infiltrados en su Corporación.

Beck redujo el ritmo de su carrera, no podía mantenerlo a la vez que la conversación; en cambio, el pretoriano parecía poder con todo sin problemas. El maldito Gutierres se anotaba otro punto; tenía que aceptarlo, pero se dijo que ya encontraría una ocasión para ajustarle las cuentas.

–Los Cátaros son una secta que dicen viene del siglo XII europeo, pero están surgiendo con fuerza en los últimos años aquí, en Estados Unidos. Ya tienen sedes en más de cuarenta estados. Creen en Cristo y en la reencarnación. Una mezcla muy comercial que coincide con las tendencias de la *new age*, tan de moda últimamente en el país y en California en especial. Se propagan rápidamente y continuarán haciéndolo.

–Déme nombres.

–Su jefe espiritual en California es un tal Peter Dubois y, aunque oficialmente es profesor de historia, es posible que sea su máximo guía religioso. Tienen una segunda faceta, más ideológica, más política; ésta la lidera un tal Kevin Kepler, un carismático profesor de sociología moderna en UCLA. Gracias a él, el grupo se expande con agilidad en medios universitarios. El contenido filosófico que proponen parece inocuo, pero existe una fracción hermética en la secta que es impenetrable y creemos que tiene planes concretos para la obtención de poder terrenal. Aquí es donde entraría su Corporación.

–Déme nombres de empleados nuestros.

–Tenemos sospechas, nada concreto. No le daré nombres sin tener la seguridad.

–No me ha dado suficiente información, Beck.

–Creo que ahora tiene bastante material para trabajar, Gutierres. Averigüe usted y luego comparamos notas. Su sede oficial está en Whilshire Boulevard, como Club Cristiano Cátaro.

–De acuerdo, ya nos veremos.

Sin añadir más, Gutierres giró acelerando su carrera hacia un coche de cristales oscuros que les seguía a distancia. Beck se detuvo y contempló, brazos en jarras, jadeante y con la vista empañada por el vapor de su propio aliento, la partida de Gutierres. Las luces de la mañana crecían.

# VIERNES

## 40

Por un lado, la avenida está bordeada por edificios de los años treinta, en tonos pastel; convertidos en hotelitos, se ofrecen como restaurantes y lugares de copas y, gracias a la personalidad del *art déco*, han convertido la zona en el emblema de Miami. La otra acera da a una ancha playa que limita la isla con el océano Atlántico.

Una multitud variopinta de turistas procedentes de todo el mundo, en mezcla dinámica con la fauna local, abarrotaba el paseo mientras un guitarrista callejero cantaba el ya clásico de Gloria Estefan *Mi tierra*. Aunque era invierno, aquella noche de viernes el clima era suave, invitaba a caminar, y la calle estaba repleta de coches circulando lentamente con sus luces puestas. La gente, a pie o en automóvil, era la protagonista de un curioso espectáculo donde cada cual oficiaba a la vez de actor y de mirón.

Linda Americo y su equipo de auditores salían del restaurante cubano situado en el Ocean Drive de Miami Beach, donde habían cenado. Se sentían aliviados, ya que por fin habían terminado su auditoría de la serie televisiva que los estudios Eagle rodaban en Miami y volvían, al día siguiente, a casa. Al viejo LA.

–Es un completo desperdicio meterse en el hotel con este ambiente, ¿qué tal si vamos a tomar unas copas donde podamos mover un poco el cuerpo? –propuso Frank.

—Buena idea –aprobó de inmediato John–. Ya dormiremos mañana en el avión de regreso. Me han recomendado un par de lugares que están aquí mismo. ¿Os apuntáis, chicas?

—¿Por qué no? –dijo Dana–. Hemos trabajado todas las horas que tiene el reloj y el informe está casi listo. Nos merecemos saborear un poquito de Miami Beach, ¿no crees, Linda?

Linda había anticipado que esto ocurriría la última noche en Miami y también su respuesta.

—Desde luego que nos lo merecemos, Dana, se ha hecho un gran trabajo. Pero lo siento, yo he de ir al hotel –contestó con una amplia sonrisa.

—Vamos, jefa, no seas aguafiestas –repuso Frank–. Todo está bajo control, relájate. Danos un descanso.

—Vente con nosotros –le dijo Dana cogiéndola del brazo cariñosamente–. O vamos todos o ninguno. No me dejes sola con este par de pesados.

Linda rió con alegre carcajada.

—Dana –repuso–, estoy segura de que no sólo lo vas a pasar en grande con ellos, sino de que vas a evitar que este par de brutos se metan en líos por acosar a alguna chica latina. Anda, ve y diviértete.

Linda tenía buenas razones para no quedarse. A pesar de que era un par de años mayor que Frank y de ser su jefa, éste se mostraba más cariñoso de lo normal y quizá intentara un acercamiento personal. No quería quedarse en un escenario de «dos parejas». Frank era un chico atractivo y simpático con el cual, en otra situación, a Linda no le hubiera importado incluso salir pero, luego de su *affaire* con Douglas, su nombre estaba por razones obvias en boca de mucha gente, y no podía permitirse ni siquiera el menor comentario que le ocasionara más problemas en la Corporación.

—Además –añadió–, me encuentro un poco cansada y aún tengo que trabajar aquí mañana. Tengo cita con el productor de la serie para que dé su versión, para el informe de auditoría, sobre las irregularidades que aparecen en la contabilidad y el sistema de decisión de proveedores. Y ya sabéis la fama de hijoputa que tiene el individuo; no será una entrevista fácil. Os deseo un buen viaje de regreso.

–Vamos, jefa. –Ahora Frank le cogía también del otro brazo–. No seas estirada y ven un ratito con nosotros. Sólo una copa, media horita.

A Linda no le apetecía nada ir al hotel y la forma en la que Frank le había cogido del brazo le produjo un agradable estremecimiento; pero respondió:

–No, Frank. Ya sabéis que no soy estirada. Pero hoy no puedo, de verdad. Id y divertíos. Yo paro un taxi y me voy al hotel.

–¡Por favor, Linda! –intervino ahora John–. No nos dejes solos. ¿Qué haremos sin jefa?

Linda soltó otra carcajada.

–Os vais a divertir como nunca, seguro. Ahora me voy. Pasadlo bien, os veo en Los Ángeles.

–Espera, Linda –intervino de nuevo Frank–. Te acompaño. Que se queden éstos a tomar su copa.

Linda se dijo que bajo ningún concepto regresaría al hotel a solas con Frank. No importaba en absoluto lo que pasara después; lo que importaba eran los sabrosos comentarios que la noticia generaría.

–No, Frank, de ninguna forma. Es tu última noche en Miami, diviértete. Te lo has ganado.

–No te dejaremos ir sola a estas horas de la noche –insistió Frank–, me siento obligado a acompañarte. A mí no me importa tomar una copa solo en el hotel.

–¡Voy a volver sola, Frank! –aclaró Linda en tono enérgico, para luego suavizarlo con una sonrisa–. Si os hace sentir mejor, me podéis acompañar hasta el taxi.

## 41

–¿Puedo ayudarla en algo, señorita? –El recepcionista mostraba su mejor sonrisa dentífrica.

–Despiérteme mañana a las siete, por favor. Habitación 511.

–Desde luego, señorita Americo –convino el hombre, una vez tecleado el ordenador y consultada la pantalla–. ¿Desea mañana el *Wall Street Journal*, como de costumbre?

–Sí, muchas gracias.

–Que tenga muy buenas noches, señorita Americo.

–Gracias, usted también.

El *hall* estaba concurrido en aquel momento; visitantes orientales y una pareja esperando el ascensor. Unos turistas de la tercera edad, ellos con pantalones claros de cuadros y ellas con una adaptación oxigenada de un peinado de los sesenta, salieron riendo del restaurante para dirigirse al bar, ¿Dakota del Norte o Dakota del Sur?, se preguntó Linda. Un hombre sentado en una de las butacas *art déco* color naranja pastel hablaba por un teléfono móvil, y a través de los cristales biselados con cenefas del bar, que aparentaba estar lleno, un grupo parecía celebrar algo con grandes carcajadas.

Linda apresuró el paso al oír la campanilla del ascensor abriendo su puerta, uniéndose a la pareja que entraba; latinoamericanos, identificó, y seguramente de luna de miel, dedujo por el aspecto acaramelado.

–Buenas noches –les deseó al detenerse el ascensor en la planta quinta, teniendo la seguridad de que realmente iban a disfrutar de una gran noche.

–Gracias –respondió la chica.

Linda empezó a andar sobre la moqueta de suave color verde pastel con ribetes naranjas. ¿Dónde habría metido la tarjeta magnética que daba acceso a la habitación? Sí, la encontró allí, en el bolso. Un hombre joven, alto, rubio y vestido con traje y corbata venía por el pasillo en dirección contraria; se encontrarían a sólo unos pasos de la habitación de ella.

No le daba tiempo a entrar en el cuarto y no quería tener la puerta abierta cuando el chico se cruzara con ella. Como no veía motivos para retroceder hacia el ascensor, continuaría por el pasillo para luego regresar a la habitación. Linda mantuvo la tarjeta en la mano, avanzando con paso decidido; al cruzarse con el hombre, apreció sus ojos azules y facciones regulares a pesar de una nariz algo aplastada. Le saludó con un breve «hola».

El hombre hizo un gesto de saludo con la cabeza mientras esbozaba una sonrisa torcida. Justo lo había rebasado cuando sintió un violento tirón; el individuo la cogía por atrás cubriéndole la boca con la mano. Y en el cuello, Linda sintió la mordedura fría de una hoja de acero.

–Pórtate bien y no te pasará nada –le dijo aquel individuo con una voz levemente ronca pero agradable. Acento de Nueva York. Fue el primer estúpido pensamiento que le vino a la cabeza–. Vamos a tu habitación –ordenó el hombre.

Linda intentó calmarse y pensar fríamente. El corazón le saltaba alocadamente en el pecho. No. La habitación no, sería lo último que haría.

–Será mejor que obedezcas o te rajo el cuello –le apremió con voz suave pero decidida–. Como grites, estás muerta. ¿Te portarás bien? –le dijo ahora como si ella fuera un niño pequeño.

Linda decidió aparentar que le obedecería y dijo sí con la cabeza.

–Así me gusta –aprobó el muchacho satisfecho–. Vamos, muévete.

Linda se dirigió a la habitación 515. Simularía que no funcionaba la tarjeta.

–Eso es un error, bonita. –La navaja le pinchó el cuello y ella se hizo atrás para evitar la hoja; estaba segura de que le había hecho un corte. Al retroceder se encontró a sus espaldas, fuerte como un muro, el pecho del hombre–. Tu habitación es la 511.

¿Cómo sabe el número? ¿Qué querrá?, se preguntaba Linda, aún más asustada, mientras el hombre la conducía a su habitación.

–Ábrela –dijo.

En aquel momento Linda oyó la campanilla del ascensor. Pudo ver de reojo como alguien entraba por el pasillo. ¡Quizá fuera su única posibilidad! Fingió abrir la puerta colocando la tarjeta en la ranura y golpeó, con todas sus fuerzas, con el codo atrás. Al dar en lo que calculaba era la boca del estómago del hombre, la navaja se separó de su cuello, y soltándose de una sacudida, salió corriendo hacia la persona que llegaba.

—¡Ayúdeme! —le gritó.

Ella había visto aquella cara antes. ¡Era el hombre del teléfono en el *hall*! Se quedó quieto, como sorprendido, pero cuando Linda llegó a su altura, el individuo le propinó un tremendo bofetón que la hizo caer al suelo. Linda intentaba entender la nueva situación cuando sintió que con una cinta adhesiva la amordazaban y en unos segundos le sujetaron las manos a la espalda. Era algo frío. ¿Unas esposas?

A pesar de medir más de metro setenta y estar proporcionada en peso, la levantaron como a una pluma. El chico abrió la habitación con la tarjeta y, sin conectar las luces, la empujaron hacia dentro. Linda tropezó, cayendo al suelo boca abajo. Al mirar hacia la ventana, vio una hermosa luna cuarto creciente que, en camino a su plenitud, lanzaba sus misteriosos rayos dentro de la habitación oscura. Las ventanas. Quizá su última posibilidad de escapar; pero de un quinto piso, eso equivalía al suicidio. Y Linda quería vivir.

No había escapatoria, luego sus posibilidades de supervivencia pasaban por no enojar a aquellos individuos. Claro, se dijo, el tipo del *hall* había avisado al otro de que ella subía. ¿Habría oído allí el número de su habitación? ¿O lo sabían previamente? La respuesta era clave para saber si continuaría viva por la mañana.

Oyó un ruido como de goma a su espalda y se preguntó qué sería. Uno de los tipos se acercó a las ventanas y, después de correr los cortinajes, el otro abrió las luces. A Linda le dolía la cara y se sentía desprotegida y vulnerable. El más joven puso la televisión y empezó a hacer *zapping* hasta encontrar algo que le satisfizo; eran las noticias de la CNN. Dejó el televisor a un volumen alto pero no tan excesivo como para que llamara la atención.

Linda oyó que a sus espaldas el otro abría un armario.

—¿Te cuelgo la chaqueta? —preguntó.

–Sí, gracias.

Con toda tranquilidad y como si estuvieran en su propia habitación, colgaron sus chaquetas. Luego, tirándole de los cabellos, la hicieron incorporarse.

–Te has portado mal. Me has engañado dos veces. Y estoy a punto de enfadarme mucho. –Era el joven, que, de pie frente a ella y a una distancia de veinte centímetros escasos de su cara, le hablaba con su voz ronca y tono amenazante–. Quiero oír tu voz y quiero que me pidas perdón. Te voy a quitar la mordaza. Si chillas, lo vas a pasar muy mal y luego te cortaré el cuello. ¿Me entiendes?

Linda afirmó con la cabeza.

–¿Vas a chillar?

Hizo un gesto de negación.

–¿Me lo prometes?

Linda afirmó; no creía que aquel tipo bromeara. Sintió un fuerte tirón en los labios y las mejillas cuando el hombre le arrancó la cinta que le cubría la boca. Entonces se dio cuenta de que aquellos individuos se habían puesto unos guantes de goma como los de los cirujanos. No quieren dejar huellas, pensó. No parecía que hicieran aquello por primera vez.

–Bien, bonita, pídeme perdón. Dime: «Perdóname, Danny, no lo haré más».

–¿Qué queréis de mí? ¿Por qué me hacéis esto?

–Primero pídele perdón –le dijo el otro cogiéndola de una mejilla en un pellizco–. Di: «Perdóname, Danny, no lo haré más». Y díselo con tono cariñoso.

–Perdóname, Danny, no lo haré más.

–Buena chica. Paul, ¿qué quieres tú de esta monada? Díselo, no seas tímido. Cuéntale ahora lo que queremos.

Linda miró al otro hombre. Se había sentado en un sofá y los contemplaba con una sonrisa de satisfacción. De tez clara, aparentaba tener más de treinta años y era más grueso que el joven.

–Danny y yo somos ejecutivos como tú, tenemos que viajar y estar fuera de casa. Y nos hemos dicho: ¿dejaremos que una preciosidad como ésa se aburra? ¡Tenerse que meter en la cama a las diez de la noche! ¡Y solita! –El tipo disfrutaba–. Hemos pensado que te apetecería divertirte con nosotros un rato.

–Buena idea –convino Linda tratando de controlar la situación–. Divirtámonos. Pero tener las manos atadas no me divierte nada. ¿Por qué no me soltáis y vamos a tomar unas copas por ahí? Invito yo. Nos divertiremos sin que vosotros os metáis en líos de los que luego os tengáis que arrepentir. ¿Qué os parece?

–¡Qué buena idea! –dijo el grueso con tono burlón–. A mí me apetece. ¿Qué opinas, Danny?

–Sí, es una buena idea, pero hoy he llegado cansado de la oficina y me apetece quedarme en casa con mi mujercita. Y... hacerle el amor como se merece –añadió con una amplia sonrisa dirigiéndose a Linda–. ¿Qué te parece mi programa, cariño? ¿Te apetece hacer el amor conmigo esta noche?

–No en estas circunstancias. –Sospechaba que estaban jugando con ella, pero tenía que intentar reconducir la situación–. Desatádme, salgamos a tomar unas copas y seguramente después también me apetecerá a mí.

–Lo siento, cariño –le respondió Danny poniéndole las manos en los pechos–. Mañana tengo que madrugar y será mejor que lo hagamos ahora.

Linda retrocedió un paso, pero él continuó acariciándole los pechos por encima del sujetador. Ella dio otro paso hacia atrás y le advirtió:

–Mira, Danny, lo que pretendes hacer es una violación, y te puedes pudrir en la cárcel por eso. Vamos a tomar una copa fuera. Eres un chico guapo y no necesitas meterte en líos para hacerle el amor a una mujer. Luego lo hacemos con mi consentimiento, ¿de acuerdo?

–Mira, bonita –respondió ahora Danny con dureza–, ¿te crees que soy tonto? Claro que vamos a hacerlo con tu consentimiento. Y me demostrarás que eres una amante excelente, porque si no, te corto el cuello. ¿Has entendido bien? Ahora te desnudaré, y tú colaborarás en todo si quieres salir viva de aquí. ¿Está claro?

Sin darle tiempo a responder, el otro se levantó y le puso de nuevo la mordaza.

—No me fío de esta puta —dijo—. Es muy probable que muerda. Será menos divertido, pero más seguro.

Danny empezó a desabrochar la blusa blanca que Linda llevaba bajo la chaqueta.

—Ahora me vas a demostrar lo bien que te portas, nenita. —Luego, acariciándole la piel, pasó las dos manos hacia atrás y le desabrochó el sujetador.

El contacto de la goma de los guantes era desagradable. Linda intentaba pensar. No podía hacer nada, salvo tratar de salvar la vida. El chico empezó con los toqueteos.

El hombre se sentó de nuevo en el sillón, acomodándose como quien va a ver un partido de béisbol. Danny tiró hacia atrás la chaqueta y la blusa sobre las manos que Linda tenía esposadas en la espalda, dejándola desnuda de cintura hacia arriba. Luego la empujó hacia atrás, y ella cayó de espaldas al tropezar con el borde de la cama. Linda le dejaba hacer sin defenderse, tratando de concentrarse en una imagen agradable del pasado, algo que la alejara de lo que estaba sucediendo: su único objetivo era sobrevivir.

—Lo has hecho bien, putilla —oyó decir a Danny cuando estuvo satisfecho—. Ahora se lo tienes que hacer igual de bien a mi amigo. Y te aviso de que él es más exigente.

Abrió los ojos y vio al otro que venía hacia ella. Pesaba mucho más que el joven y olía a tabaco y alcohol, ella quería vomitar.

—Gírate —le dijo al rato.

Al no moverse Linda, él la abofeteó. Deseaba que todo acabase de una vez, que la dejara en paz, y sufrió las agresiones sin proferir un sonido a causa de la mordaza, clavándose las uñas en la palma de las manos. Al final, Linda quedó desmadejada encima de la cama. Continuaba el sufrimiento, pero el dolor era tan suave en comparación que no parecía dolor. El joven la giró, dejándola boca arriba.

—Buena chica. Te has portado bien, cariñito, ¿sabes lo que me gusta después de hacer el amor? —No esperó respuesta, ya que Linda continuaba amordazada–. Pues fumar un cigarrito y charlar un poco. Ya ves; no soy uno de esos egoístas que luego de quedarse satisfechos se duermen sin hablar un ratito con su chica. ¿Quieres un cigarrito? –preguntó arrancándole de un tirón la venda de la boca. Linda negó con la cabeza–. Yo sí. –Y sacando un cigarrillo de la cajetilla, se lo puso en la boca y lo encendió.

–Vamos, Danny, me he portado muy bien –dijo Linda suplicante–. Y me habéis hecho mucho daño. Dejadme ya. En la caja fuerte tengo unos cuatrocientos dólares en efectivo y algunas joyas. Llevaos también las tarjetas de crédito. Dejadme aquí atada y luego, cuando estéis lejos y a salvo, llamáis al hotel para que me liberen. –Danny la miraba sonriente–. Encima de diversión, dinero. ¿Qué más queréis?

–Buena idea. Dame la combinación de la caja fuerte.

Ella lo hizo, y el otro tipo, que ya se había vestido, abrió la caja y empezó a vaciar su contenido.

–Esto ha estado bien, cariño, pero no hemos hablado aún suficiente. Hablemos. ¿Cuál es el código de acceso de tu ordenador portátil?

Linda se sobresaltó; aquellos tipos querían más que robarle o sexo. Vio como el grueso se dirigía al ordenador, colocado encima de una mesita, y lo conectaba.

–Pero ¿qué queréis? –preguntó con pánico.

–Contesta, bonita, ¿cuál es el código de acceso a tu ordenador? ¿Cuál el del e-mail?

Quieren datos de la Corporación, se dijo Linda. Danny se libró del preservativo, que colocó en una bolsa junto al papel con el que se había limpiado. Vistió sus calzoncillos y abriendo las piernas de Linda, que colgaban fuera de la cama, se colocó en medio, amenazador. Chupando el cigarrillo y mostrándoselo, le dijo:

–Contesta.

Linda le dio los códigos, y el otro empezó a manipular el ordenador.

–Bueno. Por el momento lo estás haciendo bien. Ahora dime: ¿a quién informas en la secta de los Cátaros?

–¿De qué me hablas? –Linda estaba aterrorizada, pero intentaba disimularlo–. ¿Quiénes son los Cátaros?

Danny le puso de nuevo la cinta adhesiva en la boca y aspirando el cigarrillo a fondo, le acercó la brasa suavemente, para evitar que se apagara, quemándola con ella. Linda sintió como su espina dorsal se arqueaba mientras un tremendo latigazo de dolor se expandía primero por el pecho y después por todo el cuerpo. Gritó como jamás lo había hecho, pero ningún sonido pudo salir de su boca. Cuando el dolor le permitió pensar, tuvo la absoluta seguridad de que iba a morir aquella noche. Ojalá fuera pronto.

Empezó a rezar.

–Padre nuestro, que estás en los cielos...

# SÁBADO

## 42

Jaime avanzó sintiendo en sus pies descalzos el frío contacto de las losas que cubrían el suelo y el roce ligero de la túnica sobre su cuerpo desnudo. Se encontraba en la sala del tapiz con Karen a su derecha y Kevin a su izquierda, y al contrario de la primera vez, a la que había acudido divertido y curioso por el exotismo de la situación, ahora estaba muy tenso.

Su corazón latía aceleradamente y sintió un nudo en el estómago. ¡Quería probar de nuevo aquella extraña vida! Quería sentirla, palpar su irreal realidad. La vez anterior estaba desprevenido; lo tomó como simple recreo, una alternativa a salir a navegar el sábado por la mañana. Pero ahora era distinto, deseaba repetir la experiencia a toda costa.

Al otro lado de la vieja mesa de madera y del extraño cáliz, Dubois, impresionante con su túnica, pelo y barba blancos, parecía no haberse percatado de su entrada en la habitación. Tenía las manos juntas y murmuraba una oración con los ojos cerrados. Y así, inmóviles y de pie, se quedaron esperando a que Dubois hablara, pero éste parecía sumido en su interior y en su rezo.

La olorosa combustión de las velas colmaba el olfato, y Jaime miró hacia la pared del fondo. La sólida roca. La cueva. Un rito del mundo subterráneo, de viejos hechiceros. ¿Brujería?

Sus ojos acudieron al fascinante tapiz, que después de las explicaciones de Karen tenía un sentido nuevo y aún más misterioso. Abajo, la figura dentro del óvalo rodeado de llamas era el Dios malo, el señor del diablo, la imperfección para los Cátaros modernos. Tenía el símbolo alfa sobre su cabeza, porque él era el responsable de la creación física del mundo. Y del cuerpo del hombre. Sostenía a Adán y Eva en una mano y la espada en la otra. La naturaleza sensual, erótica, creadora, pero también cruel y destructiva. En una mano el nacimiento, la creación, y en la otra el castigo y la muerte física. Pero sólo la muerte física, que no la espiritual. Por eso Él no era el fin. Él no podía finalizar, no tenía el poder para hacerlo, y su destino era ser derrotado al término de los tiempos.

Porque arriba estaba el Dios bueno. Tranquilo, en majestad, imponente dentro de su círculo azul celestial y con su corona de rey del todo. Los ángeles le servían. En una mano, la bendición; el perdón de los errores. En la otra, el libro de la sabiduría; la enseñanza espiritual. La letra omega sobre su corona indicaba el fin del camino para el hombre; la perfección, la renuncia al cuerpo y el triunfo del espíritu. El Dios bueno derrotaría al final de los tiempos al malo, y el espíritu lo haría sobre la carne.

Y entre ambos dioses, la herradura; el símbolo de la reencarnación según la antigua tradición cátara. Representaba la dureza del camino que conduce al hombre a la vida eterna. Reencarnación tras reencarnación en duro aprendizaje y muerte física para pasar a la siguiente vida y siguiente lección.

Dubois terminó de rezar, abrió los ojos y, dirigiéndoles un gesto de bendición, les dijo:

–Bienvenidos, hermanos.

–Gracias, Buen Hombre –contestaron Karen y Kevin.

–Jaime Berenguer, tus padrinos me dicen que deseas profundizar en la experiencia espiritual que viviste durante tu bautismo. ¿Es eso cierto?

–Sí, Buen Hombre.

–Karen, Kevin, ¿consideráis al hermano Jaime digno de progresar más en nuestra fe?

–Sí, es digno.

—Jaime, ¿estás dispuesto a renovar tu juramento de no revelar nada de lo que veas o vivas aquí? ¿También a obedecer a tus hermanos mayores si en alguna ocasión, por el bien de la comunidad, te ordenan algo?

—Sí, Buen Hombre.

—Entonces apura el contenido del cáliz y no lo dejes en la mesa hasta terminarlo.

Jaime levantó la pesada copa y experimentó el sabor picante y dulzón de especias del extraño vino.

—Oremos —propuso Dubois, y empezó a rezar su extraño padre nuestro.

Jaime lo hacía mecánicamente mientras su vista volvía al tapiz, que empezaba a cobrar vida; tuvo la certeza de que la fascinante experiencia regresaba. Pasó al otro lado de la mesa y, al tumbarse en el diván, Dubois le impuso las manos en la cabeza. Cerró los ojos y, notando el calor de las palmas, se dejó llevar a su viaje espiritual. Hacia el misterio. Hacia el pasado.

## 43

—Decidme, Miguel —preguntaba Hug con curiosidad profesional—, ¿cómo conseguisteis hacer tal corte y sólo superficial? Parecía que habíais degollado a Huggonet.

En la tienda de campaña del rey don Pedro II de Aragón, Jaime yacía medio incorporado sobre unos ricos cojines árabes. Al otro lado, tras una mesita octogonal de complicados dibujos geométricos en nácar y maderas preciosas, descansaban sobre almohadones Hug y Miguel.

Bromeaban. Sus dientes, rodeados de frondosas barbas, brillaban a la luz de los candelabros; nadie diría que apenas una hora antes, daga en mano, habían estado a punto de matarse.

—Cortar y tajar es el único oficio que mi nobleza permite.

—También es el mío —repuso Hug—, pero cuando más hondo tajo y corto, mejor lo hago; yo no me quedo a medias.

—El maldito merecía una lección por su osadía y descaro. La próxima vez lo mato.

—No pretendía insultar al rey nuestro señor, sólo transmitía lo que sus enemigos hacen y dicen.

—¡Voto a Dios que no! —Miguel elevó la voz—. Lo que pretende Huggonet es que el rey entre en batalla contra los franceses para proteger a esos herejes cátaros. Y vos, Hug, conocéis bien su intención. Con la excusa de cantar lo que otros dictan y de contar lo que los franceses hablan, insulta y provoca. La tropa pide ir a la guerra y los nobles están ofendidos y exaltados. Con ese aspecto frágil, el maldito trovador hereje tiene más fuerza en su laúd que cien caballeros aragoneses en sus espadas —aseveró Miguel—. Al cantar contra la cruzada, engañando la simpleza e inocencia de la tropa y de muchos nobles, pretende obligar al rey nuestro señor. ¿No los habéis oído? Hoy pedían ya la guerra contra los cruzados de Simón de Montfort. Prácticamente, la guerra contra el papa. ¡Que cante canciones de caballeros y damiselas o tristes historias de héroes antiguos! Ése es el trabajo de un juglar, hacer llorar a las damas. ¡Si vuelve a meterse en política con sus canciones, le corto el cuello de un tajo! ¡Bufón de calzones ajustados! ¿No visteis cómo se meó de miedo cuando le pinché el cuello?

—Huggonet canta los hechos, Miguel —argumentó Hug—. Con la excusa de combatir a los cátaros, los franceses están asesinando a los vasallos de nuestro señor don Pedro en Occitania y toman por las armas las haciendas de los que le son fieles.

»No les importa matar a católicos o a cátaros, lo que pretenden es robar sus propiedades. A nuestros hermanos occitanos les han caído encima todos los aventureros y la chusma sedienta de oro y títulos de Francia, Borgoña y Alemania. Y el papa les da su bendición, les perdona asesinatos y violaciones, regalándoles tierras y propiedades que no son suyas. Les da igual si queman en la hoguera a un católico o a un cátaro con tal de aterrorizar a quienes se les opongan. —Ahora Hug se dirigió a Jaime—. Cuando termine la cruzada, Occitania será del rey francés y os habrán despojado, señor, de vuestros derechos. Debemos intervenir en contra de los cruzados.

—Sería un gran error, Hug —protestó Miguel—. Si nos oponemos al papa, éste podría excomulgar al rey y a todos los que le somos fieles. La excomunión representará la rebeldía de muchos de nuestros nobles y quizá la guerra civil. —Hablando a Jaime, Miguel continuó—: En Roma hay quien os acusa de hereje, a pesar del título de El Católico que vuestra majestad ostenta. Vuestra esposa, María de Montpelier, está allí con el papa, despechada por vuestro intento de divorcio, por el poco uso que habéis hecho de ella y el mucho que hacéis de otras mujeres. Dice que una cátara occitana os ha embrujado y que con sus artes diabólicas os arrastra a la herejía.

—Vamos, Miguel —interrumpió Hug—. Ya es bastante que el rey nuestro señor lleve el sobrenombre de El Católico. Sería demasiado que ostentara también el de El Casto como su noble padre, que Dios tenga en su gloria. Hay que disfrutar de las mujeres cuando se puede, y no hay quien pueda más que el rey.

—A nuestro padre, el rey —Jaime se oyó hablar a sí mismo—, no le llamaron El Casto porque lo fuera, sino porque no quiso reconocer a sus bastardos. —Los demás sonrieron. Conocían las historias sobre las aventuras sexuales del viejo rey Alfonso, y también que las contadas sobre el hijo superaban a las del padre.

—Vuestro problema, Miguel, es que sois tan papista que sólo podéis acostaros con católicas. —Hug había decidido importunar al aragonés y se dirigía a éste con expresión cínica—. ¿Teméis, noble señor, que el sexo de las moritas, judías, cátaras u otras os llene vuestro miembro de ideas? Juro por mi espada que os convendría. Seguro que pensaba mejor y más variado que vuestra rígida mollera.

Jaime no pudo evitar reírse, y Miguel soltó una falsa carcajada antes de contraatacar.

—Vuestro problema, Hug, es que sois un hereje pervertido que sólo piensa en fornicar; y os fingís trovador para embaucar a las ingenuas. He oído decir que cuando no tenéis una hembra, se lo hacéis a vuestro propio caballo. Y como vos sí pensáis con el rabo, tenéis las ideas de noble bruto que tenéis.

Jaime rió ahora a carcajadas mientras Hug resoplaba.

–¡Servicio, señor! –gritó el escudero real, responsable de la guardia, desde la entrada de la tienda.

–Adelante –concedió Jaime.

La conversación se interrumpió cuando, portando bandejas de plata, entraron dos bailarinas en un contoneo insinuante; sin velo lucían una atractiva sonrisa en sus labios carnosos. Se arrodillaron al lado de la mesita inclinándose y, cuando Jaime les concedió permiso, empezaron a servir, en unos vasos de plata de complicado y bello trabajo moruno, un té combinado de hierbas aromáticas.

–Tengo una prima que sin duda os complacerá, Miguel. –Hug devolvía el golpe–. Es una ferviente católica y anda loca por una buena verga papista, con toda seguridad, como la vuestra. Su único problema es que, siendo tan fea, y no encontrando católico con el suficiente valor como para complacerla, se hizo monja. Estoy seguro de que vuestro papa consideraría un acto de caridad y valor que solucionarais el problema a mi prima y os premiaría con una bula especial. –Hug terminó su parlamento y, sin esperar respuesta de Miguel, tendiéndose hacia la bailarina más cercana, le acarició el trasero para luego posar sus manos entre las piernas de la chica. Ésta se sobresaltó y soltó una risita–. ¡Oh, bella! ¡Concédele otra noche oriental a este pobre guerrero! –dijo Hug a la chica en un aceptable sarraceno. Ella afirmó complaciente y Hug le besó la mano con gran ceremonia–. ¿Me otorgáis el privilegio, mi señor?

Jaime rió y dijo:

–Hug, habéis luchado con bravura por mi causa, y bien que os lo cobráis con ese tipo de privilegios, pero, ya que os voy a necesitar pronto para nuevas batallas, a vos y a vuestro caballo, y ambos en buena salud, os lo concedo; pero sólo en beneficio de vuestro caballo.

Los tres estallaron en una carcajada y empezaron a tomar el té mientras Hug sentaba a la bailarina de ojos azules a su lado. La otra muchacha se acercó a Jaime.

–Señor –continuó Hug después de unos instantes de silencio–, os habéis distinguido como príncipe tolerante y compasivo con vuestros súbditos y con los refugiados de otros lugares. Permitisteis a sarracenos y judíos permanecer en las nuevas tierras conquistadas manteniendo su religión. Al papa no le gusta eso, como tampoco le gustó que no actuarais con fiereza y crueldad contra los cátaros en Occitania. Yo no veo delito en que cada uno vea a Dios como Dios le da a entender, y sospecho que vos tampoco veis mal en ello. ¿Quién es el papa para privar al hombre de tal libertad?

»¿Os acordáis de la polémica teológica que presidisteis en Carcasona en 1204? El obispo cátaro de Carcasses, Bernard de Simorre, demostró con todo tipo de pruebas y textos del Antiguo y Nuevo Testamento que la Iglesia católica ha acomodado a su conveniencia la palabra de Dios.

»Lo único que Inocencio III pretende es eliminar a su competencia cátara para mantener el poder terrenal que ostenta sobre gentes y riquezas. Fomenta los ataques contra vos porque os teme. Pactad con él, pero sólo para ganar tiempo, porque va a continuar apoyando a Simón de Montfort y a los que os despojan.

»Lleguemos a Barcelona y luego a Huesca; crucemos los Pirineos por Andorra y Foix, y ataquemos a los cruzados. Mientras vuestro tío Sancho, con las tropas del norte de Cataluña y Provenza, entrará por el este, y vuestro cuñado Ramón, desde Tolosa, hará el resto. Una vez que derrotéis a los cruzados, el papa negociará con mayor generosidad, ya que vuestros dominios llegan hasta Niza, que no está tan lejos de Roma. Si hace falta, se le podría intimidar con las armas.

–Estáis loco, Hug –terció Miguel–. El demonio de la lujuria os tiene comido el seso. Lo que aconsejáis a don Pedro nos llevaría a la ruina a todos. Inocencio III es el único representante de la única religión válida, pues es línea directa del apóstol Pedro, a quien Nuestro Señor Jesucristo confió su Iglesia. Los enviados del papa lo demostraron en la polémica de Carcasona. Además, así lo reconocen todos los grandes príncipes cristianos.

»En nuestro siglo la religión es política, y un príncipe debe asentar su autoridad en la gracia que Dios le ha concedido y tener el apoyo de los eclesiásticos, que, predicando en las iglesias, enseñan al pueblo lo que es correcto. –Ahora Miguel se dirigía a Jaime–. Vos sostenéis a la Iglesia católica; el papa y la Iglesia reciben bienes, y la Iglesia os ratifica en vuestro derecho divino a gobernar, os da el perdón de los pecados y el cielo cuando muráis. Es un buen trato.

»Fue una gran idea presentar vuestro vasallaje al papa y que se os llame El Católico. Es una imagen necesaria para un rey que tiene en sus dominios a súbditos de cuatro religiones y cuyo catolicismo podría ser cuestionado en cualquier momento. Esa diversidad religiosa es un peligro, necesitáis vuestros estados unidos políticamente, y no lo conseguiréis si tenéis grupos de distintas religiones.

»¿Creéis que sarracenos, judíos y cátaros os juran sinceramente lealtad? ¿Sabéis acaso en nombre de qué Dios lo hacen?

–¿Y qué más da el Dios? –intervino Hug–. Lo importante es que crean en lo que juran. Actuemos según nuestra conciencia; no podemos consentir que se aniquile a nuestros hermanos occitanos. Hablamos casi la misma lengua, cantamos las mismas canciones, pensamos las mismas ideas. Señor don Pedro, no sólo les despojan a ellos. Os despojan a vos, os roban lo que es vuestro y asesinan a los que defienden vuestros derechos. Tomemos las armas y destrocemos a esos malditos asesinos que se hacen llamar cruzados.

Jaime se debatía entre ambas alternativas, que él mismo había repasado mil veces. Su impulso y su corazón iban con Hug, pero Miguel de Luisián –que ostentaba el título de alférez real no sólo por su valor en el combate, sino por su buen criterio político– articulaba lo que su razón decía. No había opción buena.

Pero no era sólo eso. Tras la decisión estaba su propio debate religioso interno.

Dios y la verdad. ¿Cuál era el camino correcto? ¿Qué quería el buen Dios que él hiciera? ¿Con qué finalidad le había concedido a él la realeza? ¡Qué tortura la incertidumbre!

La bailarina cercana a Jaime le besó la mano derecha, la mejilla y finalmente se acurrucó contra él. Era una bella mujer de pelo negro y ojos almendrados que olía a jazmín. Habían pasado las noches anteriores juntos, era una dulce amante, y él agradeció el contacto cálido que relajaba un poco su angustia.

–Olvidaros de Occitania, señor –continuó Miguel–. Si el papa no quiere que sea vuestra, dejadla a los franceses. Tenéis muchas glorias que obtener haciendo cristianas y vuestras las tierras de Hispania. Echemos de las islas Balcares y de Valencia a los sarracenos y hagamos el comercio marítimo de nuestra parte del Mediterráneo seguro.

»Podemos negociar con el papa para que, a cambio de no participar en contra de la cruzada, favorezca nuestros intereses marítimos frente a los de Génova.

–No podemos abandonar Occitania –dijo Hug–. El derecho de nuestro rey es ultrajado, y sus vasallos, torturados y asesinados.

–Bien –continuó Miguel–, si queréis conservar Occitania, llevemos nuestro ejército a Tolosa. El conde Ramón VI creerá que vais en su ayuda y seremos bien recibidos. Tomemos el control de la ciudad y entreguemos al conde, a su hijo y a unos cuantos cientos de cátaros a los frailes del Císter. Que los quemen o hagan lo que quieran con ellos.

»Seremos cruzados en igualdad de derechos que los franceses, les obligaremos por pacto o por las armas a que devuelvan Carcasona, Béziers y las demás ciudades. Estableceréis la unidad religiosa en el norte de vuestros estados y obtendréis el favor del papa.

–¡Pero qué infamia, Miguel! –Hug se indignó–. ¿Dónde está vuestro honor de caballero? ¿Cómo podemos acudir en ayuda de los occitanos y luego traicionarles? ¡Pero si el propio Ramón VI está casado con la hermana de nuestro rey!

–¿Qué os ocurre, Hug? –repuso rápido Miguel–. ¿Es que os habéis tomado en serio las canciones heroicas que escribís? El ideal caballeresco es para estúpidos que mueren en el primer envite de la batalla, y no para príncipes que gobiernan grandes estados. Dejad por esta noche vuestras canciones, que hoy ya no las necesitáis. Ya tenéis quien os caliente la cama.

–¡Ya basta, señores! –interrumpió Jaime. Sabía que la discusión se tornaría violenta–. Gracias, Miguel, y gracias, Hug, por vuestra opinión y consejos; dejad que los medite. Buenas noches, señores.

Miguel se levantó y Hug dijo a Jaime:

—Solicito un momento en privado, señor.

—Concedido, Hug.

Miguel se inclinó y, tras decir «buenas noches», salió de la tienda.

—Huggonet trae un mensaje personal para vos de Tolosa —le dijo Hug—. ¿Queréis oírlo?

El corazón le dio un vuelco a Jaime al adivinar quién enviaba la misiva. Disimuló su emoción respondiendo escuetamente:

—Sí.

## 44

—Era una decisión difícil, y yo me debatía entre dos posibilidades. —Jaime se expresaba lentamente, hablando consigo mismo. Movía las manos como si cada una de ellas representara la opción opuesta—. Ambas alternativas eran malas, pero debía tomar una. Sentía angustia. Mucha. El tiempo se acababa; debía decidirme pronto.

Sentado frente a una mesa de hierro forjado pintada de blanco, Jaime dejó que su mirada recorriera su entorno. El día era hermoso, brillante. El sol empujaba a las sombras de los árboles sobre el césped del jardín y a través de los caminos de arena. En la mesa había tres vasos con refrescos; Karen y Kevin le escuchaban con atención.

—Déjame que te ayude. —Kevin interrumpió el silencio pensativo en el que se había encerrado Jaime—. Debías decidir entre la posición representada por el papa y sus cruzados, apoyados por París; ésta era la opción de las fuerzas integristas e intolerantes.

»La otra era la de una revolución pacífica que se extendía por el sur de lo que hoy es Francia y el norte de España e Italia. Era la cultura de la tolerancia, la música, la poesía, los trovadores y los juglares. Desarrolló su propio estilo de amor; el amor cortés entre caballeros y sus damas. Incluso se formaban tribunales en los que, con el consentimiento y gentil participación de los acusados, se juzgaban los pecados amorosos. El propio Ricardo Corazón de León y el rey Alfonso, el padre del rey Pedro III, se sometieron a juicio ante el tribunal de la apasionante y seductora noble occitana Adelaida de Tolosa.

»Con su oposición a la Iglesia católica, los cátaros eran un elemento clave de esa revolución.

»Los cátaros iban muy por delante de su tiempo en algunos asuntos; por ejemplo, para ellos hombre y mujer eran iguales ante Dios y ante los hombres. Las mujeres podían alcanzar el mismo rango en la Iglesia cátara que los hombres y existían Buenas Mujeres o Perfectas, como las llamaba la Inquisición; eso era revolucionario hace ochocientos años y aún lo es hoy para la mayor parte de las religiones de nuestro tiempo.

»Era toda una civilización nueva, que crecía con fuerza, pero que amenazaba con destruir la sociedad feudal y católica de aquel tiempo. Y ésta, más dura y más fanática, declaró la guerra a la cultura naciente.

»Es la eterna lucha entre la democracia y el absolutismo, entre la tolerancia y la intolerancia religiosa. Ocurrió entonces y ocurre ahora. La lucha entre el bien y el mal.

–Sí. Ésa era la disyuntiva –dijo Jaime, sorprendido por toda la información adicional que Kevin le proporcionaba–. Se nota que te lo has aprendido bien.

–He leído sobre la época, pero sé más por lo vivido que por lo estudiado.

–¿Viviste también entonces? ¿Te conocí?

–Nos conocimos brevemente y quizá algún día me reconozcas, pero aún no es el tiempo.

–¿Y tú, Jaime, has identificado a alguien que conozcas en tu vida actual? –preguntó Karen.

–He reconocido a un amigo de la infancia. Más que por su apariencia física, siento una certeza interior. Es la forma en que se mueve, el estilo de hablar, de pensar, de actuar. Es él, estoy seguro.

–¿Crees que le gustaría unirse a nuestro grupo?

–Tú lo conoces, Karen. Es Ricardo, mi amigo del club.

–Sí, lo recuerdo bien. Tráelo.

—Bueno, dudo que las inquietudes espirituales sean una prioridad para Ricardo en estos momentos —dijo Jaime sonriendo al imaginar al velludo Ricardo con túnica blanca y descalzo. Su juguetona imaginación le colocó una coronita dorada y unas alitas de algodón en la espalda. ¡Ricardo de angelito! Se contuvo para no soltar una carcajada—. Creo que sus intereses actuales son más físicos y sensuales que religiosos.

—Te puedes llevar una sorpresa. No prejuzgues la espiritualidad de los que te rodean. Es algo que la mayoría guarda íntimamente, y aún más un tipo que presume de macho como tu amigo. Pero su espíritu está allí. No tienes derecho a privarle de la experiencia que tú vives ahora.

—Tal vez tengas razón, Karen, pero vamos a darle tiempo al asunto.

Una brisa agitó los árboles y la mirada de Jaime se perdió en el balanceo de las ramas de la palmera que crecía unos metros más allá, junto a la piscina. Al fondo estaba la hermosa casa encaramada en aquella colina de los montes de Santa Mónica, desde cuyo mirador se divisaba una buena parte del valle de San Fernando. Un sitio privilegiado al que se accedía por la San Diego Freeway y, luego de numerosas curvas, por la Mulholland Drive. Por increíble que pareciera, hacía sólo unos instantes Jaime se encontraba en el mismo lugar, pero a unos metros de profundidad, en un sótano excavado en la roca y frente al tapiz de la herradura cátara.

—¿A qué debo el honor de poder ver el exterior y de que se me perdone el uso de las gafas de ciego? —preguntó con sorna.

—Has vivido la experiencia dos veces —contestó Kevin con una mirada intensa—. Pronto encontrarás sentido a tus recuerdos y los relacionarás con tu vida presente; se ha iniciado el ciclo y no habrá nada que desees tanto como cerrarlo viendo cómo finalizó aquella vida. Esto te une indisolublemente a nuestro grupo. Eres uno de los nuestros; sabemos que nos serás fiel como juraste y mantendrás los secretos que te pedimos. Traicionarnos sería como traicionarte a ti mismo.

—¿Dónde estamos?

—En Montsegur, el centro espiritual de los Cátaros —contestó Karen—. El Montsegur occitano basaba su seguridad en un inaccesible monte de los Pirineos, en cuya cima estaba edificado. Este lugar es seguro para los Cátaros del siglo XXI porque es secreto. Sólo un número reducido de iniciados cuya fidelidad está fuera de toda duda lo conoce. Ahora tú eres uno de ellos.

–¿Así que esto es el Vaticano cátaro? –dijo Jaime mirando a su alrededor–. Nadie lo diría.

–De eso se trata –intervino Kevin–. De que nadie fuera de nosotros lo imagine; éste es un refugio en caso de persecución o peligro.

–No entiendo la paranoia que tenéis. ¿A qué viene este juego de lugares secretos que sólo los iniciados pueden conocer?

–Debemos tener un refugio. En algún momento alguno de nosotros, o todos, podemos estar en peligro. Hay que proteger a los individuos claves de nuestra organización.

–¡Vamos! ¿Qué es ese teatro? –Jaime empezaba a irritarse con las respuestas de Kevin–. ¿Quién va a perseguiros? Estamos en un país de total libertad religiosa. La Inquisición ya no existe. ¿De qué os escondéis? ¡Ah, ya entiendo! De los inspectores de Hacienda. –Jaime empleaba un tono ácido–. En realidad, habéis creado una Iglesia sin ánimo de lucro para evadir el pago de impuestos.

–No; no lo entiendes, Jaime –dijo Karen con suavidad–. Existe una guerra.

–¿Qué?

–Sí. Existe una guerra. Como hace ochocientos años, pero ésta es subterránea y secreta y sólo unos pocos lo sabemos.

–Pero ¿qué dices, Karen?

–Sí, Jaime. En tus recuerdos del siglo XIII debías decidir a qué bando apoyar en la guerra y, aun queriendo evitar el conflicto, no podías quedarte neutral. Bien, ahora, en el siglo XXI, la experiencia se repite. Hoy y ahora estás viviendo otra guerra; te encuentras en medio de ella y no podrás evitarla.

Jaime miró fijamente a Karen. Estaba seria y lo miraba con ojos profundos y sinceros. El brillo pícaro y burlón de cuando estaba de buen humor había desaparecido. No bromeaba.

–Estás bromeando, ¿verdad, Karen? –No pudo evitar la pregunta.
–No, Jaime.

Miró alrededor; la luminosa paz de la tarde parecía envolverlo todo. Un pájaro cruzó el cielo y la brisa agitó las ramas altas de unos pinos, después, las de unos eucaliptos más distantes. Respiró hondo, como queriendo absorber la paz del momento.

Había intuido todo el tiempo que Karen escondía algo y percibía el peligro en ella. Ahora había llegado el momento de que se concretara y sintió, viva, real y en tiempo presente, la misma angustia que había tenido en el sueño de su vida anterior, frente al tapiz.

Empezaba a pensar que Karen tenía razón y que no podría escapar aunque quisiera de lo que ahora vendría. Estaba atrapado.

Supo que la paz que lo rodeaba era sólo aparente, que era la calma antes de la tormenta. Y la tormenta llegaría. Muy pronto.

## 45

–¡Qué diablos! –exclamó Davis–. Este rancho es mi casa y en mi casa hago lo que me viene en gana.

Gutierres le había aconsejado limitar su habitual paseo a caballo por los alrededores del edificio principal hasta que encontraran a los autores del asesinato de Kurth; el rancho ocupaba muchas hectáreas y, a pesar de la vigilancia, un tirador podría infiltrarse a través de las vallas exteriores.

Ante la negativa de Davis, Gutierres extremó las precauciones. Adicionalmente a las cámaras de vídeo y los detectores infrarrojos colocados en los lugares estratégicos del perímetro en los que se basaba la vigilancia habitual, el cercado exterior del rancho fue revisado aquella misma mañana para comprobar que nadie había roto el vallado. Tres parejas de jinetes recorrieron la zona de paseo varias veces, desde el amanecer, en busca de intrusos.

Incluso ahora, Gutierres llevaba un rifle colgado de su silla, un revólver bajo la chaqueta y estaba comunicado por radioteléfono con otros dos pares de jinetes que, fuertemente armados, los acompañaban a una distancia prudente.

Con su habitual tozudez, Davis no quiso ponerse un chaleco antibalas y, aunque ambos vestían de forma semejante –*jeans*, botas y sombrero de ala ancha–, si alguien pretendiera dispararles no erraría; el contraste de tamaños hacía la identificación fácil.

Y así, en lo que aparentaba una tranquila salida a caballo en una soleada tarde de sábado, los ojos de Gutierres continuaban su incesante vigilancia.

–¿Alguna novedad sobre la investigación? –inquirió Davis.

–Beck repite que su seguridad peligra. Insiste en la teoría de la conspiración de la secta y en que se debe resolver su sucesión cuanto antes. De tener un sucesor, usted dejaría de ser objetivo de atentado.

–O al contrario, quizá pasara a ser el trofeo de caza más codiciado –dijo pensativo–. ¿Te ha dado ese tipo más información sobre la secta, o continúa escondiendo sus cartas? –Davis había desarrollado gran confianza con Gutierres, en especial desde la pérdida de su íntimo colaborador Steven Kurth. Apreciaba su inteligencia, su buen criterio, y al no tener ambiciones dentro de la Corporación y estar fuera de las batallas políticas de los altos ejecutivos, era un consejero imparcial. Aparte del fabuloso sueldo que Davis le pagaba, obtenía un buen bono en acciones sobre los resultados de la Corporación. Y, claro, dejaría de cobrar toda esa fortuna si él moría. Así pues, Davis estaba convencido de que, siendo Gutierres el que más perdería con su fallecimiento, también era el más fiable.

–Me ha dado referencia de una secta que denomina «Cátaros» y unos datos muy básicos sobre ella; pero se niega a dar nombres. Alega que existen otras sectas a las que pertenecen empleados de la Corporación y, hasta que tenga pruebas, no nombrará a nadie.

–¿Qué secta es ésa?

–Sólo conozco de ella lo dicho por Beck, pero he infiltrado a uno de mis hombres y en unos días tendré listo un informe.

—¿Y Beck sospecha que esos Cátaros están relacionados con la bomba?

—No tiene aún la certeza, pero está seguro de que es obra de un grupo muy bien organizado, introducido en la Corporación. El FBI continúa investigando.

—No me gusta que el FBI intervenga. Siguen la agenda de Washington, y es distinta de la mía. ¿Por qué crees que tienen tanto interés en que designe un sucesor?

—La preocupación del presidente y del senador parece genuina. Y honrada. Pero es obvio que en Washington le consideran a usted alguien difícil.

—Crees que piensan que mi sucesor será más manejable, ¿verdad?

—Quizá.

—Pues ésa es la razón por la que no designo sucesor; si consideran más favorable al número dos, decidirán que Davis se debe retirar. ¡Y no pienso hacerlo!

—Y es mi trabajo evitar que le retiren si usted no lo desea, aunque no me lo pone fácil.

—Si me tuvieras siempre encerrado en una caja fuerte, no te ganarías todo el dinero que te pago.

—Es verdad que si le matan yo pierdo mucho dinero. Pero usted pierde su vida.

—Por eso formamos un buen equipo, Gus; porque, como yo soy ya muy viejo, seguramente perderías tú más que yo —repuso Davis con una carcajada.

Los hombres continuaron un tiempo en silencio, apreciando la brisa de la tarde y el sol de invierno en el resguardado valle.

—¿Y cómo le va a Ramsey? —preguntó Davis al rato.

—Trabaja duro, pero tiene pocas líneas de investigación abiertas. Hoy me ha llamado con una mala noticia. Y pretende relacionarla con el asesinato de Steven Kurth.

—¿Una mala noticia?

—La pensaba guardar para el lunes.

—Te pago para que me cuides la piel, no el espíritu. ¡Suéltalo ya!

—Una auditora de la Corporación fue asesinada ayer por la noche en su hotel de Miami. Se ensañaron con ella. Parece obra de una secta diabólica o algo así. Fue violada y el cuerpo presenta múltiples cortes y quemaduras de cigarrillos.

—¿Alguna pista?

—Ninguna por ahora. No hay sospechosos. No se han encontrado huellas dactilares. Se está efectuando la autopsia, pero no parece que haya restos de semen. Ni siquiera se han encontrado las colillas de los cigarrillos, como si fuera obra de fantasmas.

—¿Crees que hay relación entre ambos asesinatos?

—Tienen características y estilos opuestos. No parece que existan pruebas que conecten ambos crímenes.

—¿Quién era la chica?

—Una tal Linda Americo, jefa de un grupo de auditores de producción. Le sonará; recientemente acusó a Daniel Douglas de acoso sexual. Tenía pruebas y despedimos a Douglas.

—No la llegué a conocer, pero recuerdo perfectamente el caso —dijo Davis pensativo—. Pobre chica. Lo siento mucho. ¿Estaba en Miami por motivos de trabajo?

—Así era.

—Asegúrate de que nos encarguemos de todo. Que la familia tenga todas las facilidades que necesite y gastos pagados. —Davis hizo una pausa, miró al horizonte con ojos vidriosos, añadiendo—: No la conocía, pero ahora es de mi familia. Y si el motivo de su asesinato tiene que ver con Kurth, este asunto pasará a mi lista personal.

—Sí, jefe. —Gutierres suspiró. Sabía bien lo que «la lista personal» de Davis significaba.

## 46

—¡Basta de tanto misterio! —les increpó Jaime al cabo de unos minutos de silencio—. Explicadme de una vez qué está pasando ¿Qué es esa historia de una guerra secreta? ¿Quién es el enemigo?

Karen y Kepler intercambiaron una mirada y luego de una pausa, ella hizo a Kepler un gesto afirmativo y se dispuso a hablar.

—Ya conoces los ideales que nos mueven. —Karen se había incorporado en la silla, acercándose a Jaime a través de la mesa, en un acto reflejo por comunicarse mejor—. Estamos contra la imposición y el dogmatismo. Estamos a favor del libre criterio de cada quien para admitir o rechazar las enseñanzas que nuestros Buenos Hombres imparten, porque cuando esa persona alcance el suficiente grado de desarrollo espiritual, las aceptará sin problema.

»En realidad, es la forma en la que mucha gente se relaciona con las grandes religiones a las que se suscribe por cultura familiar o de entorno. Toman lo que su razón o lo que su espíritu, que es sabio por todo lo que ha vivido en vidas anteriores, les permite creer. Son muchos los que en nuestro tiempo ya no aceptan dogmas.

—No obstante, también existe lo contrario, y aparece tanto en pequeñas sectas como en grandes religiones. —Kevin continuó la explicación de Karen—. Es una tendencia intolerante que no acepta que otros piensen distinto. Creen que poseen la verdad absoluta y combaten cualquier opinión distinta o cualquier disidencia.

—¿Y qué tiene que ver eso con la guerra en la que se supone estoy involucrado?

—Existen grupos de intereses, que funcionan tipo mafia o camuflados como religión o secta y que persiguen obtener el poder y la riqueza material; nos enfrentamos a uno de ésos, y es muy poderoso.

»Se trata de un grupo integrista radical que es facción de una de las religiones cristianas nacidas aquí, en Estados Unidos, y que opera de forma abierta y pública. Los miembros del cuerpo principal de esta religión están bien integrados en sus comunidades, donde acostumbran a destacar en el mundo de los negocios, ya que la riqueza es símbolo, para ellos, de recompensa divina. Además, donan a su iglesia el diez por ciento de sus sueldos o beneficios.

»De por sí, la religión aludida no tiene nada censurable, aparte de ciertas tendencias a la supremacía blanca y a la misoginia; una de sus características es una fuerte autoayuda entre sus miembros y la búsqueda de parcelas de poder que luego usa para su propia promoción o la de sus fieles. Dicha religión tiene una facción radical e integrista que opera de forma secreta y se autodenomina «Guardianes del Templo». Se consideran la esencia pura de su religión. Para ellos el fin justifica cualquier medio, incluido el asesinato.

–¿Tiene esa facción radical conexiones políticas?

–Sí, pero las oculta. Creemos que están relacionados con grupos de extrema derecha. Están cercanos a grupos paramilitares tales como la Milicia Norteamericana y firmarían sin ningún problema el lema de John Trochmann, fundador de la Milicia de Montana, de «Dios, valor y armas». Son cristianos fundamentalistas, adoran las armas, les encanta usarlas y están radicalmente en contra del gobierno de la nación tal como existe hoy.

A Jaime le costaba asimilar todo aquello. Desvió su mirada de la de Kevin, contempló de nuevo el soleado y relajante paisaje y, apoyándose en el respaldo de su silla, se dio cuenta de que involuntariamente estaba alisándose el pelo hacia atrás con la mano. Su lenguaje corporal traicionaba su perplejidad.

–¿Y qué tenemos que ver los Cátaros con ellos? –preguntó intentando recuperar la apariencia de control–. ¿Por qué dices que estamos enfrentados?

–Porque los «Guardianes» representan lo opuesto de lo que nosotros defendemos; representan la barbarie contra la cual hay que luchar, la sinrazón y la brutalidad, pero lo peor es que pretenden controlar la Davis Corporation. Y están muy cerca de conseguirlo. Si lo logran, gobernarían el conglomerado de comunicaciones más poderoso del mundo. –Kevin había retomado su estilo de predicador iluminado, pero esta vez Jaime, en lugar de sentirse molesto, se encontró asumiendo la angustia y la urgencia que le transmitía–. El poder de la Corporación, puesto al servicio de la política, puede decantar la balanza entre dos candidatos a la presidencia de Estados Unidos, tendría un peso definitivo en la elección de senadores y congresistas y lograría la aprobación o revocación de ciertas leyes. Y, naturalmente, también sería usado cual misionero para propagar sus ideas éticas y religiosas.

»El control de la Corporación por los "Guardianes" representaría una catástrofe irreparable en cuanto a la evolución de la conciencia del hombre hacia tendencias más tolerantes y hacia su perfección. La humanidad retrasaría su desarrollo muchos años, quizá siglos, como ocurrió con la desaparición de los cátaros en el siglo XIII.

»Son las mismas fuerzas retrógradas que vencieron entonces, sólo que puestas en clave de nuestro tiempo. Es de nuevo la lucha del mal contra el bien, del Dios malo contra el Dios bueno, de la oscuridad contra la luz. Para ellos es una cruzada, como hace ochocientos años. Otra vez se plantea la misma guerra. Y esta vez estamos dispuestos a ganar.

–¿Y cómo sabéis vosotros todo eso?

–Porque desde hace tiempo vigilamos la Corporación y a los «Guardianes del Templo». Logramos infiltrar hermanos Cátaros en los «Guardianes» y conocemos sus planes y muchos de sus pasos. Por eso debemos operar en secreto, para proteger a nuestros hermanos infiltrados y porque los «Guardianes» son peligrosos y no dudarán en usar cualquier método para eliminar a la oposición.

–¿Saben que los vigiláis? –Ahora Jaime sentía una curiosidad imparable.

–Creemos que no. En todo caso, pronto sabrán que tienen alguien que se les opone. Entonces será cuando peligremos.

–¿Quiénes son los «Guardianes del Templo» en la Corporación?

–Tenemos algunos identificados; por ejemplo, Paul Cochrane, el vicepresidente de los estudios Eagle, es uno de ellos. Hemos podido comprobar que ha introducido dentro de su área de producción a muchos de sus hermanos «Guardianes». La seguridad del edificio central también está infiltrada. Nick Moore, el jefe de seguridad, sus tres oficiales de turno y muchos de sus vigilantes pertenecen a los «Guardianes».

»Entre los pretorianos de Davis no hemos podido identificar a ninguno, luego puede ser un área limpia. Pero estamos seguros de que existen muchos más escondidos en otros lugares de la Corporación. Uno de ellos es tu jefe, Charles White, presidente de Auditoría y Asuntos Corporativos.

—¿Mi jefe? —exclamó Jaime sorprendido—. ¿Tenéis pruebas?

—Sí, pero acepta nuestra palabra ahora; las pruebas vendrán luego.

—¿Y cómo opera esa gente? ¿Cuál es su plan para controlar la Corporación?

—El eje que han formado en Producción-Auditoría les permite desviar cantidades muy importantes de dinero, camufladas tanto en sobrepagos a miembros de la secta que actúan o trabajan en las producciones, como en bienes y servicios comprados a compañías que pertenecen a los «Guardianes». Los compradores que sean miembros de la secta serán auditados por técnicos que pertenecen a la secta. Luego se pueden saltar las normas y los controles internos de contratación y pagos.

»Tú y tu equipo no podéis detectar nada, porque tu jefe te ha dado sólo responsabilidades en el área de distribución y ninguna en producción.

—Entonces mi ex compañero Daniel Douglas, al controlar el área de producción, tiene que ser uno de ellos.

—Sí, es uno de la secta.

—Luego Linda Americo, su subordinada y ex amante, debe de conocer todo lo que ocurre. —Jaime notaba como de pronto su mente encadenaba hechos y empezaba a trabajar más rápido de lo que él era capaz de expresarse—. No sólo eso. No entiendo la situación de Linda a no ser que también sea una «Guardián». Y si pertenece a la secta, ¿cómo se explica que hiciera expulsar a Douglas de la Corporación? Aunque su relación amorosa fuera insoportable, aunque le hubiera prometido un nuevo ascenso y no lo cumpliera. ¿Por qué razón pondría en peligro el negocio de la secta eliminándolo? Y sabiendo el poder que la secta de los «Guardianes» tiene en la Corporación, ¿cómo se atrevió a atacar a Douglas? Y finalmente, ¿cómo pudo ella ganar y conseguir que la Corporación lo echara a él?

—Bravo, Jaime —lo animó Karen—. Las preguntas correctas. Si las haces es porque debes de intuir las respuestas.

–No; no tengo la respuesta, pero sí una teoría que podría serlo.
–Te escuchamos.
–Linda pertenece a la secta de los «Guardianes», pero tú, Karen, dijiste que es tu mejor amiga y que le habías aconsejado personalmente respecto a lo de Douglas. La única explicación a vuestra amistad y a lo ocurrido es lo que yo intuí cuando te pregunté y tú no quisiste responder.

–¿Cuál es la explicación, Jaime? –Karen sonreía mientras él encadenaba sus conclusiones.

–Linda es también cátara. Y, por lo tanto, es una doble agente. Se ha introducido en la secta de los «Guardianes» gracias a que Douglas debe de ocupar una posición importante en ella. La relación amorosa entre Douglas y Linda era positiva para los «Guardianes» porque reforzaba su control en la auditoría de producción. Claro que ellos ignoran que Linda es cátara. Y debe de ser una creyente cátara avanzada, ya que ocupa una posición clave en todo este asunto. –Jaime hizo una pausa y miró a Karen con intensidad–. Mi idea de Linda no ha cambiado.

–Dime. –Karen le mantenía la mirada; pero la sonrisa había desaparecido de su cara.

–Linda sedujo a Douglas por interés. Quizá un interés más noble que el que yo le atribuía. Sí, claro, lo hizo por la Iglesia cátara. Eso quizá pueda cambiar los hechos espirituales para vosotros y lo justifique, pero no cambia los hechos físicos para mí. Ella le dijo a Douglas que lo amaba y fueron amantes durante mucho tiempo, reía sus chistes, le murmuraba tiernas palabras al oído y promesas de amor eterno. Cuando lo consideró oportuno y eso interesó a los Cátaros, destruyó a Douglas con toda la frialdad del mundo. ¿Me equivoco hasta aquí, Karen?

–Tu análisis de lo ocurrido es brillante, pero tu valoración es dura en extremo e injusta con Linda. –Estaba muy seria.

–Vaya, he acertado. ¡Bingo! Dime, Karen, ¿es ésa la pureza cátara? ¿Es ése un juego sexual que practicáis con frecuencia? ¿Quién es el próximo tonto? ¿Qué dicen vuestros Perfectos Cátaros de esa actividad? ¿O es que en lugar de la Biblia o el Evangelio de san Juan estudiáis el Kamasutra de las Cátaras? Si es así, estoy ansioso. Estamos avanzando lentamente, Karen. Aún me tienes que enseñar un montón de capítulos.

Karen se mordía los labios y continuaba mirando fijamente a Jaime, ahora con los ojos llenos de lágrimas. Sus cejas se habían arrugado levemente denotando su tensión.

–¡No sabes lo que dices! –explotó–. No sabes lo que ocurre ahora ni lo que ocurrió antes. Lo ignoras todo. No conoces ni los motivos ni la finalidad. Tampoco conoces lo que yo siento. ¡Y te atreves a juzgar y a censurar lo que hacemos los demás ignorando por qué lo hacemos!

–¿Ah, sí? Pues infórmame. Estoy ansioso por saber cómo justifican los Cátaros el uso de sus mujeres como arma de combate.

–Cálmate, Jaime –intervino Kevin–. Si proyectas la situación de Douglas y Linda sobre tu relación con Karen, te arrepentirás. Escucha antes de sacar conclusiones y juzgar.

–Escucho –dijo escuetamente Jaime. Kevin tenía razón, pensó. Al identificarse con Douglas, se sentía utilizado y herido. Podría estar equivocado y ser muy injusto.

Miró a la chica. Ahora ella tenía la vista perdida en los árboles. Las lágrimas estaban desbordando los ojos y caían por sus mejillas. Lloraba en silencio intentando contenerse. Buscó en su bolso un pañuelo. La indignación de Jaime había desaparecido de repente y sintió mucha ternura por ella. ¡Maldita sea!, pensó, estoy locamente enamorado.

Contuvo su impulso de tomarle la mano y consolarla y dirigió su mirada a Kevin esperando su explicación.

# 47

«Arkangel:

»Nuestros enviados a Miami vengaron a nuestro hermano, consiguiendo parte de la información que pediste sobre esos enemigos antes desconocidos.

»Se confirman tus sospechas. Estamos preparando un informe; hay novedades que harán cambiar los planes de la cruzada.

»Una vez analizados los datos, esperaremos tu decisión sobre el momento del asalto. Sachiel.»

Arkángel golpeó la mesa con disgusto, luego, sus manos se apresuraron a teclear la respuesta:

«Sachiel:

»Daos prisa con la información. No os entretengáis, hermanos. Debemos identificar quiénes están con el enemigo y actuar con contundencia.

»Hay que exterminarlos antes de que suenen las trompetas y los muros caigan. Arkangel.»

El dedo ungulado presionó el envío del mensaje.

## 48

–Para comprender la actuación de Linda, debes conocer tanto su pasado como su presente –continuó Kevin–. Aunque jamás contamos las vidas anteriores de otros, creo que debo hacer una excepción para que entiendas lo ocurrido.

»Linda recordó, como tú lo estás haciendo, su vida cátara con mucha facilidad. Era una noble joven occitana que se convirtió al catarismo como simple creyente. Era bella e inteligente y, como muchas de las damas occitanas de aquel tiempo, se consideraba igual a los hombres.

»La corte de su padre estaba siempre llena de juglares que cantaban y recitaban, trovadores que componían y caballeros presentando sus respetos a los barones y a su bella hija.

»En el salón del castillo las veladas con poesía, canciones, otros entretenimientos y algún sermón cátaro se repetían casi cada noche. Jóvenes caballeros erraban por las tierras occitanas, y el barón, como era costumbre, les ofrecía su abierta hospitalidad; algunos incluso se atrevían a competir con los trovadores recitando y cantando.

»El amor galante, espiritual, que no físico, era uno de los pilares de aquel renacimiento cultural. Los jóvenes caballeros confesaban su amor y hasta solicitaban a la propia baronesa, la madre de Linda, en presencia del barón y de toda su corte, que fuera su dama a pesar de la diferencia de edad y del obvio compromiso de la baronesa con su marido. Tanto la señora del castillo como su esposo se sentían halagados por tal gentileza. La baronesa contestaba a los versos con los suyos propios y aceptaba ser la dama de algunos de los caballeros que lo solicitaban. Claro que las damas jóvenes y en especial Linda recibían muchas más declaraciones de amor galante...

»Entre los caballeros errantes apareció Douglas, y Linda lo ha reconocido con toda seguridad. Procedía del norte, de la zona de la Ille de France, zona devastada y empobrecida entonces por las continuas guerras. Él no estaba habituado al uso de la lengua de oc, ya que su habla materna era la lengua de oïl, de la que deriva el francés actual. Fue acogido con toda generosidad, y no tardó en enamorarse de Linda. Las reglas del juego eran difíciles para él, pero decidió competir por su amor con sus poesías y hacerla su dama.

»Los tolerantes occitanos le animaron, apoyándolo en su empresa; pero su pobre manejo de la lengua de oc le hizo fracasar en su intento poético de conquistar los favores de Linda. Ella no pudo evitar la risa y contestarle con unos simpáticos versos que provocaron las carcajadas de toda la concurrencia. Era un rústico gracioso y se convirtió en motivo de bromas en la sofisticada civilización occitana.

»Rechazado y burlado, Douglas regresó a sus tierras del norte con un fuerte sentimiento de humillación y odio hacia aquellos occitanos pedantes y engreídos, que se afeitaban las barbas como afeminados.

»Pronto llegó su tiempo de venganza. Un año después, a inicios de 1208, en todas las iglesias del norte de Europa sacerdotes, obispos y abades católicos llamaban a sus fieles a las armas. Había que defender la verdadera religión de la plaga infecta de los cátaros, que según el papa Inocencio III eran "peores que los sarracenos, que adoraban a Mahoma".

»Una cruzada en las ricas tierras occitanas prometía ser una aventura mucho más provechosa y con menos peligro que las cruzadas en Tierra Santa o en España contra los mahometanos, donde había que recorrer grandes distancias y los años de lucha habían endurecido al enemigo y empobrecido a gentes y ciudades. Todo el botín de guerra que los cruzados pudieran conseguir pasaba a su propiedad y, como todo pecado cometido antes y durante la empresa les era perdonado, los cruzados tenían patente de corso en la comisión de todo tipo de fechorías.

»Además, el compromiso mínimo en la cruzada contra los cátaros era de cuarenta días, y los nobles podían regresar con el botín conseguido sin haberse ausentado demasiado y así seguir cuidando de sus propiedades en Francia, Alemania, Borgoña o cualquier otro país del norte.

»Para el pueblo llano, que no tenía nada que perder, y los que tenían cuentas pendientes con la justicia divina o humana, la oportunidad de obtener perdón y riquezas era también espléndida.

»Douglas se unió con entusiasmo a la cruzada; su recompensa sería mayor que la de los demás: la venganza.

»El 24 de junio de 1209, tres años antes de la batalla de las Navas de Tolosa contra los almohades, que tú recordaste, la cruzada se puso en marcha.

»Desde Lyon partieron veinte mil caballeros, en su mayoría franceses, al mando del legado del papa, el abate de Citeaux, Arnau Almeric, y una corte de obispos, abades y diversos eclesiásticos. Entre los caballeros se encontraba Douglas con un grupo de hombres a caballo y tropa que su padre le había cedido dada su insistencia. Detrás de los caballeros marchaban miles y miles de hombres del pueblo llano con la ilusión de grandes riquezas en la tierra y de un lugar en el cielo cuando murieran.

»El 25 de julio llegaron frente a las murallas de la población occitana de Béziers, muy cerca del Mediterráneo. El obispo católico de Béziers propuso a la ciudadanía que entregara a los doscientos veintidós herejes cátaros, que estaban bien identificados, para que los cruzados los quemaran y así salvar la población del asalto y la ruina.

»El obispo no pudo convencer a sus fieles, y a pesar de las amenazas de los sitiadores, Béziers se negó y decidió resistir. Pero las defensas de la ciudad fueron insuficientes frente al enorme ejército y los cruzados entraron pronto, fácilmente. Y lo hicieron a sangre y fuego.

»Los veinte mil habitantes de Béziers, incluidos las mujeres y los niños que se habían refugiado en las iglesias, fueron degollados. La ciudad fue saqueada, quemada, arrasada.

»La barbarie y la borrachera de sangre fue tal que incluso repugnó a soldados curtidos en múltiples batallas y carnicerías. Un caballero francés se dirigió al abate Almeric para preguntarle cómo distinguir a los herejes de los que no lo eran.

»La respuesta del legado papal ha pasado a la historia: "No os preocupéis si no podéis distinguir a los buenos católicos de los herejes. Matadlos a todos. Dios sí sabrá reconocer a los suyos".

»Y así se hizo.

»Menos sangrientas, pero también crueles, fueron las conquistas de Carcasona y de múltiples pueblos menores donde los cruzados sembraban un terror premeditado.

»La mayoría de los nobles franceses, asqueados porque lo que creían una noble cruzada estaba resultando ser una matanza indiscriminada, una vez cumplido su compromiso de cuarenta días, regresaron a sus tierras. Un pequeño barón de la Ille de France llamado Simón de Montfort, que había encontrado en aquella carnicería su vocación, y el abate Almeric pasaron a capitanear, a partir del abandono de los grandes, la cruzada.

»Douglas, que por entonces no había cumplido aún con su venganza, puesto que el castillo de Linda continuaba intacto, permaneció con los cruzados, que establecieron su base para el invierno en la bien fortificada ciudad de Carcasona.

»La retirada de la mayor parte de los nobles franceses no fue un problema, puesto que al año siguiente la Iglesia católica hizo un nuevo llamamiento a la cruzada y nuevas hordas de gentes de buena fe junto a mercenarios y aventureros llegaron desde el norte.

»Simón de Montfort y el abate reemprendieron las conquistas frente tan débil resistencia.

»La nobleza occitana estaba desunida y más acostumbrada a torneos por su honor y por los favores de sus damas que al verdadero campo de batalla organizado. Sus súbditos, en su mayoría católicos, no sentían gran entusiasmo combatiendo contra los cruzados del papa, ya que éste era su guía espiritual. Por su parte, los creyentes cátaros consideraban las armas instrumentos del diablo, y la guerra y la violencia, actos diabólicos, hasta el punto de que los Buenos Hombres tenían prohibido luchar aun para salvar su vida. Por el contrario, la motivación de los cruzados, que al combatir ganaban cielo y riquezas, era muy alta. Pueblos y castillos caían uno tras otro.

»Mientras tanto tú, el rey Pedro, veías con preocupación la invasión de los moros almohades desde el sur y no querías involucrarte militarmente en una guerra en el norte.

»La única resistencia era la de los cátaros, y no con las armas, sino con la negativa a abjurar de su religión; miles y miles de creyentes y sospechosos fueron quemados en las hogueras.

»Cuando llegó el turno al castillo de Linda, Daniel pidió el honor, que le fue concedido, de ser recompensado con él por sus servicios a la causa cruzada. El castillo resistió unas pocas semanas y finalmente una brecha en la muralla permitió la entrada del enemigo. La matanza fue la habitual, pero Douglas conservó con vida a los padres y hermanas de Linda encarcelándolos.

»Con su familia como rehén, Douglas pudo al fin disponer de Linda a su voluntad. Era una dulce y placentera venganza.

»Ella cedió a sus pretensiones porque el cuerpo es obra del diablo, y el cuerpo no contamina el alma, que es obra del Dios bueno. Jamás aceptó el matrimonio que Douglas le ofrecía, convirtiéndose en su meretriz pero negándose a convertirse en su dama. Y jamás abjuró de su fe cátara.

»Pronto la situación se hizo insostenible para él. Tener como amante a una hereje reconocida y recalcitrante le ponía en una posición difícil frente a los eclesiásticos católicos. Éstos le preguntaban si el veneno cátaro de Linda no estaría emponzoñando su puro corazón cruzado, y la situación se hizo tan peligrosa que él mismo se arriesgaba a terminar en la hoguera.

»Así que una tarde ofreció a Linda la última oportunidad de renegar de la fe cátara, casarse con él y convertirse en señora del castillo. Ella respondió con el mismo verso con el que le rechazó dos años antes entre las risas de la corte de su padre. Douglas enfureció y la cedió a sus dos lugartenientes, que pasaron la noche con ella; por la mañana la puso, junto a su familia, en manos de los inquisidores. Aquella misma tarde murieron todos en la hoguera sin haber renunciado a su fe.

–Linda era mi mejor amiga entonces –intervino Karen–. Nos reconoció a Douglas y a mí en la primera sesión en la que rememoró su vida del siglo XIII.

–¿Cómo pueden ocurrir esas casualidades? –preguntó Jaime extrañado–. ¿Cómo pueden coincidir amigos y enemigos en las distintas reencarnaciones?

–Funciona así –contestó Kevin–. Sorprende, pero es así. Tenemos asuntos pendientes de vidas anteriores o misiones conjuntas que resolver. La evolución espiritual no ocurre de forma aislada, sino en grupos amplios de almas. Se coincide con muchos de los seres con los que vivimos antes y con otros no; depende de las deudas que tengamos con ellos. Dubois te podrá contar mejor que yo. Pero así es.

–Tenemos asuntos pendientes con Douglas y los suyos –continuó Karen–, y no por venganza de vidas anteriores, aunque ellos también necesiten experimentar el dolor que la derrota produce para evolucionar espiritualmente.

»Ahora los "Guardianes del Templo" representan la ideología intolerante, fanática y autoritaria que los cruzados representaban entonces y pretenden controlar la compañía de comunicación más grande del mundo para transmitir sólo su mensaje, acallando, ahogando y dejando sin voz a gente como nosotros. Tal como hicieron en la Edad Media con cátaros, valdenses y otros a los que llamaban herejes. Ésta es la forma actual de guerra; los medios de comunicación. –La muchacha tenía lágrimas en los ojos y hablaba emocionada y con fuerza–. Pero esta vez será distinto, Jaime. No se saldrán con la suya. Nosotros, los Cátaros, vamos a ganar. ¡Les venceremos!

## 49

Aquella avalancha de información y sentimientos confundía a Jaime; recorrió con la vista la apacible y soleada tarde. El agua azul de la piscina. Escuchó el trino de los pájaros. En contraste con su tormenta interior, el entorno invitaba a la paz y al descanso.

Miró a Karen. Ella le estaba mirando a él. Sostuvo la mirada por unos instantes. Era bella, y la amaba. Sentía que se había excedido hacía unos momentos, pero temía que le estuviera utilizando. Pensarlo le enfurecía. Quería equivocarse; que fuera sólo un mal pensamiento.

Pero, de ser verdad, si ella quisiera usarlo exclusivamente para ganar su guerra, a él le rompería el corazón. Porque la necesitaba. Dependía de ella. Desvió la mirada hacia los árboles y su mente racional empezó a funcionar de nuevo.

–Bien, de acuerdo –dijo Jaime–, imaginemos que los «Guardianes» son una pequeña mafia religiosa que ha montado un sistema por el que roba a la Corporación. De aquí a que tengan un complot para controlarla, existe un abismo.

–No es una pequeña mafia, al contrario, son muy poderosos –afirmó Kevin–, y el complot existe, lo sabemos muy bien, tanto por Linda como por otros infiltrados. Recordarás la bomba que terminó con la vida del presidente de los estudios Eagle, Steven Kurth, ¿verdad?

–Sí, claro.

–Bien. Pues la bomba fue obra de los «Guardianes».

–¡Pero qué dices! Se supone que lo hizo un grupo radical violento, opuesto a los contenidos de algunos de los programas que producen.

—¡Correcto en todo! Los «Guardianes» es una secta religiosa radical y violenta a la que no le gustan los contenidos actuales de los programas televisivos o cinematográficos de la Corporación. Y como tiene planes para controlarla, ha camuflado su acción como la de un grupo exterior inventado.

—Pero ¿qué ganaban asesinando a Kurth?

—Kurth era un viejo judío liberal de la misma ideología que Davis. Ambos creían en la libertad de expresión de ideas, en la no discriminación por raza, sexo o religión, y en que la tolerancia es la mejor protección para todos, porque todos somos, alguna vez o en alguna parte del mundo, una minoría. Pero Kurth tenía el mismo estilo personalista y autocrático que Davis, y nunca se preocupó de establecer una sucesión para su cargo en la Corporación; quizá pensaba que la vejez y la muerte no le llegarían.

»El sucesor más claro de Kurth es el vicepresidente actual de los estudios Eagle, Cochrane, como te dije antes, un alto personaje en la secta de los "Guardianes". Imagínate lo que obtendrían colocando a Cochrane como presidente de Eagle: mayor control sobre la programación y una inmejorable posición para suceder a Davis.

—¿Por qué no los denunciáis al inspector Ramsey?

—No tenemos aún suficientes pruebas materiales y las pocas de que disponemos son de procedencia poco legal. La policía nos pondría en su lista de sospechosos y pasaríamos a ser el primer objetivo a destruir para los «Guardianes». No; no es aún el momento, hay que esperar.

Jaime se quedó pensativo. Luego reinició la conversación.

—Dejadme que continúe adivinando. En todo caso, si Linda logró que Douglas fuera despedido por un *affaire* sexual que ella presentó como acoso, y siendo el jefe de Douglas también un «Guardián», debió de recibir apoyo de alguien con un puesto muy alto en la Corporación. Y como no creo que tenga otro amante en la oficina —Jaime miró a Karen y recibió una dura mirada de ella a cambio—, ese alguien que la apoyó debe de ser también cátaro. ¿No es así? ¿Quién es? ¿Es el tapado que da las órdenes?

—No puedo confirmarte eso ahora. Lo siento —contestó Kevin.

—Bien, pero espero que me podáis aclarar lo siguiente. ¿Por qué motivo Linda acusó e hizo despedir a Douglas? Entiendo que quizá exista una deuda de otra vida que tenga que pagar, pero ¿por qué Linda no acumuló pruebas contra Douglas y también contra White, denunciándolos a ambos frente a Davis por fraude y así os librabais de los dos al mismo tiempo?

—Consideramos esa opción, pero había grandes posibilidades de que sólo cayera Douglas, ya que encubría a White. Con Douglas fuera, Linda está teniendo acceso a información que éste le escondía incluso a ella, y que compromete directamente a White y posiblemente a Cochrane. En el momento oportuno, y quizá con tu ayuda, evidenciaremos el complot frente a Davis.

»Entonces Davis hará una limpieza ejemplar tanto en los estudios Eagle como en las áreas administrativas de la Corporación; no dejará títere con cabeza. Los primeros en caer serán el jefe de seguridad y los suyos; al fin y al cabo, ellos son los que introdujeron la bomba en el edificio y asesinaron a Kurth.

—¡Qué sorpresa! Así que yo tengo un papel en el asunto, ¿verdad? —inquirió Jaime irónico—. Tenía el presentimiento de que estaba en el programa.

—¡Pues claro que lo tienes! —repuso Karen indignada—. ¿Cómo no lo ibas a tener? No puedes escapar a tu destino espiritual. Aunque quieras. No tendrás más remedio que participar en esta guerra. Y espero que lo hagas con más cerebro que como lo hiciste hace ochocientos años. Tuviste un papel clave entonces y estás destinado a tenerlo ahora. ¡Te guste o no!

Jaime se quedó mirando con asombro a Karen. Su indignación por su comentario irónico, su determinación y el hecho de que diera por supuesto que él debía ser protagonista en la aventura le sorprendían. Hasta el momento sólo había percibido insinuaciones.

Miró a Kevin, que le observaba divertido. Volvió su vista a la chica. Ella le miraba con el ceño ligeramente fruncido, labios apretados y sus ojos, un poco enrojecidos por las lágrimas recientes, parecían echar chispas. Estaba furiosa con él. Jaime se sentía confuso. Demasiada información. Demasiadas mezclas de pasado y presente. Y ahora eso de sus obligaciones y su destino espiritual. Decidió no enfrentarse a Karen, no quería tener ahora una discusión que los distanciara. Necesitaba pensar con calma y cambió de tema.

–Linda debe de encontrarse en una situación incómoda frente a los «Guardianes».

–Sí, claro que sí –contestó Karen aún con tono irritado–. Linda se está arriesgando mucho. Uno de los clérigos de los «Guardianes del Templo» la interrogó sobre su acusación contra Douglas. Linda dijo lo de siempre; ella estaba cansada de él y él continuaba acosándola, llegando incluso a la violencia física. Douglas había llegado a una situación insostenible y Linda lo aprovechó. –Aquí Karen relajó las cejas y un destello pícaro asomó a sus ojos–. Pero la violencia y el acoso han sido reales. El clérigo la censuró con dureza por no haber acudido a ellos para resolver el asunto y por haberse atrevido a tomar tal decisión por sí misma. Le dijo que estaba causando un importante daño a la secta. ¡Como si Linda no lo supiese! Le ordenó que se retractara de sus acusaciones y ella repuso que ésta era la única solución que había encontrado para librar su vida de Douglas y que no tenía ninguna intención de volver atrás. El clérigo le dijo que entendiera que no era un consejo, sino una orden formal de los «Guardianes» y Linda repuso que en ese caso él y su maldita secta podían irse al infierno. –Karen hizo una pausa, añadiendo–: De todas formas, de allí es de donde procede esa gente.

–Quiero cambiar mis comentarios anteriores sobre Linda –afirmó Jaime dirigiendo una mirada irónica a Karen–. Es posible que, como antes dije, sea una maestra en el Kamasutra, una seductora y una matahari, pero es una mujer muy valiente; la respeto por ello.

Kevin rió, y Karen miró a Jaime con un inicio de sonrisa, como dudando entre continuar ofendida con él o darle un beso.

Jaime deseó con intensidad lo último.

# LUNES

## 50

Entre música y anuncios, la radio informaba de los mayores atascos de la extensa red de autovías del área de Los Ángeles y de las rutas alternativas para evitarlos. El tráfico era infernal en la lluviosa mañana, pero Jaime, atrapado como tantos en la Ventura Freeway, se sentía bien.

Karen no le había guardado rencor por las acusaciones que lanzó el sábado contra ella y su amiga Linda, y una vez solos, dedicaron el resto del fin de semana a hablar mucho, al amor, a navegar y a comer bien. El tiempo empezó a estropearse la tarde del domingo, pero Jaime no le dio importancia. El sol lucía en su interior.

Al fin lograba consolidar la avalancha de información y emociones del sábado. Todo iba muy rápido. Demasiado. Pero charlar con Karen le ayudaba a entender lo que ocurría, a serenarse.

El tráfico se ralentizó y en menos de medio minuto estaba parado. Habitualmente se irritaba con los estúpidos que causaban los problemas, y con la radio, por no advertirle a tiempo. Pero hoy no. Se había enamorado de una mujer estupenda. Y ella le correspondía. Unas semanas antes, se lamentaba de su vida anodina, sin ningún sentido ni finalidad, sólo dirigida a ganar unos dólares más. Ahora estaba inmerso en una apasionante aventura que mezclaba un pasado épico con un presente lleno de interrogantes y suspense.

Y, quizá por primera vez en su vida, tendría la ocasión de luchar por aquella vieja utopía familiar: la libertad. Pero por encima de cualquier otra consideración, lo que realmente le hacía sentir tan feliz era Karen; se sentía un hombre afortunado.

Los coches de policía adelantaban a toda velocidad por el arcén, camino del problema, con sus fulgurantes luces destellando, siniestras, en la mañana gris.

Su mirada se cruzó con un hombre de tez cobriza y gorra de béisbol, al volante de una vieja *pick-up* detenida a su lado, Jaime le sonrió cordialmente, dirigiéndole un gesto de resignación. El otro lo miró extrañado, respondió con un leve saludo con la cabeza y volvió su mirada al frente. Jaime se dijo que, contra su costumbre, se estaba comportando con demasiada amabilidad, y le hubiera gustado gritarle que se sentía muy feliz, eso era todo.

Unos doscientos metros más adelante un helicóptero descendía sobre la autopista de vehículos inmóviles. Era un accidente serio, había heridos graves.

Sus pensamientos volvieron a Karen; a sus casi cuarenta años se había enamorado de ella como un colegial. Sólo esperaba que no tuviera que arrepentirse.

El amor es ciego, dice el refrán, pensó. Pero él no estaba tan ciego como para concluir, a esas alturas de la historia, que su primer encuentro con Karen, en la hamburguesería griega, había sido casual.

Él era una pieza, quizá importante, en la partida de ajedrez que los Cátaros jugaban contra los «Guardianes del Templo», pero ¿era aquel juego la única finalidad de Karen, o lo amaba de verdad? ¿Acaso sólo pretendía utilizarlo para sus fines, tal como Linda hizo con Douglas?

Maldita sea, se dijo. Los pensamientos negativos vuelven como una nube de mosquitos. Y si el único interés de Karen por mí fuera ganar su partida a los «Guardianes», ¿qué será de mí cuando el juego termine? Jaime sacudió la cabeza como para ahuyentar aquellas preguntas.

Bien, concluyó, la vida es corta, y la felicidad, un pájaro que vuela de árbol en árbol. Hoy está en mi jardín y en forma de una mujer estupenda, quizá la compañera que he buscando toda mi vida. Debo aprovechar esta felicidad al máximo. El juego podría ser muy largo, la partida de ajedrez quizá dure toda la vida y, mientras así sea, la disfrutaré.

## 51

Jaime llegó a la oficina con casi una hora de retraso, pero continuaba de buen humor.

–Nos hemos dormido esta mañana, ¿verdad? –le dijo Laura al verlo llegar con paso presuroso por el pasillo.

–El tráfico, Laura, las malditas autovías.

–Yo apostaría a que se trata de tu disipada vida de divorciado. –Ella compuso un gesto severo.

–No es mi culpa, fue ella quien me dejó.

–No todo el mundo tiene el aguante de tu secretaria. ¿Quieres las noticias antes o después del café?

–Ya, suéltalo.

–El gran jefe White te ha llamado dos veces para ver si habías llegado. Quiere verte.

–¡Maldita sea! ¿Es que no existe el tráfico para los jefes?

–Depende. Para el tuyo, no; para el mío, sí.

–Muy lista –murmuró Jaime entrando en su despacho.

Colgó la chaqueta y pulsó el botón de White en el teléfono.

–White. –La voz sonó casi de inmediato.

–Buenos días, Charly. Me ha dicho Laura que querías hablar conmigo.

–Buenos días. Estoy reunido y te necesito aquí. ¿Puedes subir, por favor? –La forma de hablar sonaba rara, algo ocurría.

–Desde luego, ahora subo. –Y presionó el botón de desconexión–. ¡Mierda! Bonita forma de iniciar la semana. Una reunión urgente sin tener ni siquiera tiempo de sentarme en el despacho.

Por la puerta apareció Laura con el tazón de café.

–Lo siento, Laura. Gracias, pero no puedo tomar el café ahora. White está reunido con alguien y me espera.

–¿Y qué hago con el café?

–Pues tómatelo tú.

–Ya he tomado uno.

–Pues tómate otro. ¡Hasta luego!


–El señor Berenguer, vicepresidente de Auditoría. –White lo presentó con expresión muy seria–. Jaime, éstos son el inspector Ramsey y el agente especial Beck, del FBI.

Estrechó la mano a un afroamericano de unos cincuenta años y a un hombre de cara angulosa y ojos azules.

–El inspector Ramsey es el encargado de la investigación del asesinato de Kurth, y el agente Beck colabora con él. Siéntate, por favor.

–Señor Berenguer, Linda Americo trabaja en su departamento, ¿verdad? –preguntó sin más preámbulos Ramsey.

–Sí, es jefa de Auditoría –contestó Jaime extrañado–, pero no trabaja conmigo, sino con Daniel Douglas, y desde que él dejó la compañía está a las órdenes del señor White. ¿Qué ocurre?

–Señor Berenguer –Ramsey volvió a tomar la palabra–, ha sucedido algo trágico que pudiera estar relacionado con el asesinato del presidente de los estudios Eagle. Le agradeceríamos toda la información que nos pudiera facilitar.

–¿Qué ha pasado?

–Linda Americo fue asesinada en su hotel de Miami el viernes por la noche.

–¿Qué? –Jaime sintió como si le hubieran propinado un puñetazo en la boca del estómago.

–Queremos que recuerde todo lo que se relacione con ella, que usted sepa o que haya observado y que nos pudiera dar pistas sobre posibles móviles o enemigos que ella tuviera –continuó Ramsey–. ¿Algo fuera de lo normal? ¿Algún comentario en la oficina sobre su vida personal?

–Pero ¿cómo ha ocurrido? ¿Cómo la han asesinado? –Jaime empezaba a reaccionar. De repente, la maravillosa mañana de lunes se trocó en gris y siniestra y la conversación del sábado dejaba de ser un bonito cuento de caballeros, princesas y hadas. Ahora surgía como una amenaza real.

–La forma en que ocurrió está siendo aún investigada y no le podemos dar más detalles –respondió Beck, escueto–. ¿Recuerda algún dato relevante sobre la señorita Americo?

–No. Nada fuera de lo que es conocido públicamente y que ya sabrán. Hace pocas semanas Linda desató un escándalo al acusar a su jefe, Daniel Douglas, de acoso sexual y él fue despedido.

–¿Cree que puede tener relación con el asesinato? –inquirió Ramsey.

–No lo sé –dijo Jaime con prudencia.

–Señor Berenguer –intervino el agente del FBI–, parece que la señorita Americo pertenecía a una secta o grupo religioso muy particular, ¿qué sabe usted?

–Mi relación con Linda era poca, estrictamente profesional y, aparte de lo técnico, sólo intercambiamos comentarios intrascendentes. Jamás abordamos ningún tema religioso o político. ¿Tiene que ver la religión con su muerte?

–Podría –contestó Beck–. Estamos investigando este aspecto y otros. ¿Le oyó comentar a ella, o a alguna otra persona, algo que indicara que la señorita Americo tenía una creencia o actitud religiosa inusual?

–Como le he dicho, nuestra relación era escasa y superficial. No recuerdo nada de eso –Jaime intentó mentir con naturalidad.

–¿Sabe usted de alguien con quien la señorita Americo tuviera relación extraprofesional? –Beck continuaba interrogando–. ¿Alguien de la oficina o de fuera que la llamara o viniera a buscarla al trabajo?

–No. No sé nada sobre su vida personal.

Por unos segundos se hizo el silencio. Parecía que Beck había terminado de preguntar y dirigió una mirada a Ramsey.

–Bien, gracias por su ayuda, señor Berenguer. Si puede recordar algo más, le agradeceré que contacte con alguno de nosotros.

Ramsey le ofreció a Jaime una tarjeta de visita, y Beck hizo lo mismo. Jaime les dio la suya.

–Gracias, Jaime –le dijo White–. Los inspectores Ramsey y Beck empezarán a media mañana a preguntar en tu oficina sobre la pobre Linda. Estoy seguro de que tú les ayudarás en lo posible y animarás a todo el departamento a que colabore en la investigación. Al final de la mañana se publicará una nota oficial sobre lo ocurrido; mientras tanto, por favor, no lo comentes con nadie.

–Desde luego. –Jaime se levantó y se despidió de los policías–. Si les puedo ayudar en algo más, ya saben dónde estoy.

–Gracias –repuso Ramsey–. Estoy seguro de que le pediremos más ayuda.

Al llegar a su despacho, Jaime se encontró el tazón de café encima de su mesa de cristal, helado, imbebible. Cogió el tazón y regó los arbolitos que decoraban el fondo de la habitación. Hacía frío.

Se acercó a los ventanales. Diluviaba. No se veían las montañas del fondo y las palmeras inclinaban sus grandes hojas con el peso del agua que caía sin viento, vertical.

Tienen que ser los «Guardianes del Templo», se dijo. La relación causa-efecto es demasiado inmediata para ser un crimen no relacionado. Pensó en White, su jefe; debía de estar implicado. Le costaba aún identificarlo con aquella secta oculta, pero los Cátaros afirmaban que era uno de los «Guardianes». Si ése era el caso, aquel miserable acababa de actuar muy bien ante la policía. Claro que él también había tenido que mentirles.

Sentía el peligro allí mismo, en su propio despacho, ronroneando como si se tratara de un gran gato invisible al que, tendiendo la mano, se le pudiera acariciar el lomo. Pero lejos de intimidarlo, le excitaba. Quería contraatacar de alguna forma y de inmediato. ¿Un atavismo de su pasado de noble de caballo y espada? De pronto le invadió un temor; no por él. Por Karen. La amenaza de un nuevo crimen era real, y podía ocurrir muy pronto.

Tomando el teléfono, al segundo toque oyó su voz.
–Karen Jansen.
–Karen... –Y la comunicación se cortó. ¿Qué pasaba? Volvió a llamar.
–Karen Jansen. –Escueta, la voz amada sonaba de nuevo.
–Ka... –La comunicación se cortó otra vez; era obvio que no hablaría con él por teléfono.

Jaime se quedó pensando con el auricular aún en la mano. Estaba seguro de que ella lo había reconocido. Tendría buenas razones para colgar. ¿Qué estaba pasando?


La lluvia continuaba cayendo mansa pero en abundancia, y el frío y la excitación hacían que Jaime se levantara de la mesa y se paseara por su despacho a zancadas. Luego se volvía a sentar e intentaba concentrarse en el trabajo. Tarea difícil. Los segundos pasaban lentos. Los minutos se arrastraban. Tenía que ver a Karen, pero, aunque pensaba en ello, no encontraba una forma lo suficientemente discreta de contactar con ella. ¿El correo electrónico interno? Pasaba por un centro de control y no era del todo seguro. ¡Diablos! No podía aguantar. Si no se le ocurría pronto un buen sistema, terminaría yendo personalmente a la oficina de ella.

Al final de la mañana, Laura entró con el correo. Destacaba un gran sobre blanco con su nombre escrito a máquina y el membrete de «Personal y confidencial. Abrir sólo por el interesado». Estaba protegido con cinta adhesiva. Jaime lo abrió de inmediato.

Contenía una sola hoja con unas pocas palabras impresas por ordenador: «Hamburguesa griega a las siete y media». Sin firma, pero no hacía falta.

El día se tornó positivo; al fin y al cabo, la lluvia haría un gran bien a los secos embalses de la zona de Los Ángeles.

## 52

Pasaban doce minutos de las siete y media cuando Jaime suspiró aliviado al verla entrar sacudiendo su paraguas. Su expresión era seria, y ocultaba los enrojecidos ojos tras unas gafas de sol que desentonaban con el tiempo, la hora y la gabardina que vestía. Aun así estaba bella. Muy bella.

Levantándose para besarla, Jaime se vio discretamente rechazado. No insistió.

–Hola, Karen.

–Hola, Jaime. –Su sonrisa era triste.

–Lamento muchísimo lo de Linda.

–Gracias. –Los ojos de Karen se llenaron de lágrimas, y Jaime sintió el deseo de tomar su mano. Pero se contuvo.

–¿Cuándo te enteraste? –preguntó él.

–Justo al llegar a la oficina un amigo nuestro me lo contó.

–¿Y cómo lo supo ese «amigo»?

–Lo sabía, Jaime. Perdona que no te diga quién es ni cómo lo supo pero, si antes fuimos cautos, ahora debemos serlo más. Existen grupos distintos de creyentes, actuando en paralelo, pero que se desconocen entre ellos. Por ejemplo, sólo cinco hermanos sabemos que eres uno de los nuestros; Linda lo ignoraba y, por lo tanto, no corres peligro. Lo siento si te parece excesivo, pero hemos sido perseguidos durante siglos por la Inquisición y hasta los mejores hablan bajo tortura.

–¿Quieres decir que Linda...?

–Sí, Linda fue salvajemente torturada y violada, creemos que al menos por dos individuos, en su habitación de hotel en Miami. Su cuerpo apareció con multitud de quemaduras de cigarrillos, concentradas en las zonas más sensibles de los pechos y el sexo. Innumerables cortes de cuchillo, algunos muy profundos, en la cara y en el cuerpo, formando dibujos geométricos. Una verdadera carnicería. Debió de morir desangrada. –Una lágrima empezó a escurrirse por su mejilla. Luego otra. Karen sacó un pañuelo del bolso y se secó las lágrimas con cuidado para no estropear el maquillaje–. Estoy segura de que sus torturadores eran de los «Guardianes del Templo» y que algo les contó, quizá sólo para poder morir antes.

–¿Cómo estás tan segura de que fueron ellos?

–Es extraordinario que un crimen de esas características ocurra en un lugar de la categoría y con la seguridad que tiene el hotel donde Linda se hospedaba. Pero es mucho más extraño que los criminales no se conformen sólo con robar, violar o incluso matar. Linda fue torturada durante horas. La finalidad del asesinato era obtener información, pero se camufló como robo y violación con toques satánicos para más realismo. Linda no era una víctima cualquiera; había sido cuidadosamente seleccionada. Eran los «Guardianes», Jaime. Fueron ellos.

–¿Cómo puedes saber si habló o no?

–Los asesinos abrieron la caja fuerte de la habitación y entraron en el ordenador portátil; ella tuvo que darles las claves de acceso.

–Pero, Karen, lo del acceso al PC de Linda será una suposición tuya; a no ser que dejaran huellas dactilares en el teclado, no puedes saber si lo manipularon o no.

–Claro que lo sé. Linda estaba acumulando una cantidad ingente de información. Información comprometedora sobre los múltiples fraudes con los que la secta de los «Guardianes» está sacando dinero de la Corporación para comprar las propias acciones de la compañía, pero también sobre otras actividades del grupo, sobre su estructura interna, nombres y planes; su ex amante tenía una posición importante en la secta y le encantaba hablar cuando se sentía feliz. Linda tomó medidas especiales de seguridad con respecto a la información; nos enviaba por *courrier* los originales o copias de documentos importantes, cambiando con frecuencia de mensajería. Cuando transmitía un informe por correo electrónico, no dejaba copia en la memoria de su máquina, y ni siquiera nuestros números de teléfono estaban grabados en el sistema, ya que marcaba manualmente y borraba luego los registros de envío. Lo único que habrán obtenido de su ordenador serán datos o informes propios de su trabajo de auditoría para la Corporación.

»Además, tenía un dispositivo especial de seguridad consistente en una doble contraseña de entrada. Usando la primera parte de la contraseña, se accede a los programas de su PC pero, de no usar la segunda parte, se activa un sistema de alarma que envía un mensaje por Internet alertándonos de que alguien ha entrado en el sistema sin el consentimiento de Linda. Una vez activado el mensaje, la base de datos de ese pequeño programa de seguridad se autoborra y, como los asesinos manipularon el portátil conectado a la línea de teléfono, el mensaje de alarma salió la misma noche del viernes.

—¿Cuándo lo viste tú?

—No lo he visto aún. Tú y yo pasamos el fin de semana juntos disfrutando de la vida, y no conecté mi ordenador. El último mensaje de Linda me estará esperando en estos momentos en casa.

—Y ahora tú también estás en peligro.

—No de inmediato. Tengo la total seguridad de que Linda no me mencionó para nada; habrá dado otros nombres, pero no el de su mejor amiga ni la ubicación de Montsegur. Ahora los «Guardianes» saben que existimos y que estamos preparando algo contra ellos. Aunque no conozcan con exactitud quiénes somos y qué información tenemos, van a empezar a averiguarlo muy pronto.

—¿Qué medidas de seguridad has previsto?

—Debemos continuar nuestras vidas con normalidad, pero pondré a salvo la información que tengo en casa. No hables conmigo en la oficina, ni siquiera por teléfono, a menos que sea por un tema estricto de trabajo; la seguridad del edificio está controlada por ellos a través de Moore, y pueden tener teléfonos pinchados. Es posible que pronto me relacionen con Linda, fuimos amigas durante muchos años y hace poco que empezamos a ocultar nuestra amistad. Me temo, Jim, que por un tiempo no volveremos a pasar un fin de semana tan estupendo como el último. —Karen se lo quedó mirando tristemente a través de sus gafas de sol y la mesa. Después añadió—: Ahora, sin Linda, tu puesto en la Corporación es clave, los Cátaros te necesitamos, no te podemos perder. Y si los «Guardianes» me identifican con ella y luego contigo, nuestras vidas no valdrán nada.

Jaime sintió que su mundo se hundía. No por el peligro, que ahora parecía excitarlo, sino por el hecho de no poder ver a Karen. No podría estar sin ella. Cogió su mano que descansaba sobre la mesa, apretándola con fuerza.

—Karen, llegados a ese extremo, no podemos escondernos y dejar que nos busquen. Debemos contraatacar. Saquemos a la luz información de Linda y denunciémosles a Davis. Si los ponemos en evidencia, ya no podrán actuar contra nosotros. Primero, porque su objetivo de controlar la Corporación ya no será posible y no merecerá la pena que tomen más riesgos, y segundo, porque si algo nos ocurre, ellos serán los primeros sospechosos.

—Sí, ése es el plan. Pero no podemos ejecutarlo de inmediato, ya que la cantidad de material enviado es enorme, y sin Linda todo se retrasa. Hay que preparar pruebas, hay que seleccionar la información clave para la entrevista con Davis. Debemos convencerle de que existe un complot a la primera; Davis no da segundas oportunidades. Ésta será tu misión. Luego, el propio Davis te ayudará a descubrir a los implicados.

—El problema es el tiempo. —A Jaime el plan le parecía razonable—. Con tiempo, los «Guardianes» pueden esconder pruebas, asesinar testigos o averiguar más sobre nuestro grupo y atacarnos. Hay que acelerar el proceso, Karen. ¿Cuál es el siguiente paso?

—Nos reunimos mañana en Montsegur. Discutiremos el plan de acción y tú verás los documentos que Linda nos proporcionó.

—Muy bien. Cuanto antes mejor. Y ya que no parece que vayas a invitarme a tu casa, mejor comemos algo ahora. Convido yo. ¿Qué te apetece tomar?

—Nada. No tengo apetito.

—Debes comer algo.

—No. No puedo comer.

—Insisto.

Jaime se dirigió al mostrador. La idea de entrar en acción lo animaba. Pidió dos hamburguesas, ensaladas, patatas fritas, unos aros de cebolla y lo acompañó con cervezas. El sabroso olor de la carne condimentada abrió su apetito.

Al regresar, vio a Karen con la vista perdida en la húmeda oscuridad tras los ventanales. Depositó la bandeja en la mesa y empezó a repartir los platos.

—¡La más fabulosa y jugosa de las hamburguesas griegas para mi señora dama! —clamó con tono de vendedor de feria.

—La historia se repite —dijo Karen sin abandonar su mirada perdida.

—¿Qué?

—El asesinato de Linda ha sido la versión del siglo XXI de su muerte hace ochocientos años. ¿Te acuerdas de lo que te contamos? La quemaron en una hoguera, después de violarla. Ahora incluso han usado el fuego de los cigarrillos.

—Karen, no le des más vueltas. Trata de olvidar por unos minutos. Te juro que lo van a pagar caro.

—Los Cátaros no juramos. Lo tenemos prohibido —le advirtió Karen—. ¿No te das cuenta? La historia empieza a repetirse. ¿Qué hacemos mal? ¿Qué es lo que no hemos aprendido de lo ocurrido entonces?

—Me da igual si juramos o no juramos. —Jaime tomó las frías manos de Karen e intentó pasarle su calor. Ahora ella le miraba a los ojos. Él podía verlos a través del cristal de las gafas oscuras—. Vamos a terminar con ellos, Karen, y van a pagar caro por lo que han hecho. Vamos a ganar. Los arrasaremos. ¡Te lo juro!

# MARTES

## 53

Me he equivocado, pensó Karen al quedarse sola en el ascensor con uno de los guardas de seguridad del edificio. Debía haber bajado en la planta anterior con los demás.

Mordiéndose el labio, sentía como su corazón se aceleraba. Miró al hombre, él la miró e hizo un gesto con la cabeza. Karen respondió con saludo tenso. Tendría unos veintiocho años, pelo cortado a lo *marine* y era enorme.

Al abrirse la puerta, el hombre esperó a que ella saliera; ella lo hizo, empezando a andar hacia su coche con paso vivo. Oía sus tacones sonar en el pavimento del párking sintiendo, en su espalda, la mirada del hombre.

Karen no vio a nadie en la planta, supo que él salía del ascensor y sintió el impulso de correr; pero su orgullo se lo impidió. Siempre había sido algo arrogante y esperaba no tener que arrepentirse. Oyó los pasos del hombre detrás de ella. Se apuró. El coche estaba a unos treinta metros y, si ambos corrían, no llegaría antes que él. Sentía los pasos del guarda más cercanos, acelerando a su espalda. Oía los latidos de su corazón más fuertes que el ruido de los propios tacones contra el suelo. ¡El hombre estaba muy cerca!

A pesar de que el guarda era mucho más fuerte y estaría mejor preparado, ella había aprendido algo de defensa personal y era ahora o nunca: Karen giró en redondo poniendo el maletín como escudo. El hombretón, a un metro de distancia, frenó en seco mirándola con sonrisa bobalicona.

—Perdone, señorita, no pretendía asustarla —dijo el guarda con un hablar lento—. Sólo quería avisarle de que uno de los cierres de su maletín está abierto y se le pueden caer las cosas. Karen miró su portafolios y, en efecto, uno de los cierres estaba abierto.

—Bueno —parte de su tensión se relajó—, muchas gracias. Muy amable.

—De nada, señorita —dijo el otro ampliando la sonrisa.

—Buenas tardes —repuso Karen dando por concluida la conversación pero manteniendo el maletín como escudo. El otro miraba con extrañeza.

—Buenas tardes —dijo el hombre y, dando media vuelta, empezó a andar en dirección contraria.

Karen mantuvo su extraña posición mientras sentía que, otra vez, la sangre empezaba a circular por su cuerpo. Al cabo de unos pasos el vigilante volvió la cabeza, sin dejar de andar, para mirarla de nuevo. Ella se apresuró buscando con manos temblorosas unas llaves que se escondían dentro de su bolso y al fin logró abrir el coche. Lanzando sus cosas al asiento del acompañante, entró, y puso de inmediato el seguro.

Iba recobrando la calma poco a poco. ¡Estúpido tipejo! ¿Por qué ha tenido que acercarse tanto? Debía calmarse. Linda jamás la habría delatado. Ni siquiera bajo tortura.

El juego había cambiado. Y mucho. Espiar a los «Guardianes del Templo» y preparar la estrategia para desterrarlos de la Corporación era apasionante, hasta divertido; convertirse en presa y objeto de su brutalidad era muy distinto. Ahora sentía la tensión. Pero no había marcha atrás; terminaría lo que empezó. Lo haría por los tiempos antiguos, por los tiempos y gentes futuras, por su querida amiga Linda y también por su propio orgullo.

## 54

Karen aparcó su coche a unos veinte metros de una de las entradas del Mall; no parecía que la siguieran, pero invirtió un par de minutos en observar los coches que llegaban.

Todo estaba bien. Entró en el centro comercial a través de Bloomingdale's, mezclándose con la gente que, a tropeles, concurría en los pasillos y, dirigiéndose al paseo central del Mall, anduvo entre tiendas y público. La vitrina de una boutique de modas ofrecía un reflejo que permitía ver a sus espaldas. No observó nada anormal. Luego entró en una librería y, a la vez que revisaba las últimas novedades, estudió a la gente a través del escaparate. Todo bien. Salió con paso rápido y llegando a Macy's, en el extremo opuesto del centro comercial, cruzó la tienda hasta la salida al aparcamiento.

A unos cuarenta metros, en el lugar acordado, distinguió el coche de Jaime, que al verla puso el motor en marcha y arrancó justo cuando Karen entraba.

–Hola –saludó él–. De agente secreto estás aún más guapa.

Salieron por la calle opuesta a la de llegada, y comprobó que ningún coche los seguía. A unos veinte metros Jaime se detuvo en un semáforo rojo, y ella, pasándole los brazos alrededor del cuello, le besó en la boca.

–Ser agente secreto es muy excitante –le dijo.


Tomaron la Ventura Freeway y luego la San Diego, mientras ella le contaba el susto del párking; al salir por Sepúlveda Boulevard, cruzaron el puente por encima de la autovía para subir por la serpenteante Rimerton, que les condujo a Mulholland Drive.

–Hoy conocerás la entrada secreta de Montsegur –anunció Karen con tono de misterio.

–¿Cómo? ¿Tenéis pasadizos secretos?

–Sí, señor –proclamó con tono triunfal–, como en los castillos de verdad.

Continuaron por la carretera bordeada de árboles a través de la lluviosa oscuridad.

–Cuando regreses aquí, asegúrate siempre de que no te sigan.

–Nadie me sigue –confirmó Jaime escrutando las tinieblas a través de los retrovisores–. Si hay alguien ahí atrás, será un murciélago. ¿Crees que la secta tiene murciélagos en nómina?

–Si los tuviera serían vampiros –repuso Karen arrastrando las palabras–. Reduce la marcha. Ve más despacio –dijo al cabo de unos minutos.

–¿No es esta casa? –advirtió Jaime.

El hermoso edificio se adivinaba a la izquierda, casi escondido entre la valla y la vegetación; el jardín parecía discretamente iluminado y había luz en un par de ventanas.

–Sí; reduce, pero no te detengas. Fíjate ahora en si hay algún coche aparcado cerca de la casa; indicaría peligro, ya que nosotros siempre aparcamos dentro. Vigila también si ves a alguien en el arcén o entre los árboles.

No vieron coche alguno, y el lateral era demasiado estrecho para que un vehículo pudiera ocultarse fácilmente entre la vegetación. Continuaron por la carretera unos cientos de metros, y llegando a donde no podían ser vistos desde la casa ni desde sus cercanías, Karen le hizo entrar en una estrecha vía asfaltada que se abría a su izquierda. Oscuridad delante, oscuridad detrás; nadie les seguía y avanzaron durante unos minutos en una pronunciada pendiente de bajada.

Llegaron a una bifurcación y, girando de nuevo a la izquierda por un camino de tierra, los faros iluminaron una impresionante pared rocosa y una densa vegetación de árboles y matas.

–Aparca aquí, entre los árboles.

Jaime detuvo el coche, quedando en una posición en la que sólo era visible desde unos metros antes del camino; un buen escondite. Al apagar las luces, la penumbra fue casi total en la noche tormentosa; Jaime puso su mano en la rodilla de Karen y le dijo en voz íntima:

–Me siento audaz, ¿has hecho alguna vez el amor en un BMW?

—¡Cubano lujurioso! —le censuró divertida—, más respeto. Estás al pie de Montsegur, el monte sagrado cátaro; aquí se reúnen los Buenos Hombres y Mujeres. Y ellos hacen voto de castidad.

—Pero tú no lo has hecho aún, ¿verdad?

—Déjate de tonterías. Salgamos, nos están esperando.

—Bueno —aceptó Jaime en tono resignado—. Había oído lo del dolor de cabeza, pero lo del monte sagrado no está nada mal...

—Sígueme —ordenó Karen abriendo su maletín y sacando una linterna.

Anduvo hasta la pared rocosa y luego siguió unos metros por un pasillo entre un muro de piedra y otro de vegetación. Al poco Karen apartó unas matas a su izquierda, y entre la fronda su linterna descubrió un arco de piedra con aspecto de entrada de una cueva; se trataba de un camuflaje perfecto.

Karen entró con decisión y al toparse en el interior, a unos tres metros, con una puerta metálica, buscó en la pared un pequeño cuadro de números levemente iluminados. Tecleó un código y un suave pitido indicó que el sistema de protección había sido desactivado; introdujo una llave en la cerradura de seguridad y la puerta se abrió suavemente. Penetraron en un estrecho pasillo al fondo del cual se hallaba una escalera metálica de caracol.

—Este pasadizo es a la vez acceso secreto y vía de escape —le explicó en voz baja—. Dado el papel que vas a desempeñar en el grupo, hoy Dubois te dará un juego de llaves; debes aprenderte los códigos. El primero es sólo de entrada, el siguiente es una alarma para avisar a los de la casa si se presenta una visita imprevista.

Sin esperar respuesta, empezó a subir por la escalera de caracol. Aquello era como una amplia boca de pozo, y ella trepaba tan rápido que de retrasarse Jaime unos segundos se quedaría en la oscuridad. Subieron lo que serían unos diez metros, y se encontraron en una repisa excavada en la roca de donde partían dos túneles.

—El de la derecha conduce a las celdas de los Buenos Hombres y a la capilla que tú conoces. Nosotros seguiremos hacia el cuerpo principal de la casa.

Sería por la mención de la capilla, pero Jaime sintió la presencia de aquel tapiz donde las figuras cobraban vida. Deseaba volver allí. Quería volver a la cueva del rito.

Pero Karen ya se había alejado dentro del túnel, y al final de éste dieron con otra puerta metálica y otro panel de códigos. Karen repitió la operación anterior y la puerta se abrió en silencio.

Se encontraban en el salón principal de la casa, al que llegaban a través de un panel de madera que ajustaba tan bien con la pared norte que era imposible distinguir la entrada desde el interior. Accedían a una amplia estancia de dos niveles y decoración moderna y confortable, con una gran chimenea frente a ellos. Amplios ventanales con vistas al jardín ocupaban las paredes este y oeste.

Vieron a Kevin Kepler y Peter Dubois en la parte del comedor, frente a una mesa abarrotada de papeles, discutiendo sobre un documento. Había un ordenador portátil conectado en la mesa, y otro en una amplia mesita en el centro, también cubierta de papeles, que se encontraba entre los sofás, frente a la chimenea. Karen cerró la puerta y dijo alegremente:

–Buenas tardes, señores.

Los dos hombres miraron en su dirección y saludaron. Jaime se acercó para estrecharles la mano.

–Están ustedes muy ocupados. Esto, más que un centro religioso, parece una oficina de auditores.

–Es más que un centro religioso –repuso Kepler–, y esto se trata, por desgracia, de una auditoría secreta; debe serlo, porque si los «Guardianes» supieran dónde estamos y qué hacemos, nos eliminarían rápidamente.

–El asesinato de Linda, aparte de una terrible desgracia –continuó Dubois–, representa un gran retraso para nuestros planes; ella conocía cada documento a la perfección y era una experta auditora. Si antes le necesitábamos a usted, ahora mucho más. Con el desorden que hoy tenemos en parte de los documentos, es imposible presentar las pruebas definitivas.

–Bien, de acuerdo, les ayudaré. Pero quiero algo a cambio.

–¿Qué es?

–No dejo de pensar en el rey Pedro y su dilema; estoy impaciente por saber qué ocurrió. Quiero volver a la capilla y revivir aquello. Y no puedo esperar al sábado.

–De acuerdo –respondió Dubois–. Me parece lógico. Pero hay dos condiciones.

–¿Cuáles son?

–Primera, tendrá que ser mañana; hoy hay mucho trabajo que terminar. –Jaime asintió con la cabeza–. Y segunda, tendrá que trabajar aquí ayudándonos lo que haga falta, no podemos dejar pasar más tiempo. Los «Guardianes» saben que está ocurriendo algo y se esforzarán en destruir y esconder pruebas.

–¡Trato hecho! –dijo Jaime cerrando el acuerdo con un fuerte apretón de manos.

# MIÉRCOLES

## 55

¡Adelante! –La respuesta de Jaime a los golpecitos en la puerta era innecesaria; el visitante ya entraba.

–Buenos días, Jaime. –White apareció saludando con la seguridad propia del jefe.

–Buenos días, Charly –contestó amablemente; en su interior, Jaime lanzó una maldición: las cosas iban más aprisa de lo que había esperado. La noche anterior se demoraron en Montsegur hasta pasadas las doce, y él anotó varios asuntos sobre los que recoger información adicional para así completar el trabajo de Linda. No era tan fácil. Aunque los datos se encontraban en la oficina, se trataba de asuntos de los que ni Jaime ni ninguno de su equipo eran responsables. Y a pesar de que tras el despido de Douglas nadie tenía autoridad, en primera instancia, para negarle la información, los de Auditoría de Producción no abrirían sus archivos de buena gana.

Y era arriesgado; seguro que había miembros de la secta infiltrados allí, y White se enteraría al momento de que él husmeaba en asuntos que no le concernían. No pensaba que lo relacionaran de inmediato con los Cátaros, pero entraría en la lista de sospechosos.

Pese al peligro, Jaime decidió que la única opción posible era asumir los riesgos que la búsqueda de información implicaba; no podía perder tiempo en sutilezas.

Había clasificado los documentos a obtener en dos tipos: esenciales y de menor importancia. En cuanto a los esenciales, nada más llegar a la oficina, recorrió personalmente los archivos fotocopiando papeles. Pero tuvo que preguntar varias veces sobre documentación que buscaba.

Para documentos menos delicados, le pidió a Laura, que tenía muy buena relación con la ex secretaria de Douglas, que obtuviera copias a través de ella.

¡Mierda! Y ahora White venía a pedirle explicaciones. ¿Cómo había podido enterarse tan rápido? ¡Y no tenía pensada ninguna excusa sensata!

–¿Cómo va la mañana? –preguntó White sentando su corpachón en una silla frente a la mesa de Jaime e invitando a éste con un gesto a hacer lo mismo.

–Bien –contestó Jaime mientras se acomodaba dejando su taza de café en la mesa. Luego señaló varios montones de papeles–. Empujando temas pendientes. –Esperó a que el otro hablara. No sería fácil improvisar una explicación convincente.

–Jaime, he leído los informes de los auditores externos en Europa y detectan un par de irregularidades preocupantes en las divisiones de distribución cinematográfica y televisiva –explicó el hombretón.

–Sí, también he leído los informes y hay algunas cosillas. –Jaime se preguntó por qué daba White tales rodeos cuando su táctica favorita era el ataque frontal–. Pero nada grave.

–Pues tenemos opiniones distintas. Creo que alguno de los asuntos que mencionan requiere nuestra intervención directa.

–Charly, los auditores externos han emitido informes semejantes con suma frecuencia, y nos limitamos a aceptar que se implementaran las recomendaciones de los externos siempre que los ejecutivos responsables no tuvieran objeciones razonables. ¿Por qué deberíamos intervenir ahora?

–Opino que esta vez es distinto y que hay que revisar los puntos conflictivos uno tras otro con los auditores europeos –respondió White con energía–. Y es urgente. Quiero que cojas un avión a Londres esta misma tarde o mañana por la mañana.

–Charly, no es razonable. –A Jaime le pareció aquello una mala excusa. Empezaba a entender lo que White pretendía: quería alejarle de la oficina para ganar tiempo y poder manipular algo–. Tengo aquí multitud de temas urgentes que resolver. Y ese asunto es irrelevante, no precisa nuestra intervención.

–Jaime, yo soy el responsable de Auditoría. –White pronunciaba las palabras con cuidado y furia contenida. Sus ojos azules hundidos en sus oscuras ojeras brillaban siniestros–. Recibo órdenes directamente de Davis y tú recibes órdenes de mí. He escuchado ya tu opinión; estás equivocado y, una vez investigado el asunto en su origen, te darás cuenta. ¡Toma ese maldito avión y haz lo que te digo!

–Bien, creo que haces una montaña de un grano de arena. –Jaime decidió que sería absurdo y peligroso negarse–. Pero si tú lo quieres, saldré hacia Londres. Deja que cierre los asuntos más urgentes. Tan pronto como Laura me dé los horarios de aviones, te diré cuándo salgo.

–De acuerdo. Pero lo antes posible, y quiero establecer contigo el programa de trabajo de estos días.

–Lo razonable, dado el cambio de horario, será que viaje el fin de semana, así estaré con nuestro equipo el lunes a primera hora.

–Te digo que debes salir mañana.

–Bien, veo el horario de vuelos y los temas pendientes, y luego te llamo.

–Sube a verme a las cuatro para confirmar agenda y tiempos.

–Bien. Quedamos a las cuatro.

–Hasta luego –dijo White, cerrando la puerta con demasiada fuerza al salir.

Jaime se quedó pensativo. ¿Habrían informado ya a White de su búsqueda de documentos? No; se lo habría mencionado. Lo más probable era que quisiera quitarle de en medio por unos días mientras eliminaba pruebas. Y no tendría más remedio que obedecer. ¡Era un maldito contratiempo! ¡Con lo urgente que era preparar el caso y presentarlo a Davis! Se retrasarían al menos una semana. Y tal como se desarrollaban los acontecimientos, una semana podía ser toda una vida.

Pero no viajaría antes del sábado. ¡Al diablo con White!

Al llegar a Montsegur estaban ya todos trabajando; Karen le presentó a Tim. Era un creyente de toda confianza que les ayudaba a preparar el informe. Jaime lo recordaba, lo había conocido en las Secuoyas y el hombre le caía simpático.

A continuación les notificó su viaje a Europa. Los demás coincidieron en que no era una buena señal, y aunque el grupo se afanaba trabajando a contrarreloj, con la ausencia de Jaime, el informe para presentar a Davis se retrasaría al menos cinco días.

Cuando la conversación terminaba, Dubois le preguntó:

–¿Está aún interesado en recordar hoy?

## 56

¿Con quién estaba el verdadero Dios? ¿Con el papa o con los cátaros?

Miguel y Hug acababan de discutir sobre cómo actuar frente a la cruzada, salieron de la tienda y Hug, previo permiso del rey, fue en busca del juglar Huggonet, que le traía un mensaje.

Jaime se quedó pensativo mientras Fátima le servía otra infusión. Veía los argumentos y la lógica tanto de Hug como de Miguel. Sus sentimientos iban con Hug.

Las noticias que le llegaban de las tierras occitanas le indignaban, no podía consentir la aniquilación de sus vasallos, ni que le despojaran de sus derechos feudales.

Ahora, su otrora enemigo Ramón VI, conde de Tolosa, le ofrecía juramento de fidelidad, tal como antes hicieran el resto de nobles occitanos. Y si Jaime lo aceptaba, estaría obligado a ayudar al conde. De todos modos, Ramón estaba casado con su hermana, lo cual también le obligaba.

Pero la razón estaba con la opción de Miguel; como vasallo del papa –tal como su título de El Católico acreditaba–, debía seguir sus órdenes. Con el poder de la excomunión en manos de Inocencio III, enfrentarse a él era peligrosísimo.

Pero ¿eran los cátaros merecedores de la cruel persecución a la cual la Iglesia católica y las gentes del norte les sometían?

Jaime no lo creía. Cierto que los Buenos Hombres cátaros criticaban muchos de los preceptos católicos. Cierto que acusaban a la Iglesia romana de poseer poder y bienes terrenales en exceso. Pero ¿acaso no era verdad? ¿Por qué debían ser perseguidos y exterminados? ¿Por opinar distinto? Dios creó la mente para pensar y le dio al hombre libertad para hacerlo. Quizá demasiada. ¿O era el diablo el creador del pensamiento?

Pero ¿de qué parte estaba el diablo? Según los cátaros, el diablo estaba con el Dios malo, el del odio y la corrupción. El Dios del Antiguo Testamento y del «ojo por ojo».

Ellos se consideraban del lado del Dios bueno, el del espíritu y alma incorruptibles. El Dios del Evangelio de san Juan. El Dios del AMOR.

Y como en un palíndromo, la ROMA del papa representaba lo contrario del AMOR. Inocencio III adoraba, pues, según los cátaros, al mal Dios.

¿En qué bando estaría el verdadero Dios?

Fátima le servía otra infusión con graciosos movimientos; sus labios carnosos se abrían prometedores, y su pelo negro azabache desprendía un intenso olor a jazmín. Desde la batalla de las Navas de Tolosa, donde junto a sus compañeras fue tomada como parte del botín, Jaime había pasado todas las noches con ella.

Sin duda, las mujeres educadas en un harén eran muy superiores en sus habilidades amatorias a las mujeres cristianas. Sabían dar cariño cuando era preciso, y pasión cuando era pasión lo que se necesitaba. Y él se estaba encariñando con Fátima.

Una vez servida la bebida, ella se sentó a su lado, besándole ligeramente el cuello; estremeciéndose, él la cogió por la cintura. Sintiendo el calor de la mujer al acurrucarse contra él, notó como se excitaba.

Pero era difícil disfrutar del momento. Los pensamientos, aquella terrible duda sobre cómo actuar, continuaban castigándole.

–¡Hug de Mataplana desea veros, señor! –gritó desde el exterior de la tienda el capitán de la guardia nocturna–. Viene con Huggonet.

–¡Franqueadle la entrada! –ordenó sin moverse de los almohadones y manteniendo la cintura de la chica abrazada.

Los dos hombres entraron. La talla de Hug destacaba frente al juglar, que tenía un aspecto amuchachado. Hug inclinó la cabeza, Huggonet, que lucía en su cuello un vendaje manchado de sangre, hizo una amplia reverencia.

–Creía que os habían degollado, Huggonet –le dijo Jaime con sorna.

–El Dios bueno y vuestra intervención lo evitaron. Gracias, mi señor –dijo el juglar con voz tenue y una nueva reverencia.

–¿Y sólo para darme las gracias me querías ver? –repuso Jaime disimulando su ansiedad.

–No, mi señor. No hubiera osado turbar vuestro descanso, de no tener un mensaje de alguien que os tiene un gran respeto y mayor cariño.

–¿A quién te refieres, juglar? –Jaime sentía que su corazón se aceleraba.

–A la dama Corba, mi señor.

–Dame su nota.

–No es una nota, mi señor. La dama Corba no quería que un mensaje tan personal cayera en manos extrañas y me lo ha dictado para que os lo recite y lo olvide.

–¡Recítalo, Huggonet!

–Con vuestro permiso, mi señor, me retiro –dijo Hug.

–Tenéis mi permiso, Hug –concedió Jaime–. Habla, Huggonet.

Hug salió de la tienda dando grandes zancadas.

–Espero que mi herida me permita terminar...

–¡Maldito seas, recita! –le gritó Jaime perdiendo la paciencia.

Huggonet hizo sonar su laúd. Fátima, al oír la suave música, apretó un poco más a Jaime.

*Veo volar la blanca paloma y espero vuestro mensaje.*
*Pero vos estáis lejos –y no llegan las noticias.*
*Oigo vuestra voz cuando el viento mueve los sauces.*

*Pero vos estáis lejos –y sólo es mi deseo.*
*Huelo mi carne que se quema cuando huelo el humo.*
*Pero vos estáis lejos –y es solo mi destino,*
*Siento la pena de vuestra ausencia cuando mi laúd llora.*
*Pero vos estáis lejos –y mi habitación es fría.*
*Oigo vuestro caballo cuando las herraduras golpean el empedrado.*
*Pero vos estáis lejos –y es el caballo de otro.*
*Ruego al Dios bueno su ayuda para que ganéis vuestras batallas.*
*Pero vos estáis lejos –y tardo en conocer vuestro destino.*
*Escucho el llanto y el temor de los niños occitanos.*
*Pero vos estáis lejos –y ellos pierden padres y vidas.*
*Siento miedo cuando los guerreros salen a luchar contra el francés.*
*Pero vos estáis lejos –y no sé quién vencerá.*
*Escucho el laúd de los juglares y su canto en nuestra habla.*
*Pero vos estáis lejos –y oïl matará la lengua de oc.*
*Mi señor, venid a Tolosa y enderezad los entuertos.*
*Mi señor, venid a Occitania e imponed vuestro derecho.*

*Haced saltar y reír de felicidad a mi corazón.*
*Haced cantar a las madres y que los niños jueguen en paz.*
*Haced callar a los que os llaman cobarde.*
*Haced de mi cuerpo el lugar de vuestro cuerpo.*
*Haced de la tierra de Oc la patria del trovador.*
*Venid a Tolosa, mi señor, y:*
*haced valer vuestro derecho sobre Occitania,*
*haced valer vuestro y único derecho sobre mí.*

El eco de las últimas suaves notas se apagó. Jaime sentía un nudo en su garganta y los ojos llenos de lágrimas.

Un torrente de sentimientos e imágenes arrastraba sus pensamientos, ¡Corba! ¡Querida Corba! La dulce, la seductora. Él podría buscar consuelo, pero no podría encontrar sustituta. Sus ojos verdes... de hechicera, algunos decían. Su pelo negro brillante... como ala de cuervo que su nombre insinuaba.

Corba, el trovador.
Corba, la dama.
Corba, la mujer.
Corba, la bruja.

–Mi señor –dijo Huggonet al cabo de unos momentos–, ¿me dais recado para la dama?

Jaime no respondió hasta pasado un rato. Y luego recitó:

*Pedro vendrá a Tolosa*
*y deshará los entuertos*
*y hará suyo para siempre*
*lo que suyo es.*

Huggonet inició una sonrisa, movió sus labios memorizando las palabras e hizo una reverencia despidiéndose:

–Con vuestra venia, señor, corro a Tolosa a dar vuestro mensaje a la dama.

Al salir Huggonet, Jaime supo que jamás podría volver atrás de lo dicho.

La suerte de Occitania estaba echada.

Y también la suya.

## 57

La San Diego Freeway estaba poco transitada a aquellas horas de la madrugada, y Jaime conducía lentamente, tratando de establecer orden entre pensamientos y sentimientos.

Terminada su visita a la capilla subterránea, se había unido a la febril actividad de los demás con los documentos. El ambiente no era el adecuado para compartir experiencias espirituales y esta vez no hubo comentarios ni siquiera con Dubois; a pesar de sus esfuerzos, no pudo concentrarse en los papeles. En las ocasiones anteriores, las escenas revividas del pasado le maravillaban y asombraban, dedicando su atención a cómo se producía la increíble experiencia. Aunque ese misterio quedaba por resolver, algo le preocupaba mucho más ahora: ¿por qué aquello le ocurría precisamente a él? Debía de haber una razón, una finalidad; estaba llegando a la convicción de que existía un mensaje, una advertencia oculta, pero él no era capaz de descifrarlo y la sospecha de que allí había un aviso martilleaba su mente.

Algo en sus recuerdos de aquel pasado se correspondía con exactitud a su presente; había reconocido, sin lugar a dudas y con toda seguridad, a la dama Corba.

Corba era Karen.

Ella había sabido todo el tiempo quién era él y quién era ella, pero no se lo dijo; esperaba que él lo descubriera. Su relación no era nueva, sino de siglos, quizá de múltiples vidas anteriores y esa conciencia le daba a lo suyo otro sentido. ¿Más profundo? ¿Más místico? Jaime no lo sabía aún, pero era distinto y deseaba con urgencia poderlo hablar con ella.

Pero había bastante más. Corba estaba arrastrando al rey Pedro a una guerra en apoyo de Occitania; sin duda, una opción peligrosa incluso para un poderoso rey.

Pero ¿no estaba ocurriendo hoy, en su vida actual, exactamente lo mismo? Karen le empujaba ahora a asumir riesgos aún desconocidos al apoyar la causa de los Cátaros y, aunque éstos le eran simpáticos y los recuerdos del siglo XIII lo tenían fascinado, mantenía su espíritu crítico con respecto a su doctrina y aún cuestionaba muchas de sus creencias.

Lo cierto es que estaba con ellos, y Karen era el motivo. La historia se repetía.

¿Tenía Corba un interés verdadero por Pedro el hombre? ¿O sólo por Pedro el rey, por su poder político y militar, y por lo que podía ofrecer a los cátaros?

¿Tenía Karen un interés real por él, por Jaime como persona? ¿O su interés era por la posición clave que él ocupaba para ayudarles a derrotar a los «Guardianes» en la Corporación? ¿Utilizó Corba al rey Pedro? ¿Lo estaría utilizando Karen a él? Y en el caso de que lo hiciera, ¿lo amaba también?

Jaime tenía demasiadas preguntas. Pocas respuestas, pero sí una certeza: habría violencia, y la sangre iba a correr, tanto en el siglo XIII como ahora. No conocía la situación a la que el rey Pedro se enfrentaba, pero sí sabía algo del presente; su Montsegur seguro no protegería a los actuales Cátaros de sus enemigos. Sus sistemas de seguridad y sus pasadizos secretos no les ayudarían cuando el juego fuera en serio. Todo lo más, a escapar y si no lo lograban, serían exterminados. Afirmaban que las armas eran cosa del diablo y ¡ni siquiera había un miserable revólver en Montsegur!

Bien, él les podía haber prometido una cierta fidelidad, pero a Berenguer no lo cazarían como a una rata. No tenía ninguna intención de llegar a la perfección en esta vida y tampoco en la siguiente, si la había. En realidad, no sentía ninguna prisa. Él jugaría a ganar y para que Karen ganara con él.

Y de perder la partida, con su fracaso seguramente se dejaría la piel. Lo de sacrificarse tendría para los Cátaros múltiples compensaciones espirituales pero, por si se equivocaban, él iba a concederse una pequeña satisfacción material.

Antes de dejar su pellejo de mártir en la trifulca, se llevaría por delante a varios de aquellos bastardos llamados «Guardianes».

Jaime pisó a fondo el acelerador del coche, que saltó hacia delante como intentando cortar la negra noche que se abría frente a él. Mientras, en la radio sonaba a todo volumen el rap de moda: *To live and die in LA*.

—Mañana, sin falta, visitaré a Ricardo.

# JUEVES

## 58

Cuando Jaime llegó al día siguiente a Ricardo's, ya había caído la noche y viendo el automóvil de su amigo en el aparcamiento, sintió el calor reconfortante de quien regresa al hogar después de una larga ausencia. Su amigo estaba allí. Lejos de los Cátaros. Lejos de la Corporación. Estaba allí y él sabía que siempre encontraría a Ricardo cuando lo necesitara.

Se quedó unos minutos sentado en el coche, escuchando música, anticipando el placer de estrecharle la mano, de tomar una copa juntos y de hablar. Ya había advertido por teléfono a Ricardo que tenía un problema serio y que quizá necesitara su ayuda.

«Como antes y como siempre –le contestó–. Para eso están los hermanos.»

Su amistad venía de muy lejos, de cuando eran chiquillos y vecinos de la misma área residencial. Ellos no crecieron en ningún barrio, lo suyo era una urbanización de casas unifamiliares, de clase media, de los años sesenta de población blanca mayoritaria con algún oriental o afroamericano emergente. El padre de Ricardo era de origen mejicano y ocupaba una posición importante en la policía de Los Ángeles.

Los padres de Jaime habían establecido una distribución comercial siguiendo los conocimientos en ventas adquiridos en Nueva York y la experiencia de los negocios de Cuba. Funcionaba bien, pero no permitía excesos económicos.

Las familias de ambos chicos tenían muchos puntos en común y al ser vecinos establecieron una buena amistad, mientras que los hijos se convirtieron en inseparables, más aún en su adolescencia, cuando su origen cultural los diferenciaba de los demás. A Ricardo le atraían las *gangs* hispanas del barrio, las frecuentaron un tiempo y como Jaime no iba a ser ni menos hombre ni menos latino, siempre estaba junto a su amigo para lo bueno y para lo malo.

La capacidad de Ricardo para meterse en líos era asombrosa, y también su habilidad para salir bien de ellos. Precisamente por ello Ricardo disfrutaba con las situaciones truculentas y de peligro mientras que Jaime más bien las sufría. Pero estaba fielmente allí donde Ricardo le necesitaba. Así que con frecuencia era Ricardo el que se metía en problemas, Jaime quien acudía en su ayuda y, al final, Ricardo el que sacaba a Jaime del feo asunto en el que el propio Ricardo los había metido. Su tiempo con los de la raza del barrio terminó tan pronto como la policía local identificó al hijo de Frank Ramos metido en un asunto de guerra entre bandas.

Francisco logró con su hijo lo que las bandas no habían logrado: intimidarlo, y ambos decidieron que había sido divertido mientras duró, pero que era el momento de cambiar de actividad. Guardaron la navaja y tomaron la guitarra para alivio inicial de sus padres. La guitarra duró mucho tiempo, pero el alivio paternal poco. Música folk, Bob Dylan y Leonard Cohen, combinada con country. Y, desde luego, para una mejor mezcla no faltaban las rancheras y algún bolero o un poquito de salsa. Tocaban y componían bastante bien. A los veinte años decidieron hacerse profesionales para desesperación de sus familias, que consiguieron pactar con ellos que actuaran en verano a condición de volver a la universidad en otoño. Trabajaron en un buen número de tugurios de música *live* en la costa, desde San Diego a San Francisco.

Jaime disfrutaba de la libertad de correr de lugar en lugar con su guitarra, con poco más que lo puesto. Sí, era libre, pero a veces no tenían ni un dólar para cervezas ni lugar donde dormir, y concluyó que no se era muy libre con los bolsillos vacíos.

Ricardo y Jaime eran *hippies* en la época de decadencia de los chicos de las flores. Claro que eran unos *hippies* un poco particulares, en especial Ricardo. Estaba bien lo de la paz y el amor, sobre todo con las chicas; pero si se trataba de defender su territorio o lo que él creía sus derechos personales, no dudaba en recurrir a la violencia.

–Quien da primero da dos veces –decía y practicaba.

Si la audiencia no se mostraba lo suficientemente cortés, era muy probable que su concierto terminara a tortas y en los tugurios donde ellos caían, la gente no era cortés. Mucha cerveza y licor. Y mucho pendenciero.

–¡Hey! ¡Cantáis que dais pena! –gritaba alguien al que el alcohol le había hecho perder su apreciación por la buena música.

Jaime y Ricardo continuaban con lo suyo, ya que el encargado del orden era el dueño del local. Pero a veces el orden no llegaba.

–¡*Hippies* de mierda! Estáis pasados. –Unos cuantos reían–. ¡Lo de la paz y las flores ya no se lleva!

–¿Que la paz está pasada, cabrón? –Y así empezaba la escaramuza, cuando Ricardo consideraba que su límite había llegado.

–¡Todo eso de los *hippies* y del amor es para maricas! –contestaba el provocador para entusiasmo de la audiencia y resignación de Jaime, que dejaba de tocar y se preparaba para lo que vendría después.

–Mira, ¿ves ese vaso? –acostumbraba decir Ricardo, para luego apurar su contenido disfrutando de la pausa y del casi silencio que se hacía en el local–. ¡Pues te lo voy a meter por el culo, para que aprendas a respetar el amor!

Y sin más, lanzaba el vaso a la cabeza del valentón y con rapidez se dirigía hacia el individuo, que, de no reaccionar aprisa, recibía un par de puñetazos generalmente bien dirigidos que lo dejaban fuera de combate, terminando así la discusión.

–Para que aprendas a meterte con los que defendemos la paz –sentenciaba Ricardo.

Jaime seguía de cerca a su amigo agarrando su botellín de cerveza. Intentaba separarlo de sus víctimas, pero a veces ellos pasaban a ser víctimas, recibiendo más de lo que daban. En esos casos el botellín era una buena arma. Muchas veces terminaron con la cara ensangrentada, llenos de moretones, detenidos por la policía y deseando que Frank Ramos no se enterara del asunto. Pero el padre de Ricardo siempre acababa sabiéndolo.

El verano terminó y Jaime vio en los estudios un mejor porvenir que en el *show business*, mientras que Ricardo decidió exactamente lo contrario. Pero la excesiva competencia y su temperamento no le ayudaron a hacer carrera en la música.

El local actual, Ricardo's, era el segundo club que establecía y aquel negocio, su vocación final.

El primero de sus locales estaba ubicado en una zona conflictiva de la ciudad y cuando el representante de la *gang* local le ofreció la «protección» necesaria para trabajar, el tipo se encontró con el cañón de un revólver dentro de la boca antes de que pudiera terminar de hablar y fue arrojado fuera del establecimiento sin contemplaciones.

Frank Ramos llevaba, de pequeños, a su hijo y a su amigo Jaime a practicar tiro, así que Ricardo era un buen tirador y, si la ocasión lo requería, no dudaba en sacar el revólver.

En la segunda visita del «representante», Ricardo y sus empleados lo echaron a patadas, y al poco el local se convirtió en un lugar de follones y problemas. Ricardo daba más que recibía y, siendo hijo de un alto oficial de policía, salía con bien de sus visitas a comisaría. Pero los otros eran profesionales, y el negocio, a pesar del don que Ricardo tenía para tratar con la gente, naufragaba.

Cuando Ricardo decidió que «zapatero a tus zapatos» y que el trabajo era «hacer que la gente se divierta y servir copas cobrando, no repartir hostias gratis», ya era demasiado tarde. Su local no atraía al tipo de gente adecuada y en la cantidad necesaria. Pero a Ricardo las mujeres le sonreían. Y la Fortuna debe de ser mujer, así que consiguió vender el local y empezar de nuevo con Ricardo's en una ubicación más conveniente.

Ahora Ricardo pagaba protección. Pero debido a su historial y a que los otros eran «hombres de negocios» a los que tampoco les interesaba un conflicto gratuito con alguien como Ricardo, éste llegó a un acuerdo muy beneficioso. El lugar se convirtió en un remanso de paz, donde los clientes se sentían seguros. Nadie que perteneciera a la pequeña hampa local se hubiera atrevido a molestar a alguien que saliera de Ricardo's.

A los amigos y clientes de Ricardo se les respetaba. Si alguien se hubiera atrevido a romper la norma, la *gang* que protegía a Ricardo, o el propio Ricardo, se lo hubiera hecho pagar caro.


–Dime, Jaime, ¿en qué lío te has metido? –le interrogó después de servirle una copa.

Le contó con detalle la conspiración de los «Guardianes» y lo ocurrido a Linda, omitiendo las sesiones de recuerdos de vidas pasadas y de espiritualidad cátara que, pensó, provocarían el escepticismo de su amigo y que éste se preocupara más por su salud mental que por su seguridad física.

–¿Por qué no van a la policía? –preguntó.

A Jaime le pareció irónico que Ricardo, tan aficionado a resolver sus asuntos por sí mismo, propusiera esa opción.

–No tenemos pruebas de que ellos hayan cometido los asesinatos. Y además, bien pudiera considerar la policía a nuestro grupo sospechoso de lo mismo.

–Pero ha habido dos asesinatos y los asesinos parecen profesionales –dijo pensativo Ricardo.

–Sí, y lo que a mí me preocupa es que esa gente, los Cátaros, sean eliminados antes de que puedan aportar las pruebas definitivas sobre el fraude. Son un grupo de beatos inofensivos jugando con tipos muy peligrosos.

–¿En qué te puedo ayudar?

–Puedo necesitaros a ti y a alguno de tus amigos si veo que las cosas se complican.

–Estaré allí donde tú digas –repuso Ricardo sin vacilar. Sus ojos brillaban de entusiasmo–. Además, desde que llegué a un acuerdo con los mafiosillos locales nuestras relaciones han mejorado mucho. Somos amigos. Y me deben algunos favores. Si es necesario, te puedo conseguir un pequeño ejército.

–Gracias, Ricardo, sabía que estarías conmigo.

–¿Tienes pistola?

–Desde la última vez que salimos a correr la noche por ciertos barrios tú y yo, no he vuelto a sentir ninguna necesidad de tener una.

–¡Qué chingado! –le increpó Ricardo con una sonrisa–. Bueno, te puedo prestar una. ¿La quieres sin marcas?

–La prefiero legal.

# VIERNES

## 59

Jaime pasó aquel interminable día esperando a que White llamara o apareciera para reprocharle no haber emprendido el viaje. La discusión mantenida el día anterior fue muy desagradable: White le acusaba de desobediencia y Jaime argumentaba que su partida inmediata no tenía sentido y perjudicaba la marcha del trabajo; que obedecería, pero dentro de la lógica y protegiendo los intereses de la Corporación. Cuanto más miraba Jaime aquellos ojos hundidos, más crecía su certeza de que pertenecían a un criminal.

Jamás se había enfrentado antes a su jefe en términos tan violentos y sabía que su relación quedaría dañada para siempre; sin embargo, estaba seguro de que tan pronto como presentara las pruebas a Davis, White sería despedido. Pero todavía debía guardar las apariencias en lo posible y no tenía otra opción que hacer aquel viaje.

White no dio señal alguna de vida; debía de entender que era ya inútil insistir, puesto que en ningún caso su subordinado llegaría a la oficina de Londres hasta el lunes por la mañana.

Jaime tampoco tenía el más mínimo deseo de hablar con él y empleó la jornada en resolver un par de temas urgentes, preparar lo necesario para el viaje y conseguir documentos e información adicional sobre el dossier que preparaban en Montsegur.

Había llegado el momento de utilizar la rapidez y olvidar la cautela.

## 60

—¿Sabes que mañana viajo a Londres? —le dijo Jaime a media voz—, y desde el fin de semana pasado no hemos tenido intimidad. Te invito a pasar la noche juntos.

Cuando se acercó sigiloso a Karen, ésta se encontraba trabajando sola en su mesa. Ella se lo quedó mirando con una leve sonrisa en sus labios, sin contestar; sus ojos brillaban azules con picardía y Jaime pensó que estaba guapísima. Y que la deseaba con locura.

—Pensaba que no me lo ibas a pedir nunca —contestó después de disfrutar unos momentos viéndole expectante—. Acepto, pero ¿dónde? Luego de tu pelea con White, tanto mi casa como la tuya pueden estar vigiladas y si nos ven juntos, adivinarán el juego.

—¿Y aquí?

—Vamos, Jim, aquí, en Montsegur, la gente trabajará hasta tarde, y alguno igual se queda a dormir. Bueno, no sé qué intenciones tienes. —Karen amplió su sonrisa pícara—. Igual pretendes hacerlo de pie detrás de la puerta de la cocina o en el baño.

Jaime rió con ganas.

—Es una buena idea, Karen, encantado. Pero una de las posiciones que quisiera practicar esta noche contigo es la horizontal. Te propongo uno de los hoteles del aeropuerto.

—De acuerdo.


Para dar tiempo a Jaime a recoger su equipaje, Karen salió una hora más tarde de Montsegur y condujo hasta el párking de estancias cortas del aeropuerto. Situando el coche, esperó unos minutos con los seguros puestos. Al final sonó su teléfono móvil.

—Quinientos dieciséis.

—Quinientos dieciséis —repitió Karen.

—Exacto —confirmó Jaime, y colgó. Karen salió del coche y cruzó el primer tramo de la ancha calle en dirección a la terminal de llegadas del aeropuerto. Se quedó en la isleta central donde paran los *courtesy vans* de las compañías de alquiler de coches y hoteles.

Luego de unos minutos apareció la furgoneta del hotel acordado con Jaime.

Jaime estaba impaciente. A través de la puerta de su habitación podía oír el sonido de la discreta campanilla del ascensor.

Karen descendió de éste y avanzó por el pasillo enmoquetado. No pudo evitar sentir un escalofrío al recordar por un momento a Linda.

No le dio tiempo de golpear la puerta de la habitación, Jaime la abrió tirando de ella hacia dentro y ambos se fundieron en un abrazo y un largo beso.

–Siento que te vayas –le dijo ella cuando apartó los labios de él.

–Te extrañaré, cariño.

–No más llamadas telefónicas por el momento, y menos a la oficina; estamos entrando en una fase más peligrosa. Nos comunicaremos por Internet. Usaremos mi dirección secreta y nombres clave que sólo tú y yo conozcamos. El mío será Corba..

–El mío, Pedro.

Jaime ayudó a Karen a quitarse la gabardina y luego ella le quitó la corbata. Los zapatos cayeron y les siguieron las ropas. Se desvistieron el uno al otro y cada uno a sí mismo, con prisa, con ansiedad.

Luego, desnudos en medio de la habitación y con sus ropas esparcidas en desorden, se unieron en un nuevo abrazo. Desesperado. Un abrazo donde los miedos de ambos se fundieron para darse seguridad mutua.

Un abrazo repetido cientos de veces antes. Pero siempre nuevo, intenso y necesario.

–Aún no te has ido y siento tu ausencia, Jim. Ya quiero volver a verte –murmuró ella.

–Cuídate. No te arriesgues, por favor –le dijo él, bajito, al oído. Y quiso confirmar lo que ya sabía–. Tú eras Corba, ¿verdad?

–Sí. Lo fui. Y tú fuiste Pedro.

Pedro y Corba volvieron a amarse después de los siglos. A través de la noche. Lanzados a velocidad de vértigo, cortando el tiempo desde aquel pasado oscuro hacia un futuro que flotaba frente a ellos como una masa viscosa, amorfa y amenazante, que se formaba fuera, entre las tinieblas de la noche. En aquel instante ellos vivían un momento de eternidad, protegidos por las cuatro paredes de una anónima habitación de hotel.

Sus cuerpos chocaron. Y él quiso poderse fundir en ella. Era la materia luchando, retorciéndose, vibrando y explotando con la pasión. Sus miembros de carne, hueso, nervio y sangre actuaban como furiosos autómatas, por sí mismos y guiados por un impulso interno tan irresistible que parecía que sus corazones fueran a estallar.

Era el diablo, sin duda, quien movía los hilos haciendo danzar sus cuerpos como marionetas en un baile sensual y lujurioso.

Pero había mucho más. También estaba lo verdadero, lo eterno. Lo que el Dios bueno creó. Eran sus almas atrayéndose, persiguiéndose la una a la otra en una carrera loca a través del espacio y del tiempo. Eran sus espíritus, que el mundo y el diablo no podían corromper; los eternos Corba y Pedro. Y Jaime supo entonces que Karen era la mujer que él siempre había esperado.

En esta vida. Y mucho antes.

# SÁBADO

## 61

El tapiz cobraba vida, Jaime sentía el calor de las manos de Dubois en su cabeza y, respirando hondo, se dispuso a zambullirse en aquel tiempo lejano.

Volvió a la tienda de campaña del rey Pedro, la misma noche de julio de casi ochocientos años atrás. Era justo el instante de su último recuerdo, cuando él respondía al mensaje de la dama Corba, comprometiendo su palabra con la mujer que amaba y su destino con la historia.

Tan pronto como Huggonet hubo salido, Jaime se sumió en sus tormentosos pensamientos.

—Dios mío, ¿habré tomado la decisión correcta?

Fátima, que continuaba sentada a su lado, se separó ligeramente de él, y mirándole con ojos brillantes, le besó en el cuello. Luego mordisqueó los labios con ternura, mientras le acariciaba la barba. Pero la excitación que sentía antes del mensaje de Tolosa había desaparecido y se resistía a volver.

¿Por qué Corba se aferraba a Tolosa? ¿Por qué se obstinaba en compartir el destino del desdichado condado? Era evidente que Corba era cátara, quizá ocupaba una posición destacada como creyente, o quizá incluso tenía un rango en la Iglesia. ¿Sería una Buena Mujer?

Fátima volvió a mirarle desde sus largas pestañas, y le susurró tímidamente en lengua sarracena con gracioso acento levantino:

—Os amo, mi señor.

Pero Jaime apenas la escuchó, su pensamiento obsesivo volvía a Corba.

—No creo que Corba sea una Buena Mujer, mis espías me habrían informado. Además, los Perfectos tienen prohibido tocar las armas y disfrutar del sexo y de las riquezas. Quizá Corba no use armas, pero disfruta del sexo, ama las joyas y poco tiene de humilde. Quizá actúe como algunas de las grandes damas occitanas que esperan a su vejez para hacer sus votos completos de Buena Cristiana. Y lo hacen después de haber disfrutado de la música, el baile, los trovadores, los caballeros enamorados y el amor. Y luego de ser madres y abuelas. Sensualidad en la juventud y espiritualidad a la vejez. Debe de ser más fácil la abstinencia luego del empacho.

La muchacha le besó en la boca y, despojándose de la parte superior del vestido de dos piezas, descubrió, con un voluptuoso balanceo, sus redondos y bien formados senos.

—¡Qué hermosa! —se dijo a media voz.

Fátima se fue juguetona a los pies de él y empezó a tirar poco a poco de la túnica de Jaime hacia arriba hasta que se la quitó por la cabeza. Él quedó desnudo. Ella se reía y volvió a besarle en la boca, mientras él le acariciaba los pechos.

Después la muchacha empezó a bajar, besándole la barba y luego el cuello. Pero otra vez sus pensamientos le hicieron volar lejos de allí.

Había conocido a Corba en Barcelona unos años antes. Su padre era el noble cónsul del conde de Tolosa, su embajador. La belleza casi adolescente de Corba brillaba tanto como su aplomo y gracia al hablar. Era capaz de competir sin dificultades con los trovadores componiendo canciones y romanzas, y con los juglares al interpretarlas. Era belleza, era talento, era gracia.

La muchacha más pretendida de Barcelona también impresionó al rey, y el cónsul de Tolosa y su familia eran invitados habituales de palacio. El rey Pedro devolvía las visitas, y en una de las ocasiones en que Corba y Pedro se quedaron a solas él le declaró su amor.

—¿Deseáis descansar, mi señor? ¿Os dejo solo? —Fátima había comprobado que el entusiasmo de Jaime no era el habitual.

—No. Quédate conmigo —respondió también en sarraceno. No quería, no podía quedarse solo con sus pensamientos aquella noche—. Ámame, hermosa Fátima.

Ella se levantó y dio unos graciosos pasos de danza mientras se despojaba de la parte inferior de su vestido hasta quedarse desnuda. Luego hizo bailar expresiva y elegantemente sus manos por encima de la cabeza.

Empujó a Jaime, que se había incorporado para verla, colocándose encima de él en posición invertida besándolo y acariciándolo.

La luz de los candelabros proporcionaba a Pedro una vista directa de las hermosas nalgas, de las bien torneadas piernas de la bailarina y el parpadeo de la llama hacía más insinuantes las curvas femeninas que tan cercanas tenía. El olor a jazmín e incienso de Fátima era más embriagador que nunca, y Jaime sintió su excitación regresar. Pero la mente seguía un camino distinto al cuerpo.

El rey Pedro propuso a Corba que vivieran juntos, a pesar de estar él casado con María de Montpellier. María no era más que un compromiso político, un mal negocio. Ella le cedió Montpellier un año después de su boda, según lo acordado, pero la ciudad y sus dominios territoriales no le habían traído al conde de Barcelona más que problemas.

Había querido divorciarse de ella pocos años después y devolverle Montpellier, pero ni ella quiso ni el papa consintió el divorcio. Pedro intentó entonces casarse con María de Montferrat, que ostentaba el vacío título de reina de Jerusalén. Y como estipulación de matrimonio, él, Pedro II de Aragón, conde de Barcelona, organizaría una cruzada para liberar Jerusalén. Pero ni siquiera este argumento convenció al papa. Fue más tarde cuando se enamoró de Corba. Le había prometido hacerla condesa, darle extensos dominios territoriales y hacer de su primer hijo el segundo heredero de la corona.

María de Montpellier había logrado, gracias a un engaño, que Pedro le engendrara un hijo a pesar de que él no gustaba de la cama con ella.

# El retorno cátaro

En una de sus estancias en Montpellier Pedro se sintió seducido por una dama, y logró que ésta aceptara pasar la noche con él. Pero era una trampa preparada por María, y en la oscuridad fue su esposa quien ocupó el lugar de la otra mujer. Fuera de la habitación esperaban los grandes clérigos y nobles de la ciudad para atestiguar la noche matrimonial. Pedro tiró de su espada, a punto estuvo de matar a varios de aquellos miserables cuando entraron por la mañana en la cámara suplicando su perdón y comprensión. Querían un heredero.

No sentía mucho cariño por Jaime I, el hijo fruto de aquel engaño, y cuando nació tardó, más de un año en ir a conocerlo. Si el hijo de María llegaba a adulto y heredaba la corona de Aragón y el título de conde de Barcelona, él daría al hijo de Corba el condado de Provenza o los nuevos reinos que conquistaría a los sarracenos. Pero si el hijo de María no sobrevivía, el hijo de Corba sería el futuro rey.

Pedro le propuso hacer su relación pública y legal a través de un pacto escriturado poniendo por prenda su palabra de caballero y de rey. Por testigos estarían los más grandes nobles del reino, incluidos el obispo de Tarragona y el abad de Ripoll.

Pero Corba se negó. Podría tenerla a ella a cambio de nada material. Ella sólo quería su amor. Y él se lo dio. Y ella le dio a Pedro el suyo.

Fátima se movía rítmicamente, estremeciéndose él con el contacto de la joven, que mostraba su espalda cubierta con una larga cabellera, exhibiendo la parte inferior de su cuerpo como una gran y perfecta pera.

Intentó imaginarse que Fátima era Corba. No; no podía. Volvió a intentarlo. Pero sus pensamientos vencieron de nuevo a la voluntad y abandonaron su cuerpo, que vibraba con el de Fátima, y volaron a Tolosa con Corba.

Desde su regreso a Tolosa, ella no había querido abandonar las tierras de Occitania, y ahora Corba le suplicaba que fuera con ella.

Pero en el poema de Huggonet no le pedía sólo que acudiera a su lado; requería que tomara parte en la guerra a favor del conde de Tolosa. A favor de los suyos, a favor de los cátaros. En contra del papa y de la Iglesia de Roma. En contra de su Dios católico.

Ella había renunciado a los condados, a los honores, al poder y a la posible maternidad de un rey. Y sólo por amor. Y él lo creyó.

Pero ahora le pedía que arriesgara todo; todo lo que él tenía: su reino y su alma.

Porque el papa lo excomulgaría, y la excomunión era la condena de su alma al infierno por la eternidad. Y él le había dado palabra a Corba de que iría a Tolosa y salvaría a los suyos de los cruzados del papa.

–¿Os gusta? ¿Estáis bien, mi señor? –dijo la chica girando el torso para verle la cara; intuía algo extraño.

–Si, Fátima, ¡sigue! –¿Qué no daría por que fuera Corba la que estuviera aquí, ahora, haciendo el amor con él? Ella se volvió dedicándole a Pedro una gran sonrisa, le dio un beso en los labios y, cambiando su postura, prosiguió ahora mirándole a los ojos. Imposible imaginar, en esta posición, que Fátima fuera Corba.

Su alma. Perdería su alma si era excomulgado por ayudar a los herejes. Pero ¿y si los herejes cátaros estuvieran en lo cierto y no el papa? ¿Y si Dios estaba con los cátaros?

Acarició los pechos de la chica, que se puso tensa y echó su cabeza, y con ella su abundante cabellera, hacia atrás. Jadeaba y a duras penas contenía sus gritos. ¡Cómo le gustaría tener a Corba así, aquí!

Si Dios estuviera con los cátaros, sólo tendría que preocuparse de los aspectos políticos de la excomunión y, aunque éstos eran complicados, podría manejarlos. Pero su alma y su vida eterna estarían a salvo.

¿Cómo saber si Dios estaba con el juramento que él hizo a Corba a través de Huggonet o estaba con el papa? La duda lo mataba.

¡Ser juzgado por Dios! ¡Ésa era la solución! Se sometería al juicio de Dios. Si había tomado el camino correcto, Dios le daría su bendición haciendo que ganara. Si no, moriría y con ello pagaría su error. Prefería mil veces morir en el juicio a perder su alma por contrariar a Dios.

¡Por fin iba a librarse de la duda horrible que le destrozaba!

Quería llegar al clímax como había hecho Fátima y relajarse un poco, pero no podía. ¿De verdad Corba era una bruja y lo había embrujado a través de su poema? ¿Era por eso que no podía? Quiso concentrarse.

El juicio de Dios. En la próxima batalla, la primera contra los cruzados del papa, él lucharía al frente de sus caballeros. El primero en derribar al primer enemigo, y así hasta el final de la contienda. Si Dios lo salvaba, señal de que la justicia estaba con él y con su causa, y si moría, lo haría antes de desagradar a Dios nuestro Señor.

Fátima empezaba a cansarse y su ritmo bajaba. ¡Corba, mi amor! ¿Por qué no estás aquí? ¡El juicio de Dios!

Pedro cerró los ojos e hizo un nuevo esfuerzo para imaginarse a Corba mientras la invocaba: «Tus miembros son un poco más largos, tus senos un poco menores, tu pelo más oscuro. Pero es contigo, Corba, con quien hago el amor ahora. Contigo, mi dama de ojos verdes y cabello de ala de cuervo». Y sintió que su éxtasis se acercaba, al fin.

–¿Queréis otra postura? ¿Os place ésta?

¡En qué mal momento preguntó Fátima! El encanto se rompió desapareciendo la visión de Corba.

–No. ¡Vete! –contestó Pedro con brusquedad. Ella le miraba con asombro.

–¡Vete! ¡Déjame! –repitió Pedro empujándola con fuerza y quitándosela de encima de un manotazo. La muchacha perdió el equilibrio, cayendo a un lado sobre los almohadones.

Fátima lo miró con lágrimas en sus grandes ojos y, soltando un sollozo, corrió a recoger sus ropas. Se había roto la ilusión. Ella se vestía en un silencio roto intermitentemente por su llanto.

–Quédate a pasar la noche conmigo, bella Fátima. Eres una mujer encantadora –dijo finalmente Pedro cuando ella se dirigía ya a la entrada de la tienda–. Ven aquí conmigo y apaga los candelabros.

Ella se giró sin mirarle, buscó un pequeño apagador de candelas y las fue extinguiendo una por una. Luego, acercándose al lecho y sin desvestirse, se acurrucó junto a él en posición fetal. Continuaba sollozando quedamente.

–Perdóname, pequeña, no es tu culpa. –Y luego añadió en voz baja, mientras le acariciaba el pelo–: ¡Qué daría yo por poder llorar como tú!

–El juicio de Dios –murmuró al cabo de unos momentos hablando para sí mismo–. Acudiré ante Él. Por ti, Corba, Dios me salvará o me matará.

## 62

Roncaban los motores, la estructura vibró y, al levantar las ruedas del suelo, la enorme masa hubo de confiar a las alas y al aire su sustentación. Como un gran pájaro nocturno, el aparato emprendía su vuelo hacia la oscuridad elevándose por encima de un negro océano.

Había sido un día muy intenso; la despedida de Karen en el hotel, la visita a Montsegur, la vivencia frente al tapiz y luego otro adiós a Karen, esta vez más formal. Ahora Jaime se relajaba pensativo, con una copa de champaña en su mano, contemplando la nada de la noche opaca, que le devolvía en la ventanilla el reflejo de alguno de sus rasgos. Cabello oscuro, aún abundante, nariz fuerte, cejas rectas y espesas.

Unas luces, abajo, indicaban la presencia de un buque o de una plataforma petrolífera cuando una encantadora azafata, luciendo sobre su uniforme un pulcro delantal azul marino, se acercó manejando los paños calientes con unas pinzas. Empezaba la secuencia de servicio de cena. Jaime limpió el sudor de su cara con el paño, mientras disfrutaba de la relajante sensación de calor en la piel.

Volvió su atención hacia la oscuridad detrás de la ventanilla. Aguardaba el momento en que, luego de describir un amplio arco sobre el océano Pacífico, volverían a volar sobre el cielo del continente. Cruzarían la línea de la costa por el sur de Newport Beach, donde él tenía atracado su velero, y por encima de las poblaciones de Laguna Beach y de San Juan Capistrano.

A través de la noche aún sin luna, las luces de la costa se acercaban y pronto competirían con las de las estrellas. Su entretenimiento habitual era buscar la casa de sus padres, en Laguna, desde el avión. Allí vivían sus viejos los últimos años de sus vidas; en la casita de cuidado jardín que él sentía como su verdadero hogar.

El aparato alcanzaba en aquel punto una altura de cinco a seis mil metros, y la identificación, que no era fácil de día, de noche era imposible.

A pesar de la dificultad, Jaime jugaba su juego. Era su pequeño ritual. Grupos de luces. Líneas luminosas que se curvaban indicando los caminos de alguna urbanización. Zonas oscuras. Aunque sin las referencias de relieves de terreno o carreteras sólo podía adivinar, envió su adiós a sus padres y a su hogar.

En unos instantes cruzaron lo que sería la San Diego Freeway para entrar en la oscuridad del Cleveland National Forest, en las montañas de Santa Ana, y luego hundirse en el desierto de Mojave hacia Las Vegas y así hasta cruzar el continente. Seco en el sur y nevado en el norte.

Se sirvió un poco más de vino tinto mientras terminaba su filete Mignon y sus pensamientos volvían. Lejos de Karen se sentía desterrado; merecía la pena amarla y sentir que ella lo amaba, aun con la sospecha de un amor interesado.

La duda se clavaba en su pecho como un estilete. ¿Le estarían engañando? ¿Serían aquellas vivencias el resultado del hipnotismo o de una sugestión provocada por los Cátaros? De ser así, todo cambiaría. Menos su amor por Karen. Mejor no pensarlo.

Terminados postre y coñac, extendió la parte central del sillón, que, conectando con un pequeño asiento frente al suyo, se convertía en cama. Tras apagar sus luces, contempló la densa oscuridad exterior. Hizo sus cálculos. Una copa de champaña, unos vasos de buen vino y el coñac. ¿Era sueño lo que sentía o simple sopor etílico?

## 63

Madrugada del 12 de septiembre del año del Señor de 1213. En el exterior de la tienda de campaña llovía.

Pedro II de Aragón y I de Barcelona, señor del Bearn, del Rosellón, de la Provenza y de Occitania, estaba arrodillado en el suelo velando sus armas. Aquél era el día del juicio de Dios.

Iluminado por un solo candelabro de siete brazos, rezaba a la cruz que formaba su espada clavada en el suelo.

—Señor, buen Dios, hacedme digno de la victoria o tomadme en el combate. Si os he ofendido, haced que mi castigo sea la muerte en batalla, pero salvad mi alma; y si os soy grato, dadme la victoria sobre mis enemigos.

»Señor, Dios verdadero, no sé si sois cátaro o católico. Quizá sois ambos. Dadme valor para salir el primero al combate, para no escudarme ni siquiera en mis caballeros. Hoy lucharé en primera línea.

Pedro se sentía cansado, había sido un largo día lleno de discusiones y diplomacia.

Al fin, en la noche había amado a Corba, la mujer de su vida, su pasión, la bruja cátara que lo tenía hechizado. Hicieron el amor como si fuera la última vez. Luego, horas antes de la madrugada, ella se quedó dormida, rendida por el cansancio. Él no quería dormir, ni podía.

A unos metros de la cruz de su espada descansaban, sobre un taburete plegable de campaña, su cota de malla, el casco de combate y la túnica de guerra. Y al lado, el escudo con su insignia de barras en oro y sangre.

Más allá, entre los almohadones, veía la melena, negrísima como ala de cuervo, y parte del bello cuerpo de su amada. La línea perfecta de su brazo desnudo y uno de sus pechos de piel blanca quedaban al descubierto de la fina manta de lana, necesaria en la noche fresca de septiembre. Parecía relajada.

De día, desde el campamento se distinguían las murallas de Muret, semiocultas entre la vegetación del río Loja y la alameda que marcaba el paso del río Garona.

—Señor, ayudadme en la batalla; pero, si no me dais la victoria, proteged a Corba y haced que se salve.

Aun cansado, Pedro velaba sus armas como las reglas de caballería dictaban a un caballero que se sometía al juicio de Dios.

A principios del año el conde de Tolosa, Ramón VI, envió otro mensaje desesperado pidiéndole su auxilio frente al avance imparable de la cruzada. Pedro ya había tomado su decisión. Aceptó el juramento de fidelidad que su antiguo enemigo le ofrecía, y todos los cónsules de Tolosa –el padre de Corba estaba entre ellos–, en nombre del condado y en el suyo propio, ratificaron el juramento de su conde.

Ahora Pedro debía cumplir su obligación como señor feudal y defender Tolosa.

Pero quería evitar, en lo posible, el enfrentamiento con el papa; emisarios y embajadores cruzaban el Mediterráneo de Barcelona a Roma en busca de una solución pacífica.

La diplomacia fracasó y, a finales de junio, llegaron a la corte de Pedro dos abades enviados por Simón de Montfort y el propio legado del papa. Su misión era persuadirle de que no ayudara a los herejes, y al no aceptar Pedro sus razones, el legado papal utilizó su más poderoso argumento: la amenaza de excomunión. Era la ruptura definitiva.

Pedro llamó a sus caballeros más fieles y se dirigió a Barcelona. La guerra del año anterior contra los invasores almohades le había proporcionado tantas deudas como gloria. Con las arcas vacías, tuvo que hipotecar las propiedades que le quedaban. Gracias al dinero, reunió a toda prisa un nuevo ejército y, avanzando hacia los Pirineos, aprovechó el buen tiempo de agosto para cruzar los montes hasta Gascuña. Allí tomó los castillos ocupados por cruzados que estaban en su camino y, sin detenerse ni siquiera para llegar a la ciudad de Tolosa, se dirigió a marchas forzadas a Muret, donde esperaba chocar con el grueso del ejército enemigo.

La muchedumbre lo recibía por el camino como el salvador de Occitania, y los condes de Foix, Cominges y Tolosa se unieron a él en las afueras de Muret poniéndose bajo sus órdenes como vasallos suyos que eran. Y Pedro tomó el mando como señor de todos ellos.

Corba cabalgó junto a las tropas de Tolosa a la búsqueda de su amado. «Mi caballero, mi amor, mi rey», le dijo cuando se encontraron, con lágrimas de alegría en sus ojos verdes, mientras, hincando una rodilla en el suelo, le besaba la mano. Delante de los nobles, él aceptó su saludo como rey, pero en la intimidad de su tienda unió sus lágrimas de felicidad a las de ella y le dio mil besos de amante a cambio del aceptado como rey.

Poco tiempo pudo disfrutar del amor de Corba. El ejército estaba formado por gentes venidas de lugares distintos, hablando distintas lenguas, rezando a distintos dioses y opinando distinto en cada ocasión.

Pronto Pedro discutía agriamente con el conde de Tolosa: «¡El cobarde es más cortesano y político que guerrero! ¡Dios quiera que la estirpe de ese tipo de gente jamás gobierne el mundo! ¡Ya lo demostró en el sitio de Castelnaudary! Tenía encerrado a Simón de Montfort, vencido y casi rendido, para al final retirarse sin acabar el trabajo, como si él, Ramón, fuera el verdadero derrotado».

Ahora el conde de Tolosa, Ramón VI, le pedía que esperara a los ejércitos que acudían a reforzarles desde Provenza, con Sancho, conde del Rosellón, al frente, y desde Bearn, al mando del vizconde Guillem de Montcada.

Pedro dijo que no esperaba.

Además, Ramón VI quería fortificar el campamento. Simón de Montfort y su temible caballería cruzada se encontraban tras los muros de Muret, donde habían llegado con sus refuerzos el día anterior. En Muret no había suficientes víveres para que tantos pudieran aguantar un sitio ni por un par de días y por lo tanto, saldrían a la carga el día siguiente. Según el conde, era mejor recibirlos bajo una nube de flechas y piedras lanzadas desde el campamento fortificado. La táctica de Ramón era prudente, pero él no la seguiría.

¿Por qué no escuchaba el consejo de Ramón VI, mejor conocedor de los cruzados? ¿Por qué no esperaba los refuerzos? ¿Por qué no fortificarse?

Pedro conocía bien la respuesta. Había llegado a marchas forzadas de días enteros de camino, hasta esta húmeda llanura en busca de su destino. Y se enfrentaría a él con la gallardía de un rey, en el campo de batalla, al frente de sus tropas y con sus armas de caballero.

Su sino, opaco y misterioso, le esperaba en la oscuridad de la noche lluviosa, en algún lugar entre su tienda de combate y las murallas de Muret. Cumpliría su pacto con Dios.

No podía seguir con su duda; debía saber, y con urgencia, si Dios censuraba su apoyo a los cátaros y su desobediencia al papa o si estaba con él, el rey de Aragón.

Hoy y aquí, Dios juzgaría al rey Pedro.

Jaime despertó sobresaltado de su ensueño. Lo recordaba todo, tal y como si hubiera ocurrido sólo un momento antes. El pasado y el presente volvían a cruzarse. Y sentía el peligro sólido y palpable más allá del pasado. Jaime olía el peligro del futuro. De un futuro muy, muy cercano.

# DOMINGO

## 64

El alba apareció en algún lugar entre las nubes por encima del océano Atlántico y poco después empezaron a servir el desayuno. Jaime no había conseguido dormir tras su ensoñación; los pensamientos cruzando su mente, descontrolados, no le dejaron.

Una mezcla de sorpresa excitada y confusión lo invadía; ¡el proceso de recuerdo funcionaba solo! Había vuelto a su vida del siglo XIII por sí mismo, sin necesidad de Montsegur ni del singular cáliz, ni del tapiz, ni de Dubois. Sabía que lo mismo había ocurrido con Karen, pero le maravillaba que le pasara a él.

Con el desayuno, su mente fue abandonando la sorpresa a favor de la intrigante historia.

Sentía un deseo irrefrenable de saber si la batalla aconteció, su desenlace y cuál fue el destino de Corba y Pedro. ¿Habrían continuado amándose hasta el fin de sus días?

Pedro, el rey. Pedro, el hombre. Quizá sólo un juguete en las manos de una seductora dama occitana. Roto entre dos fidelidades. Entre dos dioses. Lleno de dudas, acudía al combate dejando al Dios verdadero, o quizá al azar, la misión de juzgar si estaba en lo cierto o equivocado. Con el temor de perder su alma para la eternidad y, a pesar de su miedo, arriesgándose con tal de salvar a su amor. Sintió una gran ternura por Pedro.

El caballero heroico que acudía en ayuda de su dama, dispuesto a darlo todo por ella, enfrentándose a los mayores poderes de su tiempo: el papa y los cruzados.

La imagen de la tienda de campaña iluminada por el candelabro de siete velas continuaba en su retina. Quizá fuera el rey más poderoso de su tiempo, pero en la soledad de la noche, rezando arrodillado frente a la cruz de su espada clavada en el suelo, era un hombre más. El hombre eterno. El que había vivido una y otra vez durante miles de años, sintiéndose solo en aquella oscuridad, con sus dudas y sus miedos como únicos compañeros y con el peligro acechándole fuera cual lobo hambriento. Pero jamás huiría.

Podría cabalgar en el corcel más rápido, llegar a la costa y embarcarse en el bajel más marinero. Podría arribar a la isla de los dragones y de los unicornios y esconderse allí en la gruta más profunda. Pero no escaparía jamás de sí mismo, ni del deseo febril de ser amado por su amada; por ello, a pesar del peligro y de su temor, no huiría, y al día siguiente saldría a buscar su destino y se enfrentaría a él, cualquiera que éste fuera. Como tantos y tantos hombres lo habían hecho a través de los siglos. Y tantos hombres y mujeres lo hacían cada día de sus vidas. Vidas anónimas de héroes anónimos que cabalgando en autobuses o automóviles luchaban contra el miedo, enfrentándose a su destino, defendiendo su pequeña libertad, su dignidad, su amor.

Jaime contemplaba las nubes algodonosas por debajo del aparato y sorbía su café. Consultó su reloj. Eran las tres de la madrugada en Los Ángeles. Cerró los ojos y no se resistió a sus pensamientos. ¿Hacia dónde le conduciría esta aventura? La actual, la del tiempo presente. Pero ¿cuál era el tiempo presente? El presente para él era el futuro para Pedro. El futuro para Pedro era el pasado para Jaime. ¿Cuántas reencarnaciones habría vivido? ¿En cuántas estaba Karen con él? ¿Cuántas más tendría? Demasiadas preguntas y ninguna respuesta. Se sintió angustiado. Pequeño. Confuso. Y deseó algo que hacía tiempo no deseaba. Rezar.

Al Dios católico. Al Dios bueno de los Cátaros. Al mismo Dios. O a ninguno.

Empezó a murmurar:

—Padre nuestro, que estás...

«He llegado bien. Un beso. Pedro.»

Se aseguró de que el mensaje salía y borró toda referencia a él en su portátil. Era lo acordado. Nada de llamadas telefónicas ni a la Corporación ni a Karen; comunicarse a través de Internet era mucho más seguro. El ordenador de Karen estaba protegido con doble clave secreta de acceso, y ella borraría el mensaje de Jaime tan pronto lo recibiera.

Conectar el ordenador fue lo primero que hizo al entrar en su habitación; era su ritual de llegada a un nuevo hotel. Buscó en su correo. Un par de mensajes. Ninguno de Karen.

A continuación miró alrededor, fue consciente de que aquella habitación de muebles victorianos sería su hogar durante una semana y deshizo su equipaje.

Se sentía muy cansado. La cama lo atraía como un imán, pero no iba a caer en la tentación. Se lavó la cara y se puso el impermeable. Un paseo de un par de horas por las calles de Londres o por el melancólico Hyde Park era lo más conveniente. Luego de una ducha y una cena ligera y temprana, sus posibilidades de dormir bien aumentarían. Con suerte, quizá hasta no sufriera el *jet lag*.

# LUNES

## 65

Se despertó sobresaltado a las cinco de la madrugada; debía de haber soñado algo que no podía recordar, pero que le inquietaba. Conectó el ordenador y buscó en su buzón de entrada. Eran las nueve de la noche del domingo en LA., y Karen no contestaba a su mensaje. ¿Estaría aún en Montsegur? ¿Le ocurriría algo? La ausencia de Karen le dolía en el pecho.

–¡Dios! ¡Un pequeño mensaje para saber que está bien!

Volvió aquella sensación de peligro que le dejaba un regusto amargo en la boca. El peligro se escondía detrás de los muebles victorianos de su habitación, revoloteaba alrededor de él como un murciélago invisible en la noche. O quizá estaba agazapado detrás de la puerta del cuarto. No lo veía. Pero lo sentía. Algo iba a pasar. Se encontró solo en la noche, como el único individuo despierto en un Londres dormido. Normalmente, si se desvelaba por el cambio horario o por alguna preocupación nocturna que le asaltara, recurría a un libro. O trabajaba en su ordenador o en los asuntos del viaje. Esta noche no podía. Vio por la ventana la calle solitaria abrillantada por la llovizna que continuaba cayendo. Se puso unos pantalones de chándal, un grueso jersey de lana, las zapatillas de *jogging*. Encima la gabardina. Y se lanzó a la calle a medir, a grandes pasos, las aceras de la ciudad.

Su primera reunión del lunes en la oficina fue con el jefe europeo de Auditoría Interna de la Corporación. Después, con uno de los equipos asesores. Revisaron los puntos más significativos de las últimas auditorías externas.

Todo rutinario. Nada que justificara su visita. Las normas y procedimientos eran seguidos en términos generales correctamente y no existía ninguna indicación de que el fraude que ocurría en el área de producción de Estados Unidos afectara a la distribución de las propiedades intelectuales de la Corporación en Europa. Jaime hubiera podido cubrir los puntos más relevantes de las reuniones del día simplemente revisando los informes y discutiendo por teléfono las aclaraciones. O pidiéndolas por e-mail. Estar allí era una pérdida de tiempo.

Y en los días siguientes tendría que revisar los informes de las divisiones de cine, vídeo, televisión y *merchandising*. También las tiendas propias que con el logo de «Eagle stores» vendían al público camisetas y mil artículos de las películas Eagle. También vería temas de menor importancia y la aplicación de un par de contratos con licenciatarios conflictivos.

Podrían ser asuntos rutinarios, pero básicos en su trabajo, por los que Jaime sentía gran interés. Pero hoy no tenían para él la menor importancia.

Su mente se encontraba en Los Ángeles, y también su corazón. Amaba a Karen. Y en la distancia el sentimiento se hacía tan fuerte que lloraba a gritos su ausencia. No podía vivir sin ella y a su vuelta tendría que formalizar su relación. Le había demostrado sus sentimientos con claridad, pero ¡no le había declarado formalmente su amor! Necesitaba hacerlo con urgencia, saber si era correspondido, comprometerse con ella y que ella lo hiciera con él.

Mantenía su PC portátil conectado y aprovechaba cualquier momento entre reuniones para entrar en su buzón de Internet.

¡Por fin! ¡Un mensaje de Karen! Sintió una gran alegría seguida de desilusión. Era cortísimo. Pero ¿qué esperaba? ¿Una carta de amor? La deseaba con todas sus fuerzas, pero el mensaje de Karen era casi tan escueto como el enviado por él la noche anterior. «Me alegro de que estés bien. Trabajando mucho. Avanzando algo. Cuídate. Corba.»

Debía de haberlo escrito pasada la medianoche del domingo. Ciertamente, Karen trabajaba mucho.

Aquella noche cenó con el jefe europeo de Auditoría en un sofisticado restaurante. A su regreso al hotel su mirada se cruzó con la de una hermosa mujer sentada en el *hall*. Lo primero que le atrajo fueron las piernas, recatadamente cruzadas pero mostrándose generosas, bajo una falda no muy corta. Luego unos bellos ojos verdes. La mujer vestía con clase. La clase acorde con el hotel. La muchacha le sonrió levemente, mantuvo su mirada unos momentos y luego la desvió distraída. Jaime pensó que allí tenía la oportunidad de sexo fácil y experto sin compromisos. Y para algunos, hasta un antídoto contra la soledad por un poco de dinero. Claro.

La combinación de un vestido con gusto, un buen maquillaje, saber estar en un hotel y una chica medianamente atractiva se convertía en un intenso objeto de deseo nocturno. Echó un vistazo en el bar. Estaba muy concurrido y Jaime volvió atrás sobre sus pasos.

Por un momento le asaltó la idea de aliviar su ansiedad con la compañía de aquella mujer.

Pero no. Sabía que no podría. O Karen o ninguna.

Subió a su habitación y se sentó frente al portátil. Como era de esperar, ningún mensaje de Karen. Sí encontró varios procedentes de la oficina central de la Corporación, dos de ellos de White. Y otros dos de Japón y Australia. No abrió ninguno. Lo haría mañana.

Quería escribir a Karen. Las medidas de seguridad acordadas –ser escuetos al mínimo en e-mail y no usar el teléfono– representaban un terrible castigo. ¡Tenía tanto que contarle! Buscaba las palabras con cuidado y las combinaba de formas distintas, pero nada explicaba lo que sentía, y finalmente escogió lo que le parecía un anodino grupo de letras. «He recordado una nueva experiencia. Por mí mismo. Tú estás en ella. Te añoro y deseo verte pronto. Cuídate. Pedro.»

Miró el texto final en la pantalla y suspiró. ¡Qué estúpida misiva!

Estaba enamorado como un loco de Karen y debía, deseaba confesarle su amor. ¡Y sólo se le ocurría enviarle aquel mensaje bobo! Se consoló pensando que un ordenador no era el medio adecuado para una declaración.

# MARTES

## 66

*Good morning, sir.* –Sonaba cortés una voz con acento británico–. *Your awaking call. Have a good day.*

Jaime dio las gracias al despertador telefónico con un gruñido, y colgó. Luego de unos instantes para situarse en el mundo, se levantó, anduvo hasta la ventana y descorrió los pesados cortinajes para mirar la calle. Aunque aún estaba oscuro fuera, pudo ver en los charcos la caída de algunas gotas de agua: la misma llovizna del día anterior. Se acercó al portátil, que había mantenido conectado durante la noche, y consultó su buzón de entrada. Ningún mensaje de Karen. Y ya eran las once de la noche en LA. ¿Estaría ella aún trabajando en Montsegur? ¿O era que no sentía urgencia en responderle? Luego de la ducha, le sirvieron el desayuno en la habitación y al salir, justo antes de desconectar el ordenador, revisó de nuevo las entradas. ¡Al fin, un mensaje de Corba! Su estúpido corazón dio un brinco acelerándose de alegría. «Pedro, ¡fenomenal! Estás recordando por ti mismo. Pronto podrás cerrar tu ciclo. Felicidades. Me alegro mucho por ti. Deseo verte pronto. Tendremos mucho de que hablar. Muchos besos. Corba.»

Jaime se quedó extasiado frente a la pantalla. Leía el mensaje una y otra vez y decidió contestar de inmediato aunque Karen estuviera ya acostada y no leyera el mensaje hasta la mañana. «Buenos días, Corba. Sólo pienso en ti. Siento tu ausencia. Creo que te amo. Creo que estoy muy enamorado. Pedro.»

¡Qué estúpida forma de declararse! No había sido a la luz de las velas y en una romántica cena como manda la tradición, pero no podía esperar y ya estaba hecho. Se dio cuenta de que llegaría tarde a la oficina. No le importaba lo más mínimo.

La suerte está echada, se dijo, y desconectando el portátil, lo introdujo en su maletín.

El día pasó lentamente, y Jaime hacía enormes esfuerzos para mantener el mínimo de concentración en su trabajo. ¿Cómo reaccionaría Karen? También ella debía de sentir algo por él. Pero ¿cuán profundo? ¿Su interés era verdadero o sólo conveniencia? Pronto lo sabría.

Pasadas las cuatro de la tarde, Jaime calculó que Karen estaría levantada y buscaba con afán los mensajes en su ordenador. ¿Por qué no contestaba? ¿Qué estaría pasando por su mente? Quizá no había tenido tiempo de contestar antes de salir de casa y seguro que no enviaría ningún mensaje desde la oficina. La espera sería larga. Muy larga.

# MIÉRCOLES

## 67

Qué sorpresa, Pedro! ¿Es tu mensaje sólo un manifiesto de intenciones o se trata de una declaración formal de amor? "Creer" no basta, hay que estar seguro. Mejor será que lo especifiques con claridad, estás tratando con una abogada. Imprimí tu nota y la tendrás que firmar en cuanto llegues. Ven pronto. Muchos besos. Corba.»

La comunicación de Karen llegó otra vez justo cuando Jaime iba a salir del hotel hacia la oficina. ¡La había esperado tanto! Su vida se había convertido en un angustioso continuo teclear en el ordenador en busca de mensajes de ella.

Leyó varias veces la escueta respuesta, típica de Karen. Se comprometía sin comprometerse; aprovechaba la situación de ventaja obtenida gracias a la extraña declaración de amor de Jaime y no contestaba claramente. Jugaba con él usando su habitual sentido del humor. Pero el tono era muy cariñoso, y Jaime pensó que no pintaba mal. Llegaría de nuevo tarde a la primera cita del día en la oficina, pero le importaba un comino. Redactó su respuesta. «Es una declaración formal de amor, señorita abogada, pero no firmo nada hasta leer la letra pequeña. Ahora te toca hablar a ti. Te quiero y quiero respuesta precisa de tu parte. Ve con cautela, cuídate. Pedro.»

Leyó el par de líneas varias veces e hizo una corrección. Ahora ella debía definirse. Se sentía optimista.

La mañana estaba funcionando bien, y Jaime conservaba su buen talante. Le era mucho más fácil concentrarse en su trabajo que el día anterior.

Sobre las once consultó rutinariamente Internet. ¡Tenía un mensaje de respuesta! Extraño, habría sido enviado como poco a la una de la madrugada de Los Ángeles. ¿Se habría quedado Karen junto al ordenador despierta por la noche esperando a que él le contestara? Jaime se sintió feliz y permaneció mirando el aviso de mensaje sin abrirlo. Unos momentos de agradable suspense. ¿Le diría ella que también lo amaba? Y lo abrió.

«Peligro. Un creyente agente doble, nuestro infiltrado entre los "Guardianes", desapareció hace dos días. Ha aparecido su cadáver, torturado. Le hicieron hablar. Sospecho que habló de nuestro plan en la Corporación. Y de mí. No puedo escribirte más. Ni tú a mí. Hay que proteger tu identidad. Éste es mi último mensaje. Bórralo. Tengo miedo. Muchos besos. Cuídate. Corba.»

Sintió un escalofrío; Karen no hacía referencia a su misiva de la mañana, no la habría leído. Jaime se esforzaba en reconstruir mentalmente lo que había pasado: Karen había leído su comunicación del día anterior, contestándola; serían las once y media o doce de la noche hora de LA. Después se acostó. Alguna llamada o aviso urgente la tuvo que despertar en plena noche. Ella, sin leer o quizá sin darse cuenta de que el mensaje de Jaime estaba allí esperando, le envió el aviso. Seguramente, Karen pasó el resto de la noche avisando a otros creyentes Cátaros.

Esperaba que ella leyera su declaración de amor antes de borrar los mensajes comprometedores de la memoria de su PC. ¡Era vital que lo viera!

Seguro que ese pobre desgraciado había hablado, como también lo hizo Linda, y, de conocer a Karen, la delataría. Ella estaba ahora en un verdadero peligro. Esa gente no se detenía ante nada y menos si sabían que estaban a punto de ser descubiertos y denunciados en la Corporación. Si la localizaban, estaría perdida y era muy fácil localizarla. Muchos de los guardas de seguridad del edificio de la Corporación eran de la secta y, consultando el directorio oficial de la compañía, sabrían su dirección en un par de minutos. ¡Dios mío, por favor, ayúdala! Le costó una fracción de segundo tomar su decisión. No dejaría a Karen sola. Sólo le importaba la seguridad de ella. No le pasaría lo que a Linda. No importaba lo buenos que pudieran ser los pistoleros hijos de puta que torturaron a Linda; si se cruzaba con uno de ellos en su camino en busca de Karen, no dudaría en matarlo. Sería un placer. Cogió el teléfono interior de la sala de conferencias donde tenía instalada su oficina entre reunión y reunión y llamó al director europeo de Auditoría.

–Tom, cancela todas mis reuniones. Me acaban de avisar de un problema serio en mi familia en LA. Me voy de inmediato. Pídele a tu secretaria que vea alternativa de vuelos y combinaciones para Los Ángeles; ya mismo. La llamaré desde el hotel.

Todo parecía moverse a cámara lenta. El recepcionista al buscar la llave, el ascensor al llegar e incluso él mismo abriendo la puerta.

Llamó a la oficina y le habían reservado plaza en el vuelo que salía a las cuatro y llegaría a las siete de la tarde del mismo día, hora de California, a Los Ángeles. Debía apresurarse. Llamó a recepción pidiendo que prepararan la cuenta. Empezó a recoger su neceser y las cosas del baño. Karen estaba en peligro. Y tenía miedo.

Había dejado el revólver de Ricardo bajo el asiento de su coche, en los aparcamientos de larga estancia del aeropuerto de Los Ángeles.

Cuando llegara, localizaría a Karen de inmediato. Pero ¿dónde? Cogió el teléfono para llamarla. No, no debía. El horario de Ricardo era nocturno, a él sí le llamó. La voz de Ricardo sonó mecánica y formal desde el teléfono; era el contestador.

–Ricardo, el baile ha empezado. Mi amiga está en problemas. Y yo estaré con ella. Llego a LA. a las siete de la tarde, deja recado en Ricardo's de dónde encontrarte. Un abrazo, hermano.

Asumía que Ricardo le ayudaría cualquiera que fuera el problema. Así había sido siempre. También ahora.

El embarque se produjo una hora más tarde de lo inicialmente previsto. Recuperarían parte del tiempo durante el vuelo si los vientos eran favorables, dijo el capitán al pedir disculpas y responsabilizar a la saturación del aeropuerto.

Jaime había consumido tres horas de interminable espera paseando su angustia, junto con su equipaje, por los pasillos de la terminal. Cogió un carrito y anduvo por la zona de *duty free*. No podía sentarse. De pronto vio un teléfono. Tenía aún alguna moneda. Las suficientes. Si no, usaría la tarjeta de crédito. Sabía que no debía llamar. Pero necesitaba saber que Karen estaba bien. Consultó su reloj. Eran las seis y media de la mañana pasadas en California. ¿Estaría Karen dormida? No; no debía llamar.

Continuó dando vueltas por los pasillos y mirando los escaparates intentando distraerse. Y esquivando a la multitud. Una joyería tenía una hermosa colección de anillos. Recordó que hacía sólo horas le había declarado su amor a Karen. ¿Aceptaría ella prometerse con él? ¿Llegaría a hacerla su mujer? ¡Cómo deseaba tenerla! Abrazarla. Besarla. La amaba. Como nunca había amado antes. Estaba dispuesto a darlo todo por su amor. A sacrificar cualquier cosa por sólo una sonrisa de ella, por saber que estaba bien, por estar a su lado. ¡El tiempo pasaba tan lentamente! Volvió su vista a los anillos. Había un par de hermosas piezas de compromiso. ¿Cuál le gustaría a Karen? Uno con un enorme diamante; de eso estaba seguro. Volvió a empujar su carrito y a pasear su ansiedad por los pasillos de aquel aeropuerto. Se sentía como un condenado. Al rato cruzó de nuevo por delante de los teléfonos. No lo pudo evitar, puso unas monedas, escuchó el tono y marcó. La voz de Karen confirmaba que había llamado a su número de teléfono e indicaba que podía dejar un mensaje. Se sintió desilusionado. Por unos segundos la esperanza de que Karen descolgara el aparato había crecido en su interior. Quería decirle que pronto estaría con ella y que él la protegería. Jaime sabía que aquello era una estupidez. Quizá estuviera durmiendo. O con insomnio. O fuera. Pero aun estando en casa, jamás cometería la imprudencia de contestar. Lo más probable era que los «Guardianes» la hubieran identificado y tuviesen su dirección y número de teléfono. Quizá intervenido. Y deberían actuar pronto para evitar que se descubriera su trama en la Corporación. Además, aquella gente no se andaba con contemplaciones. Jaime estaba seguro de que sólo un tiro en la frente podría frenar a los de la secta. No dejó mensaje.

Cuando empezaron a servir la cena en el avión, se dio cuenta de que no había comido desde el desayuno. La tarde, la noche, el cambio horario de ocho horas; el vuelo sería interminable.

Acabados la cena y el coñac, Jaime cerró la persianilla de la ventana y también las luces de su zona. Cubriéndose con una manta, empujó el apoyapiés de su asiento y el respaldo hacia atrás para intentar dormir. Cerró los ojos respirando hondo. En el viaje de ida había penetrado en su interior profundo y revivido un peligro, interpretándolo como una advertencia en el presente. Algo pasaría. Y pronto. ¡Vaya si ocurrió! No debía haber abandonado Los Ángeles, debía haber permanecido junto a Karen, debía haber mandado a White a la mierda. Volvió a respirar hondo tratando de soltar la tensión acumulada; notaba los miembros rígidos. Estiró brazos y piernas tensando los músculos para luego destensarlos del todo. Hizo un esfuerzo de voluntad para relajar su cuerpo al ritmo de su respiración y trató de recordar imágenes de la ida. Poco a poco se calmó, y allí estaban: las recordaba. Volvían las imágenes. Otra vez. Sólo que distintas. ¡Era otro momento! ¡Regresaba al pasado!

## 68

Pedro, de pie, apoyado en su espada, portaba su cota de malla, casco de hierro y vestía encima su túnica de combate decorada con barras rojas sobre fondo amarillo. Era el antiguo símbolo del conde de Barcelona y ahora el escudo de la corona catalano-aragonesa. A su derecha estaban el conde de Tolosa, Ramón VI, y su hijo; lucían sus escudos con la cruz tolosana en gualda sobre fondo rojo y terminada en tres puntas por brazo, redondeadas, cada una en borla. A su izquierda el conde de Foix, con su divisa también de barras rojas y amarillas, y el de Cominges, con sus tres toros. Detrás, un gran grupo de nobles y caballeros, todos preparados para el combate. En su gran mayoría eran occitanos, casi todos de Tolosa, y algunos de Foix y Cominges. También había un buen número de aragoneses con Miguel de Luisián, el alférez del rey al frente, y muchos catalanes, entre ellos Hug de Mataplana, el mujeriego trovador de sonrisa irónica. Completaban el grupo de caballeros los *faidits*, nobles occitanos despojados de sus tierras y castillos por los cruzados; muchos habían tenido que vender sus últimos bienes o pedir prestado para conseguir un caballo y equipo de combate y así poder enfrentarse a aquellos que todo les habían arrebatado.

Más atrás estaban escuderos, capitanes y sargentos de las tropas de a pie; también arqueros, ballesteros, honderos, infantes de espada corta y lanceros. Provenían tanto de las mesnadas reales y condales como de las tropas voluntarias reclutadas en Tolosa, Foix y Cominges. Había también muchos mercenarios, que se contrataban durante cierto tiempo por una paga estipulada y que a veces luchaban en la campaña siguiente a favor del enemigo de la temporada anterior. Eran los primeros en huir cuando el signo de la batalla se les tornaba desfavorable.

Las luces del alba habían empezado a iluminar el cielo unos momentos antes, y el ejército asistía a la misa católica de antes del combate. Ya no llovía, y cuando el sacerdote empezó con el Evangelio, de entre las nubes se escapaba un hilo rojizo de sol. Los hombres mantenían un completo silencio, sólo roto por el sordo ruido de hierros; miraban el amanecer sabiendo que sería el último para muchos.

Como venidos de otro mundo, los trinos de los pájaros daban el contrapunto a la oración que en latín y en voz potente el sacerdote recitaba.

Un beso, un abrazo y un «te quiero» fue su despedida para Corba, que, encomendándole a su Dios bueno, se había quedado rezando en la tienda.

Pedro pasó gran parte de la noche velando sus armas en oración, pero al fin le venció el cansancio y habría dormido una hora, quizá menos, cuando Corba y su escudero le despertaron.

Se sentía cansado, muy cansado, pero seguía rezando. Después de orar en la noche, esperaba encontrar la paz interior que durante tantos meses Dios le había negado, e ir a la batalla, hacia su destino, con el espíritu tranquilo. Mas no era así.

—Mi Señor Dios y Jesucristo vuestro hijo. —Pedro retomaba su rezo interior cuando de pronto sintió que las palabras del oficiante sonaban lejos, que su casco era pesadísimo y que se desplomaba. ¡Caía al suelo! Apretó con toda la fuerza de su mano derecha la espada, que se hundió más en la tierra, buscando donde asirse con su izquierda.

Notó como el conde de Foix le sujetaba por el brazo y el de Cominges la espalda. Respiró con fuerza y la sangre pareció agolparse en su cabeza. Había estado a punto de desmayarse allí, delante de su ejército. El cansancio de los días de largas galopadas, el desesperado amor con Corba y el resto de la noche velando sus armas a Dios. Quizá había sobrestimado sus fuerzas. Al poco, la presión de la sangre en las sienes cedió, recuperándose. El sacerdote había detenido su rezo y la tropa murmuraba.

—Continuad —ordenó el rey Pedro con su voz habitual. Después se sacudió de los brazos a los condes—. Gracias, señores —les dijo en voz baja.

Percibió que el conde de Tolosa, a su derecha, no había hecho movimiento alguno de ayuda, sino que, al contrario, apartándose mostraba rechazo.

La ceremonia estaba llegando a su fin. El sacerdote empezó a rezar el *Pater noster*, formándose un murmullo que se convirtió en grito descompasado de súplica conforme se incorporaban los hombres a la oración. Unos en latín, muchos en su lengua materna y un buen grupo dándole al rezo pocas pero significativas variaciones. Un inquisidor reconocería de inmediato el padre nuestro de los herejes. El padre nuestro cátaro.

Con el clamor, el ruido de galope de un caballo pasó inadvertido. Dándole las riendas del corcel a uno de los escuderos, un jinete se adelantó hacia Pedro e, hincando una rodilla en el suelo, dio la noticia:

—Mi señor don Pedro, los franceses acaban de salir de Muret y avanzan hacia nosotros.

—¿Con qué tropas?

—La caballería, mi señor. Han formado dos grupos de caballeros y, saliendo por la puerta este, están bordeando el río Garona por detrás de las murallas. Les siguen algunos infantes con lanzas. Van a cruzar el puente sobre el río Loja para atacar a los tolosanos que están frente a Muret con sus máquinas.

—¿Cuántos son?

—Unos mil caballeros, mi señor, más unos pocos lanceros a pie.

—Bien, saldremos a su encuentro, también sólo con nuestra caballería. —Decidió que no quería tener ventaja en el juicio de Dios y que habría paridad en el campo de batalla.

—Don Pedro. —El conde de Tolosa alzó su voz—. Debemos hacernos fuertes en el campamento y esperar allí su ataque como os dije; salir a su encuentro es una locura.

—Tonterías —contestó Pedro—. Lucharemos en igualdad de condiciones y en campo abierto.

—No sería en igualdad de condiciones, don Pedro. Sus caballeros casi nos equiparan en número, pero los nuestros están más cansados por la marcha de ayer. Creedme, señor, ellos son veteranos de años de batallas, muy duchos en las cargas y disciplinados. Los conozco bien, son la mejor caballería del mundo. Además, sus tropas han luchado juntas muchas veces, aquí, en Occitania, y las nuestras se juntaron ayer, son de distintas procedencias y hablan lenguas distintas. Lo más probable es que se comporten en desorden en un campo de batalla abierto.

—No, mis caballeros son más valientes y mucho mejores que ellos. ¡Somos mejores que los cruzados! ¡Vamos a destrozarlos!

—¡A por ellos! —gritó el conde de Foix, y a sus espaldas, sus tropas levantaron las armas con gran griterío.

—Esperad un momento, señor —insistió Ramón VI cogiendo a Pedro por el brazo—. Escuchadme, organicemos la defensa aquí. Estamos en terreno elevado y ellos tendrán que cargar cuesta arriba. Una primera línea de arqueros, ballestas y honderos con bolas de plomo; luego los lanceros a pie, y atrás la tropa a espada y otra línea de arqueros y honderos. La línea adelantada, después de disparar, tendrá tiempo para correr tras los lanceros y prepararse. Cuando ellos carguen contra las lanzas, la segunda de arqueros soltará sus dardos, después los primeros arqueros, colocados atrás, disparan de nuevo al tiempo que les lanzamos grandes piedras con las máquinas de guerra, situadas en la retaguardia.

»Un grupo de caballeros con mi hijo al frente, junto a las catapultas, acabará con los enemigos que consigan romper las líneas. Y el grueso de la caballería en tres columnas: el conde de Cominges y yo cargamos por la derecha; el conde de Foix con los suyos y algunos caballeros vuestros, por la izquierda. Nosotros los cercaremos, y entonces vos y los vuestros, que estaréis en la retaguardia, atacáis y los destrozaremos aquí mismo. Los que escapen y se refugien en Muret se rendirán junto con la ciudad sitiada.

–No, conde Ramón. El rey de Aragón no se quedará en la retaguardia. ¡Luchará el primero!

–¿Vos en primera fila? Pero, Pedro, ¿estáis loco? –clamó Ramón–. No sois joven, tenéis ya casi cuarenta años. Y si vos caéis, la moral de los caballeros se hundirá, las tropas de a pie huirán, seremos derrotados y los supervivientes, perseguidos y asesinados. Aragón perderá Occitania, y los franceses se la quedaran para siempre.

–Será lo que Dios quiera y Dios estará con nosotros.

–Dios estará con el más inteligente, el que mantenga la cabeza más fría y use la mejor táctica. Pedro, no metáis a Dios en vuestras equivocaciones –dijo Ramón alterado.

–¿Cómo os atrevéis, Ramón? –dijo Pedro sintiendo las mejillas rojas de indignación–. ¿A qué llamáis táctica y cabeza fría? ¿A huir? ¿Y a qué llamáis inteligencia? ¿A esconderos y que otro luche por vos? Tengo la tentación de cortaros el pescuezo aquí mismo.

–Calmaos, señor, pero ¿qué queréis? ¿Suicidaros? ¿Llevarnos a la muerte? –insistió Ramón–. Forzasteis una marcha infernal para la tropa anteayer, y los vuestros no descansaron. Os negasteis a fortificar este campamento como os pedí, no quisisteis formalizar el sitio de Muret y dejamos que las tropas de Montfort entraran ayer en la ciudad. Los obispos cruzados vinieron a parlamentar, a proponeros tregua y quizá a rendir la ciudad, y los echasteis sin miramientos, sin hablar con ellos.

»No esperáis a vuestras tropas de Provenza, ni a las de Bearn, ni a todos los nobles catalanes y aragoneses que las acompañan con sus mesnadas. ¿Y ahora queréis luchar vos personalmente en primera línea contra la caballería de los cruzados? ¡Es un suicidio, Pedro!

–Dejaos de tonterías, Ramón. Es momento de luchar, no de hablar o pelearnos. Venid conmigo y luchad a mi derecha. Como el marido de mi hermana que sois. Como caballero valiente y de honor. Vamos a liberar Occitania de esos franceses. Vamos a terminar con las hogueras que queman a buenas gentes sólo porque piensan distinto o critican al papa. Daremos libertad a los cristianos para comerciar como lo hacen los judíos. Las mujeres no serán violadas y los niños tendrán comida. Tu pueblo será más libre, próspero y feliz.

–O causaréis todo lo contrario con vuestra temeridad –repuso Ramón–. No me puedo unir a esta insensatez. Conozco bien al enemigo desde hace muchos años. Es audaz, disciplinado, hábil y cruel. Muy cruel. Queréis suicidaros. Y si vos morís aquí, atraeréis todos los males a mis tierras y a mis vasallos.

–Vuestras tierras y vasallos ya tienen el peor mal que pueden tener –intervino, rugiendo cual león, Miguel de Luisián, que hasta el momento había escuchado en silencio–. ¡Tienen un conde cobarde!

–¿Cómo os atrevéis? –dijo Ramón, haciendo gesto de llevar la mano a la empuñadura de la espada.

Miguel, que parecía esperarlo, fue más rápido y en un segundo sacó con su mano izquierda la daga del cinto y se la puso a Ramón en la garganta. Hug de Mataplana repitió la acción con el hijo del conde. Ambos estaban inmovilizados, y los caballeros del rey vigilaban a los del conde.

–¡Soltadlo, Miguel! –ordenó Pedro, que también había llevado, instintivamente, su mano a la espada–. Vos también, Hug. ¡De inmediato! Fuimos enemigos en el pasado, pero ahora estamos en el mismo bando.

Hug y Miguel guardaron sus dagas de mala gana.

–Id a esconderos a vuestra tienda y a lamentaros como una vieja sin dientes, si tenéis miedo –espetó Miguel a Ramón casi escupiendo en su cara–. Si por el contrario sois valiente, en el campo de batalla os espero y allí rectificaré mis palabras y os devolveré vuestro honor.

–¿Qué tenéis que decir a eso, don Pedro? –le interrogó Ramón con semblante pálido–. Os pido que hagáis que Miguel Luisián retire sus palabras y se disculpe ahora.

–En tiempo de batalla el rey cede su estandarte y su voz al alférez del reino. No desautorizaré a Miguel. Venid conmigo y él retirará sus palabras.

–Loco –masculló Ramón–. Si así lo queréis, haceos matar junto a esos bravucones aragoneses. Vamos, hijo. –El conde de Tolosa y su hijo abandonaron el grupo y se dirigieron a sus tiendas. Los caballeros de Tolosa les siguieron.

Pedro les vio alejarse. Le hubiera gustado poderle contestar que no era un suicidio; el rey de Aragón se iba a someter al juicio de Dios. Y si sobrevivía, ya no temería la excomunión del papa, con la que los obispos que apoyaban a Simón de Montfort habían pretendido amenazarle el día anterior. Por esa razón no los recibió.

Si ganaba, estaría legitimado para acabar con los cruzados y sus obispos guerreros. Quizá también con el papa. Se lo jugaba todo a aquella carta. Si vencía, crearía un imperio. En todo caso, venciera o muriera, salvaría su alma del infierno.

–Formaremos en tres grupos. No vamos a dejar que escapen. Los rodearemos en el campo –dijo Pedro a los condes–. Los dos primeros saldremos a enfrentarnos con los franceses, y el de la retaguardia atacará cuando los tengamos rodeados. El conde Ramón y su hijo mandarán el tercer grupo, compuesto por la caballería tolosana. Capellán Arnau –dijo dirigiéndose al cura que había oficiado la misa–, vos seréis el encargado de acercaros a la tienda del conde de Tolosa y comunicarle su posición en el combate, convencedle. –Pensó que debía intentar recuperar a Ramón VI, aunque sabía que sería difícil que decidiera incorporarse a la lucha después de tan agria disputa. Estaba dispuesto a ganar la batalla sin él.

»El conde de Foix y su hijo comandarán la primera columna. Estará formada por los caballeros de Foix y el primer grupo de caballeros aragoneses; saldréis por la derecha los primeros para apoyar al grupo de infantería tolosana que se encuentra con las máquinas de asalto frente a las murallas de Muret. Deberéis evitar que los cruzados escapen por el flanco derecho. Rápido, Ramón Roger, salid antes de que acaben con los tolosanos y puedan huir.

—Sí, don Pedro —gritó el conde de Foix. Y salió hacia los caballos gritando—: ¡Aquí Foix!

—Miguel —continuó Pedro dirigiéndose a su alférez—, asignadle un refuerzo de caballeros al de Foix.

—Sí, mi señor. —Y Miguel de Luisián empezó a gritar nombres con su vozarrón de montañés del Pirineo.

—Los demás caballeros de mis mesnadas y los *faidits* occitanos vendrán en mi grupo. Yo marcharé al frente.

—Señor don Pedro. —Era Guillem de Montgrony, un joven caballero que se había distinguido por su valor—. Concededme el honor de luchar con vuestras insignias.

—Os lo prometí en las Navas de Tolosa y os lo concedo ahora —contestó Pedro despojándose de la túnica que cubría su malla de hierro y cambiándola por la de Guillem. Lo mismo hicieron con los escudos. Era tradición, cuando el rey entraba en batalla, que un joven caballero de mérito llevara los signos reales. Así protegía al rey de ser fácilmente identificado y asesinado.

El grupo del conde de Foix ya estaba saliendo, y Pedro se dirigió hacia los caballos para formar su grupo. Por precaución, detrás iría parte de la tropa de a pie con lanzas. Los arqueros, lanceros y el resto de la tropa se quedarían en la retaguardia.

Levantando la espada, Pedro gritó a sus gentes:

—¡Por Occitania! ¡Por Cataluña y Aragón!

Un gran clamor se elevó del ejército; caballeros y escuderos se apresuraron a las monturas, mientras capitanes y sargentos de tropa gritaban órdenes. Pedro montó en su corcel, y sus caballeros lo rodearon.

—Adelante —dijo conduciendo su caballo hacia el campo de batalla.

No es un suicidio. Es el juicio de Dios –se repetía una y otra vez–. Señor buen Dios, me someto ahora a vuestra decisión, tened piedad –murmuró, y el rey don Pedro II de Aragón marchó al frente de los suyos a encontrarse con su destino.

## 69

Las imágenes del ejército en marcha, los gritos, el rumor de cascos de caballos y el estruendo de hierros se fundieron con el sordo zumbido de motores y la visión confortable del interior de la sección *business*.

La batalla era inminente. Pero ¿en qué se relacionaba ese aviso con su vida actual? Quizá se trataba de la misma situación repetida; quizá también habría que luchar a muerte. Jaime estaba dispuesto a hacerlo. Después de todo, ¿qué sentido tendría para él la vida si Karen era asesinada? Ninguno.

Entendía a aquel loco legendario que, aun siendo uno de los reyes más poderosos de su tiempo, con miles de caballeros a sus órdenes, quería ser el primero en la batalla.

Lo que hasta el momento parecía absurdo era ahora obvio; Pedro debía vencer o morir al frente de sus tropas. Prefería la muerte a no conseguir lo que amaba. Pedro amaba a Corba y debía tomar el partido de los Cátaros convenciéndose de que Dios estaba con ellos, o perderla para siempre. Bajo el signo de la Inquisición, su amor era imposible.

Jaime volvió su pensamiento al presente. Karen estaba jugando con él el mismo juego que Corba con Pedro, y él sentía idéntica pasión que la de Pedro ocho siglos atrás. Las similitudes eran increíbles. ¿Qué pasaba? ¿Estaban condenados a repetir la escena con vestuarios distintos? Sacudió la cabeza para expulsar aquellos pensamientos. Era demencial. ¿Sería víctima de una manipulación psicológica en la que Dubois y los suyos le inducían recuerdos falsos? Pero ¿y si todo fuera cierto? No; no iba a darle más vueltas; no había alternativas.

Engañado o no, lucharía por Karen y por su amor. Como Pedro en el siglo XIII, él, Jaime, no tenía elección.

En Los Ángeles le esperaba su propia batalla de Muret.

## 70

Llegaron con retraso. Jaime, que no había facturado para ahorrar tiempo, cargó con el equipaje y anduvo rápido en dirección a la salida. Tomaría el autobús hasta el gigantesco aparcamiento al aire libre donde había dejado el coche; en su interior guardaba su teléfono móvil y el revólver que le dio Ricardo. Tenía prisa. Mucha. Quería ver a Karen, saber que se encontraba bien. Abrazarla.

Un grupo de gente esperaba a los que llegaban. Caras anónimas, alegres, expectantes, anticipando el placer de ver a su amigo, familiar o amante. Jaime sintió envidia de los que encontrarían a la persona querida.

De pronto reconoció una cara; con ancha y cálida sonrisa bajo espeso bigote negro, Ricardo le observaba con una chispa de ironía en los ojos. Le saludó con la mano y Jaime sintió alivio; cualquiera que fuera la situación a afrontar, mejoraría con él a su lado. Ricardo se puso a andar esquivando a los que esperaban, y ambos se encontraron donde la multitud era menos densa. Se dieron un abrazo y Ricardo le palmeó ruidosamente la espalda.

—Bienvenido, hermano. ¿Cómo te fue?

—Bien. ¡Cuánto me alegra verte! Gracias por venir.

—Para eso estamos los amigos —contestó Ricardo cogiendo el portatraje y cargándolo mientras andaban hacia la salida—. Alguien dejó un mensaje curioso en mi contestador: Julieta se ha metido en líos, ¿verdad? Y aquí viene Romeo para salvar a su dama en apuros. ¿Va por ahí el asunto?

—Es una larga historia, Ricardo. Pero sí, es cierto. Karen está amenazada por un serio peligro. Una amiga suya fue asesinada hace poco de forma horrible, y yo no dejaré que nada le ocurra a ella.

—No tienes que contarme mucho más por el momento; sólo dime, antes de la pelea, a quién le pego yo.

—Será peligroso.

—Mejor.

—Karen pertenece a un grupo religioso que, entre otras cosas, detesta la violencia. Sus sacerdotes no pueden ni tocar un arma. Y están enfrentados a una secta que considera la violencia un método válido para obtener sus fines; usan armas y explosivos como profesionales. Quiero que sepas que no es una riña de taberna. Es algo serio. Y si aparecen pistolas, si hay tiros, estaremos tú y yo solos.

Cruzaron las dos secciones de la calle que separaba las terminales del párking. Era un verdadero río de vehículos y luces a distintas velocidades. Multitud de taxis, coches privados e hilera de pequeños autobuses; un aparente caos donde al final, sorprendentemente, todo el mundo encontraba su destino.

—Avisa a la policía —sugirió Ricardo.

—No podemos aún. Karen y los otros están recogiendo pruebas para denunciarlos. Necesito encontrarla con urgencia, saber que está bien, protegerla y decidir luego qué hacemos. Conoce información y tiene documentos que la secta quiere destruir; peligra.

Llegaron al coche de Ricardo. Un lujoso Corvette de color rojo y tapicería de cuero negro.

—Bueno, pues si no puedes llamar a la policía, has hecho bien en avisarme. Si necesitamos refuerzos, tengo un par de amigos que se unirán a la fiesta y si queremos más, sé dónde contratarlos —dijo cuando ya salían del aparcamiento. Y haciendo sonar el motor, Ricardo se dirigió hacia Century Boulevard.

—¿Me prestas tu móvil? —Ricardo pulsó los códigos de acceso a su teléfono y se lo pasó. Jaime sólo quería oír su voz, saber que estaba bien y que supiera que él había llegado. Marcó el número del teléfono móvil de Karen; el mensaje de la operadora indicaba que el teléfono estaba desconectado.

Volvió a marcar, esta vez al teléfono de casa. La voz de Karen sonó desde su contestador. Colgó. Era lógico que, aun estando en casa, no contestara. Volvió a llamar. De nuevo el contestador.

Bien, pensó, haré otro intento. Si Karen está allí, será difícil que se resista a la tercera. Pulsó la remarcación automática y oyó la señal de llamada.

–Dígame. –Una voz masculina sonaba al otro extremo de la línea. Jaime quedó unos segundos mudo de sorpresa.

–Hola. Quisiera hablar con Karen Jansen. –Un presentimiento le hizo responder a pesar de su propósito de no hablar.

–¿De parte de quién? –preguntó el hombre, con claro acento neoyorquino.

–¿Con quién hablo? ¿Quién es usted? –Justo entonces Jaime oyó de fondo el reloj de péndulo de Karen, que empezaba a campanear las ocho de la tarde.

–No le interesa. Se ha equivocado de número.

Jaime sintió un escalofrío.

–Me ha preguntado usted quién era yo. ¿Cómo alega ahora que me he equivocado?

–Número incorrecto. Aquí no vive ninguna Karen.

–Pero...

El otro colgó. Jaime se quedó mirando el teléfono con mil pensamientos cruzando su mente. Alguien hostil estaba en casa de Karen. Con toda seguridad no se había equivocado de número; había pulsado la remarcación como hizo en la segunda llamada. En las dos anteriores oyó la voz de Karen desde el contestador y en la última el reloj de péndulo del apartamento. ¿Qué ocurría?

Si Karen estaba en casa, se encontraba en apuros muy serios; quizá la torturaban como hicieron con Linda. ¡Dios mío, no lo permitas, por favor!

–¿Problemas? –preguntó Ricardo.

–Sí. Hay alguien en casa de Karen, y no es amigo.

–Pues vamos allá.

—¿Vas armado? Tengo tu pistola en mi coche y no hay tiempo para llegar a él.

—No importa, llevo la mía y otra de repuesto.

Ricardo lanzó su automóvil a una carrera desesperada por el denso tráfico de Los Ángeles. Las luces de la noche cruzaban velozmente, y Jaime sentía su ansiedad crecer.

El presagio que intuyó en su ensoñación era ahora evidente. Llegaba el momento de enfrentarse a unos enemigos cuya existencia desconocía pocos días antes. Sólo esperaba no llegar demasiado tarde. Se imaginó entrando en el apartamento para encontrar el cuerpo desnudo de Karen, ensangrentado y sin vida. Apretó los puños con fuerza. No, no podía ocurrirle aquello. Amaba con desesperación a aquella mujer que en poquísimo tiempo se había convertido en centro y razón de su vida.

## 71

Llegaron a la garita de la entrada sin que la policía los detuviera por exceso de velocidad o conducción temeraria. Was estaba de guardia y sonrió al ver a Jaime.

—Viene a ver a la señorita Jansen, ¿verdad? —dijo tomando el teléfono para llamarla.

—Sí, Was, pero no hace falta que llame. Nadie contestará. ¿Ha visto salir o entrar a Karen?

—No. No la he visto hoy. Y no sé si está. Lo compruebo en un segundo. —Cogió de nuevo el teléfono.

—¡No llame! Si Karen está en su apartamento, se encuentra en grave peligro. Alguien lo está asaltando en estos momentos. Denos su copia de llaves, abra la barrera y llame a la policía. Las llaves. ¡Ahora mismo!

El guarda se quedó mirándolos atónito.

—¡Las llaves de una maldita vez! ¿Quiere que la maten? —le gritó Ricardo.

Was reaccionó como un *marine* a la orden del sargento, pasándole, tras una breve búsqueda, unas llaves a Ricardo mientras empezaba a abrir la barrera. Éste las lanzó a Jaime, que pudo ver en la etiqueta que, efectivamente, eran las de la puerta del edificio del apartamento de Karen.

El acelerón hizo que el coche saltara adelante y al llegar a la zona de estacionamiento, ambos salieron sin preocuparse de cerrar las puertas.

–Ricardo, tú subes en el ascensor y yo por la escalera.

–Bien –dijo Ricardo sacando su revólver de la chaqueta. Jaime ya llevaba otro en la mano.

Llegó al tercer piso sin aliento justo cuando Ricardo salía del ascensor. No había signos de violencia en la puerta y estaba cerrada; si habían entrado sin llaves, se trataba de profesionales expertos. Puso la llave en la cerradura intentando no hacer ruido, abriendo en silencio; Jaime pasó delante y Ricardo cerró la puerta con cuidado para cubrir la espalda. Estaban en un pequeño recibidor que daba, a través de un corto pasillo, al salón del reloj de péndulo. A ambos lados, puertas: una la del baño y la otra conducía a la cocina que se comunicaba con el salón. La casa estaba silenciosa y desde su posición no veían a nadie en la sala.

–Tú cubre el pasillo –le dijo Ricardo en un susurro al oído disponiéndose a abrir la puerta de la cocina.

Jaime hizo un gesto negativo, señalando el aseo. Mientras Ricardo revisaba el baño, él cubría el pasillo y la parte visible del salón. La puerta hizo un pequeño ruido que en el silencio sonó como un disparo. Ricardo salió en unos segundos negando con la cabeza.

–Esto da a la cocina, una barra la separa del salón –susurró Jaime–. Los dos a la vez.

Levantó un dedo, dos y tres. Jaime entró en el salón pistola en ristre mientras Ricardo aparecía por la cocina. Ambos quedaron apuntando al extremo opuesto. No había nadie. La puerta que daba a la habitación de Karen estaba cerrada, mientras que en el salón reinaba el caos: cuadros movidos, los sofás blancos destripados, muebles abiertos y cajones fuera de lugar. La cocina conseguía empeorar el estado del salón. Hasta la basura había sido desparramada por el suelo. Alguien había registrado a conciencia.

Quedaba el dormitorio donde Karen tenía su pequeño despacho y baño. Ricardo se colocó sigiloso frente a la puerta y Jaime detrás. Ricardo abrió de golpe saltando a un lado mientras Jaime daba un paso dentro de la habitación al lado contrario de donde estaba Ricardo, para dificultar el blanco a un posible tirador. Tampoco había nadie. La puerta del baño estaba abierta y en tres zancadas Ricardo entró.

–No hay nadie. Los pájaros han volado.

Tampoco había nadie en los armarios y era obvio que la terraza estaba vacía. El aspecto del dormitorio era lamentable; el colchón rajado y los papeles cubrían el suelo del área de despacho. El ordenador de Karen tenía la pantalla conectada al e-mail. Alguien lo había manipulado. ¿Cómo habrían entrado en el ordenador? O eran asombrosos expertos en informática o Karen les dio las claves de acceso, y seguro que no de buen grado.

¿Podían haber sacado a Karen del edificio sin que se enterara el guarda? Si aquellos individuos encontraron una buena excusa para entrar, salir era más fácil. Claro que pudieron entrar por otro lugar. Si lo había. Jaime se puso a escudriñar entre las sábanas, en la habitación, en los sofás blancos y el suelo del salón.

–¿Qué buscas? –preguntó Ricardo.

–Rastros de sangre. Y no veo ninguno, gracias a Dios.

–¿Crees que se la han llevado?

–Tengo que creerlo mientras no la encuentre. Pero sé dónde puede estar.

–Pues vayamos de inmediato. Si llega la policía antes de que salgamos, pasaremos horas dando explicaciones que tú no quieres dar.

Jaime reaccionó. Era cierto. Si los pillaban allí, querrían hacer un atestado y llevarlos a comisaría, y él no podría buscar a Karen. Sería insoportable.

–Vayámonos.

## 72

–En efecto, el apartamento ha sido asaltado. Han estado buscando algo y lo han dejado hecho un desastre. La señorita Jansen no está. Nos vamos –informó Jaime.

–Aquí van las llaves. –Y Ricardo se las lanzó a Was.

–Un momento. –El hombre les detuvo–. No les puedo dejar ir; la policía me ha dicho que les retenga aquí.

–Was, tenemos mucha prisa. La vida de Karen está en peligro. Abra la barrera.

–Lo siento, pero no.

–Was, ¿tienes hijos? –preguntó Ricardo.

–Sí, pero...

–Pues tu mujer va a tener huérfanos como no abras de inmediato –amenazó sacando su revólver por la ventanilla y poniéndoselo a la altura de la cara–. ¡Abre la puta barrera!

Was se le quedó mirando con ojos desorbitados.

–Haga lo que dice, Was –le aconsejó Jaime–. No está bromeando.

La barrera empezó a subir lentamente mientras Ricardo continuaba apuntando a Was entre las cejas. Sólo cuando la barrera estuvo bien abierta y el coche salió, guardó el arma.

–Habría podido llevarme la puta barrera con el coche, pero hace poco que lo pinté de este hermoso rojo. No iba a rayarlo por culpa de ese idiota.

Jaime no contestó. Sabía que ahora les podían acusar de asalto a mano armada. Pero importaba poco. Ojalá Karen estuviera libre y se hubiera refugiado en Montsegur. Era su única esperanza y la sola forma de contactar con los Cátaros. Irían allí.

Oyeron las sirenas de la policía, y pronto los brillantes destellos rompieron la discreta luz nocturna de las calles. Los coches cruzaron en dirección opuesta a la suya dirigiéndose a los apartamentos.

–Por poco –murmuró Jaime.

–Cuando el guarda le cuente a la policía lo ocurrido, vamos a tener a todos los polis de la maldita ciudad cazándonos –dijo Ricardo–. Mi coche es demasiado llamativo. Ni siquiera necesitan matrícula, sólo marca y color.
–Vamos al aeropuerto a por el mío.
–Nos pillarán antes de llegar.
–¿Cuál es el hotel más cercano? –preguntó Jaime.

El *valet* del hotel le dio a Ricardo el resguardo del coche, y de inmediato tomaron un taxi para el aeropuerto. En el trayecto, Jaime trató de nuevo de contactar con Karen, pero su teléfono móvil seguía desconectado.
–Vamos, hombre, no te preocupes –le animó su amigo–. Seguro que tu chica se encuentra de mil maravillas.
Jaime conocía la ubicación del coche gracias a las coordenadas que había memorizado; olvidarse de ellas habría representado horas de búsqueda. Sin embargo, le dio al taxista un número cercano pero distinto; no quería que en el peor de los casos, si la policía localizaba el Corvette y el taxista regresaba al hotel, éste fuera interrogado y así localizaran su propio automóvil.

## 73

Fíjate en si hay algún vehículo a la vista –avisó Jaime al llegar a Montsegur–. Sería señal de peligro; incluso si no vemos a nadie, los «Guardianes del Templo» podrían estar acechando en la oscuridad.
Pasaron lentamente por delante de la casa sin ver nada sospechoso en sus alrededores. El jardín estaba iluminado, pero no había luz en el edificio. Era posible que Dubois, ante el peligro, se hubiera escondido en la morada de algún fiel cátaro.
–Hay alguien en la casa –observó Ricardo.

—¿Cómo lo sabes?

—Fácil. A pesar de la oscuridad, el humo de la chimenea destaca contra las estrellas.

Jaime continuó con cuidado unos metros más allá, hasta ver a su izquierda la pequeña carretera asfaltada y, entrando en ella, bajó por la pronunciada pendiente vigilando por el retrovisor la posible aparición de alguna luz que los siguiera. No había nadie. Luego de un trecho vio la bifurcación y tomaron el camino de la izquierda. Los faros del coche iluminaban la escarpada rocosa y la densa masa de árboles y matas a la derecha.

Continuó lentamente un trecho, y descubrió un coche aparcado entre los árboles. Su corazón dio un brinco cuando reconoció el vehículo.

—¡El coche de Karen! ¡Está aquí! —Pronto la podría abrazar. Deseaba con toda su alma que estuviera bien; le diría en persona cuánto la quería. Aparcó su coche junto al de su amada e hizo un último intento infructuoso de contactar con ella por teléfono. Luego sacó una linterna de la guantera.

—Sígueme, Ricardo. Vayamos con cautela; no sabemos si la secta ha entrado aquí como hicieron en casa de Karen y si permanecen en el interior. Lo que sí parece seguro es que ella está dentro.

—¡Ándale, pues!

Saliendo a la oscuridad, empezaron a recorrer el pasillo formado entre la pared de roca y la vegetación. Poco después se enfrentaron a la entrada de la cueva y Jaime iluminó el interior. Allí estaba la primera puerta metálica y, una vez localizado el cuadro numérico, tecleó el código aprendido de Karen, oyéndose el pitido de desactivación del sistema de alarma. La llave que Dubois le había dado para la cerradura de seguridad abrió la puerta sin ningún ruido.

«La tienen bien engrasada», se dijo al cerrarla detrás de Ricardo.

Al fondo del estrecho pasillo encontraron la escalera metálica de caracol y después la repisa donde se abrían los dos túneles.

—El pasillo de la derecha lleva a las celdas de los Buenos Hombres; yo no tengo llave para la puerta —le susurró a Ricardo—, así que vamos a entrar por el salón principal, donde se encuentra esa chimenea que viste humear, puede que allí esté Karen, y los de la secta, si se confirman mis peores temores. Los tomaremos por sorpresa; tú controla el lado derecho, y yo, el izquierdo. Si ves a alguien armado, sin duda es enemigo.

Penetraron en el túnel y al final encontraron la segunda puerta metálica.

Jaime sentía su corazón acelerado. Detrás de aquella puerta estaba su amor, y quizá en peligro; dentro de unos segundos podría tener lugar la batalla que la visión del avión le había augurado. Ganarla separaba la vida de la muerte. Respiró hondo y aplicó el oído a la puerta para detectar algo que le permitiera conocer cuántas personas estaban allí y cuál era su situación. Nada. No oyó nada. ¿Qué estaría ocurriendo? ¿Era la puerta la que no permitía oír o quizá estuviera el salón vacío? ¡Karen debía de estar allí!

«Dios mío», se sorprendió a sí mismo rezando de nuevo, «haz que esté aquí y que esté bien».

–No oigo nada, Ricardo –le dijo a su amigo–. No sé qué puede estar pasando. ¿Listo para entrar?

–¡Vamos allá!

Jaime puso la llave en la cerradura y marcó el código en el pequeño panel del sistema. Pulsó el botón *enter*, pero el suave pitido anunciando la desactivación de la alarma no sonaba.

–Extraño –murmuró–. Juraría que el código que he introducido es el correcto.

Repitió la operación una y otra vez. Sin resultados. Pensó un momento. Creía estar seguro de que la vez anterior el pitido de desconexión había sonado.

–Ricardo, prepárate. Alguien ha cambiado el código de acceso. –Jaime sacó su revólver de la chaqueta–. Cuando entremos, la alarma sonará. No sé si de inmediato o si nos dará algunos segundos de margen. ¿Estás preparado?

–Sí –respondió Ricardo escueto, blandiendo también su arma.

Jaime dio la vuelta a la llave en la cerradura y, empujando la puerta, ésta se abrió sin dificultad, silenciosa. Entró rápidamente en el salón, sujetando su revólver con las dos manos, y se colocó a la izquierda para dejar paso a Ricardo.

## 74

La estancia se encontraba tenuemente alumbrada por el fuego que ardía en la chimenea y por dos lámparas de mesa. Al principio Jaime creyó que no había nadie en el gran salón.

Luego vio ropa esparcida por el suelo, encima del sofá y de los sillones. Unos zapatos de mujer. Una blusa. Un sujetador, unas bragas. ¡Y unos pantalones de hombre!

Buscó con la mirada, y vio, medio iluminados por la luz del fuego y de las lámparas, dos cuerpos desnudos, uno encima del otro en el canapé. ¡Hacían el amor!

Quedó paralizado por la sorpresa; era lo último que esperaba encontrarse. La pareja no se había dado cuenta aún de su presencia, y Jaime no podía verles la cara desde donde se encontraba; el hombre lucía melena oscura y la mujer, pelo rubio. Sintió como si un puño de hierro le apretara el estómago y los intestinos. El hombre la penetraba con lentitud, jadeando con pasión. Jaime se sintió ridículo con el revólver apuntando; bajó su brazo y entonces la alarma empezó a sonar. Era un tono bajo y zumbón, sólo para alertar al interior de la casa.

Habían pasado unos segundos escasos, pero a Jaime le parecieron horas. El hombre se incorporó ligeramente y, al girarse hacia la puerta secreta, su mirada se cruzó con la de Jaime. ¡Era Kepler! «¡Dios mío, que no sea lo que temo! ¡No! ¡Por favor, no; que no sea ella!»

La mujer echó la cabeza hacia atrás mirando también en dirección a la puerta, y Jaime vio el brillo de los ojos que tanto amaba. ¡Karen! La mirada de uno quedó clavada en la del otro en un segundo que a Jaime le pareció una eternidad de infierno.

Karen empujó a Kevin de encima separándose de él y se giró en el sofá dándole la espalda y acurrucándose. El fuego de la chimenea y la tenue luz iluminaban el oro de sus cabellos, la blanca piel de su espalda y la redondez de sus caderas y nalgas. Jaime sintió el mundo hundiéndose alrededor. Kevin se había quedado de pie, completamente desnudo, mirándole, aún indecentemente erguido. No hizo ningún movimiento para cubrirse con la ropa esparcida por el suelo.

–Jaime, qué inoportuno. No te esperábamos. –Su voz sonaba confiada, arrogante, y su cara dibujaba una sonrisa de triunfo.

Jaime se quedó mudo. Por un instante le pasó la idea de pedir disculpas por la interrupción. La rechazó de inmediato. Aquel hombre que le miraba con sonrisa cínica le estaba robando. Lo estaba despojando de lo que más quería en el mundo. Le arrebataba a Karen y con ella, sus ilusiones, su futuro, su nueva vida. Sintió una oleada de sangre que le subía a la cabeza. Allí estaba el maldito con su asqueroso miembro elevado, brillante a la luz de las lámparas, como quien enarbola un trofeo de victoria.

–Gracias por la visita –continuó Kevin ante su silencio–, pero por hoy la sesión de trabajo ha terminado ya, y todos los demás se han ido. Si no te importa, vuelve mañana; ahora molestas.

–¡Hijoputa! –La expresión le salió a Jaime de las entrañas. ¿Cómo se atrevía a hablarle así? Sentía como el odio le hacía hervir la sangre y como su brazo derecho se levantaba, apuntando con su revólver al centro de la frente de aquel miserable. El gesto triunfal de Kevin se quebró ligeramente, pero continuó allí.

Jaime tuvo la absoluta seguridad de que dispararía. Pero había algo que odiaba mucho más que aquella sonrisa arrogante de vencedor. Y, apuntándole al sexo, sintió un infeliz regocijo al comprobar que éste empezaba a decaer. Deseó que Kevin tuviera miedo, mucho miedo, que sufriera sólo un poco de lo que él estaba padeciendo, antes de recibir los disparos allí. Que sufriera. Y que doliera, que le doliera mucho. Tanto como a él le dolía su corazón desgarrado.

–Jaime, déjalo –oyó, muy distante, la voz de Ricardo–. No le dispares. Te condenarán a muerte si lo matas.

¿Qué importa?, pensó. Ya estoy muerto.
Y apretó el gatillo.

## 75

–Los americanos creemos mucho en Dios, poco en los hombres y nada en el Estado. –Davis miró los reflejos ámbares y tostados que el puro malta reserva, en vaso de cristal tallado, producía contra el fuego de la chimenea.

Gutierres se arrellanó en su sillón, tomó un sorbo de whisky, no dijo nada y esperó mirándolo con atención. Pequeño, arrugado, hundido en su enorme butaca de cuero, el viejo mantenía su mente aguda como cuchillo afilado, rápida como lengua de camaleón. Gus disfrutaba de aquellas sesiones donde ambos compartían soledad; miró las estanterías de nogal y caoba, cubiertas de libros difuminados en la penumbra de la sala, y se aprestó a saborear el momento junto con el malta. Sabía que Davis no esperaba su comentario, que sólo pensaba en voz alta, y por lo tanto guardó silencio.

–Casi el noventa por ciento creemos en Dios, y casi el setenta y cinco estamos convencidos de que nuestros gobernantes son una pandilla de tramposos y conspiradores. En cambio, en Europa creen poco en dioses y mucho en el Estado; esperan que éste les solucione sus necesidades. Claro que después de la caída de los regímenes comunistas, que sumió en la miseria a los que confiaban en sus gobiernos, millones se sienten engañados, y la espiritualidad, la necesidad de creer en Dios, resurge con fuerza.

»Es lógico; cuando te das cuenta de que El estado ya no va a pagar tus médicos y que no hay dinero para tu pensión de vejez, empiezas a rezar con fervor. –Los dientes de Davis brillaron en una corta sonrisa–. Y la desconfianza se traslada a la Europa occidental y a su estado de bienestar. El humanismo está naufragando en su propia cuna, Europa, y lo lamento, amigo Gus, lo lamento.

—No puedo creer que lamente de verdad la caída del comunismo. —El tono de Gutierres mostraba su sorpresa.

—En algo sí. Por una parte, porque nos quedamos sin enemigos, y sin ellos la vida es más aburrida; luego de muchos años de lucha, te encariñas con tu rival, pero, claro, esto sólo ocurre cuando ganas o, a lo sumo, cuando empatas. —Davis declamaba con su vaso alzado—. Si durante muchos años te has definido como antialgo y pierdes ese algo, pierdes parte de ti mismo. Además, a mí siempre se me antojó la creencia socialista en el hombre, en oposición a Dios, como algo de gran atractivo romántico. —Davis hizo una pausa y, ante el silencio de Gutierres, continuó—: El tiempo ha demostrado que estaban equivocados, pero es lógico, el hombre es imperfecto y Dios es perfecto por definición. Es una batalla desigual. Es difícil confiar ciegamente en el vecino al que ves cada día, y muy fácil confiar en un Dios al que no ves.

—No ocurre así con los Cátaros. —Gutierres decidió retar la dialéctica de su jefe—. Ellos sí tienen un Dios imperfecto.

—¡Ah, sí! Porque son maniqueos; dualistas, pero incompletos —repuso Davis, encantado de encontrar oposición a su discurso—. De ser dualistas plenos, con todas sus consecuencias, creerían que el principio del mal es tan poderoso como el del bien. Pero los maniqueos perfectos no pueden funcionar en este tiempo en que vivimos, donde el blanco y el negro son casi inexistentes y los grises dominan el mundo.

—Sí, es cierto. Los nuevos Cátaros ya no llaman al antiguo Dios malo por su nombre, sino «principio creador» o «naturaleza» —confirmó el guardaespaldas.

—Claro, las nuevas religiones tienen que hacer buen márketing y, por lo que me has contado, ésta se ha adaptado bien a los nuevos tiempos y triunfará; al menos aquí, en California. ¡Cristianismo original y reencarnación! ¡La mejor combinación desde el descubrimiento del ron con Coca-Cola!

Davis quedó en silencio, mirando el contenido de su vaso como esperando encontrar dentro la respuesta. Gutierres paladeó su whisky, disfrutando del doble lenguaje cargado de intención del viejo.

—Dime, ¿qué más ha descubierto tu infiltrado en el Club Cátaro? —inquirió el viejo al rato.

—Poco más. La estructura religiosa comandada por Peter Dubois está clara, y también la ideológica liderada por Kevin Kepler, el profesor de UCLA. —El tono de Gutierres pasó a ser más formal. Simplemente, estaba informando—. Pero estamos seguros de que existe una parte hermética exclusiva para iniciados, una estructura de poder donde nuestro hombre no ha podido infiltrarse. Parece como si Dubois y Kepler siguieran las instrucciones de un líder oculto. No sabemos quién es, y tampoco las identidades de la mayoría de sus fieles. La gente que se puede ver en el club son simples creyentes o simpatizantes sin mayor relevancia.

—¿Dónde los posicionarías políticamente?

—Por lo que hablan, estarían en el lado izquierdo del partido demócrata. Y salvando las distancias, me recuerdan mucho a los masones de obediencia francesa.

—Interesante. Ellos también son humanistas, aunque laicos, y creen que el hombre nace bueno.

—Sí, pero también tienen su parte hermética, y algunas coincidencias notables con los Cátaros.

—¿Cuáles?

—El origen francés. Dubois es descendiente directo de franceses, y los focos históricos más importantes del catarismo se dieron en el sur de Francia. —Se notaba que, como de costumbre, el pretoriano había investigado mucho más de lo que Davis le había pedido—. También coinciden en la aceptación de los plenos derechos de la mujer. Entre los Cátaros, la mujer puede alcanzar el máximo nivel de sacerdocio, y entre los masones de obediencia francesa la mujer también puede llegar a ejercer de Gran Maestra.

»Ambos predican la tolerancia, la libertad, la fraternidad, y finalmente, los Cátaros sólo aceptan el Evangelio de san Juan, y las reuniones masónicas siempre están presididas por la Biblia abierta en el Evangelio de san Juan.

—Interesante. ¿Crees que están relacionados?

–Quizá.

–¿Podrían los Cátaros estar infiltrando sus secuaces en la Corporación tal como insinúa Beck?

–Es muy probable; Kepler mostró un gran interés cuando nuestro hombre comentó que trabajaba para nosotros, interrogándole sobre la naturaleza de su trabajo.

–¿Ha identificado tu hombre a algún empleado nuestro? –El viejo, evidenciando su interés, se incorporó en su sillón.

–No por ahora, pero recuerde que la gran masa de sus creyentes permanece en el anonimato.

–¿Crees que podrían estar implicados en el asesinato de Steve?

–Proclaman la no violencia; un asesinato parece contrario a su discurso. Pero no sabemos qué objetivos persigue la parte hermética de su estructura y si está relacionada o no con otras sociedades secretas progresistas.

»Y si es cierto que sus amigos del gobierno lo consideran a usted incómodo, quizá no quieran usar los servicios secretos para "retirarle", sino a una organización religiosa que ellos controlen, quizá a los Cátaros.

Davis miró los reflejos de su vaso, y a Gutierres a través de él.

–No; no lo creo. Si fuera así, Beck no nos hubiera puesto sobre su pista.

–Beck sugiere que hay varias sectas más, presentes y activas en la Corporación. Y por lo que voy investigando sobre él, parece que tiene en su agenda un programa distinto al del senador McAllen.

–Puede ser. No lo pierdas de vista. A pesar de lo que le dije a McAllen, me resisto a creer que desde el gobierno se apoyen acciones en mi contra. Soy amigo. Incómodo, pero amigo. Y en cuanto a esos Cátaros, no parecen el tipo de gente que pondría bombas. –Al rato murmuró pensativo–: ¿O sí? –Después, arrastrando las palabras, continuó con tono de repente brusco e imperativo–. Mantén a tu hombre vigilante; identifica a toda costa a nuestros empleados Cátaros. ¡Quiero saber quiénes son!

Sus miradas se clavaron, intensas, en las pupilas del otro por un largo instante. Luego Gutierres apuró su vaso de un trago.

## 76

Como si de un espectador externo al drama se tratara, Jaime notó el golpe del retroceso del revólver en su brazo, mientras un gran estampido resonaba en el salón y la maldita sonrisa de Kevin desaparecía.

Pero justo una fracción de segundo antes sintió otro golpe en su mano; Ricardo había desviado el tiro, que impactó en el techo.

Sacudiéndose de encima a Ricardo, que intentaba quitarle el arma, encañonó de nuevo a Kevin. Éste permanecía inmóvil, su miembro caído. Verlo así le proporcionó un gran placer.

Ricardo agarró con su mano izquierda la derecha de Jaime, torciendo la dirección de la pistola y, guardando con rapidez su propia arma en la chaqueta, le propinó un fuerte puñetazo seco en la boca del estómago.

Jaime se dobló sobre sí mismo, oyendo el ruido de fuelle que emitía el aire al salir de sus pulmones, y bendijo el dolor físico, que mitigaba la lacerante pena que le comía el alma. Al arrebatarle Ricardo el arma, él no opuso resistencia.

Lo que sintió entonces era imposible de describir; el naufragio de un mundo, una catástrofe irreparable, un dolor como jamás antes vivió y que le conduciría a la locura. Y a matar a aquel hombre. Pero el odio por su rival se trocaba rápidamente en una pena que le rompía las entrañas.

—Vamos. —Ricardo le empujó hacia la entrada secreta, que continuaba entreabierta. Obedeciéndole, lanzó un último vistazo a la escena al salir. Nadie se había movido. Karen continuaba acurrucada en el sofá de espaldas, y Kevin de pie, con su insultante pene ya caído, empequeñecido y humillado.

Ricardo lo guió a través del pasadizo hacia el coche; él se dejaba llevar, tropezando, moviéndose como un autómata. Luego su amigo tomó las llaves del vehículo y condujo en silencio por Mulholland Drive hasta la San Diego Freeway.

—¡Chin, mano! Lo siento, Jaime. —Al fin, luego de un largo silencio, Ricardo habló—. Pero ya sabes, eso pasa a menudo. Las mujeres son así. Y nosotros, peores.

Jaime no contestó. Tenía la vista perdida en las luces de los coches. Todas sus esperanzas, todas sus ilusiones, todo había girado alrededor de esa mujer y nunca podría superar el golpe. Él jamás había amado a nadie como a Karen. Como la amaba aún. ¡Dios! ¡Ella también debía de amarle a él, su amor había durado siglos! Ella era Corba, su amada y amante en el siglo XIII, y él era Pedro, el rey, el amor antiguo de Corba. Ella lo buscó y lo encontró al fin. ¿Cómo podía Karen destruirlo todo; el pasado, el presente y el futuro de un amor intemporal? Era ridículo, impensable.

A no ser que lo de sus vidas anteriores fuera mentira. Una gran patraña, una manipulación, un engaño. Cerró los ojos y se le escapó un suspiro.

—Vamos, hombre. —Ricardo interrumpió sus pensamientos—. Tranquilo; todo parecerá distinto mañana. Hoy es tragedia, mañana será comedia. Vamos a tomar unos tragos y hablamos.

—Es fácil para ti decir eso —dijo Jaime arrastrando las palabras—. Tú hubieras matado a aquel comemierda.

Ricardo soltó una carcajada.

—No, estás equivocado. Ricardo Ramos jamás mataría a un hombre por una mujer. O mato al hombre porque él se lo merece o a la mujer porque es ella quien se lo merece. Si ella es la que traiciona, el otro no tiene la culpa.

»Tampoco vale la pena acabar con la mujer, ya se morirá por sí sola después de una vida aburrida y miserable sin mí. Si ha tenido tan mal gusto, es que no me merecía. Pegar tiros y matar gente son cosas muy serias. No soy de los que se echan la soga al cuello por un asunto amoroso.

Jaime sintió de nuevo que Ricardo era Hug de Mataplana, el guerrero, el trovador, el cínico. Su amigo desde hacía cientos de años. Y que su discurso tenía sentido, que le ayudaba a mitigar el dolor, que le salvaba de la desesperación más profunda.

Ricardo continuó con su parloteo, lanzándole preguntas para obligarle a contestar y romper el hilo de su pensamiento. Jaime no respondía la mayor parte de las veces y a su mente acudía una y otra vez la mirada de Karen y la arrogancia de Kevin. Para su sorpresa, se dio cuenta de que le dolía mucho más perder a aquella mujer que la ofensa que le había causado. Pensar que nunca más la tendría en sus brazos le producía una angustia extrema.

Al cabo de un rato, Jaime sintió que recuperaba algo de su lucidez y se dirigió a su amigo.

—Gracias, Ricardo —dijo casi en un susurro—. Perdí la razón. Ese individuo estaba jodiendo a mi chica y encima me provocó. Quise matarle; gracias por evitarlo, pero me alegro de haberle asustado bien y que se arrugara.

Era cerca de la medianoche cuando llegaron al club, y Ricardo insistía en invitarle a unos tragos y hablar; más tarde le llevaría a casa. Sin embargo, después de una larga discusión en la que Jaime le convenció de que no haría ninguna estupidez, pero que precisaba tomar el aire y unos momentos de soledad, Ricardo le dejó ir.

—De acuerdo, si así lo quieres —dijo enseñándole el revólver que le había quitado en Montsegur—. Pero esto no te lo devuelvo hasta que tú y yo hayamos hablado un buen rato. —Ricardo lo despidió dándole un abrazo—. Te espero aquí antes de que termine la noche.

# JUEVES

## 77

Estaba agotado y conducía con lentitud a través de la noche oscura, escuchando la música de una de las estaciones de radio latinas.

*Porque a ti te debo mis horas amargas.*
*Porque a ti te debo mis horas de hiel.*
*Porque en ti ha quedado toda mi esperanza,*
*y en ti te has llevado mi vida también.*

Sonaba triste el acordeón de un corrido tex-mex. ¡Qué oportuno! Ése era él.

¿Por qué le habría traicionado Karen? ¿O es que jamás lo amó y se acostaba con él para utilizarlo como Linda hizo con Douglas? De ser así, él era un perfecto estúpido. Y ella, una puta.

*Que lo sepa el mundo, que lo sepan todos,*
*todavía te quiero tanto como ayer.*

Notó que una lágrima resbalaba por su mejilla derecha y que la visión de la carretera se nublaba y sintió una gran lástima por sí mismo. La amaba, había construido todo un mundo de ilusiones alrededor de ella y ese mundo se convirtió en ruinas. La vida era monótona y aburrida hacía sólo unas semanas; hasta ayer, una maravillosa aventura, y desde hacía unos minutos, un estercolero. ¡Y él, que la creía en peligro, que habría dado su vida por ella! ¡Estúpido! Ojalá no la hubiese conocido jamás. Un sollozo salió de su pecho, sorprendiéndole; no le había pasado desde niño. Rompió en llanto.

Se había desviado por la 55 y luego por la Newport Freeway en dirección al océano. Lo hizo sin pensar, automáticamente, como si fuera a coger su velero. Luego tomó la 1, la Pacific Coast Highway, dirección sur. Cuando se sentía herido, su instinto lo llevaba hacia la casa de sus padres en Laguna Beach; su verdadero hogar.

En la carretera de la costa, los restaurantes estaban ya cerrados y casi nadie circulaba.

Sacudió la cabeza. ¡Basta de autocompasión! Intentó pensar fríamente y hacer un inventario de lo que ocurría. Pero ¿qué es lo que realmente quieren Dubois, Kevin y los suyos?

Kevin, el revolucionario y carismático profesor de universidad. El idealista. Había usado a Karen, su amante, para enamorarle a él y hacerle trabajar en su proyecto. Era obvio que Kevin no era un Buen Hombre ni ella, una buena mujer. Karen, Kevin, la malograda Linda y hasta quizá Dubois, junto con otros, formaban un grupo radical, una secta, dentro del grupo de creyentes de la Iglesia de los Cátaros. No usan la violencia física, pero sí luchan, y está claro que no siguen fielmente las enseñanzas de Cristo. Utilizan la seducción y el sexo como armas. Son una secta, distinta, pero una secta como los «Guardianes del Templo». Quizá su finalidad última fuese también el control de la Corporación y con ese fin lo habían reclutado a él. Buscaban el poder como los otros y quizá no fueran mucho mejores. Ahora estaba todo claro. Kevin y Karen lo habían utilizado para sus fines. Y ella le había destrozado el corazón.

Jaime detuvo su coche en los jardines construidos sobre los acantilados a la entrada de Laguna Beach. Bajó y, guiado por el estruendo, anduvo en la fría noche hacia las rocas, bajo las cuales rompían, encrespadas, las olas.

El viento, mensajero del frío y de la humedad del océano, llegaba a fuertes ráfagas mientras en el cielo las estrellas parpadeaban entre las rápidas nubes. Se sentó en unas piedras tratando de distinguir en la oscuridad el islote donde los leones marinos tomaban el sol durante el día. ¿Estarían allí con ese oleaje? No. No lo creía.

Las rocas y las olas. ¡Había visto tantas veces aquel paisaje! Le atraían. ¿Y si saltaba ahora? Seguro que no podría luchar contra su fuerza y dureza. No conseguiría salir y moriría. El suicidio. Sin Karen la vida no tenía sentido. Se sentía estúpido, engañado; terminar con su vida le libraría de aquel dolor. Pero ¿cómo podían haberle engatusado de aquella forma? Algo no estaba claro... los recuerdos de su vida pasada. ¿Eran falsos? En ese caso, los Cátaros debían de tener un sistema para implantar vivencias en la mente de las personas de forma que revivieran una experiencia prefabricada.

¿Existía eso? No podía ser posible. ¿A cuántos más les habían hecho creer que eran el rey Pedro y que Karen había sido su amante?

Cerró los ojos. Imaginaba a Karen seduciendo a otros con la misma historia. No lo podía soportar. Se sentía muy cansado. Miró el oscuro mar. Enorme masa negra en movimiento golpeando sin descanso la orilla. Desde la seguridad de la tierra firme sentía al océano como una fiera salvaje dispuesta a devorar a cualquiera que cayera en sus garras. Le llamaba y, con ese ruido de rugido constante, le seducía para que fuera con ella. Notaba, intensa, su atracción.

Algo no encajaba en todo el esquema. ¿Cuál era el papel de Dubois? Parecía un verdadero Buen Hombre comprometido con seguir las enseñanzas de Cristo y predicarlas. Pero debía de haber ayudado a los otros.

Además, allí estaban sus «recuerdos» del avión. Los vivió fuera de todo control de los Cátaros. ¿Programados previamente? Difícil. Sin embargo, eran continuación y totalmente coherentes con los anteriores.

La complejidad de Pedro, su lucha interna en búsqueda del verdadero Dios, era demasiado real. Hug de Mataplana y Ricardo. Estaba seguro de que eran el mismo.

¿Y si después de todo sus recuerdos fueran reales? Que Karen le hubiera engañado con Kevin no quería decir que le hubiera engañado en todo.

Pero ¿qué sería lo cierto y qué la mentira?

Jaime echó una nueva mirada al océano que continuaba rugiendo batiéndose contra las rocas. Todavía oía su llamada.

–Hasta luego –le dijo. Definitivamente, él no era un suicida.

Tenía demasiadas preguntas que necesitaban respuesta.

## 78

–Cuéntamelo todo –le dijo Ricardo sentándose lejos de la música, donde se podía dialogar.

Ricardo le escuchó con atención, rascándose la cabeza de cuando en cuando, mientras Jaime le resumía la historia, incluyendo los recuerdos del pasado y la participación del propio Ricardo en la trama. Al llegar a ese punto, soltó una exclamación:

–¡Chin, mano!

–Y así llegamos a la parte que tú conoces. Le envío mi declaración de amor, y antes de que ella responda, se cruza un mensaje diciéndome que está en peligro y que tiene miedo. Yo lo dejo todo y corro a su lado angustiado, sin importarme el riesgo, para defenderla; porque la amo como un loco. ¿Y qué me encuentro? Que está pasando un buen rato con otro. Que me ha engañado. Que he sido utilizado como un estúpido para los intereses de esa secta cátara. ¿Tú me entiendes? Me usa porque les puedo ayudar a ganar su batalla contra los «Guardianes». Una pequeña pieza dentro del juego de Karen. Me siento muy mal, Ricardo. He sido un idiota y como tal he sido tratado.

—¡Qué mala onda! Pero bueno, todos somos idiotas a veces, Jaime. No siempre se puede ser el más listo. Ahora dime con toda sinceridad, ¿la amas?

Jaime temía que Ricardo le hiciera esa pregunta. Exploró su interior y respondió:

—Sí.

—Pues ve por ella. No dejes que ese tipo se la quede.

—¿Cómo me dices eso, Ricardo? ¿Después de lo que me ha hecho?

—¿Qué te ha hecho? ¿Acostarse con aquel tipo? Muy bien. Cuéntame, pues, qué hiciste tú con Marta. No hace falta que me expliques los detalles. Sólo dame una idea general.

—Sí, nos acostamos. Pero era distinto.

—¿Cómo que era distinto? Cuéntame por qué. ¿O es que lo hicieron de pie en lugar de acostados?

—Yo no tenía ningún compromiso con Karen cuando me acosté con Marta.

—¿Ah, no? Yo creía que ya llevabas tiempo saliendo con ella.

—Sí, pero yo no me sentía comprometido.

—¡Ah!, No te sentías comprometido. ¿Le preguntaste a ella si se sentía comprometida?

—No. No sabía cómo consideraba ella lo nuestro.

—Bueno, entonces le contaste que te fuiste con Marta, ¿verdad?

—No. No se lo conté —respondió irritado—. Dime adónde diablos quieres ir a parar.

—Muy sencillo. Que lo que ha ocurrido con Karen y ese tipo es lo mismo que ocurrió con Marta y contigo. Están a mano.

—No; no es lo mismo.

—¿Por qué no? ¿Porque tú sabes lo de ella y ella no sabe lo tuyo? Igual Karen pensaba contarte su aventura.

—No creo que me la contara.

—Tal vez sea más honrada que tú. Pero no importa. Imagínate que no hubiéramos aparecido esta noche a través del pasadizo secreto como dos fantasmas a joderles la movida. —Ricardo soltó una carcajada—. Porque esos dos, después del susto, no habrán podido terminar. –Ricardo empezó a reírse con buen humor–. ¿Te imaginas que estás tú así, tan a gustito, y aparece un cabrón corriéndote a tiros? –Ricardo rompió a carcajadas.

Jaime no pudo menos que sonreír al imaginarlo tal como Ricardo lo contaba. Su amigo estaba convirtiendo la tragedia en comedia, tal como él había temido.

–Eres un cabronazo, Ricardo. Cómo se nota que esto no te ha ocurrido a ti. Sí, sí, ríete, comemierda, que este mundo da muchas vueltas.

–No, Jaime. A mí ya me han pasado cosas semejantes. Algunas las sabes y otras te las cuento luego y nos reímos. Pero a lo que iba. Imagínate que llegas hoy y no sabes nada de lo que pasó en la noche. ¿Continuarías loco por ella?

–Claro.

–Pues no seas tonto. Lo malo será si ella se quiere quedar con ese Kevin. Pero si la puedes recuperar, hazlo. No dejes que ese hijo de la chingada se la quede. Por eso se sonreía el tipo ese; porque creía que te la quitaba.

–Pero yo le dije que la amaba, Ricardo. Y me ha traicionado.

–No te ha traicionado si nada te prometió. Nada es tuyo hasta que lo consigues. Pelea por ella, Jaime; pelea por ella si la quieres.

## 79

El sol entraba, a ratos, a través del ventanal con las cortinas a medio correr. Nubes y claros. Ya era la tarde cuando Jaime despertó. Miró el reloj. ¡Las cinco! Tenía hambre y fue al frigorífico. Preparó tostadas, huevos, un zumo de naranja y un reconfortante café. ¿Qué había pasado? Por Dios, que fuera una pesadilla. ¿Una más de las que le habían asediado en la noche? ¡Ojalá! Escuchó el contestador automático.

Un mensaje de Delores, su ex mujer, para que la llamara y acordar el fin de semana con su hija. Otro de su madre para saber cómo estaba.

Sin duda, debía cuidar un poco más a la familia; aquello lo estaba desquiciando. Varios recados de Laura. ¿Dónde estaba? Le buscaban en la oficina. Ricardo le decía que había recuperado el coche y que lo esperaba en el club para continuar con su charla. Y finalmente, la voz de Dubois:

> Buenos días, señor Berenguer. Karen me ha contado lo ocurrido anoche. Creo que será bueno que nos veamos. En su hamburguesería griega a las ocho. Me aseguraré de que no me sigan. Hasta luego.

–¿No le ha ocurrido alguna vez que algunas personas, apenas las conoce, le caen bien o mal y otras le son indiferentes? –preguntó Dubois mientras Jaime se sentaba portando la comida para ambos. El hombre lo miraba con sus ojos demasiado abiertos, demasiado fijos.

–Sí, me ha ocurrido.

–Dígame con franqueza, ¿me equivoco si afirmo que cuando me conoció le caí mal de inmediato?

–¿A qué viene eso?

–Se lo explicaré, pero primero responda, por favor.

–Sí, es cierto. No me cayó bien. ¿Cómo lo sabe? ¿Tanto se notó?

–No se le notó. Muchas veces las personas nos cruzamos una y otra vez en sucesivas vidas sin ser conscientes de ello, pero hay algo que reconocemos. Y los odios y los amores se mantienen. Ésa es la explicación de por qué, en ocasiones, alguien nos cae mal sin que nos haya hecho nada para merecerlo. En esta vida, claro.

–Entonces, hemos coincidido con anterioridad.

–Por supuesto.

–¿Qué me hizo usted en mi vida anterior para que le tenga ojeriza?

–¿No me ha reconocido? –Dubois se le quedó mirando, acariciando su barba blanca con una sonrisa que suavizaba un poco la fijeza de ofidio de sus ojos.

–No.

–¿Hasta dónde ha llegado en sus recuerdos, Berenguer?

–Justo salía con mis tropas para enfrentarme al ejército cruzado a las murallas de Muret.

–Entonces ya había tenido usted una fuerte discusión con uno de sus aliados.

–Sí.

–¿Recuerda con quién?

–Ramón VI, conde de Tolosa.

Dubois no habló, pero mantuvo su mirada y su sonrisa.

–¿Era usted? –El pensamiento asaltó de repente a Jaime.

–Fui yo.

Recordaba la discusión que ambos tuvieron justo antes de la batalla y como el otro se retiró indignado. Pedro despreciaba a Ramón VI por cobarde, y Ramón VI consideraba a Pedro un loco suicida.

–Sorprendente. –Jaime hilaba nuevos pensamientos y después de una pausa interrogó–: ¿No era el padre de Corba un cónsul de su ciudad de Tolosa?

–Sí. Era un buen amigo.

–Y usted lo envió como cónsul a Barcelona. Y, de alguna forma, envió Corba a Pedro.

–¿Adónde quiere ir a parar?

–¿Envió usted a Karen para que me enamorara?

La sonrisa de Dubois se amplió.

–Yo no tengo tanto poder. Me sobrestima. Karen le reconoció a usted en sus recuerdos de los tiempos de la cruzada y fue por sí misma a buscarlo.

–¿Seguro que era por eso? ¿Era ése su único motivo? –preguntó Jaime, receloso, pero supo de inmediato cuán inútil era la pregunta–. Bien, pues ya debe de saber que se ha ido con otro.

–Karen me contó lo ocurrido. ¿Qué piensa hacer ahora, Berenguer?

–Enviar al cuerno a su secta cátara.

Dubois no se inmutó.

–¿Y dejará que los «Guardianes» se salgan con la suya y dominen la Corporación? ¿Y que su jefe continúe encubriendo fraudes?

–Eso ya no me incumbe.

–No lo creo. No va a dejar usted su ciclo abierto. Va a continuar con nosotros porque cree en lo que hacemos. Y porque es la continuación de una guerra que empezó hace siglos; usted estaba entonces a nuestro lado y lo está ahora.

Jaime no respondió. Dubois tenía razón. Aun sin Karen, no podría abandonar el campo de batalla; estaba atrapado por su propia identidad pasada y porque la guerra presente se había convertido en algo personal.

–Además –continuó el hombre–, no va a dejar a Karen en peligro, ¿verdad? ¿Sabe que ayer asaltaron su apartamento?

–Sé que está en peligro, pero ya tiene quien la defienda.

–O sea, que se retira. Cede Karen a su contrincante. ¿Es así?

–No. –Jaime pensó un momento–. No quisiera, pero Karen ya tiene edad de saber lo que hace y ha elegido.

–Quizá no haya elegido todavía.

–¿A qué se refiere?

–A que aún tiene usted posibilidades.

–¿Cómo lo sabe?

–Ya le he dicho que Karen me contó lo de anoche. Y me pidió que hiciera de intermediario.

–¿Para qué?

–Quiere verle. Quiere hablar con usted para aclarar lo ocurrido, pero no se atreve a contactar directamente. Y aquí estoy yo, terciando. ¿Acepta?

A punto estuvo de que se le escapara a Jaime del pecho un «claro que sí», pero se contuvo para fingir que pensaba. Se dio cuenta de que, a pesar del terrible dolor que ella le causaba, deseaba verla con desesperación.

–De acuerdo.

–¿Dónde y cuándo se verán?

–En Ricardo's, esta noche.

–Bueno. Espero que después de esto me aprecie usted un poco más. –Dubois se levantó, tendiéndole la mano como despedida.

Jaime la estrechó con fuerza.

## 80

Su media melena rubia clara iluminó la entrada de Ricardo's como si la luna llena hubiera salido detrás de una nube oscura. El local estaba animado y su cálido aroma, mezcla de tabaco, ron, tequila y brandy, se fundía con la música latina.

Jaime sintió al verla ese pálpito al que no se habituaba. Era ella. Karen miró hacia la barra buscándolo. Vestía un traje de chaqueta negro con un jersey de pronunciado escote de pico. Labios rojo carmín. Hermosísima. Una falda corta descubría sus largas y bien torneadas piernas con medias oscuras que transparentaban ligeramente el color de la piel. Zapatos de tacón y un pequeño bolso conjuntado con el traje.

Dos hombres que tomaban una copa en la barra interrumpieron su conversación para mirarla; uno se inclinó hacia ella para susurrarle:

–¿Me está buscando a mí, señorita?

Karen, muy segura de sí misma, sonrió justo lo necesario.

–Ya tengo acompañante, gracias.

Y avanzó unos pasos con premeditada lentitud hacia el centro del local, usando ese movimiento de caderas que sólo evidenciaba fuera de la oficina. Todas las miradas de la concurrida entrada la siguieron hacia el interior de la sala.

«Vestida para matar», se dijo Jaime.

Ricardo la vio desde detrás de la barra, saludándola con un tono de voz que se elevaba por encima de la música:

–¡Hola, Karen, me alegro de verla... –y luego añadió irónico–: De nuevo!

Karen se acercó correspondiendo a la mano que Ricardo, luciendo una de sus fascinantes sonrisas, le tendía. Jaime no pudo escuchar su respuesta, pero imaginó que luego de varias cortesías preguntaría por él. Ricardo señaló con la cabeza en su dirección, y Karen se despidió con un gracioso gesto de su mano.

Cuando lo vio, clavó su mirada azul en él y, sonriendo, mostró sus blancos dientes. Se alegraba de verle o al menos lo aparentaba bien. Era una bella mujer.

–Hola, Jim.

–Hola, Karen.

Se sentó junto a él colocando sus piernas con cuidado para mostrar sólo la parte exterior. Le dedicó una mirada intensa.

–¿Cómo estás?

–He vivido tiempos mejores. ¿Y tú?

–También; vengo de mi apartamento y aquello es un desastre. Tuve suerte de no estar allí. Entraron cortando la valla metálica que separa parte del jardín de una zona colindante de servicios. Había dejado mi ordenador conectado y preparado para que sólo pudieran obtener la información que nosotros queríamos. Ha funcionado.

–Veo que lo controlas todo. Lo único que no esperabas era que yo me preocupara por ti.

–He hablado con Was, y ha retirado la denuncia contra vosotros.

–Gracias. Muy generosa.

Jaime no añadió más y se hizo el silencio. Karen inició la conversación al cabo de unos momentos.

–Te creía en Londres.

–Y estaba, pero alguien a quien amaba me envió un mensaje diciendo que se encontraba en peligro. Y ya ves, tonto de mí, lo dejé todo para acudir en su ayuda.

–Siento mucho lo ocurrido.

–Siento haberos estropeado la velada.

–La verdad es que sí la estropeaste.

–Pues me alegro mucho.

Karen soltó una alegre risita y luego se puso muy seria.

–Recibí tu mensaje.

—¿Sí? Y decidiste celebrar la buena noticia con Kevin, ¿verdad?

Karen guardó silencio por unos momentos y luego preguntó:

—¿Has cambiado de idea o aún me quieres?

—¿Qué importancia tiene eso para ti ahora?

—Sí la tiene, y mucha. Contéstame. Por favor.

—Eres tú la que tiene que contestarme. ¿Recuerdas el mensaje que dijiste imprimirías? Ese que me pedías que te aclarara. Y yo lo hice. ¿Recuerdas?

—Claro que lo recuerdo.

—Y bien. ¿Cuál es la respuesta?

—Sí.

Jaime sintió que su corazón se detenía.

—Sí ¿qué?

—Sí. Te quiero.

—¡Maldita sea, Karen! ¿Me quieres y lo primero que haces es acostarte con Kevin cuando yo estoy ausente? —Jaime sentía una extraña mezcla de felicidad, rabia e indignación—. ¿No sabes que la gente normal considera incompatible querer a alguien y engañarle?

—Bueno. Es que a él también le quiero.

Jaime se la quedó mirando sin dar crédito a lo que oía. Karen le mantuvo la mirada con expresión seria.

—¿Bromeas? ¿Que nos quieres a los dos? ¿Qué diablos quieres decir con eso? ¿Es que los putos Cátaros sois bígamos o qué?

—Pero a ti te quiero mucho más.

—¿Y eso qué quiere decir? ¿Que te acostarás conmigo cinco días a la semana y con él sólo dos?

—No. Cálmate, Jim, deja que te explique. Kevin y yo fuimos amantes antes de conocerte, o quizá sería más correcto decir que estuvimos casados, ya que para los Cátaros el matrimonio no es un sacramento, sino un acuerdo libre entre dos. El caso es que vivimos juntos más o menos un año. Y yo quise dejarlo. Pero él jamás lo aceptó y ha continuado pretendiéndome a pesar de que ambos hemos tenido otras parejas.

»Cuando el martes por la noche me llamaron por teléfono alertándome de lo ocurrido y del peligro, empecé a avisar a otra gente para que se pusieran a salvo o extremaran las precauciones. Lo hice antes de leer tu mensaje. Luego vi tu correo y, cuando lo leí, me sentí muy feliz. Pero estaba asustada, y tú estabas muy lejos.

»Al enterarse Kevin de lo ocurrido, vino de inmediato a protegerme y estuvo todo ese tiempo conmigo. De nuevo me declaró su amor e insistió en que volviera con él. Ya ves, no sé cómo explicarlo, pero tenía miedo y con él me sentía protegida y halagada. Al final pasó lo que pasó. Soy monógama y no traiciono a mi pareja cuando tenemos un compromiso mutuo. De decidir irme con otro, siempre rompería antes mis ataduras anteriores.

»No me había comprometido aún contigo, pero estaba tomando mi decisión, y esa decisión debía incluir terminar definitivamente con Kevin. Ambos me estabais pretendiendo. Y no sé qué pasó exactamente. Quizá decidí revisar cuáles eran mis sentimientos respecto a Kevin antes de contestarte. Ahora ya sé lo que siento por cada uno.

–¿Quiere decir eso que me garantizas exclusividad?

–Sí, si aún la quieres.

–Un margarita para la señorita. –Ricardo interrumpió sirviendo él personalmente las bebidas. Sin preguntarle, traía un nuevo brandy a Jaime–. Espero que se diviertan. Por cierto, una tal Marta, que dice ser antigua amiga tuya, ha estado preguntando por ti, Jaime.

Oportuno Ricardo. Le recordaba la noche pasada con Marta, insinuando que Karen y él estaban en paz. Maldito entrometido, pensó.

–¡Ah! ¿Quién es Marta? –preguntó ahora Karen, frunciendo el ceño pero con una sonrisa aliviada por el cambio de conversación.

–Pues es una morena muy guapa que pregunta a veces por este caballero –contestó Ricardo con una gran sonrisa. El hijoputa se está divirtiendo, pensó Jaime–. Bueno, los dejo, parece que tienen de qué hablar. –Vio la expresión adusta de su amigo y le guiñó un ojo. Cogió la bandeja y se fue.

–¿Quién es Marta?

—Una chica que conocí hace tiempo —mintió él—. Pero dime, Karen, toda esa historia de nuestro amor eterno, de nuestro amor de hace ochocientos años, ¿cómo te atreves a jugar con ello? ¿Cómo que no sabes lo que pasó con Kevin? Me dices que te cortejaba y que tú le diste lo que te pedía. Así, tan fácil. ¡Por favor, Karen! ¿Cómo puedes ser tan superficial? Creía que considerabas lo nuestro único, casi sagrado. Que me descubriste en tus sueños del pasado, que me buscaste para continuar aquel gran amor hasta encontrarme. ¡Tu antiguo gran amor! ¿Cómo es posible? Lo encuentras y de inmediato lo traicionas.

—Te equivocas, Jaime —repuso Karen firme—. No te traicioné porque no tenía ningún compromiso contigo. Era una mujer libre con dos ofertas. El asunto era muy importante. Lo pensé y luego tomé una decisión. No te he engañado en ningún momento. Si me quieres, tómame. Si no, dímelo y lo dejamos. Pero si me tomas, ha de ser sin reproches y sin cuentas pendientes.

—Pero lo nuestro se supone que era distinto. Único. Exclusivo. Yo te he visto en mis recuerdos. Entonces ya te amaba con locura. Y ese amor se ha mantenido, ha crecido en el tiempo. ¿Cómo puedes comparar lo nuestro con tu asunto con Kevin?

—Tienes razón en lo extraordinario de lo nuestro, Jim, pero te equivocas en lo de único y exclusivo.

—¿A qué te refieres?

—A que sí te puedo comparar con Kevin.

—¿Cómo?

—Porque a él también lo amé antes.

—¿Qué?

—No te puedo contar más, Jim. Debes terminar tu ciclo de recuerdos de aquella vida. Solamente créeme. No ha sido una decisión inmediata para mí. Tampoco tan fácil. Tenía que rechazar parte de mi vida antigua y tomar otra.

Jaime se quedó callado. Intentaba asimilar todo aquello. No sabía qué decir.

—Lo ocurrido con Kevin fue un tipo de despedida —continuó Karen—.

Tú pareces tomarlo como una gran ofensa personal. Y te equivocas. No tienes derecho a censurarme. Se lo debía a Kevin.

Karen calló. Jaime se dio cuenta por unos momentos del entorno que le rodeaba y de que durante la conversación el resto del mundo había desaparecido de su conciencia. La música sonaba caribeña y el local se había llenado. Y Karen estaba allí, delante de él. Hermosa como nunca y provocativa, con su jersey de pico, que no escatimaba la vista de la parte superior de sus pechos, y con sus piernas largas y bellas que se mostraban más conforme su corta falda retrocedía. Él amaba a aquella mujer. Y tenía mil motivos. Su personalidad, su sonrisa, la forma en que se expresaba, cómo se movía...

¿Qué podía reprocharle? Quizá algo o quizá nada. Lo cierto era que los reproches no le llevarían a nada positivo; debía olvidar lo de Kevin lo antes posible y alegrarse de ser el vencedor.

Karen continuaba callada y lo observaba con ese brillo especial en sus ojos. Ante el silencio de Jaime, ella empezó a hablar de nuevo.

–Se lo debía al pobre Kevin. Y tú estropeaste la noche, Jim. Lo siento. Eso quiere decir que aún me queda una deuda pendiente con él.

–¿Qué?

Karen estalló en una carcajada y continuó riéndose al verle la cara.

–Es broma. ¡Tonto! –le dijo a Jaime entre risas.

Jaime sintió un repentino alivio; pero no pudo reírse. Ni siquiera esbozar una sonrisa. Aquello no le hacía gracia alguna.

# VIERNES

## 81

Se levantó y fue a la cocina por un vaso de agua. La noche anterior propuso a Karen vivir juntos hasta que pasara el peligro. Karen aceptó. Casi nadie sabía que él estaba con los Cátaros, y consideraban su apartamento bastante seguro. Jaime llamaría hoy a Laura, su secretaria, para explicar que un familiar cercano había tenido un accidente y él había regresado de improviso. Que le dijera a White que el pariente residía en otro Estado y no iría a la oficina hasta el lunes. No; no estaría localizable.

Confiaba en que el lunes estarían preparados para denunciar a los «Guardianes» ante David Davis.

Al regresar a la habitación, se quedó mirando a Karen. Dormía sobre su lado izquierdo y estaba medio cubierta por la manta. Su pelo desparramado sobre la almohada y su blanca piel resaltaban sobre las sábanas de color azul. Estaba bellísima. Jaime pensó que había sido enteramente suya durante la noche. Aún era suya. Le costaba creer que poseía a aquella mujer. Y la sensación de ser su dueño le llenaba de una satisfacción como nunca antes sintió. Había ganado y tenía a Karen. De momento. Pero ¿hasta cuándo? Esa pregunta le torturaba. ¿Cuánto tiempo podría retenerla? Estaba seguro de que Kevin no aceptaba su fracaso e intentaría conseguirla de nuevo. ¿Continuaría Karen amándolo a él cuando ya no fuera necesario para los planes de su secta?

Jaime se acostó abrazándola por detrás, su pecho contra la espalda de ella y las piernas siguiendo las de su compañera, en posición paralela, ajustando los cuerpos.

Olvidó sus pensamientos, concentrándose en el placer del abrazo. Notaba la respiración tranquila de quien en este momento era su mujer y se sintió lleno de paz.

Al rato se levantó, fue a preparar el desayuno y al volver al dormitorio la besó para despertarla. Primero en la mejilla, luego en el cuello y en la boca. Karen abrió los ojos y sonriendo, los volvió a cerrar. Al insistir Jaime, ella empezó a desperezarse.

–Buenos días, cariño –dijo.

Karen se medio vistió con el jersey de pico de la noche anterior y se sentaron a desayunar.

–¿Qué tal has dormido?

–Muy bien. ¿Qué tal tú?

–Me he despertado pronto; he tenido un sueño inquieto.

–¿Cómo es eso? ¿No estabas bien conmigo?

–Claro que estoy bien contigo. Demasiado. Te amo con desesperación y la idea de perderte, de que vuelvas con Kevin, no me deja en paz.

–¡Oh, Jaime! ¡No sé qué decirte!

–No digas nada. Simplemente, es así.

–Bien. Estás intranquilo porque crees que mañana te puedo traicionar con Kevin u otro. ¿Es eso?

–Pues... sí.

–Tengo una solución para eso. Cásate conmigo. Ahora.

–¿Cómo que ahora?

–Sí. Para los Cátaros el matrimonio no es un sacramento y ningún sacerdote tiene nada que decir o hacer sobre lo que tú y yo libremente acordemos.

–¿Así que podríamos casarnos aquí y ahora?

—Sí. Hagámoslo. Te propongo que sea por un límite de tiempo corto antes de comprometernos definitivamente. ¿Qué te parecen tres meses?

—¿Tres meses? ¿Por qué tan poco?

—La convivencia no es fácil y el pasado no garantiza el futuro. Yo cumplo mis compromisos. Puedes estar totalmente seguro de que mientras sea tu esposa no voy a dejar siquiera que me mire otro hombre. ¿Qué me dices? ¿Aceptas y te quedas tranquilo durante tres meses?

—Que sean seis.

—Trato hecho. Ven.

Jaime se levantó, quedándose frente a Karen. Ella le cogió las manos y, mirándole a los ojos, le dijo:

—Yo, Karen, me comprometo a ser tu esposa durante seis meses, o quizá para siempre según decidamos en el futuro. Te seré totalmente fiel y estaré junto a ti tanto en los ratos buenos como en los difíciles, seré tu mujer física y mentalmente. Soy igual a ti y tú eres igual a mí. Por lo tanto, mi compromiso será válido siempre y cuando tú te comprometas a lo mismo y cumplas con lo acordado. ¿Qué me dices?

—¡Karen! ¡Faltan los anillos!

—Los anillos son un símbolo material que no tiene importancia alguna para los Cátaros. —Karen hizo aquí una pausa para sonreír a continuación—. Pero yo amo las joyas, y estaré encantada con un regalo. ¡Pero bueno, me tienes esperando! ¿Te comprometes también?

—Sí. Me gustaría añadir un par de puntos al contrato.

—¿Cuáles? —preguntó Karen sorprendida.

—Que te amo con locura. Y que siempre te amaré.

—Y yo también a ti.

Y se fundieron en un beso y un abrazo. Cuando ambos se separaron, Jaime la cogió de la mano y tirando de ella hacia el dormitorio, le dijo:

—No vale si no se consuma.

—¡Pero si lo hicimos esta madrugada! —protestó Karen riendo.

—Por adelantado no cuenta.

Karen se resistía jugando, y él la cogió en brazos mientras ella pataleaba ligeramente. De repente algo cruzó por su mente y la depositó en el suelo.

–¿Era eso a lo que te referías cuando me dijiste que estuviste casada con Kevin durante un año? Era así, ¿verdad?

–¡Ya basta de celos, estúpido! –contestó Karen frunciendo el ceño pero aún de buen humor. Empujándolo, lo hizo caer de espaldas en la cama y echándose encima de él, empezó a besarlo. Jaime pensó que las cosas estaban yendo por buen camino y que sería mejor no estropearlo. No insistiría en el tema de momento.

Pero tendría que hacer un gran esfuerzo mental para poder echar al fantasma del maldito Kevin de aquella cama.

# SÁBADO

## 82

Mientras Jaime sentía las cálidas manos de Dubois en su cabeza, lanzó una mirada al tapiz antes de cerrar los ojos. Las figuras habían cobrado vida y su mirada se fue al Dios malo. Los trazos seguros, impresionistas, del viejo maestro de Taüll le daban fuerza, vitalidad, poder. ¡Le estaba mirando a él! Enarbolaba su espada amenazante y en su mano izquierda sostenía a la pequeña pareja desnuda, vulnerable. Adán y Eva –quizá Pedro y Corba– parecían atemorizados, intentando protegerse el uno al otro. La divinidad, hierática, impasible, distante, pareció curvar sus labios, y Jaime vio en ellos una sonrisa cruel. Entornó los ojos temiendo un presagio, pero ideas e imágenes se difuminaron y se vio lanzado al pasado.

La batalla estaba a punto de empezar. Los caballeros cruzados de Simón de Montfort habían salido de Muret cuando el sol aparecía tímidamente en la mañana dominada por las nubes. Tan pronto como atravesó el puente sobre el río Loja, el ejército cruzado se dividió en dos ordenadas columnas; la más reducida, de unos trescientos caballeros, se dirigió hacia el oeste, donde se encontraban las milicias tolosanas que sitiaban la ciudad con seis máquinas de guerra. Los tolosanos empezaron a retroceder frente al avance de la caballería, mucho más poderosa que ellos. La segunda columna, compuesta de setecientos jinetes, se encaminó hacia el norte, como queriendo atacar el campamento aragonés por su flanco izquierdo. Pero pronto se dividieron a su vez en dos, dirigiéndose un grupo hacia las tropas del rey Pedro, mientras que el otro continuó el movimiento envolvente hacia el flanco izquierdo del campamento.

La base catalano-aragonesa se encontraba en una posición más elevada, desde donde el terreno hacía pendiente hasta la ciudad de Muret, situada en la horquilla de los ríos Garona y Loja. A su derecha se encontraba el campamento del conde de Tolosa. Un campo despejado, ligeramente sinuoso y cruzado de riachuelos formados por la reciente lluvia se extendía entre ellos y el enemigo. Hierba rala y algunas matas se esparcían por el suelo, cubierto en algunas zonas por pequeños bancos de niebla baja que no impedían la visibilidad general. Al fondo, las murallas de Muret. Y en medio, amenazantes, las tres columnas de caballeros cruzados, con sus estandartes blancos con una larga cruz roja, al viento, avanzando en orden preciso. Nubes blancas y grises se mezclaban en el cielo.

Por entonces el grupo de Ramón Roger I, el impetuoso conde de Foix, ya estaba en camino contra los enemigos que amenazaban a los tolosanos y a sus máquinas de asalto. El conde estaba ansioso por combatir y auxiliar a sus aliados y no esperó a reunir todos los efectivos bajo su mando. Sus caballeros de vanguardia iban al trote, pero los jinetes que se habían quedado detrás galopaban para poder alcanzar al grupo principal, mientras que los infantes, a pie, tenían que correr atrás con las lanzas y se distanciaban del grupo a caballo.

–Adelante –dijo Pedro mientras hacía andar su corcel en dirección al enemigo.

Miguel de Luisián, portando el estandarte real de cuatro barras de sangre sobre fondo gualdo, se colocó a su lado; Hug de Mataplana y los demás caballeros del rey se situaron detrás de ambos.

Pedro vio que los franceses avanzaban despacio y cautelosos, esperando los movimientos de los aliados; de haber espoleado sus monturas, los cruzados ya estarían encima del campamento.

El rey detuvo un momento a su grupo y se incorporó sobre su caballo para observar si estaban listos para salir, pero la columna estaba aún formándose y los caballeros rezagados continuaban llegando. El campamento había adquirido la frenética actividad de un hormiguero atacado, convirtiéndose en un confuso tumulto donde las bestias relinchaban, los peones corrían para reunirse con los suyos, y el ruido de hierros se fundía con preguntas, maldiciones y gritos en varias lenguas. Un par de sacerdotes católicos, con sendos monaguillos sosteniendo recipientes de plata, rociaban con agua bendita a quienes partían a la lucha.

Pedro evaluó la situación. El desdoblamiento del cuerpo principal de los cruzados podría obligar a su columna a luchar en dos flancos, envolviéndolos. Si tal cosa ocurría, Pedro estaría en un serio peligro, ya que quedaría a merced de la ayuda que recibiera del tercer cuerpo aliado, el tolosano, mandado por el conde Ramón VI, con quien acababa de discutir airadamente y que se había retirado a su campamento. Esa perspectiva le inquietaba. No podía dejar ningún jinete rezagado, los necesitaba a todos.

El audaz conde de Foix tenía prisa por entrar en combate y no moderaba su avance, con lo que su retaguardia estaba dispersa y desordenada. Mientras, los infantes tolosanos, abandonando las máquinas de asalto, empezaron a correr hacia el de Foix en busca de protección contra los cruzados.

Pedro maldijo en voz baja, tanto a los cobardes escondidos en las tiendas del campamento como a los que tomaban demasiados riesgos. Ambos eran igualmente peligrosos para los suyos. Ése era uno de los inconvenientes de improvisar un ejército con gentes de distintas procedencias y viéndose obligados a combatir sin tiempo para acostumbrarse a una disciplina.

–Daos prisa con la formación –gritó Pedro, e hizo un gesto para que los suyos avanzaran de nuevo. Pero antes se dirigió al conde de Cominges–:

Cominges, comandad vos la retaguardia de mi columna y a los caballeros retrasados. Y si el de Tolosa no acude rápido, defended mi flanco izquierdo de los cruzados.

–El de Foix está dejando atrás a sus infantes y a varios caballeros –advirtió Miguel de Luisián, que cabalgaba junto al rey–. Es imprudente entrar en batalla sin apoyo de los lanceros de a pie cuando los cruzados llevan los suyos pegados a los caballos.

–Aun así, no podemos abandonarlo –repuso Pedro–. Si dejamos mucha distancia, la columna central francesa le atacará por su flanco izquierdo y lo destrozará.

–Pero eso significa dejar atrás a nuestros propios lanceros y a los caballeros del grupo de Cominges –dijo Hug de Mataplana–. Nos arriesgamos a que Cominges no pueda contener al tercer grupo cruzado y que nuestra propia columna sea atacada por centro e izquierda a la vez.

–Bien lo sé, Hug –contestó Pedro–, pero no va a quedar más remedio que proteger al de Foix de un ataque envolvente de la columna central. Si perdemos el flanco derecho de nuestro ataque, el que comanda Ramón Roger de Foix, la batalla se pondrá muy difícil. Nos acercaremos a distancia suficiente de la columna central francesa para que ésta no se atreva a atacarle.

–Entonces cargarán contra nosotros sin dar tiempo a que el grupo que manda el de Cominges nos alcance –dijo Hug.

–Además, la columna izquierda caerá sobre nuestra retaguardia. La situación no es halagüeña –añadió Miguel–. Que Dios nos ayude.

–Que sea lo que Dios quiera –replicó Pedro II.

Miguel se santiguó, y Hug, que conservaba su humor a pesar de lo difícil de la situación, no perdió la ocasión de lanzarle una pulla.

–Después de la misa os he estado vigilando todo el tiempo, Miguel, y no os ha dado tiempo a pecar. No hace falta que os santifiquéis más.

–Lo hago pensando en vuestra negra alma –respondió rápido Miguel.

Hug soltó una carcajada. Pedro murmuró de nuevo, como para convencerse a sí mismo:

–No es un suicidio. Es el juicio de Dios. –Y rezó–: Señor buen Dios, me someto a vuestro juicio. Tened piedad.

El conde de Foix, que se encontraba a unos seiscientos metros del grupo enemigo que llegaba por la derecha, se irguió en su caballo, espada en alto, y gritó:

–¡Por Foix, Occitania y el rey Pedro!

Sus caballeros gritaron a todo pulmón mientras levantaban las espadas, lanzándose a la carga contra la columna cruzada, y con ello obligaron a Pedro y su grupo a aumentar de nuevo el ritmo de trote. En perfecta formación, los cruzados reaccionaron cargando, en lugar de contra los caballeros de Foix, contra los tolosanos, de forma que éstos quedaron en medio. En pocos momentos, los tolosanos que huían y el grupo del conde que cargaba se mezclaron, mientras sus enemigos les atacaban.

Gritos, estruendo de armas chocando y relinchos de pánico de los caballos; se decidía el primer lance de la batalla.

La columna central de Simón de Montfort continuaba avanzando y no parecía que fuera a intervenir contra los de Foix. Los caballeros del rey Pedro continuaban al trote; ya sólo les separaban quinientos metros. Pedro ordenó reducir la velocidad y pusieron los caballos al paso, esperando que el conde de Cominges, que llegaba por detrás, pudiera alcanzarlo pronto.

Mientras, los de Ramón Roger I parecían llevar la peor parte del combate; la confusión y el desorden del bando aliado eran enormes. Los jinetes tropezaban con los infantes tolosanos y eran incapaces de organizarse para contraatacar. Los franceses, en sólida formación, manejaban las espadas con habilidad, y sus infantes, con sus picas, lograban derribar un número importante de jinetes aliados. Unos caballeros heridos empezaron a retirarse, mientras que el resto cedía terreno frente al empuje de los cruzados. Una tercera parte de los caballeros de Foix había caído ya; los cruzados parecían tener pocas bajas. Éstos se abrieron paso a golpe de espada en medio de un sangriento desorden de infantes que huían y caballeros que resistían. Entre tanto, al grupo del rey sólo le faltaban unos cuatrocientos metros para chocar contra los cruzados.

Y entonces ocurrió. De nada sirvió la bravura del conde de Foix. Sus caballeros se retiraban.

En aquel momento se oyó un gran griterío en la columna central francesa. ¿Estarían celebrando la victoria? No, no celebraban. Atacaban. Estaban cargando contra ellos.

## 83

El rápido derrumbe de Foix había dejado a Pedro en una posición muy comprometida: no sólo tendría que luchar contra la formación central, que ya le atacaba de frente, sino que la primera columna cruzada, en cuanto terminara de dispersar al grupo de Foix, cargaría contra él por su flanco derecho mientras la tercera columna lo atacaría por la izquierda o por detrás. Si Ramón VI de Tolosa no se lanzaba a la lucha con sus caballeros de inmediato, estaba perdido. El corazón de Pedro batía acelerado, y sentía un nudo en la garganta. Estaban en mala situación para cargar, se encontraba lejos de los infantes y del grupo de Cominges que se acercaba al galope. ¿Qué hacer? ¿Retirarse a la línea de arqueros?

Demasiado tarde. Si giraban, en unos momentos tendrían a la caballería enemiga a sus espaldas; el tiempo era demasiado justo para cambiar de dirección y no ser alcanzados. Y aun en el caso de que la mayoría de los caballeros pudiera escapar, los franceses destrozarían a los lanceros de a pie que estaban a medio campo. Además, lo más probable era que su propia caballería en retirada tropezara con los de atrás y que la confusión resultante fuera todavía peor.

Así quería Dios juzgarlo. Si Él lo deseaba así, así sería. Como mandaba la tradición del juicio de Dios, Pedro se enfrentaría cuerpo a cuerpo en combate a muerte con sus enemigos.

—¡Caballeros! —gritó alzando su espada—. ¡Por Occitania, Cataluña y Aragón! ¡Y por Dios!

—¡Por Dios y el rey Pedro! —gritó Miguel, cuya tronante voz destacaba sobre el fragor del ejército al trote.

Y se lanzaron al galope en medio de un gran griterío.

Miguel, Hug y otros de los caballeros del rey se adelantaron a Pedro para protegerlo del primer choque, que se produjo pocos instantes después. El estruendo de hachas y espadas sobre metal se mezclaba con gritos y maldiciones formando un ruido ensordecedor.

Un caballero enemigo cruzó la primera línea a la izquierda de Pedro; habría recibido algún golpe, parecía confuso y su guardia estaba demasiado abierta.

Pedro le lanzó un mandoble de arriba abajo que el otro no pudo parar y el hierro penetró entre el casco y la frente, cortando violentamente por la nariz y la boca. Los ojos azules del hombre se abrieron con sorpresa, la espada cayó de su mano y su cuerpo se echó hacia atrás desplomándose de espaldas.

Pedro espoleó su caballo, que saltó hacia delante, al tiempo que soltaba otro tajo a la espalda del cruzado que se batía con Hug y que en el intercambio de golpes había quedado en mala posición. El hombre se dobló hacia delante, y Hug le asestó un golpe lateral en el cuello que rompió la malla. Sin emitir un quejido, el caballero cayó de lado, con el cuello doblado en posición extraña y borbotones de sangre saliendo de la herida.

Más al frente y a la derecha, Guillem de Montgrony, el joven caballero que vestía las insignias reales, retrocedía ante el empuje de varios enemigos. A su lado, Gomes de Luna acababa de derribar a un francés. En un movimiento envolvente, tres de los cruzados se colocaron a la espalda de ambos; estaban buscando matar al rey. Pedro espoleó su caballo hacia delante y gritó:

—¡Ayuda para Guillem!

Miguel, Hug y otros caballeros más, que nunca se separaban de Pedro, lo siguieron.

Demasiado tarde; Guillem y Gomes cayeron bajo una lluvia de golpes.

–¡Ése no era el rey Pedro! –gritó el caballero cruzado que parecía al mando del grupo–. El rey es más viejo y corpulento.

–¿Queréis al rey? ¡Aquí lo tenéis! –gritó Pedro al tiempo que descargaba un tajo sobre uno de los caballeros que habían atacado la espalda de Guillem y que justo había tenido tiempo de girarse y protegerse con el escudo.

–¡Dios mío! ¡Está loco! –exclamó Miguel mientras cargaba contra otro de los cruzados a la izquierda de Pedro.

Llegando por la derecha, Hug atacó a un jinete que se dirigía contra el rey. Los franceses buscaban al rey Pedro y lo habían encontrado.

Pedro continuaba golpeando a su contrincante, que ya había logrado parar tres golpes con el escudo. El cruzado recuperó una buena posición y le soltó un corte de derecha a izquierda haciendo girar la espada por encima de la cabeza. Pedro se echó hacia atrás para esquivarlo y de inmediato hacia delante con la espada horizontal, al hueco que el otro había dejado al final de la amplia curva de su mandoble alto. Le hirió en el costado, pero no lo suficiente para derribarlo. Su enemigo se dobló hacia delante mientras con la espada golpeaba con fuerza a Pedro. Éste se protegió con el escudo, pero la formidable fuerza del impacto hizo que la espada de su contrincante, aunque débil, le diera en el casco hiriéndole.

Su cabeza retumbó y sintió un dolor lacerante. Eso hizo que su siguiente golpe, ya en camino, topara sin la suficiente fuerza en la parte alta del brazo que sostenía el escudo de su enemigo.

Pedro se preparaba para recibir el siguiente embate cuando el caballero cayó hacia delante con un gran tajo en el costado propinado por Miguel. Éste se había librado de su contrincante y se colocó entre Pedro y los caballeros franceses que venían hacia ellos en multitudes.

–¡Es una trampa, quieren mataros, mi señor! Poneos a salvo en la retaguardia. ¡Los cruzados os han descubierto y vienen a por vos!

Pedro se sentía cansado como nunca se había sentido en una batalla, y la sangre en la cara le privaba de la visión del ojo izquierdo.

—No, mi buen Miguel, ahora es el momento del juicio –le dijo.

—¡Ayuda para el rey! –gritó Miguel con su formidable vozarrón. Hug, que también había terminado con su enemigo, se puso al lado del aragonés al tiempo que otro cruzado llegaba y le golpeaba con un tajo largo en el casco. La sangre empezó a brotar de su frente. Pero Hug hizo saltar a su caballo hacia delante y con un movimiento horizontal de su espada, la colocó entre el escudo y el brazo derecho de su atacante, justo en pleno pecho. El hombre abrió los brazos y se desplomó hacia atrás. Un segundo adversario le envió un mandoble que Hug pudo parar a duras penas con su escudo; perdido el equilibrio, golpeó a su vez al cruzado, que se libró con facilidad. Hug se descubrió demasiado y, al contraatacar, el francés le alcanzó con un buen corte en el hombro; la espada de Hug cayó al suelo, pero pudo mover su escudo a tiempo y parar el siguiente golpe. Intentó coger sus mazas de combate, que colgaban de su silla, sin conseguirlo. Pedro espoleó su caballo y, llegando por detrás de Hug, hundió su espada en la faz del cruzado. La sangre cubría buena parte de la cara de Hug, que tenía el brazo derecho colgando y sus mejillas pálidas como la cera.

—Es un honor tener como guardaespaldas a un rey. –Tuvo aún el humor de bromear–. Gracias, mi señor.

—Hug, retiraos –dijo Pedro.

—No, mi señor. No os abandonaré en el campo de batalla –repuso Hug mientras intentaba coger de nuevo las mazas de guerra, que colgaban de su montura. Su herida sangraba en abundancia, y las mazas cayeron al suelo.

—Idos, Hug, aquí molestáis y yo os quiero para otras guerras. ¡Os lo ordeno por vuestro honor y la fidelidad que me habéis jurado!

—¡Que el Dios bueno os proteja, mi señor! –Sosteniéndose a duras penas sobre el caballo, Hug se dirigió al campamento.

La situación en el grupo de Pedro era crítica. Cerca de una veintena de jinetes cruzados se habían lanzado sobre la cuadrilla del rey, de la que sólo cinco caballeros quedaban. Un grupo de unos veinticinco caballeros, con Dalmau de Creixeill al frente, se esforzaban por llegar en su ayuda, pero la caballería y los infantes enemigos, que a pie les atacaban con sus largas picas, se lo impedían.

—¡Id a la retaguardia, mi señor! –le gritó de nuevo Miguel–. ¡Rápido, don Pedro! ¡Antes de que nos rodeen!

Fueron sus últimas palabras. Un cruzado le estrelló un hacha en el casco, mientras otro le hundía la espada por debajo del escudo. Miguel se desplomó hacia delante. Pedro espoleó su caballo enviando un tajo al primero de los verdugos de Miguel. El golpe dio en el cuello del caballo, que se hundió de rodillas. Rápidamente levantó la espada, hiriendo sin profundidad el pecho del caballero. Tuvo el tiempo justo de cubrirse con el escudo del golpe que el segundo jinete le lanzaba. Soltó un nuevo mandoble al caballero herido, que recibió un profundo tajo, rompiéndole la malla entre omoplato y esternón. Hombre y caballo empezaron a caer.

Pedro sintió entonces un golpe y un profundo dolor en su hombro izquierdo; el brazo que sostenía el escudo se desplomó y la defensa cayó al suelo. Casi de inmediato un terrible dolor en el costado; un soldado de a pie le había clavado su lanza.

—¡Dios mío! –musitó mientras perdía el equilibrio y caía del caballo.

Justo entonces sus caballeros alcanzaban el lugar, haciendo retroceder a los cruzados.


Pedro no había perdido la conciencia. Allí frente a él, tendido en el suelo, estaba Miguel, su amigo, con su densa barba rubia y sus ojos azules abiertos. Miraba a un cielo que ya no veía; tenía la frente ensangrentada y abierta por un gran corte. Entre ambos, un pequeño riachuelo, de agua clara hacía unos momentos, llegó a pensar Pedro, ahora de sangre.

Sabía que sus heridas eran mortales. Dios lo había juzgado y condenado.

Arriba sus caballeros luchaban aún, creando un espacio libre que le protegía, y veía cómo jinetes de uno y otro bando iban cayendo. Él quería gritarles que todo estaba perdido, que se fueran. Que el juicio de Dios ya se había celebrado. Pero no pudo ni siquiera hablar. Quería que se retiraran, sabía que sus caballeros habían de morir antes que abandonarle allí, a pesar de que la batalla estaba ya perdida. La angustia que aquella certidumbre le causaba dolía más que sus heridas.

Se equivocó al no seguir los consejos de Ramón VI. Erró al conducir a su gente a un combate en campo abierto. Obró contra la prudencia y ahora respondía por ello.

Pero había pedido ser juzgado por Dios para acabar con aquella duda terrible, aun a costa de su vida. Y había sido condenado. Pero ahora comprendía que no sólo él pagaba por su pecado, sino que sus caballeros y las gentes que le eran fieles sufrirían su misma suerte. Las lágrimas brotaron de sus ojos. Había sido un loco obsesionado por el amor de una mujer, por ella se había enfrentado a la voluntad de Dios, y por ella había buscado su destino en aquel campo de batalla. Y allí lo encontró. Su destino era la muerte.

Sentía dos dolores en el pecho: la herida física y la pena. No sabía cuál era más punzante, pero ambos le estaban matando. Iba a perder la conciencia. La muerte le libraría del dolor físico. Pero ¿cómo escaparía de su angustia, del dolor de su espíritu?

–Señor mi Dios, perdonadme por lo que he hecho a mi gente. –Con un último esfuerzo Pedro se tumbó hacia el cielo. Casi no oía el estruendo del combate.

Miles de imágenes cruzaron su mente. Su infancia, sus guerras, sus amores. Corba.

–Señor buen Dios, cuidad de mi amada Corba, cuidad de mis súbditos y de mi hijo.

El cielo continuaba con sus nubes grises y blancas. Su vista empezó a nublarse y vio las siluetas de los combatientes a cámara lenta, bailando un macabro baile de muerte a su alrededor.

–Señor buen Dios, perdonadme.

De pronto, atravesando un claro de nubes, surgió un pequeño rayo de sol.

Pedro vio un resplandor blanco salir del cielo, la luz se hizo mayor y se le acercó. Y sintió que no estaba solo, había alguien dentro de aquella luz. Una voz misericordiosa le hablaba diciéndole que el buen Dios le había perdonado.

Pedro sintió paz.

## 84

−El ciclo se ha cerrado −dijo Dubois apartando sus manos.
Jaime recuperaba lentamente la conciencia de dónde estaba.
Dubois volvió a hablar:
−Ahora debe encontrarse a sí mismo. Estaré en mi celda, rezando; venga cuando me necesite. −Y dirigiéndose a la puerta, lo dejó solo en la capilla subterránea.
Tumbado en el pequeño diván, podía ver de nuevo el tapiz de herradura cátara con sus personajes y divinidades extrañamente primitivos y ahora inmóviles. El Dios bueno, el mal Dios estaban allí, quietos pero cubiertos por un poder oculto y un significado que Jaime no terminaba de descifrar.
Notaba sus ojos y mejillas húmedos y se dio cuenta de que había llorado cuando el rey Pedro lloró. Había vivido su propia muerte y, antes de morir, notó cómo la pena y sus propios reproches le destrozaban el corazón.
Sentía una gran compasión por Pedro. Por él mismo. Por el caballero, por el rey, que creía en un Dios que juzgaba a sus criaturas, premiando a las justas con la vida terrena y castigando a las equivocadas con la muerte. Lamentaba el destino de aquel hombre, que lo había dado todo por el amor de una mujer: su vida, la de sus caballeros y amigos, su reino y también su alma.
Estaba seguro de que aquella historia antigua se repetiría en el presente y experimentaba lo que Pedro sintió cuando velaba sus armas y rezaba a Dios la noche antes de entrar en batalla.
El lunes, si todo estaba listo, debería ver a Davis, convencerlo y demostrarle que existía un complot dentro de la Corporación y que algunos de

sus más altos ejecutivos estaban involucrados en los asesinatos. Si fracasaba, los «Guardianes» sabrían entonces que él era su enemigo y su vida no valdría nada. Lo buscarían para asesinarle. Y también a Karen.

Sentía que la vivencia por la que acababa de pasar no era un presagio, sino un aviso de algo malo. Pero él, como antes Pedro, no tenía otra alternativa. Miró la imagen del Dios bueno.

–Señor buen Dios –empezó a rezar–, dadme valor. Dadme la victoria.

## 85

Encontró a Peter Dubois en su celda, orando de pie frente a un libro apoyado en un atril. La habitación era un simple cuarto de veinte metros cuadrados pintado de blanco y amueblado con una austeridad que contrastaba con el resto de la casa. Una cama de madera, una mesa, dos sillas, un pequeño armario, varios estantes de libros. No tenía ventanas, y la luz natural entraba por una claraboya que iluminaba el fondo de la habitación donde estaba el viejo libro. Jaime intuyó que aquella obra sería una copia del Nuevo Testamento de san Juan Evangelista; el libro del Dios del amor para los Cátaros, la voluntad del Dios bueno expresada por Jesucristo.

–Hoy he vivido mi muerte –le dijo Jaime a Dubois una vez que se sentaron en las dos únicas sillas.

–La carne que creó el diablo murió –repuso éste con una sonrisa–. Su verdadero yo espiritual está aquí ahora conmigo. Jamás murió.

–Vi sufrir y perecer a muchos a causa de mis errores; ese recuerdo me desgarra.

–Tomar conciencia del daño que causamos a los demás es parte de nuestro progreso. –La voz de Dubois sonaba suave y le producía a Jaime una sensación de paz–. No puede usted cambiar el pasado, Jaime, simplemente, debe aprender para ser mejor en el futuro.

–Tenía una duda terrible sobre si el camino que había tomado era contrario a la voluntad del Señor. Me sometí a una suerte de juicio de

Dios luchando en primera fila en una batalla, y Él castigó mi equivocación condenándome.

—Claro que estaba usted equivocado. Pero lo estaba al someterse a tal juicio. ¿Cómo pudo creer que un Dios bueno aceptaría que se matara con otros para juzgarle? Las armas, las guerras, las batallas y las muertes violentas son obra de un espíritu perverso al cual puede llamar diablo y que proviene del Dios malo. O si le es más fácil, llámele Naturaleza, con su gran poder creador y su gran fuerza de destrucción, de crueldad. Pedro II jamás se sometió al juicio del Dios bueno. Luego Él jamás le condenó.

—Peter, usted dice que las armas y las batallas son obra del diablo. Ahora me veo en situación de enfrentarme a otros hombres. Y si venzo, les causaré un mal y quizá alguno muera, pero, si pierdo, ellos me quitarán la vida. Y todo a causa de la guerra que ustedes han iniciado contra los «Guardianes del Templo». ¿No representa una gran contradicción de su fe?

—Los «Guardianes» utilizan la violencia física y el asesinato en nombre de su Dios. Están errados. El hombre nació de un animal primitivo y cruel que creó el demonio, el mal Dios, la Naturaleza, pero en su interior tiene un alma pura creada por el Dios bueno. Y evoluciona de forma imparable vida tras vida hacia la bondad, perdiendo en su largo camino su crueldad animal. Dios sólo hay uno, y es el Dios bueno, que al final de los tiempos recuperará el alma de los hombres para su reino. —Los ademanes de Dubois eran suaves y sus ojos habían perdido la dureza, la amenaza hipnótica que Jaime siempre había visto en ellos. Ahora se sentía bien con aquel hombre de barba blanca—. Pero cada individuo inventa su propia versión de Dios según su estado de evolución. Y su Dios se le parece psicológicamente. Antiguamente, los dioses pedían sacrificios humanos. Sacrificios de animales. Pero no era el Dios bueno quien lo pedía, sino la Naturaleza brutal y cruel de aquellos hombres; el mal Dios.

El Dios bueno no ha pedido nunca el asesinato, el robo, la venganza, el engaño ni la violación, aunque haya hombres y religiones que los justifiquen en su nombre. Pero las creencias también evolucionan y se adaptan a las necesidades de un hombre más cercano al Dios bueno. Lea el Antiguo Testamento. Lo que la Iglesia católica practicaba hace ocho siglos hoy horrorizaría a sus fieles; ha evolucionado a formas más caritativas, más puras. Nosotros, los Cátaros, también hemos cambiado, porque nuestra religión, aunque buscara al Dios bueno, tampoco nació perfecta. En el siglo XIII creíamos que el Señor nos pedía que nos dejáramos perseguir, despellejar, quemar; estábamos equivocados. Es legítimo que nuestros creyentes se opongan a quienes quieran implantar la intolerancia y las creencias retrógradas propias del Dios malo. Sólo que debemos evitar, en lo posible, la violencia contra los demás.

–¿Qué me dice de la seducción y el sexo? –Jaime sabía que Dubois adivinaría el porqué de su pregunta–. ¿Son armas lícitas en la lucha?

–Yo hice voto de castidad. Pero los creyentes no lo hacen. El sexo es bueno porque permite el nacimiento de los cuerpos físicos y la encarnación de las almas. También es un vehículo para el amor, que es la mejor virtud del ser humano. Sin embargo, debe ser usado con cuidado, no porque sea pecado, sino porque puede hacer sufrir. Si no se hace daño a los demás o a uno mismo, el sexo es como cualquier otra cosa en nuestro mundo: fruto de la Naturaleza. O del demonio, como dirían los antiguos. No debería ser usado como arma, pero tampoco debiera usarse ninguna otra arma.

## 86

Cuando Jaime entró en el salón, Karen y Kevin se encontraban de pie, con papeles en las manos y en acalorada discusión, mientras Tim les escuchaba sentado en una silla. Encima de la mesa había numerosos documentos amontonados y un ordenador portátil en funcionamiento. Pilas de carpetas en el suelo.

Jaime no se había encontrado con Kevin desde el incidente de la noche del miércoles en aquel mismo salón y sobre aquel sofá. Al verlo con Karen sintió una punzada en el vientre y mil pasiones se reavivaron en su interior. Odiaba a aquel individuo, y en un acto reflejo apretó los puños y la mandíbula. Debía de ser su diablo interior. O la Naturaleza, como diría Dubois. Fuera lo que fuese, allí estaba de nuevo y hacía que odiara a aquel individuo a muerte. Hizo un esfuerzo por contenerse y saludó al grupo.

–Buenas tardes.

–Buenas tardes –repitieron Karen y Tim.

Kevin se lo quedó mirando desafiante, con los labios apretados, sin responder al saludo; él también debía de padecer su propio demonio.

Los ojos de Karen se iluminaron al verlo, le dedicó una deliciosa sonrisa y, abandonando la conversación y los papeles sobre la mesa, fue a su encuentro. Le besó en los labios y, al cogerle de la mano, Jaime sintió un gran alivio, notando como sus músculos se relajaban. Karen estaba con él. Kevin perdía.

–¿Cómo te ha ido? –preguntó ella.

–He cerrado mi ciclo.

–¿Has hablado con Dubois?

–Sí.

–Preparemos unos sándwiches y salgamos al jardín. Me lo tienes que contar todo. –Sin despedirse de los demás, Karen tiró de Jaime en dirección a la cocina.

Era una hermosa tarde soleada. Anduvieron sobre el césped rodeado de arbustos y azaleas. Depositaron los bocadillos y unas bebidas sobre una mesa de jardín cercana a la piscina y Karen lo condujo al mirador, desde donde se contemplaba el valle de San Fernando y las montañas. A pesar de una ligera bruma en el valle, la vista era magnífica.

–Cuéntame –pidió ella al sentarse a la mesa.

Él le explicó lo vivido hacía unos minutos, terminando el relato con su propia muerte y la angustia de ver morir a su gente por su culpa.

–¿Puedo conocer ya la historia oficial? –preguntó al final del relato.

–Sí, pero la verdadera historia es la que tú ya sabes. Las versiones de los que ganaron no te deben importar.

–Aun así, tengo muchas preguntas sobre lo ocurrido.

—Lo que está escrito en los libros se parece mucho a tus relatos, pero Dubois te podrá responder mejor. Precisamente, ha salido al jardín.

Karen llamó al viejo, que acudió a la mesa.

—Ha revivido usted la batalla de Muret casi exactamente como la cuenta la historia. —Dubois continuaba sonriente—. Es asombrosa la exactitud de sus recuerdos.

—Miguel murió conmigo, pero ¿qué le ocurrió a mi amigo Hug?

—Hug, siguiendo las órdenes del rey, abandonó el campo de batalla. Su escudero y sus hombres lograron ponerle a salvo, lo llevaron a Tolosa, pero estaba muy malherido y murió dos días después.

Salvo un pequeño pesar, Jaime no sintió ninguna otra emoción; Ricardo estaba vivito y lleno de salud. Al revivir la batalla, experimentó las emociones con una intensidad cruel, pero ahora aquello se le antojaba una lección de historia antigua.

—¿Qué pasó con el resto de mis caballeros?

—Murieron prácticamente todos. Rodeados de enemigos, se dejaron matar uno tras otro haciendo círculo para defender el cuerpo de su rey. Luego, los cruzados desnudaron los cadáveres para quedarse con joyas, ropas y armas. Cuando Simón de Montfort llegó para ver al rey, éste yacía desnudo con varias heridas, pero una, en el costado, era mortal de necesidad. Lo pudieron reconocer por su gran estatura. Dicen que el jefe cruzado lloró al verle en tal estado.

»El resto del ejército se derrumbó al morir Pedro y huyó abandonando a los caballeros de la mesnada real que defendían el cadáver de su señor. El conde de Tolosa, Ramón VI, yo (lo siento), no llegó siquiera a salir con sus caballeros al combate. Su hijo Ramón VII, que lo presenció a distancia, recordaba: «El ruido era como el de un bosque abatido a golpes de hacha». El conde de Tolosa se retiró con su hijo a su ciudad, de donde huyó rumbo al exilio poco después ante el avance de los cruzados. Perdió y ganó varias veces el condado, demostrando ser un maestro de la intriga y la política, aunque no un gran guerrero. Finalmente, muchos años después, su hijo Ramón VII recuperó definitivamente Tolosa, pero ya como vasallo del rey francés.

—¿Qué pasó con el hijo del rey Pedro? ¿Continuó la guerra de su padre?

—No. Jaime I tenía cinco años cuando Pedro murió. Pocos meses antes se había quedado también huérfano de madre al morir María de Montpellier en Roma y fue puesto bajo la tutela del maestre del Temple de Aragón. Con un reino lleno de deudas, menor de edad y agradecido al papa que le liberó de Simón de Montfort, Jaime renunció a sus derecho sobre Occitania, dejando el campo libre a la corona francesa, tal como el pontífice quería.

»Jaime I dijo de Pedro II, su padre: "Si perdió su vida en Muret, fue a causa de su propia locura. Sin embargo, fue fiel a su estirpe venciendo o muriendo en la batalla". A pesar de renunciar a Occitania, el nuevo rey de Aragón se distinguió militarmente conquistando los reinos de Valencia y Mallorca a los moros y estableciendo las bases para un imperio mediterráneo que posteriormente, con sus sucesores, se consolidó en Cerdeña, Sicilia y Nápoles, llegando incluso a establecer dominios en Grecia.

—¿Y qué ocurrió con el jefe cruzado?

—Simón de Montfort murió en uno de sus intentos de capturar Tolosa cuando unas muchachas tolosanas, defendiéndose con una pequeña catapulta, le aplastaron el cráneo con una piedra. Su hijo Amauric no supo consolidar lo conseguido por el padre y finalmente tuvo que retirarse a Francia.

—¿Y Corba? ¿Qué pasó con Corba?

—Yo respondo a eso –dijo Karen–. Corba se refugió en Tolosa, donde tenía a su familia, que, estando vinculada al conde, lo siguió en su destierro. Profesaban la fe cátara.

»No le faltaron pretendientes a la dama Corba; no sólo era apreciada por su físico y su inteligencia, sino que el haber sido dama del rey Pedro la colocaba por encima del resto de damas. Al cabo de unos años se casó con un noble, Ramón Perelha, y tuvieron varios hijos. Ramón era el señor del pueblo de Montsegur y rendía vasallaje a Esclaramonda de Foix, hermana del conde de Foix que participó en la batalla de Muret. Esclaramonda era una Buena Mujer y mandó fortificar Montsegur para proteger a los cátaros que huían de la Inquisición. Ramón Perelha cuidó de Corba hasta su muerte, aconteciendo ésta a principios de 1244 en la toma de Montsegur. La historia oficial cuenta que, al no querer renunciar a su fe, la Inquisición la quemó en la hoguera junto con doscientos catorce creyentes más. Pero no es cierto; mis recuerdos son distintos. Corba se arrojó desde lo alto de las murallas a una hoguera para morir libre.

–Lo sé –dijo Jaime–. Es lo que me contaste.

–Sí. Pero aún no lo sabes todo.

El tono usado por Karen lo alarmó.

–¿Hay algo más? –Jaime se sentía ahora inquieto.

–Sí. Pude reconocer a mi esposo de aquel tiempo. –Karen hizo una pausa–. Y él me reconoció a mí. Tú sabes quién es.

Como si de un relámpago se tratara, una certeza fatal iluminó la mente de Jaime.

–¡Kevin!

–Sí.


Trabajar el resto del sábado en Montsegur, luego de la revelación sobre Kevin, se convirtió en una tortura para Jaime. Era insoportable ver esa cara y ademanes de hombre querido por las mujeres de su rival. Aquella permanente visión del guapo y el conocimiento de su papel en la historia pasada le hacían dudar, aún más, de sus posibilidades de retener a Karen; en consecuencia, su amor por ella tomaba la intensidad desesperada que sólo el sentimiento anticipado de pérdida puede producir.

Advirtió, para su consuelo, que Kevin no ofrecía un aspecto más feliz que el suyo; trabajaba silencioso, taciturno, y parecía soportar peor que él la forzada convivencia en el gran salón de Montsegur.

Karen se mostraba discreta en presencia de los demás, pero a solas en la cocina o en el jardín le confirmaba a Jaime que su cariño era sólo para él, para nadie más. Jaime sentía entonces un placer infinito, lo cual duraba justo hasta que le volvía a ver la cara a Kevin.

# DOMINGO

## 87

Decidieron relajar un poco la tensión que crecía conforme se acercaba el lunes. Todo estaría listo entonces, y Jaime debería encontrar la forma de acceder a Davis sin alertar a nadie de la secta. No era fácil, pero estaba seguro de conseguirlo.

Por la mañana recogieron a Jenny, la hija de Jaime, y los tres fueron a navegar para luego almorzar en uno de los restaurantes marineros de New Port.

Karen y Jenny congeniaron; la mañana fue estupenda. En la tarde, después de dejar a la niña con su madre, se dirigieron a Montsegur, donde a Jaime le esperaba una sorpresa.

–Buenas tardes, Berenguer, me alegro de verlo.

Allí estaba Andrew Andersen, el presidente de Asuntos Legales de la Corporación.

Superado el asombro inicial, Jaime le saludó mientras pensaba con rapidez: ¡Claro! Una de las piezas que faltaban en el rompecabezas. Andersen era creyente cátaro y quizá máximo responsable y cerebro de la trama que haría caer a los «Guardianes», dejando el camino libre a los Cátaros. Jaime había intuido la existencia de un cátaro con mucho poder en la empresa; por eso Douglas fue despedido pese al apoyo de otros altos directivos de su secta. Alguien debió de influir en Davis para contrarrestar la presión política de los «Guardianes», y Andersen estaba en la posición correcta. También debió de ser él quien alertó a Karen del asesinato de Linda, ya que, como jefe legal de la compañía, sería el primero a quien la policía avisara.

Jaime observó con curiosidad el atildado aspecto de deportista náutico de Andersen. Así que éste era el gran jefe cátaro escondido. El que, oculto, movía los hilos. Sorprendente.

—Tenemos cita con Davis mañana a las nueve; le prometí al viejo información muy relevante —anunció Andersen con tono resuelto—. Disponemos de algunas horas para ensayar la presentación.

—Muy bien, ensayemos —dijo Jaime. Se sentía confortado; el presidente de Asuntos Legales era un aliado formidable, y el acceso a Davis estaba ya resuelto.

—¿Continúa decidido a seguir adelante? —preguntó Andersen mirándolo suspicaz—. ¿Se atreve?

—Por supuesto —contestó Jaime con aparente tranquilidad, pero advirtió que las horas antes del inicio de la batalla final estaban contadas.

Aquella noche velaría de nuevo sus armas antes del juicio de Dios.

# LUNES

## 88

La secretaria no había llegado todavía, y Jaime entró en el despacho sin llamar. Andersen se encontraba de pie contemplando las brumas del exterior a través de su ventana.

–¿Preparado? –preguntó sin más preámbulos al ver a Jaime.

Parecía con prisa.

–Sí.

–Pues vamos a ello, y suerte.

Esperaron en los ascensores un tiempo interminable observados por el guarda de seguridad. White acostumbraba llegar pronto por la mañana y tenía su despacho muy cerca; encontrarse con él sería muy violento. Jaime no pensaba darle explicación alguna, y su jefe se pondría en alerta.

El ascensor llegó vacío, Andersen aplicó su tarjeta contra el sensor y al aparecer la señal verde, pulsó el botón de la planta trigésima segunda.

En pocos segundos llegaron y Jaime supo que ya no podía volver atrás. No le importó. No tenía ninguna intención de retroceder, la suerte estaba echada.

Gutierres, con un traje impecable y expresión seria, les esperaba en el área de recepción.

—Buenos días, señor Andersen. —Saludó dándole la mano—. Buenos días, señor Berenguer —le dijo a Jaime repitiendo la misma operación—. ¿Me permite su maletín, por favor?

Fue entonces cuando Jaime advirtió la fuerza con la que había aferrado todo el tiempo aquel portafolios. Allí estaba la información depurada, las pruebas por las que Linda había pagado con su vida y por las que asesinaron al creyente cátaro. Sin duda, los «Guardianes» estarían dispuestos a cometer muchos más crímenes con tal de que el maletín no llegara a destino.

—Pasen, por favor —dijo Gutierres indicándoles con un gesto la dirección de una puerta—, detector de metales tipo aeropuerto.

Cumplidos los trámites de seguridad, Gutierres les condujo al salón de conferencias situado en el ala norte del edificio. Una lujosa mesa de caoba y sillas a juego eran los únicos muebles de la estancia, que parecería austera de no ser por los cuadros que decoraban las paredes: Picasso, Matisse, Van Gogh, Miró, Gauguin y algún otro que no pudo identificar.

A Jaime le costaba contener su impaciencia y, luego de unos minutos de espera silenciosa, decidió levantarse para mirar por las ventanas. Pero en aquel lunes lluvioso y oscuro, incluso desde los dominios de Davis el mundo era pequeño y gris.

—Buenos días, señores —dijo Davis con voz firme y, sin dar la mano a sus visitantes, se sentó frente a ellos.

Todos saludaron cortésmente. Gutierres se colocó a su lado abriendo una agenda. Davis no traía papel alguno.

—Andrew, será mejor que merezca la pena. Sabes que no me gusta perder tiempo. —Los ojos del viejo se veían apagados, sin brillo; tenía aspecto cansado.

—Sabes que respeto tu tiempo, pero este asunto requiere tu atención personal. ¿Conoces al señor Berenguer?

—Sí; está a las órdenes de White, ¿cierto?

—Así es.

—Andrew, esto no me gusta. Si vamos a hablar de auditoría, White debe estar aquí para escuchar, dar su versión y, si es necesario, defenderse. No quiero intrigas ni juegos políticos. Lo sabes sobra. ¡Gus, avisa a White! —Ahora el viejo hablaba con energía y autoridad.

Jaime olvidó rápidamente el tamaño físico del hombre y su aspecto anciano. Era Davis, la leyenda; el hombre de hierro que dirigía el conglomerado de empresas de comunicación más poderoso del mundo.

—Espera un momento, David —lo detuvo Andersen con calma—. Escucha primero de qué se trata. Si pedí una cita urgente, es porque el asunto es vital y debes oírlo sin White. Escucha ahora. Luego podrás confrontar a Berenguer y a White para que te aclaren lo que no entiendas.

—De acuerdo —dijo Davis luego de una pausa en la que pareció sopesar lo dicho por Andersen—. Adelante, Berenguer.

—Señor Davis. —Jaime empezó a hablar con voz pausada y firmeza—. Existe un grupo muy poderoso trabajando en secreto para controlar esta Corporación.

—Espero que tenga más novedades, Berenguer —cortó Davis esbozando una sonrisa sarcástica—. Conozco a varios grupos poderosos que intentan controlarnos desde hace mucho tiempo. Y mi juego favorito es evitar que lo consigan.

—Este grupo está muy metido en la Corporación y algunos de sus afiliados ocupan puestos de mucha responsabilidad en la casa.

—Tampoco es nuevo. —Davis continuaba cortante—. ¿Van a contarme algo que no sepa?

—Se trata de una secta religiosa. —Jaime sentía el apremio de Davis, pero estaba preparado para disimularlo—. Pretende utilizar la Corporación para extender su doctrina fundamentalista e intolerante. —Hizo una pausa, comprobando que Davis y Gutierres escuchaban ahora con atención—. El asesinato del señor Kurth y la persona que usted designe como su sucesor en los estudios Eagle son claves en su estrategia, y el candidato de la secta es, creo, quien tiene mejores posibilidades para el puesto. Si esa gente logra controlar las presidencias claves, con sólo librarse de usted controlarían la Corporación.

—¿Está diciendo que Cochrane, el vicepresidente de los estudios Eagle, pertenece a esa secta? —Ahora a Davis le brillaban los ojos y todo rastro de cansancio había desaparecido de su faz.

Jaime vaciló ante la pregunta, que implicaba una acusación directa. Miró a Andersen, y éste no dijo nada, pero hizo un gesto afirmativo con la cabeza.

—Creemos que es una posibilidad.

—¿Cree, dice? —Davis elevó la voz—. ¿Viene a decirme que sospecha la implicación de uno de los máximos ejecutivos de esta Corporación en el asesinato de Steven Kurth, y que sólo lo cree? Tendrá usted pruebas, espero.

—No acuso a nadie; todavía. Al menos, no de asesinato. Permítame exponer lo que conozco, luego veremos lo que puedo probar.

El viejo no respondió, pero lo miraba con sus ojos oscuros emitiendo destellos de acero. Jaime se sentía como si hubiera salvado un primer escollo. A su lado, Gutierres lo contemplaba inexpresivo; no hacía nada para intimidar, pero su aspecto recordaba al del guerrero primitivo que espera un mínimo gesto de su jefe para saltar por encima de la mesa, arrancarle el corazón a su presa y ofrecérselo a éste, como si fuera un dios.

Ante el silencio, Jaime continuó.

—El objetivo de la secta, como he dicho, es el control de la Corporación, y...

—¿A qué secta se refiere? ¿A los Cátaros? —quiso saber el viejo.

Jaime sintió la pregunta golpeándole como un bofetón. ¿Qué sabía Davis de los Cátaros?

—No. Estoy hablando de los «Guardianes del Templo». Son una rama fundamentalista de una religión bien conocida e implantada en este país. Durante años han sustraído grandes cantidades de dinero de la Corporación, sobrecargando los costos a la producción de un buen número de películas y series televisivas. Fondos que luego invierten en la compra de acciones de la sociedad.

—¿Nos han robado? —Ahora la expresión de Davis era de escandalizada incredulidad—. ¿Cómo han podido escapar a nuestros sistemas de control?

—Mediante un acuerdo previo entre ejecutivos de auditoría y ejecutivos encargados de contratar compras. La secta y sus afiliados poseen un entramado de varias compañías que proveen de materiales y servicios para la producción de películas. —Y Jaime contó los detalles.

—El asunto es grave, y usted, auditor —afirmó Davis con dureza al final de la explicación—. Sabe que debe probar lo dicho. ¡Quiero las pruebas ahora!

Jaime colocó, con calma, su maletín encima de la mesa y, disfrutando del momento, empezó a extender las carpetas.

—Ésta es la lista de películas y telefilmes en los que hemos detectado fraude —dijo entregando el documento a Davis a través de la mesa. Esperó unos momentos mientras el viejo, con semblante inexpresivo, recorría la lista. Sin decir palabra, Davis pasó el documento a Gutierres—. Ésta es la lista de compañías que, según hemos comprobado, participan en contratos fraudulentos. Son más de cincuenta, pero sus propietarios, indicados al lado del nombre de la compañía, son siempre los mismos. Quince individuos, testaferros de la secta.

Y así continuó describiendo el funcionamiento de la conjura. Al fin, dejando los papeles en la mesa, Davis se quedó mirando a Jaime; aquellos ojos de viejo cansado al inicio de la entrevista despedían ahora fuego.

—¿Tiene usted alguna sospecha o indicio de que el presidente financiero esté en el complot? —inquirió.

—No; no la tengo.

—Bien. Entonces, él se encargará de verificar estos datos, que, en efecto, sugieren la existencia de un gran fraude. El asunto es muy grave, y usted insinúa que el asesinato de Kurth forma parte de ese complot e implica a altos ejecutivos. Quiero conocer su teoría. Quiero saber cómo ha obtenido usted tanto la información como los documentos de estos asuntos que no pertenecen a su área de responsabilidad.

–Usted recordará a Linda Americo.

–Sí, la recuerdo. Es la chica que fue asesinada en Miami por una banda de sádicos.

–Eran mucho más que una banda de sádicos. Linda fue amante de Daniel Douglas, mi ex compañero encargado de Auditoría de Producción. Era también su subordinada. Él la introdujo en la secta de los «Guardianes». –Jaime explicó con detalle, pero sin identificar a Karen, cómo Linda obtenía la información y cómo la transmitía a su amiga.

–¿Cuál es su interés en esto, Berenguer? –inquirió Davis al final del relato–. La secta, de existir, podría tomar represalias contra usted y su amiga. ¿Por qué se arriesga? ¿Cuál es su ganancia? ¿Es usted un justiciero solitario que pretende vengar a Linda? ¿O quiere librarse de White y quedarse con su puesto de presidente?

Jaime detectaba malicia en la última pregunta del viejo.

–Señor Davis, soy auditor y he descubierto un fraude contra la empresa para la que he trabajado durante muchos años. Mi obligación es investigarlo y denunciarlo. ¿Qué tiene de extraño?

–Sí, cierto. Cierto. Es su obligación –contestó Davis con una mueca que quería ser el inicio de una sonrisa–. Pero no es su trabajo habitual, y asume usted riesgos personales.

–Bien. Admito que me encantaría que se hiciera justicia con los asesinos de Linda. –Hizo una pausa y habló con lentitud–. Y que no rechazaría un ascenso.

–No corra tanto –le cortó Davis con una sonrisa más lograda que la anterior. Era obvio que la respuesta le gustaba; era el lenguaje que el viejo entendía y al que estaba acostumbrado–. Ahora, basta de ese asunto. Quiero verle a las tres de la tarde. A ti también, Andrew.

Davis se levantó y, seguido por Gutierres, salió de la habitación, sin despedirse.

## 89

—¿Qué tal, forastero? —ironizó Laura al verlo—. Creíamos que te había secuestrado una inglesita.

—Estoy bien, ¿y tú? —respondió Jaime entrando en su despacho.

Laura le siguió dentro.

—Tienes una larga lista de llamadas pendientes y no has leído los mensajes de tu correo electrónico.

—Sí. Lo sé. He estado muy ocupado.

—Pues tu jefe no ha dejado de preguntar por ti. Quiere que lo llames de inmediato.

—Ya le dije que un familiar tuvo un accidente. —Jaime ya no se recataba, mostrando el desprecio que sentía por White—. ¿No le basta?

—Por lo visto, no. Ha telefoneado un montón de veces preguntando dónde estabas. Mejor le llamas.

—No te preocupes, Laura. Le veré muy pronto. —Jaime estaba seguro de que Davis los confrontaría en la reunión de la tarde.

Laura leyó la lista de las llamadas recibidas durante su ausencia, resumió la correspondencia pendiente y otros asuntos menos urgentes. Pero para Jaime nada había más urgente o importante que lo que ocurriría por la tarde.

—Te veo ausente, jefe. ¿Seguro que todo va bien? ¿Te puedo ayudar en algo?

—No, gracias, Laura. De momento todo bien.

—¿No será de verdad un asunto amoroso? ¿La inglesita? —Laura lo miraba con picardía, levantando su labio superior.

—Bueno. Quizá haya algo de eso y de otras cosas. Pero no me interrogues ahora. Ya te contaré. Debo irme.

—¿Irte, Jaime? White se pondrá furioso si sabe que te has ido sin hablar con él.

—Pues no le digas que he venido.

—¿Y si me pregunta? ¡No querrás que mienta!

—Pues sí, miéntele. ¡Hasta luego!

Jaime salió de inmediato del edificio; condujo hasta Ricardo's para comer una pizza de reparto con Karen y Ricardo, y relatarles lo ocurrido. Luego regresó directamente al salón donde había estado por la mañana y tuvo que soportar media hora de retraso, una espera interminable, antes del inicio de la reunión.

## 90

–La muestra de información que hemos comprobado es correcta –Davis hablaba serio, calmado–. Es un caso muy grave de fraude. Usted dijo que hay mucho más. Que se trata de un complot orquestado por una secta y que los asesinatos de Steven y de Linda forman parte de la trama en la que están involucrados altos directivos de la Corporación. ¿Se reafirma en lo dicho?

–Sí, aunque no tengo pruebas directas contra dichos directivos en lo que se refiere a los asesinatos.

–Sin embargo, nos dará todos los nombres, ¿verdad? –intervino Gutierres.

–No. No daré nombres de los que no tenga pruebas fehacientes; no quiero demandas por calumnias.

–¿Qué me dice de su jefe, Charles White? –continuó Gutierres.

–Su implicación en el fraude es evidente, y las pruebas están sobre la mesa.

–Bien. No perdamos más tiempo. Que pase White –dijo Davis. Gutierres salió y entró al poco con White, y le indicó que se sentara a uno de los extremos de la mesa.

White, pálido, miraba en silencio a los presentes con sus ojos azules desvaídos, inexpresivos sobre el fondo oscuro de sus ojeras, y que ahora parecían muertos, opacos. Cuando vio a Jaime, no dijo nada.

–Charles –empezó Davis–, Berenguer ha presentado documentos que prueban un fraude en los estudios Eagle por el que me han robado millones de dólares. Daniel Douglas, tu director de auditoría, al que despedimos por acoso sexual, está implicado, y Linda Americo, la chica que lo denunció, fue asesinada en Miami cuando recopilaba las pruebas. Todo apunta a tu implicación en el robo, ya sea de forma directa o encubriéndolo. Quiero escuchar tu versión.

–En mi vida he participado en fraude alguno –repuso White, aparentemente tranquilo–. Te están engañando. Linda, junto con Berenguer, pertenecía a una secta llamada los Cátaros. Otros empleados como Karen Jansen y su jefe, aquí presente, Andersen, también son Cátaros. Quieren tomar el control de esta compañía. Pretenden hundirme con calumnias y que Berenguer sea ascendido para así ganar mayor control sobre la Corporación. Este hombre –señaló a Jaime con su dedo índice– desapareció hace días, supongo que para preparar esta falsedad. Si aquí hay una víctima de un complot, soy yo. Pregúntale a Berenguer, y que niegue, si se atreve, que pertenece a la secta cátara.

–Es una defensa absurda –afirmó Jaime, sintiendo como ahora todas las miradas recaían en él–. Las irregularidades ocurrieron en producción, donde yo no tengo responsabilidad ni acceso. Si yo hubiera participado en el complot, éste afectaría a las áreas de distribución.

–Estabas de acuerdo con Linda –repuso, rápido, White elevando la voz–. Ella sí tenía acceso a producción y te tenía a ti de maestro. Vosotros organizasteis el fraude y ahora me acusáis, ése es el complot. ¡Responde! ¿Era Linda cátara? ¿Lo eres tú? Responde: sí o no.

–¡Qué tontería! –repuso Jaime logrando mantener la calma a pesar del ataque–. Linda fue asesinada por investigar el fraude y las pruebas que obtuvo son concluyentes: te implican a ti y a los de tu secta de los «Guardianes del Templo». No te pongas en ridículo defendiéndote como gato panza arriba. Esto ha terminado.

–No quiere contestar –dijo White mirando a Davis–. Pertenece a una secta que busca controlar la Corporación –luego miró a Jaime–. ¡Responde de una vez! Di, si te atreves, que no eres de la secta sucesora de esos Cátaros que fueron quemados por herejes en la Edad Media. ¡Reconócelo!

—No estamos en la Europa de la Edad Media, sino en los Estados Unidos de América y en el siglo XXI. No tengo por qué responder a esa pregunta ni lo haré.

—¿Lo ves, David? Tiene mucho que ocultar. —Y volviéndose hacia Jaime, añadió—: Lo preparaste todo durante esos días que no viniste a la oficina, ¿verdad?

Jaime lanzó una mirada a Davis, que observaba el enfrentamiento con ojos chispeantes. No contaba ni con un contraataque tan enérgico ni con el aplomo mostrado por White, pero cuando se disponía a replicarle, Davis cortó con voz potente:

—Basta ya de mierda, Charles. Llegas tarde; Andersen me lo ha contado todo y Berenguer ha traído las pruebas: tú y los tuyos sois culpables de robo, encubrimiento y seguramente de asesinato. No me importa la religión de los que trabajan conmigo; Cátaros, judíos, budistas o católicos, mientras no se asocien para cometer delitos, tienen derecho a juntarse entre ellos cuando quieran.

Jaime miró aliviado a Andersen; había temido que se escabullera dejándole a él solo dando la cara y asumiendo riesgos y consecuencias. Ahora comprendía que, después de la sesión de la mañana, éste había hablado a solas con Davis contándole lo suficiente sobre los Cátaros para prevenir el tipo de ataque que White intentaba a la desesperada.

—Pero, David... —masculló White, sintiendo que todas las miradas que ahora convergían en él se habían tornado hostiles.

—Pero nada, cabrón de mierda —interrumpió Davis, que aguardaba a que White hablara para cortarle, con el gesto sádico del felino que juega con su presa indefensa, esperando el próximo movimiento para asestarle el siguiente zarpazo—. Me has traicionado, hijo de puta. Me has robado. Y habéis matado a mi mejor amigo. —Davis guardó silencio.

—Te han engañado. —Los ojos de White estaban desorbitados—. Quieren hundirme. Tienes que darme la oportunidad de defenderme...

—¡Defenderte! —gritó Davis—. ¡Aquí tienes las pruebas! ¡Defiéndete si puedes! —Y arrojó a la mesa las carpetas mientras nombraba los casos de fraude más importantes y las compañías implicadas.

–Si ha habido un fraude, yo no tengo nada que ver. –El hombre hablaba ya sin convicción.

–Es imposible que esto haya ocurrido sin que tú lo supieras. ¡Completamente imposible! –Ahora el viejo bajó la voz a un susurro–. Tú me tomas por tonto, y yo estoy mirando a un muerto. Ya huelo tu cadáver.

Jaime pudo ver como su jefe, sin poder evitarlo, lanzaba una mirada temerosa de víctima a verdugo a Gutierres, que lo contemplaba con rostro impasible.

–Por favor, David. Te equivocas. –Con los ojos húmedos, tembloroso, White había perdido su seguridad de repente, parecía presa del pánico, a punto de derrumbarse. Su mirada, baja, no resistía la de Davis y su vista se perdía en algún punto de la mesa.

Jaime, que siempre lo había visto frío y seguro de sí mismo, estaba desconcertado, sorprendido. Había oído historias de lo duro que podía ser Davis, pero jamás antes tuvo ocasión de presenciarlo: el viejo mostraba sus dientes y los ojos le brillaban con alegría siniestra. De pronto, a Jaime se le antojó un monstruo antiguo y amenazante salido de un pasado de hacía ocho siglos.

–No me equivoco, cabrón, no me equivoco. Pero seré generoso: te ofrezco un trato para que salves tu piel.

White levantó sus ojos diluidos y miró a Davis con esperanza.

–Si me cuentas todos los detalles de la conspiración y me das los nombres de mis empleados infieles, indicando su nivel de responsabilidad, irás a la cárcel, pero al menos salvarás el pellejo.

–No puedo –dijo White, con voz tenue, al cabo de uno instantes.

Jaime sabía que no podría denunciar a la secta. Davis no perdonaba, pero los «Guardianes» tampoco.

–Sí puedes. –El instinto negociador de Davis afloraba–. Si la información es correcta y de calidad, quizá te consiga un pasaje para el extranjero; te librarías de la policía y de tus propios amigos.

White no respondió. Su cabeza estaba baja y hacía leves movimientos negativos con ella.

–Bien. Tienes veinticuatro horas para pensarlo –le dijo el viejo al cabo de un rato–. Quiero verte aquí mañana a las cuatro y media. Ve a tu casa y no salgas de ella hasta que vayamos por ti. Deja tus llaves, tarjetas y códigos. No pases por tu despacho ni cojas el coche de la compañía. Obviamente, estás despedido. Gus. –Gutierres se incorporó–. Llévatelo fuera y que dos de tus hombres lo conduzcan a su casa. –Davis se dirigió de nuevo a White, que se levantaba–. Te quiero mañana aquí con toda la información. Ahora sal de mi vista.

　–David –le dijo Andersen cuando hubieron salido–, creo que lo más prudente es entregarlo ahora mismo a la policía. Nos evitaríamos complicaciones.

　–Si, pero nunca jamás tendríamos la lista de todos los implicados en el asunto. Quiero saber quiénes son. No, Andrew; lo haremos a mi manera.

　–Corremos el ricsgo de que se fugue, que invente algo nuevo, que se comunique con los suyos –intervino Jaime, a quien no le hacía ninguna gracia que White anduviera suelto por ahí.

　–No se preocupe, Berenguer. –Davis sonrió enseñando unos dientes amenazadores–. No podrá escapar. No se atreverá siquiera a salir de su casa.

　–Bueno –contestó Jaime imaginando lo que eso podría implicar.

　–¡Ahora hablemos de usted! –continuó Davis–. Tengo aquí la hoja de la última evaluación que White le hizo. Es francamente buena. He decidido que de inmediato ocupe usted su puesto. De momento no habrá ningún anuncio oficial y su prioridad será obtener toda la información posible sobre el complot. Póngase en marcha ahora mismo. Cooper y los de finanzas le ayudarán en todo lo que necesite.

　»Usted y Andersen se coordinarán con el inspector Ramsey; cuéntenle lo que sepan que pueda ayudar en la investigación del asesinato de Steven. Estoy seguro de que Beck, el agente especial del FBI, acudirá a verlo tan pronto como se entere del asunto. Trátelo con cortesía pero no le dé muchos detalles. Washington sabe de inmediato lo que éste sabe y no quiero a Washington con demasiada información. –Davis se levantó, dirigiéndose a la puerta sin esperar respuesta de Jaime a su nombramiento.

Jaime pensó rápido. Aquel final era mucho mejor de lo que él había podido imaginar. ¡La batalla estaba ganada! Sintió el dulce sabor de la victoria. Pero múltiples pensamientos le asaltaban.

–Señor Davis.

–¿Qué? –Davis estaba ya en la puerta y se giró.

–Deseo conservar a mi secretaria.

Davis lo miraba como si hubiera dicho una gran tontería.

–Berenguer, en su nueva posición debe aprender a no importunarme con detalles obvios. Háblelo con Andrew Andersen. –Y salió. Jaime se quedó mirando la espalda de Davis mientras Andersen y Cooper le tendían la mano felicitándolo. Viejo, encogido y aferrado desesperadamente al poder como un heroinómano a su droga, pensó. De pronto algo se le hizo evidente.

–Pero yo te conozco –murmuró entre dientes–. De hace mucho, mucho tiempo.

## 91

–¡Padrísimo! ¡Ganamos! –El júbilo de Ricardo se transmitía a la perfección a través del hilo telefónico, y Jaime pensó que hacía siglos que le debía una victoria–. Esta noche lo celebramos en grande; le pediré a Karen que invite a algunos de esos Cátaros cantamañanas para una fiesta.

–De acuerdo, Ricardo, pero no hasta tarde. No quiero empezar mi nuevo empleo con mal pie.

–Felicidades, don Jaime. –La voz de Karen sonaba cálida y en español–. Te quiero.

–Y yo a ti. Muchísimo –contestó Jaime, sorprendido, en inglés–. No sabía que hablaras español. ¿Dónde lo has aprendido?

–Con Ricardo, esperando tu llamada.

–Gracias por el detalle, pero no confíes en Ricardo como maestro. Si quieres conocer mi lengua materna, mejor te la enseño yo personalmente.

Karen rió.

–¡Bromeas! –exclamó Laura.

–No. Acaba de ocurrir hace unos minutos allí arriba, en el Olimpo donde habita Davis.

–¡Qué mal nacido ese White! ¡Pobre Linda!

–Por el momento guárdalo como la confidencia de una secretaria. ¿OK? No tenemos aún pruebas que relacionen a White con el asesinato.

–Pero al menos podré contar lo de tu ascenso.

–Lo mío sí, aunque no es oficial aún. Y lo tuyo también. Te vienes conmigo.

–¿De verdad?

–Absolutamente. Tú y yo somos un equipo.

–¡Fabuloso, jefe! ¡Gracias por la promoción! –gritó Laura cogiéndole del cuello y dándole un beso en cada mejilla. El tercero, sorprendiendo a Jaime, fue largo y en los labios. Luego se separó de él mirándolo con sonrisa pícara–. Bien, ahora hablemos de temas serios. Más responsabilidad, más dinero. ¿En cuánto me vas a subir el sueldo?

–¡Serás materialista! –le reprochó Jaime frunciendo el ceño sonriente–. Suerte tendrás si no te denuncio por acoso sexual.

–¡Vaya puritano! –Laura, brazos en jarras, lo miró desafiante–. Si no te ha gustado el beso, me lo devuelves y estamos en paz.

Ambos bromeaban con frecuencia, pero él jamás había percibido aquella provocación; había química entre ambos. Sintió un estremecimiento al notar la feminidad de ella manifestarse así, de repente.

Pero ahora él amaba con locura a Karen y la reacción de su secretaria lo intimidaba. ¿Qué habría ocurrido si ella se hubiese expresado así antes de que él conociera a Karen? Desechó la idea, no era el momento de hacer romance-ficción. Decidió desactivar la tensión de forma elegante.

–Ha sido un beso maravilloso. Me lo quedo para siempre. –Luego cambió el tono–. Esta noche mi novia y yo celebramos mi ascenso con unos amigos. Me encantaría que vinieras.

–Muchas gracias. No sé si podré, tengo un compromiso –repuso Laura luego de una larga pausa, vacilante, sorprendida por la revelación de la «novia». El momento mágico se había esfumado–. Luego te confirmo si voy –añadió con mirada triste.

## 92

Ricardo había encargado ceviche, burritos, fajitas, quesadillas, guacamole con *chips* de maíz, unas enormes ensaladas multicolores y chile verde en salsa.

–¡La mejor tortilla de California! –proclamaba ufano mientras organizaba detrás de la barra la distribución de cervezas y margaritas.

–Kevin le felicita –anunció Dubois a Jaime–. Dijo que usted entendería que él no viniese, que disfrutará mejor de la fiesta sin él.

–Lo entiendo perfectamente, Dubois; agradézcaselo cuando lo vea. Espero que encuentre una chica que lo haga feliz. «Y que sea antes de seis meses», pensó.

–Kevin lleva años enseñando en UCLA, es bien parecido y carismático. Mujeres no le faltan, se lo aseguro. Pero parece que sus preferencias iban a Karen.

–¡Pues qué mala suerte! –se lamentó Jaime.

–No se queje. Él la vio primero. Pero ya ve, quien decide es el destino. Y ahora gana usted.

–¡Bonito consuelo! Yo necesito a Karen para siempre.

–«Siempre» es un período muy largo. –El viejo le sondeaba con una de sus miradas profundas–. El futuro no existe más que en su mente y es posible que el futuro que imagina sea falso. Lo único real es hoy. Disfrútelo.

Jaime le lanzó una mirada torva; el santón empezaba a irritarle. Decidió cambiar de conversación.

–Hoy he sentido algo raro con David Davis.

–¿Qué sintió?

–Que lo conocí en mi vida del siglo XIII.

–¿Quién era?

–Alguien también muy poderoso.

–Estoy tratando de recordar su imagen y movimientos en fotos y documentales. –Dubois cerró los ojos y luego de un tiempo empezó a hablar, aún sin abrirlos–. No será... Sería ridículo, pero tiene que ser...

–¿Quién, Dubois? ¡Dígame!

–Simón de Montfort. El jefe cruzado.

–¿Lo es? ¡Entonces estoy en lo cierto!

–Asombroso. Pero tiene sentido; continúa ambicionando el poder.

–¿Cómo puede ser? Davis es judío.

–¿Y qué tiene que ver? El alma busca en nuevas vidas caminos que la ayuden a perfeccionarse. Ser judío y tolerante con los demás está tan bien como ser un musulmán, católico o cátaro tolerante.

Jaime aceptó la respuesta de Dubois sin cuestionarla, no tanto por su coherencia como porque tenía otra pregunta más acuciante.

–Estoy reconociendo en mi vida actual a todos los personajes de la anterior. ¿Por qué?

–Porque ahora abre los ojos y ve lo que antes tenía delante y no veía; el ciclo se cierra.

–¿Qué ocurre si no encuentro a una de las personas que más apreciaba en aquel tiempo?

–Nada. Quizá el otro no necesite la reencarnación. O su desarrollo espiritual le lleve por otros caminos. Jamás encontrará a todos.

–Me gustaría reconocer a Miguel de Luisián, el alférez real.

–¿Verdad que sí? –Aquella sonrisa dulce iluminaba de nuevo el rostro de Dubois–. Es como encontrarse con viejos amigos de la infancia que no hemos vuelto a ver. Es estupendo. Pero no se trata de la carta de un restaurante; no ocurre sólo porque se pida. Siga viviendo y mantenga su sensibilidad abierta. Quizá algún día lo encuentre.

Mientras, la celebración se extendía por todo el local. Ricardo proclamó que una fiesta de sólo cinco, y la mayoría hombres, era una chingada. Y como era de esperar, invitó a todos los clientes del establecimiento a comer y tomar unos tragos a la salud de su amigo, al que hoy habían hecho presidente.

–Si invitas a una chica que no conoces, y va acompañada, no te queda más remedio que invitar también al tipo –dijo confidencialmente a Jaime con un guiño.

Así que todo el mundo lo felicitaba. Ellos, con un apretón de manos y alguna palmada y ellas, con un beso. Había música y muchos bailaban. Tim sacó a bailar a Karen, y Jaime se sorprendió de que ella bailara tan bien. Se movía con ritmo, con sensualidad.

La deseaba; la amaba. No sabía qué iba primero en tal mezcla de sentimientos, si el diablo y el cuerpo, o Dios y el alma. Así es, se dijo, en este mundo entre el cielo y el infierno.

Y Jaime, en aquel momento, entre un pasado muerto y un futuro aún inexistente, era feliz, intensamente feliz.


Sobre las diez de la noche vio aparecer una figura solitaria en la puerta. Era Laura, que, acudiendo sin acompañante, confirmaba lo que Jaime había sospechado; no tenía pareja y se encontraba ahora tan sola como él lo estaba hacía poco. Laura era una chica estupenda, con una gran personalidad, y atractiva. A veces la gente se cruza en tiempos desfasados, pensó. Acudió a darle la bienvenida; se dieron un beso. En la mejilla.

–Gracias por venir –dijo Jaime.

–Tenía que celebrar contigo tu ascenso. –Y añadió con una sonrisa–: Además, después de tantos años he de aprovechar cuando al fin te decides a invitarme a algo.

–Malvada –le reconvino él con una sonrisa–. Tú siempre igual.

Karen se acercó a saludarla, se conocían de haber hablado un par de veces, y la tomó bajo su protección, empezando a presentarle a quienes conocía. Cuando llegó el turno de Ricardo, éste se quedó mirando tiernamente a los ojos de Laura y con un gesto teatral le besó la mano.

—¿Dónde estabas, mi amor? ¡Te he esperado toda la noche! —Y tomándola delicadamente por el codo, la secuestró alegando que la invitaba a una copa.

Karen, asombrada ante el rapto, comentó divertida a Jaime:

—Ricardo es un galán a la antigua.

—Sí, pero que tenga cuidado.

—¿Por qué?

—Creo que Laura es un corazón solitario en busca de amor.

—Pues me temo que Ricardo tiene intención de sacar ventaja de ello.

—Claro. Como con todas. Pero Ricardo es justo. También da algo a cambio.

—No. No, si lo que buscan es amor de verdad.

—Bueno. El camino en busca del verdadero amor no tiene que ser aburrido.

—No me quieres entender.

—Sí te entiendo, pero lo que digo es que Ricardo puede llevarse una sorpresa; Laura es peligrosa.

La noche y la fiesta continuaron y, llegado un momento, la música calló y las luces del pequeño escenario se encendieron. Apareció Ricardo con dos guitarras anunciando:

—Reclamo en este prestigioso escenario al mejor presidente del mundo. ¡Jaime Berenguer!

La sala se llenó de aplausos y Jaime fue empujado al escenario. Cuando subió, Ricardo dijo:

—Y uno de los peores cantantes. —Todos rieron.

—¡Comemierda! —le insultó Jaime por lo bajo.

Cantaron el antiguo repertorio. Desde Simon y Garfunkel: *Cecilia. You are breaking my heart...* hasta *La mujer que a mí me quiera ha de quererme de veras... ¡Ay, corazón..!*

Para Jaime, volvía el pasado brillante y romántico. Se sentía como entonces. No; mejor, mucho mejor. Pero lo que deseaba de verdad ahora era tener a Karen en sus brazos.

Cuando terminaron de cantar y los aplausos cesaron, sonó música romántica. Ricardo, rompiendo la costumbre que tenía en su local, invitó a Laura a bailar. Ambos se miraban a los ojos con ternura y una sonrisa.

–El maldito Ricardo se va a acostar con mi secretaria para celebrar mi promoción –murmuró Jaime al oído de Karen.

Ésta soltó una risa cristalina.

–No seas envidioso y sácame a bailar a mí.

Bailaron y Jaime sintió todo su cuerpo deseándola. Y también, que su alma quería unirse a la de ella. Aquello había ocurrido antes. Y volvería a ocurrir después.

Se miraron a los ojos, y brotaron toda la pasión y el amor del mundo. Y una fuerza irresistible hizo que sus labios se unieran.

Jaime notó como el planeta giraba alrededor de ellos, mientras un torbellino interior mezclaba pasado y futuro. Y lo mejor del infierno unió sus cuerpos. Y lo mejor del cielo unió sus almas.

En el único espacio que existía. El que ellos ocupaban ahora.

Y en el único momento que existía. Ese mismo instante. Su presente.

## 93

Las pantallas del ordenador portátil fluían veloces, palpitando al ritmo impuesto por las hábiles manos.

Llamaron a «mensaje nuevo» para luego introducir una lista de diez direcciones. Sonaron las teclas al escribir el texto:

«A todos los hermanos "Guardianes del Templo", código A, sur de California:

»Sachiel, uno de nuestros bastiones claves para el asalto de Jericó ha sido neutralizado en un movimiento sorpresa. Nuestros enemigos Cátaros se han aliado con Davis; la toma de Jericó y la cruzada peligran, también algunos de nuestros hermanos. Activamos el plan de emergencia de asalto.

»Todos los hermanos de código A deben contactar de inmediato con sus líderes y alertar a los hermanos de código B que tienen a sus órdenes. Ha llegado el momento.

»Mañana las trompetas de los elegidos sonarán. La última muralla caerá y ejecutaremos la justicia de Dios entre los infieles».

Los dedos martillearon la caja del ordenador mientras revisaba el texto. Hizo dos pequeños cambios y firmó: «Arkangel». Golpeó *enter* y envió el mensaje, borrando todo rastro en su máquina. Luego juntó, en actitud de rezo, sus perfectas manos, en las que desentonaba, extraña, la cicatriz de la uña del dedo índice.

El murmullo de una oración llenó el silencio de la noche.

# MARTES

## 94

–¡Buenos días, Laura! –saludó Jaime, jovial, al llegar a su despacho.

–Buenos días –repuso ella prosiguiendo con su tarea de ordenar el correo; parecía haber madrugado. Ni siquiera sonrió.

–¿Qué tal anoche? ¿Lo pasaste bien?

–Sí. Gracias –dijo, cortante, sin detener su actividad.

Jaime se extrañó de su falta de entusiasmo. Debe de ser el cansancio o quizá un problema con Ricardo, se dijo.

–¿Alguna llamada?

–Sólo un tal John Beck, del FBI.

–¡Ah! Sí. El viejo dijo ayer que debo atenderle.

–Pidió cita para hoy a las cuatro y media.

–De acuerdo.

Jaime se introdujo en su nuevo despacho y empezó a abrir cajones y armarios.

Había que limpiar papeles, pero antes debería identificar cuáles podían ser valiosos para su misión. Encontró una agenda de White; haría fotocopias antes de devolvérsela.

Al final de la mañana llamó Ricardo.

–¡Chin, Jaime! Jamás me dijiste que tenías tal preciosidad de secretaria. ¡Qué bribón! ¿Así tratas a los amigos?

—¡Qué honor, Ricardo! Tú nunca llamas a la oficina. ¿Quieres saber cómo me encuentro, o quizá te interesa la salud de otra persona?

—No te quieras hacer el gracioso, Jaime. Tú sabes por qué llamo.

—¿Será por Laura? Vaya, eso no acostumbra funcionar así; habitualmente, son ellas las que te llaman a ti. ¿Qué pasó?

—Mano, es una chica estupenda y muy especial; lo pasé muy bien anoche. Y esta mañana me he levantado pensando en ella. Quiero verla cuanto antes.

—Pues no creo que Laura piense hoy en ti. Habrá dormido pocas horas y parece de mal humor. ¿Hiciste o dijiste algo que la molestara?

—Bueno, nada que deba molestar. La invité a pasar la noche conmigo. Pero eso es un halago y a ellas les suele gustar.

—¡Ah! ¿Crees que le gustó? ¡Serás vanidoso! —dijo Jaime riendo y sintiéndose satisfecho al intuir que Laura se había resistido a los legendarios encantos de Ricardo—. Y ella debió de aceptar entusiasmada, ¿verdad?

—Pues dijo que no. Además, no dejó que la besara. Y hasta parece que se molestó. ¿Crees que se habrá ofendido?

—No lo sé, Ricardo. Yo sólo la conozco profesionalmente y no sé cómo reacciona cuando la invitan a la cama. Ése es tu problema.

—Bueno. Gracias por tu ayuda, amigo. —Sonaba irónico pero de buen humor—. Al menos, haz algo por mí. Pásame con ella.

—Que tengas suerte. —Jaime pulsó el botón de transferencia de llamada y marcó el teléfono de Laura.

—Sí. Dime. —Laura había dejado sonar el teléfono varias veces antes de cogerlo.

—Tengo a Ricardo en la línea. Dice que le encantó conocerte ayer y que quiere hablar contigo.

Laura guardó silencio unos segundos; parecía pensar. Al final repuso cortante:

—Dile que tengo mucho trabajo y que ahora no puedo hablar con él.

Jaime recuperó la línea con Ricardo.

—Dice que tiene mucho trabajo y que no puede hablar contigo

—¡Maldita sea! –exclamó Ricardo–. ¿Tú crees que estará enojada?
—Será eso. O que no le gustas.
—¡Eres un chingado mal amigo! Podrías ayudar en lugar de joder. ¡Pregúntale qué le pasa!
—Será mejor que llames mañana. Laura no parece de buen humor hoy. Mañana veré qué puedo hacer por ti. ¿OK?
—Bueno; pero si averiguas algo hoy, me llamas. ¿De acuerdo?
—De acuerdo, Ricardo. Hasta luego.

Jaime sonrió; no podía evitarlo. Parecía que Ricardo tomaba hoy un poco de su propia medicina. Lo tenía merecido. Y no le daba pena alguna.

## 95

—El señor Beck –anunció Laura a través del teléfono.

Al consultar su reloj, Jaime vio que eran ya las cuatro y media de la tarde; el agente del FBI llegaba puntual.

—Gracias, Laura; dile que pase.

Beck entraba al cabo de unos momentos dejando junto a la puerta una gran bolsa de deporte. Tendió la mano y una sonrisa hacia Jaime, saludándole:

—Hola, Berenguer, ¿qué tal está?

—Bien, gracias, Beck. –Se estrecharon la mano–. Siéntese, por favor –invitó señalando una pequeña mesa de conferencias situada en un extremo del despacho–. Usted dirá.

—Gracias por recibirme tan rápido. –El tono de Beck se había tornado oficial, y sacando una pequeña libreta y un lápiz, se dispuso a tomar notas–. La situación ha cambiado mucho desde la última vez que nos vimos. Ahora Ramsey está con Davis interrogando a White en la planta de arriba, y acordamos que, mientras tanto, yo avanzaría con usted. Para empezar, ¿me puede explicar de dónde obtuvo la información sobre el fraude que White orquestó?

Un tipo incisivo, rápido, pensó Jaime antes de responder:

–No digo que White fuera el cerebro del fraude, sino que era parte de él. Hay un extenso grupo organizado detrás de ese asunto del asesinato de Kurth.

–Interesante. Dígame, ¿de qué grupo se trata?

–Es una secta radical denominada los «Guardianes del Templo», que pretende controlar la Davis; el fraude y el asesinato son simples pasos hacia dicho control.

–Bien, pero no ha respondido a mi pregunta. –La sonrisa en la cara del agente mitigaba la presión–. ¿De dónde obtuvo la información?

–Una amiga mía la recopiló, pasándomela antes de morir.

–¿Se refiere usted a Linda Americo?

–Sí. ¿Cómo lo sabe?

–Sé mucho sobre el caso, Berenguer, llevo tiempo estudiándolo. Y también sé que usted, Linda y otros más pertenecen a otra secta que se autodenominan «Buenos cristianos», aunque histórica y popularmente se les conoce como Cátaros. Está claro que en nuestra anterior entrevista no nos dijo usted toda la verdad. –Ahora su semblante era serio y lo miraba escudriñándolo con sus ojos azules.

–No es una secta –protestó Jaime–. Es sólo un movimiento filosófico y religioso.

–¿Ah, sí? –Los ojos de Beck brillaban–. Entonces, ¿cómo es que se han tomado el trabajo de probar que existe un fraude dentro de la Corporación y que hay otra secta implicada en ello? Parece que su movimiento filosófico no se contenta sólo con lo espiritual, también se mezcla en las intrigas de este mundo.

–¿Qué hay de malo en denunciar el delito?

–Denunciar delitos no es la misión de un grupo solamente religioso. Mi especialidad en el FBI es el seguimiento de las actividades de las sectas. Como puede imaginar, es un trabajo muy confidencial; mientras no cometan delitos, nuestra Constitución no sólo protege a cualquier grupo de lunáticos, sino también la identidad de sus integrantes. –Beck, apoyado en el respaldo de su silla, observaba a Jaime y sonreía con suficiencia–. Usted no se da cuenta, pero ha sido captado por una secta que lo utiliza y cuyos fines no son sólo espirituales; también persiguen el poder terrenal.

Jaime empezaba a inquietarse. Aquel hombre resucitaba sus peores temores.

–Usted ha dicho que, de no cometer delito, cualquier creencia religiosa está protegida por nuestra Constitución. Los Cátaros no han cometido delito alguno.

–Pero lo utilizan a usted. ¿Cómo lo captaron? ¿Alguna bella mujer lo sedujo? ¿Qué tal esa Karen Jansen? A su compañero Daniel Douglas le ocurrió lo mismo con Linda Americo. ¿Lo recuerda?

Jaime sintió la boca seca y una punzada en las tripas. Esas dudas ya las había sufrido con anterioridad, logrando acallarlas, pero ahora que ese hombre abría la herida de nuevo, el maldito dolor regresaba.

–¿O quizá usaron su sistema de hipnosis para hacerle creer que usted fue un cátaro antiguo? –continuó Beck después de una pausa durante la cual estudió las reacciones de Jaime–. ¿No es asombroso cómo logran hacerle creer que se ha reencarnado? Tienen un sofisticado sistema de implantación de vivencias inventadas. ¡Qué bonito artilugio de control sobre los demás! Y lo usaron con usted, ¿no es cierto, Berenguer?

Jaime no contestó, sentía la sangre subiéndole a la cabeza. ¿Le habrían engañado en todo como sugería ese hombre?

Al cabo de unos momentos de silencio, viendo que Jaime no hablaba, Beck continuó:

–Lo están usando para sus fines y luego intentarán engañar a muchos más. Pero la justicia los detendrá. Nosotros los detendremos. Necesito su colaboración.

–¿Qué quiere de mí?

–Quiero que me dé las llaves, las claves secretas y la ubicación de la entrada escondida del lugar que llaman Montsegur. El FBI precisa de su ayuda para encontrar pruebas que demuestren que los Cátaros son una secta peligrosa, que actúan ilegalmente y que le engañaron a usted y a muchos más.

—¿Que le dé las claves secretas? —Jaime estaba asombrado por lo mucho que el FBI sabía sobre los Cátaros—. ¿Quién le ha dicho que yo conozco tal lugar? Y si existe, ¿por qué no le pide a un juez una orden de registro?

—Sabemos que usted ha estado allí. Y usted sabe que ha sido utilizado por los Cátaros para que les ayudara a lograr sus propósitos. —El tono del hombre era amistoso—. Ayúdenos. Se trata de una operación encubierta; no podemos ir aún a un juez. Necesitamos pruebas y las obtendremos en Montsegur. Usted no debe ninguna fidelidad a esa gente. Le han engañado. Esa Karen es la amante de un tal Kevin Kepler; a usted lo ha seducido para utilizarlo y luego lo abandonará. Ayúdenos a probar que usan métodos ilegales y los meteremos en la cárcel.

Jaime sintió que su triunfo del día anterior se desvanecía de repente; Beck había hecho al fin diana y lo hería en sus dudas más profundas. Sentía un sufrimiento hondo e insoportable. ¿Lo utilizaba Karen?

Un odio rencoroso hacia aquel individuo que destrozaba sus ilusiones creció en él. No podía ser; él no renunciaría a su felicidad tan fácilmente. Intentó pensar. No todo encajaba aún en la historia.

—¿Cómo sabe eso, Beck? ¿De dónde ha sacado la información?

—No importa ahora. En el FBI tenemos muchas fuentes. Ya le dicho que soy especialista en el estudio de sectas y llevo tiempo detrás de los Cátaros. Es muy probable que fueran ellos los de la bomba contra Kurth. Deme lo que le pido, Jaime. Karen se está acostando con Kevin a sus espaldas. Le hará bien saber toda la verdad y ver que los que se han burlado de usted, utilizándolo como a un muñeco, se llevan su merecido.

—No sé de qué me habla, Beck. —Jaime sentía la punzada en el estómago convertirse en dolor—. Vaya usted al juez y que le dé una orden de registro. Lo que usted propone es ilegal.

—No es ilegal si usted nos acompaña. Ayúdeme y se alegrará de hacerlo.

—Le he dicho que no sé de qué me está hablando.

—Miente usted, Berenguer, es un estúpido al que engañan. —Beck hablaba ahora con tono autoritario. Luego consultó su reloj de pulsera—. Mire, no tengo tiempo que perder. Deme las llaves y los códigos. Si no, usted será acusado junto con los otros.

–¡Váyase al diablo! –estalló Jaime, que sentía su dolor transformarse en cólera contra aquel hombre–. Y salga de aquí de inmediato. No tengo por qué aguantarle esa mierda.

–Se pone usted difícil, Berenguer. –Beck sonreía–. Si no me cree, le voy a ofrecer una prueba definitiva.

–¿Qué prueba?

–Llame a su secretaria, que venga un momento.

–¿Laura? ¿Por qué razón debiera llamarla? ¿Por qué razón debiera hacerle caso alguno a usted?

–¿Teme la verdad? ¿Prefiere vivir engañado? Por favor, llámela. –Beck le hablaba ahora con suavidad y acentuaba su sonrisa.

Jaime decidió aceptar el reto y levantándose de la mesa de conferencias, pulsó el teléfono para llamar a su secretaria. Laura apareció en la puerta casi de inmediato.

–¿Ha llegado la señorita Jansen? –preguntó Beck a Laura.

–Está esperando fuera.

–¿Karen? –Jaime se asombró–. ¿Qué hace Karen aquí?

–Me he tomado la libertad de llamarla en su nombre –dijo Beck–. Estaba seguro de que usted querría saber la verdad. –Luego Beck se dirigió a Laura–. Por favor, dile a la señorita Jansen que pase.

## 96

Gutierres observaba a White con atención. Había algo que no le gustaba, algo iba mal; radicalmente mal. White había llegado puntual a la cita de las cuatro y media. Cómo no. Tres pretorianos lo habían recogido en su casa para conducirlo a la Corporación. De hecho, habían establecido turnos de guardia noche y día para evitar que White escapara. Tres hombres vigilando todas las salidas posibles. Tuvieron algún problema inicial con el servicio de vigilancia privado de la lujosa urbanización donde White tenía su casa. Nada que el nombre de Davis, un poco de intimidación y una buena propina no pudieran solucionar.

El pretoriano se alegraba de que White hubiera acatado las órdenes de Davis, permaneciendo en su domicilio, aunque, de lo contrario, sus hombres se lo habrían impedido, lo cual era ilegal, y, aunque Gutierres no tenía un excesivo respeto a las leyes, sabía que debía ser cuidadoso para evitar problemas.

Pero su preocupación no procedía de pequeñas ilegalidades. White había cambiado, no era el de ayer. Al hablar, el hombretón movía sus grandes manos en gestos amplios. Sus ojos desvaídos no rehuían la mirada como el día anterior. Y se mostraba seguro.

–Insisto en que todos los documentos que Berenguer trajo ayer son falsos –decía–. Si alguien ha estado robando a la Corporación, han sido los Cátaros.

–¿Cómo me sueltas eso? –replicó Davis airado–. Las pruebas son irrefutables, la documentación es auténtica.

–Debe de haber un error.

–Bob. –Davis se dirigía al presidente de Finanzas–. Tú revisaste los documentos. ¿Qué dices?

–No hay la menor duda. La documentación es de primera mano.

–Insisto en que yo no tengo nada que ver con esto y se me está difamando.

–¡Ya basta, Charles! –intervino Andersen–. Habla de una vez, confiesa la trama. David te permitirá salir de ésta sin cargos. Es una oferta generosa. De lo contrario, tenemos al inspector Ramsey esperando en la sala contigua para detenerte. Luego te machacaremos en los tribunales y nadie te librará de una larga estancia en la cárcel.

–Sucio cátaro –repuso White con desprecio, y miró a otro lado.

Algo no funcionaba, volvió a pensar Gutierres. Esa arrogancia; White estaba demasiado seguro de sí mismo. Repetía una y otra vez que era inocente, que los «Guardianes» no existían, y no lograban sacarle nada. El miedo del día anterior se había disipado. ¿Por qué?

## 97

—Gracias Mike, puedes retirarte —le dijo Beck al guarda de seguridad que acompañaba a Karen—. Por favor, Laura, quédate con nosotros. Señorita Jansen, mi nombre es John Beck y soy del FBI. Me gustaría que participara en nuestra conversación. Señoritas, Jaime, ¿quieren sentarse, por favor?

—Jaime, ¿qué ocurre? —preguntó Karen mientras se sentaban—. Me ha llamado un guarda diciéndome que necesitabas verme con urgencia. ¿Va todo bien?

—No estoy seguro; yo no te he llamado. —Jaime se dirigió a Beck, airado—. ¿Cómo se atreve usted a llamar a la señorita Jansen usando mi nombre y sin mi consentimiento? ¿Cómo se atreve a tutear a mi secretaria y a darle órdenes? ¿Quién se ha creído que es?

—Tranquilo, Berenguer. ¿No quería saber la verdad? Pues está a punto de saberla. Para empezar, sepa que Laura, su secretaria, pertenece también a la secta cátara. —Beck hizo una pausa para estudiar la expresión de Jaime—. Sorpresa, ¿verdad? Los Cátaros lo han estado espiando durante mucho tiempo, desde antes de que conociera a la señorita Jansen; lo espiaron a través de su secretaria. Así sabían todo lo referente a su carrera profesional, sus datos personales, sus puntos débiles y cómo podían captarle para su secta. Y ésa fue la misión de la señorita Jansen, ¿no es cierto, Karen?

—Jaime, este individuo es un «Guardián del Templo» —dijo Karen, alarmada—. Estoy segura.

Jaime se sentía confuso; Laura, su secretaria, lo espiaba para los Cátaros. Buscó sus ojos, pero ella mantenía la vista en Beck y sus miradas no se cruzaron. Luego sería cierto.

Karen tampoco negaba haberle captado para los Cátaros y, a su vez, acusaba al agente del FBI de ser uno de los «Guardianes».

Demasiada información, demasiadas sorpresas al mismo tiempo y demasiadas preguntas por hacer.

—Karen, ¿por qué no me contasteis que Laura era de los vuestros?

–Ya sabes que nos protegemos ocultando la identidad de nuestros fieles; ella tampoco supo que estabas con nosotros hasta ayer.

–Y así evitaron que conociéramos el papel que usted, Berenguer, jugaba en la intriga –intervino Beck–. El secretismo cátaro es ciertamente incómodo.

–¿Y cómo supo usted que Laura es cátara? –inquirió Jaime a Beck, que lo miraba sonriente.

–Sólo hay una forma por la que Beck pudo saber que Laura es creyente cátara; que la propia Laura se lo haya dicho –interrumpió Karen–. Sólo Dubois, Kevin y yo misma lo sabíamos. Y sólo hay un motivo por el que Laura revelaría su pertenencia: que también sea de los «Guardianes del Templo». ¡Es una doble agente!

–Es usted muy lista, Karen. Más que el señor Berenguer. No me extraña que lo pudiera usar a su antojo.

–¡Basta de esta mierda! –dijo Jaime poniéndose de pie de un salto–. ¡Beck! ¡Salga de inmediato de mi despacho!

–La verdad duele a veces; ¿no es así, Berenguer? Usted quería saber. Aquí tengo la última prueba y estoy seguro de que le interesará verla. –Beck se inclinó hacia la bolsa de deporte abriendo lentamente la cremallera y sacó una pistola con el silenciador montado. Sonreía y apuntaba a Jaime–. Ésta es la última prueba. ¡Ahora siéntese, estúpido! Laura, coge la otra pistola.

Jaime obedeció y Laura sacó un arma de la bolsa, también con el silenciador montado, y se colocó al lado de Beck.

–Laura está con nosotros desde siempre. Su padre era un buen «Guardián del Templo». Ella se infiltró en los Cátaros siguiendo nuestras instrucciones y ha sido nuestra baza secreta en este juego. Su posición en el Departamento de Auditoría era muy útil; permitía que apreciáramos desde fuera cómo funcionaba el sistema montado por White y Douglas. Sus informaciones, ya fueran sobre los Cátaros o referentes a lo que ocurría en la Corporación, han sido claves. ¡Gracias, Laura! – Ella le sonrió–. ¡Ah! Y si yo me distraigo, no hay problema. El expediente que he leído hoy sobre Laura dice que es una tiradora de primera. ¿No es así?

–Aprendí con papá –informó ella con una nueva sonrisa.
–Está usted loco, Beck. ¿Qué piensa hacer? ¿Matarnos? No va a conseguir nada. Todos saben ya lo de su secta y tienen las pruebas del fraude; ahora White debe de estar confesando y dándole nombres a Davis. Están ustedes perdidos. ¿Cómo puede ser tan estúpido de entrar aquí con esas armas? ¿Por dónde cree que va a salir? Deje sus juguetes encima de la mesa, no haga tonterías.
–Es usted un patético ingenuo, Berenguer. Ya sé que matándolos sólo a usted y a la señorita Jansen no nos libraríamos del lío en que nos han metido. Hay que reconocer que nos pillaron por sorpresa. Pero ¿se cree que vamos a permitir que nos derroten? ¿Así, sin más? Nos han obligado a trabajar aprisa y hemos tenido que ensayar, esta misma mañana, nuestro plan de emergencia. Pero ahora todo está listo y le contaré lo que ocurrirá: acosados por la investigación del inspector Ramsey, esta tarde, los componentes de la secta de los Cátaros, en un movimiento desesperado, asaltarán las plantas trigésima primera y segunda del edificio central de la Davis Corporation.
–Pero ¿qué dice, Beck? ¡Está loco! –exclamó Jaime.
–Bueno, le estoy contando la versión que se hará oficial, y no me interrumpa; no tengo tiempo para detalles. Tenemos la suficiente fuerza política como para que me nombren investigador oficial de los hechos. Por lo tanto, la versión oficial que se publicará y la mía coincidirán al cien por cien. Por cierto, en este momento yo no estoy aquí, pero ustedes sí, y se disponen al asalto. Dentro de unos minutos harán ustedes sonar la alarma del edificio y se correrá la voz de que hay amenaza de bomba. Los guardas de seguridad dirán a los empleados que cojan sus vehículos, que se vayan a casa y que, debido a la hora, no regresen hasta mañana. Cuando Davis salga de su reducto, ustedes, los Cátaros, lo asesinarán junto a Ramsey, a todos los pretorianos y a los demás que conozcan la historia que usted contó ayer. Como el viejo ha mantenido el asunto como altamente confidencial, todos los que saben algo del tema están ahora en esas dos plantas.
–No engañará a Davis, no saldrá sin asegurarse de que la alarma no es una treta. Es demasiado listo.

—Es una posibilidad; molesta, pero una posibilidad. No hay problema. Si eso ocurre, los haremos salir.

—¿Cómo? Aquello es una fortaleza.

—Gases lacrimógenos. Todo está planeado al detalle. —Beck sacó un par de chalecos antibalas de la bolsa y dos máscaras antigás—. Laura, ponte un chaleco —le dijo a la chica para luego dirigirse a Jaime—. Como pueden comprobar ustedes, los Cátaros han venido muy bien preparados. Van a provocar, mediante explosiones, varios agujeros en el techo y a través de ellos lanzarán bombas de gases lacrimógenos a la planta superior. Los de arriba tendrán que salir. Si lo intentan por el techo del edificio, un par de helicópteros se encargarán de ellos. En todo caso, los gases lacrimógenos permitirán subir por la escalera de emergencia, volar las puertas de seguridad y asaltar la planta.

»Bueno, se supone que todo esto será obra de ustedes, los Cátaros, claro. ¡Y qué pena! Los investigadores sólo encontraremos cadáveres en esta planta y en la superior. Luego se retirarán ustedes a Montsegur, donde por alguna razón desconocida el resto de los supervivientes Cátaros se suicidará. Ya se sabe. Una secta de lunáticos. Allí no se encontrará ningún documento sobre la historia que usted contó ayer, y si algo aparece, me encargaré de ello en la investigación.

En aquel momento se oyó un golpe en la puerta y un hombre rubio, de unos veinticinco años, apareció en el umbral. Vestía un chaleco antibalas, con una máscara antigás colgada del cuello, y llevaba un rifle en su mano.

—Todo listo, Joe —le dijo a Beck con un marcado acento neoyorquino—. En dos minutos haremos sonar las alarmas y bloquearemos los ascensores.

—¿Habéis tomado posiciones en las escaleras de emergencia?

—Sí. Esperaremos a que bajen. No podrán escapar.

—¿Quién queda en esta planta?

—Un par de secretarias en el ala sur. Están bajo control y los guardas de seguridad las evacuarán cuando la alarma empiece a sonar.

—Muy bien, Paul. No me esperéis, empezad según el plan acordado. Yo aún tengo trabajo aquí.

–Si quieres te ayudo, jefe; ya sabes que soy bueno obteniendo información. Y me encantan las chicas. –Sonriendo, el hombre lanzó una significativa mirada a Karen.

–No, gracias. Hoy no. Ya me las arreglaré.

Haciendo un gesto de decepción, cerró la puerta al salir.

–¿Cómo ha conseguido pasar todo ese arsenal a través del sistema de seguridad? Los guardas son de su secta, ¿verdad? –preguntó Karen.

–En efecto, tenemos muchos amigos entre los guardas de seguridad del edificio. Los mismos que, cuando empiece a sonar la alarma, van a desconectar la telefonía interna. Nadie podrá llamar. Nadie se podrá comunicar dentro.

–No les servirá de nada. Davis y los suyos utilizarán los teléfonos móviles –afirmó Jaime.

Beck lo miró como a un alumno retrasado.

–¡Naturalmente que está previsto! Somos profesionales, Berenguer; hemos traído un equipo que produce interferencias en las comunicaciones telefónicas sin hilos, sean analógicas o digitales Ni una sola palabra, ni un solo lamento saldrá del edificio.

Las miradas de Jaime y Karen se cruzaron. Todo estaba perdido. Beck y Laura, sentados frente a ambos, descansaban sus pistolas encima de la mesa, aunque las mantenían bien sujetas. Jaime observó que el dedo índice de la mano derecha de Beck, el apoyado en el gatillo, tenía una extraña cicatriz que, dividiendo la uña en dos, recordaba la pezuña de un ungulado.

–Laura. –Jaime la miró a los ojos–. ¿Cómo puedes hacerme esto, luego de tantos años trabajando juntos?

–También tú has trabajado muchos años con White y no te preocupa lo que le has hecho.

–Pero él estaba robando. ¡Maldita sea, Laura! ¡Si viniste a celebrarlo anoche con nosotros! ¡Ayer eras nuestra mejor amiga y hoy nos apuntas con un arma!

–Yo no quería ir; esto no es de mi agrado. Pero mis superiores dijeron que debía hacerlo y aquí estoy.

Fue entonces cuando la alarma empezó a sonar con un gemido angustioso.

## 98

Gutierres sentía que algo fallaba. White se mostraba arrogante; hoy no parecía un hombre que temiera ir a la cárcel o recibir un disparo en la espalda a la entrada de su casa. Sin embargo, ayer sí tenía miedo. ¿Qué ocurrió durante la noche? Habló con los suyos. ¿Qué le dijeron para tranquilizarle? Nada legal. A White no lo salvaban de la cárcel, a estas alturas, ni el mejor abogado ni la mayor fianza. David podía hacer eso y más.

Instintivamente, empezó a contar sus efectivos. Los seis hombres que habían hecho las guardias de noche y mañana en la casa de White descansaban. Ocho más tenían el día libre, y treinta se encargaban de la vigilancia del rancho. Había creído que todo estaba bajo control y sólo tenía ocho hombres en el edificio. Más los guardas de seguridad. Quizá treinta más.

No le cabía en la cabeza que los amigos de White intentaran algo en el edificio de la Corporación. ¿Y por qué no? Si Berenguer estaba en lo cierto, alguno de ellos debió de ayudar a los que pusieron la bomba. La pregunta era cuán leal sería el resto de los guardas. El testarudo de Davis siempre quiso tener dos cuerpos de seguridad independientes y no le hizo caso cuando tantas veces él le propuso unificarlos bajo su mando. Los guardas habían mostrado con frecuencia rivalidad con respecto a los pretorianos. Pero ¿cómo de fiables serían ahora?

De pronto Gutierres sintió como se le erizaba el pelo del cogote al cruzar por su mente una duda, un oscuro presentimiento. Levantándose de la silla, salió presuroso de la habitación ante la sorpresa de los que intentaban que White confesara.

Cogió el teléfono y llamó al pretoriano que vigilaba la limusina en el garaje.

—Rob, ¿todo bien?

—Aburridamente bien.

—¿Has visto a alguien en la última media hora?

—Bueno, sí, de hecho… —La comunicación se cortó.

Gutierres llamó varias veces sin poder contactar. ¡El rancho! ¡Haría venir a todos los disponibles!

Intentó una y otra vez hablar con el rancho a través del teléfono fijo. Luego con el móvil. No había línea. ¡Estaba incomunicado! Entonces la alarma del edificio empezó a sonar.

—¡Mierda! —dijo lanzando el teléfono al suelo—. ¿Cómo he podido ser tan estúpido? ¡Es una trampa!

## 99

Al oír el ulular de la alarma, Jaime sintió que era el principio del fin. Su mano buscó la de Karen, sujetándola con fuerza. ¿Qué importaba ahora que lo hubiera utilizado? Jaime sabía que entre los «cadáveres» que Beck mencionaba aparecerían los suyos. No le guardaba rencor a Karen por haberle metido en aquella aventura; al contrario, la amaba más ahora, sabiendo que todo terminaría en unos momentos. Había valido la pena aun con final triste; Karen le había llevado, de una existencia monótona, a amar, sufrir y gozar de la vida con una intensidad nunca sentida antes. Ocho siglos en dos semanas.

—No nos queda ya tiempo y quiero la información que le he pedido, Berenguer —presionó Beck—. Deme los códigos de acceso a Montsegur.

—Necesita entrar de forma no violenta en Montsegur para escenificar su acto final de suicidio de la secta, y Laura no sabe los códigos, ¿cierto? —Beck hizo una pequeña inclinación afirmativa con la cabeza—. Y luego, ¿qué? No puede dejarnos con vida; nos asesinará. ¿Qué gano dándole los códigos? Nada. No tiene con qué negociar.

Beck esperó unos momentos antes de responder y lo hizo de forma lenta, recalcando las palabras:

–Sí tengo. Y se llama dolor. Voy a pedir que venga Paul y pase un buen rato con la señorita Jansen. Delante de usted. O ella o usted me darán lo que quiero. En poco tiempo, se lo aseguro. Dénmelo ahora y así se ahorran el sufrimiento.

–No tiene tiempo de que ese cafre de Paul haga a Karen lo que a Linda Americo en Miami. No sirve su amenaza.

En aquel momento, se oyeron varios estampidos en el exterior. Continuaron por un minuto y luego se hizo el silencio.

## 100

Gutierres dio instrucciones a sus hombres para que nadie abandonara la planta treinta y dos y, luego de comprobar que los ascensores estaban bloqueados, se dirigió a la sala de conferencias con rapidez. A pesar de la alarma, nadie se había movido y continuaba el infructuoso interrogatorio a White. Sin pronunciar palabra, Gutierres agarró a White por las solapas de su chaqueta. White era corpulento, pero Gutierres lo era tanto o más y, de un tirón, lo hizo incorporar.

–¿Qué está pasando? –le interrogó casi escupiéndole en la cara.

–Está sonando la alarma –respondió White con sarcasmo.

Gutierres le soltó las solapas y rápido, casi antes de que White terminara de hablar, le propinó un bofetón con el revés de la mano haciéndole caer en la silla.

–¿Qué está pasando? –repitió.

–No lo sé. ¿Cómo lo voy a saber si estoy aquí? –White hablaba ahora alterado y cubriéndose con la mano la mejilla–. Sólo sé que suena la alarma.

–¿Qué está pasando? ¿Qué traman tus amigos? –La marca de mandíbulas apretadas era el único signo de tensión en el rostro de Gutierres–. Cuéntame todo lo que sabes; y como mientas, te voy a cortar los huevos. ¡Habla!

–No sé nada. Te lo juro.

En aquel momento el teléfono de la sala de juntas sonó. Gutierres lo miró con extrañeza mientras el pretoriano que tomaba las minutas de la reunión descolgaba el auricular.

–Es para usted –dijo ofreciéndoselo a Gutierres.

–Gutierres. –Éste reconoció la voz de Moore, el jefe de seguridad del edificio–. Tenemos un incendio causado por una pequeña explosión en el piso dieciséis en el ala sur. No se ha podido controlar aún. Debemos desalojar de inmediato el edificio por la escalera de emergencia norte. Siguiendo normas de seguridad, el ascensor ha sido bloqueado. Hay amenazas de más bombas; salgan de ahí lo antes posible.

–¿Por qué no funcionan los otros teléfonos?

–No lo sé. Quizá el incendio ha afectado algunas líneas. ¡Salgan ya!

–De acuerdo. Gracias.

Gutierres colgó el teléfono, para descolgar de nuevo e intentar una llamada al exterior. No consiguió tono. Intentó una llamada al propio Moore. Tampoco. Las líneas interiores habían dejado de funcionar.

–¡Que nadie se mueva de la sala! –ordenó mientras salía por la puerta.

Fuera estableció posiciones de guardia para sus hombres y escogió a dos para que inspeccionaran la salida norte.

–Extremad la precaución –les dijo–; nos pueden estar esperando.

## 101

–Laura, ve a ver qué ocurre –dijo Beck al oír los estampidos. Laura hizo el gesto de levantarse, pero antes de que saliera se abrió la puerta y apareció otro hombre equipado de forma semejante al anterior. ¡Era Daniel Douglas, el ex compañero de Jaime!

–¿Ha empezado ya la fiesta, Daniel? –preguntó Beck.

–Un par de guardaespaldas salieron por la escalera de seguridad norte. Los esperábamos, intentamos asaltar el piso veintidós, pero estaban preparados y nos recibieron a tiros. Cazamos a uno, el tipo ha caído muerto en la escalera, pero los de arriba nos rechazaron, encerrándose a cal y canto. Vamos a colocar las cargas explosivas en el techo. –Luego lanzó una mirada de triunfo a Jaime y le dijo–: Te creías muy listo, Berenguer. Lograste incluso que el viejo te ascendiera a presidente, ¿verdad? Pensabas que nos habías derrotado a mí y a los «Guardianes». ¡Qué estúpido!

Jaime estaba sorprendido, sabía que Douglas era uno de los principales implicados en el fraude, pero no se lo imaginó así, con las armas en la mano en el asalto del edificio de la Corporación. Mantuvo su mirada, pero no respondió. Ante su silencio, Douglas dijo a Beck:

–Termina pronto con ellos.

–De acuerdo. Pero tú a lo tuyo; no debes mezclar en esto tus sentimientos personales. Seguid sin mí, según lo planeado; aún tengo asuntos que resolver aquí.

–De acuerdo, Arkángel. –Y dedicándoles a Karen y Jaime una sonrisa satisfecha, Douglas salió dando un portazo.

–Bien, por una vez tiene razón, Berenguer. No me da tiempo de llamar a Paul para que haga hablar a su amiguita, pero le contaré el programa. El primer disparo será al estómago de su chica; el segundo a los intestinos. Producen una muerte muy lenta y dolorosa. Ella suplicará morir y haré que usted lo vea; usted lo pasará aún peor que ella. –Beck apuntó al estómago de Karen–. Laura, vigila a Berenguer; que no haga ninguna tontería. Jaime, su última oportunidad de hablar.

–No digas nada. –Karen hablaba calmada–. Moriremos igualmente, y el dolor no durará siempre. Prefiero sufrir físicamente a darles una victoria.

–La cátara quiere ser mártir, ¿verdad? Bien, Berenguer. Su última oportunidad; cuento hasta tres y disparo. Uno. –Beck se levantó de la silla apuntando el vientre de Karen.

Jaime vio en la expresión fría y determinada del hombre que éste era un asesino y que disfrutaba con aquello. Miró luego a Laura, que, también de pie, pálida pero firme, le encañonaba a él. Veía el siniestro agujero del cañón apuntándole al estómago. No podía creer que ésa fuera la Laura que él conocía; parecía una pesadilla y sintió un sudor frío.

Evaluó las posibilidades de saltar a un lado para intentar despistarles. Eran nulas; lo acribillarían de inmediato. Era imposible escapar de la habitación y, aun consiguiéndolo, lo cazarían en el pasillo como a un conejo. No le daría ese placer a Beck. Apretó la mano de Karen, y ella le devolvió el apretón.

–Dos. –Beck pronunció el número en voz más alta.

Jaime notaba como los pensamientos e imágenes se agolpaban en su mente. ¡Maldita sea! ¿Por qué tiene que terminar así? ¡Otra vez no! El recuerdo de su muerte en la batalla de Muret llegaba nítido. Al menos, entonces sabía en qué se había equivocado. ¿Qué había hecho mal ahora? ¡Otra vez perdía! Con rapidez de vértigo vinieron a su mente escenas de su niñez, el nacimiento de su hija, Jenny, su primer encuentro con Karen; y la intensidad con la que la había amado y la amaba.

–Te quiero, Karen –dijo quedamente.

–Te quiero, Jaime –contestó ella.

–Y tres.

El ruido sordo del disparo a través del silenciador se mezcló con el sonido indecente de hueso y carne reventando. En algún lugar del despacho la bala rebotó luego de cumplir con su nefasto cometido.

## 102

El segundo pretoriano tuvo que abandonar a su compañero en la escalera y a duras penas logró refugiarse de los disparos detrás de la puerta blindada.

–¡Era una trampa! –exclamó Gutierres. Pidió a uno de sus hombres que controlara al inspector Ramsey, que había abandonado la salita donde esperaba al oír los disparos, para que no entrara en la reunión y se dirigió a grandes zancadas a la sala.

El puñetazo le partió los labios a White, que se desplomó en el suelo, Gutierres había recorrido la distancia de la puerta hasta él tan rápido, que el hombretón no tuvo ni tiempo de incorporarse de su asiento. Los demás se levantaron de las sillas para ver con una mezcla de horror y morbo como Gutierres lo machacaba a patadas. Nadie dijo nada. La siniestra alarma amortiguaba el sonido de los golpes y los lamentos de White. Cuando Gutierres se sintió satisfecho, tirándole de sus cabellos grises, lo hizo sentarse en el suelo para, de inmediato, colocar su pistola frente a los ensangrentados labios. Golpeó la boca hasta que White la abrió e introdujo el cañón del arma hasta el fondo.

–Por última vez, ¿qué está pasando? –Y dejó transcurrir unos instantes clavando su mirada en los ojos desorbitados del hombre. Luego apartó el revólver.

–Quieren matarlos a todos. –Las palabras salían con dificultad de los labios hinchados–. Asaltarán esta planta.

–¿Cuántos son?

–Quizá unos veinticinco o treinta.

–¿Cómo podemos salir de aquí?

–No pueden. Toda posibilidad ha sido considerada.

–Debemos comunicarnos a toda costa con el exterior. –Gutierres se dirigía por primera vez al resto de los presentes–. Los «Guardianes» nos tienen sitiados y han bloqueado los teléfonos. A falta de un plan de acción para escapar, debemos esforzamos en pedir ayuda. Intenten una y otra vez la comunicación tanto con sus teléfonos móviles como con los fijos.

## 103

Ocurrió con mucha rapidez; no había terminado Beck de pronunciar el número «tres» cuando Laura, veloz, le encañonó a la sien, disparando de inmediato.

Jaime vio como una masa de despojos sangrientos salía por el lado derecho de la cabeza. Por unos segundos, Beck se mantuvo de pie, con la sonrisa aún en la cara y una expresión de sorpresa. El brazo de la pistola cayó, mientras el cuerpo se desplomaba golpeando la mesa antes de hacerlo en su asiento. Allí quedó, en una extraña posición, de rodillas en el suelo, la cabeza apoyada en la silla y una mirada vacía perdida en el techo.

–¿Hablamos ahora de mi aumento de sueldo? –Laura, brazos en jarras, sujetando aún la pistola, sonreía mostrando los dientes en una expresión felina que Jaime no recordaba haber visto en ella, pero que le era familiar. La miró con asombro sintiendo un alivio infinito. Ahora percibía el olor a pólvora. La situación era absurda–. Bueno, ¿qué hay de mi aumento? –insistió Laura.

Jaime necesitó tiempo para reaccionar.

–¡Concedido! –exclamó al fin, admirando su extraño sentido del humor–. Pero antes tienes mucho que contarme.

–No hay tiempo ahora –intervino Karen, teléfono en mano–. Beck tenía razón. Están cortadas todas las líneas.

–Debemos ayudar a los de arriba –dijo Laura–. Jaime, tú tienes experiencia con armas. ¿Verdad?

–Alguna.

–¿Y tú, Karen?

–No.

–Entonces, Jaime, coge la pistola de Beck, ponte su chaleco y cuélgate al cuello la máscara antigás. ¿Sabes cómo funciona?

Jaime manipuló la mascarilla, afirmando luego con la cabeza.

–Ahora, mientras están entretenidos con los explosivos, podemos limpiar la escalera de emergencia norte para que Davis y los suyos escapen.

–Un momento, Laura –le detuvo Jaime–. ¿Cómo sabrán que nosotros somos los buenos? Los pretorianos dispararán al primero que vean.

–Hay que correr el riesgo –repuso Laura–. Si el asalto triunfa moriremos igualmente, incluso si lográramos escapar del edificio. Los conozco. Te seguirían toda la vida hasta terminar contigo.

–Hay otra alternativa –advirtió Karen.

—¿Cuál?

—El cableado de ordenadores interior del edificio es independiente de las líneas telefónicas, ¿cierto?

—Sí.

—Veamos si el correo electrónico interno funciona.

—Dudo que en esta situación Davis se entretenga leyendo sus mensajes —dijo Laura.

—Quizá sí lo haga —afirmó Jaime—. Los de arriba deben de estar intentando comunicarse con el exterior de cualquier forma posible.

Avanzó a zancadas hasta su mesa y tecleando en el ordenador, accedió al correo interno de la Corporación sin mayores problemas.

Escribió un mensaje dirigido a Davis con copia a Gus Gutierres. Llevaba la indicación de «URGENTE», y se titulaba «Vida o muerte».

«Aquí Jaime Berenguer. Están a punto de romper el suelo de su planta y lanzar gases lacrimógenos para hacerles salir. Protéjanse. No salgan al terrado, les esperan helicópteros. Tenemos dos armas. Podemos limpiar la escalera norte para que bajen y tomen posiciones aquí.» Jaime envió el mensaje rezando para que lo recibieran. Laura y Karen, a sus espaldas, contenían el aliento mirando la pantalla del ordenador con ansiedad mientras Jaime repetía envíos. Lo intentó dos veces más, sin resultados; el tiempo corría en su contra. Decidieron probar por última vez antes de salir al pasillo.

## 104

Los sitiados del piso treinta y dos se aplicaron desesperadamente en comunicarse con el exterior. Gutierres se maldecía a sí mismo por no haber anticipado aquello. Pero ¿quién lo iba a suponer? Jamás hubiera imaginado que alguien pudiera organizar un asalto en toda regla dentro del edificio de la Corporación. Debiera haber sospechado de Moore, el jefe de seguridad, pero, aún así, ¿cómo podía estar sucediendo esto? Los «Guardianes» debían de estar muy preparados, muy seguros de su victoria para atreverse a tanto.

Trenzaba alternativas de escapatoria posibles. Nadie percibiría desde fuera el sonido de los disparos, la insonorización interna haría que el ruido apenas saliera al exterior. Los ascensores estaban bloqueados y les esperaban en las escaleras. Podían salir al tejado del edificio e intentar descolgarse por las pequeñas barcas que utilizaban los operarios de limpieza de cristales. Seguro que el enemigo había tenido ya en cuenta esa alternativa y los estaría esperando. Sólo usaría esa vía cuando agotara todas las posibilidades de escapatoria. Mientras, lo mejor era resistir allí e intentar comunicarse. El correo electrónico interior estaría cortado junto con las líneas de teléfono. Probaría si había salida al exterior. En el peor de los casos, si el cableado funcionaba, al menos podría dejar en el sistema un mensaje de acusación, un testamento. Quizá los asaltantes no lo pudieran borrar. Entró en el correo, y con sorpresa leyó un mensaje en entradas: «Vida o muerte».

## 105

¡Al fin una nota de Gutierres! El pretoriano, desesperado, habrá estado tratando de enviar mensajes de socorro al exterior cuando recibió el suyo.

A Jaime le sorprendía que los «Guardianes» tuvieran aquel fallo. Quizá no pudieron desconectar el cableado en las dos últimas plantas o quizá planeaban borrar en la central de correo interno los mensajes una vez que nos mataran a todos, meditaba.

«Aquí Gutierres. ¿Cómo sé que es usted y no una trampa?»

–¡Maldita sea, ahora ese hijo de puta no se fía! –exclamó Jaime forzándose a pensar. ¿Qué le podía decir a Gutierres para que supiera que realmente era él? Escribió la respuesta. En español. Sabía que Gutierres lo entendía. «Ayer le pedí a Davis que quería conservar a mi secretaria. Me dijo que no le importunara con tonterías y hablara con Andersen. Usted no estaba allí, y tampoco White; compruébelo con Davis y Andersen. Y va a tener que confiar o darse por muerto. Nos reconocerán porque llevaremos una servilleta roja encima del chaleco antibalas. En un minuto estaremos limpiando la escalera.»

Entonces una explosión sonó en el pasillo. Al cabo de un minuto, otra más lejos. De nuevo otra cercana; estaban volando trozos del techo para lanzar los gases.

Jaime envió el mensaje y sacando de un cajón unas servilletas de papel rojas, le dio un par a Laura.

—Ponte una servilleta cuando bajen los de arriba. Ahora vamos fuera; con la máscara puesta los «Guardianes» no nos reconocerán.

—¡Gutierres dice que está de acuerdo! —gritó Karen, que manipulaba ahora el ordenador.

—Lo siento, Karen —dijo Laura, tomando la iniciativa—. Tenemos que salir, pero sólo hay dos juegos de chalecos, máscaras y las armas. No puedes venir con nosotros. Es demasiado peligroso, también lo es quedarse aquí. Vendrán a ver qué le ha pasado a Beck.

—Deberás esconderte en algún sitio para que no te vean —terció Jaime—. ¡Ya sé! Estábamos limpiando los armarios de las cosas de White. Si quitamos las estanterías del que está detrás de mi mesa, cabrás dentro.

Sin más comentarios, Jaime fue al armario, lo abrió, quitó las baldas y las puso en otro armario, también en proceso de limpieza. Karen entró y comprobaron que cabía, aunque en posición medio inclinada.

—Algún día me vengaré de esta ofensa, Jaime —intentó bromear—. ¡Por favor, no cierres con llave! Sujetaré la puerta desde dentro. ¡Buena suerte! Te quiero. Que el buen Dios nos ayude.

Besando sus labios, Jaime revivió la angustia de Pedro al despedirse de Corba. Luego ajustó con cuidado la puerta mientras musitaba un «Dios mío, ayúdanos».

—¡Vamos allá! —dijo a Laura colocándose la máscara antigás.

Al salir al pasillo encontraron la puerta de la escalera de emergencia, situada a pocos metros a su derecha, abierta. Más al fondo, en un área entre despachos, vieron escombros en el suelo y un boquete en el techo, bajo el cual había cinco hombres con chalecos antibalas y máscaras ya puestas. Uno se disponía a lanzar, a través del agujero en el techo, una granada de gases al piso de arriba, y los demás lo cubrían.

Daniel Douglas y otro hombre, aún sin máscara y armados con escopetas, situados entre la puerta y el grupo, contemplaban la operación. A su espalda, en el pasillo, casi frente a los ascensores, pudieron ver a más asaltantes bajo otro boquete del techo.

Jaime sentía la adrenalina correr por su sangre, y sus sienes palpitando. No tenía miedo, sólo inquietud por Karen y una intensa agitación; con paso rápido siguió a Laura, que entraba en la escalera de emergencia. Algunos de los «Guardianes» los miraron sin reaccionar; la máscara y el chaleco eran un excelente disfraz.

En un descansillo de la escalera, antes de llegar al piso superior, habían colocado una mesa a modo de barricada, y dos hombres se parapetaban apuntando hacia arriba, en espera de la salida del grupo de Davis. Con su elegante traje arrugado, uno de los pretorianos estaba tendido en el tramo de escalera que continuaba hacia abajo. Tenía los ojos abiertos y su blanca camisa manchada de sangre. Jaime reconoció al que escribía las actas en la reunión del día anterior. Un tercer hombre con chaqueta antibalas y rifle les salió al encuentro.

–¿Habéis lanzado los gases ya? –preguntó con acento neoyorquino al verles la máscara puesta.

Era aquel tipo joven de aspecto sádico llamado Paul. Por toda respuesta, Laura le colocó la pistola con silenciador en la cara, disparando. El individuo cayó hacia atrás, mientras ella se lanzaba escaleras arriba seguida por Jaime. Los dos hombres tras la mesa notaron que algo pasaba y uno volvió la cabeza. Laura, a dos metros, hizo blanco en él. El otro intentó girarse y Jaime disparó. La bala dio en la mesa. Cuando el hombre ya le encañonaba, Laura le colocó una precisa bala en el centro de la frente. Jaime estaba impresionado; Laura era una tiradora de élite y mantenía una admirable sangre fría.

Levantando su máscara, Jaime le advirtió:

–¡Cuidado, ahora saldrán por la puerta!

Laura cogió una de las escopetas de cañón corto y las municiones de los bolsillos del muerto, luego bajaron hacia la puerta. En el umbral aparecieron los dos hombres del pasillo. Laura disparó al primero certeramente y la detonación produjo un gran estruendo; el segundo era Daniel y disparó su escopeta, pero su primer tiro se perdió en el techo. Las dos balas que Jaime le envió dieron en el chaleco antibalas y en una pierna. El tipo volvió a disparar mientras caía, pero tampoco acertó. Laura y Jaime respondieron al mismo tiempo y la cara de Daniel se llenó de sangre. Jaime no sintió lástima, sólo alivio.

–Coge ahora la escopeta; es una Remington 870; excelente a media distancia. ¡Y no te olvides de los cartuchos! –le dijo Laura quitándose la máscara y dejándola colgada del cuello–. Tenemos que cubrir la entrada.

–¡La servilleta! –avisó Jaime al oír ruido arriba. Ambos la colgaron a la espalda del chaleco.

## 106

–¡Tumbad las mesas que podáis y protegeos detrás! –gritó Gutierres–. ¡Van a volar el suelo! –Pero él continuó tecleando su ordenador, impasible a las explosiones. Por suerte, las alfombras amortiguaron parte de los cascotes y nadie resultó herido. Tenían poco tiempo.

Gutierres ordenó que se agruparan junto a la puerta de emergencia norte y que Bob, el pretoriano más corpulento, ayudara a White, que casi no podía andar. En prevención de otro intento de asalto, colocaron varias mesas como barricadas frente a la puerta. Sólo había dos máscaras de gas para caso de incendio, y el jefe de los pretorianos las reservó para Davis y él mismo. El resto debería proveerse de toallas mojadas en los aseos.

Así esperaron unos minutos. Sonaron disparos en la escalera, y al terminar éstos, Gutierres dijo:

–Salgamos. Mike y Richy, los primeros. Yo os sigo y, si todo está bien, luego los demás. Al final, Charly y Dan protegiendo al señor Davis.

## 107

Laura y Jaime pudieron oír una nueva explosión en otro lado del edificio, los «Guardianes» estarían ya volando la puerta sur de la escalera de seguridad y asaltando la planta superior.

Jaime notó que Gutierres y uno de sus hombres bajaban moviendo la mesa para dejar paso a los demás; otro pretoriano, Mike, vistiéndose el chaleco de uno de los muertos, cogió una escopeta y se colocó al lado de Jaime.

Mientras, Gutierres daba instrucciones en la escalera:

–Inspector Ramsey, coja una escopeta y colóquese detrás de la chica.

Ramsey obedeció, colocándose junto a Laura, de forma que la puerta tenía dos defensores a cada lado. Mientras, arriba, a Davis le vestían el chaleco de uno de los cadáveres. El humo ya les afectaba y empezaban a toser.

–Dan, coloca a White frente a la puerta; que nos cubra el paso.

El hombretón quiso resistirse, pero Dan lo golpeó un par veces con la empuñadura de su revólver. Al final quedó tambaleante frente al hueco de la puerta, con el pretoriano, revólver desenfundado, vigilando. White parecía a punto de derrumbarse y no ofreció más resistencia. Jaime casi no podía reconocer la cara hinchada y ensangrentada de su ex jefe y se sorprendió a sí mismo sintiendo lástima por él. Los guardaespaldas hicieron cruzar a Davis casi en volandas, con Gutierres cubriéndolo con su propio cuerpo, por delante de la peligrosa puerta, por detrás de White. El viejo parecía más pequeño que nunca.

–Estoy en deuda con usted, Berenguer –le dijo a Jaime al cruzar a su altura.

Detrás de Davis bajaban Cooper y Andersen. Les seguía Ruth, la gobernanta de la planta, con dos pretorianos cerrando la comitiva, perseguidos por el humo que ya inundaba el piso superior. Habían logrado cerrar la puerta de arriba justo cuando los «Guardianes» intentaban un nuevo asalto desde la planta inferior con una descarga cerrada.

Disparos, maldiciones y ayes se mezclaron con el siniestro ulular de la alarma del edificio, y al responder al fuego desde la escalera se estableció un intenso tiroteo. Varios de los asaltantes cayeron frente a la puerta, y los demás se retiraron sin dejar de disparar. Los lamentos continuaban dentro y fuera de la escalera. Jaime miró a Laura; no estaba herida y ella le hizo el signo de «esto va bien» con el pulgar hacia arriba. Seguía teniendo la misma extraña impresión sobre ella.

El inspector Ramsey, sin chaleco antibalas, se había protegido detrás de Laura y se encontraba bien, pero Mike, el pretoriano, estaba tumbado en el suelo. Tenía una herida en la pierna izquierda que sangraba en abundancia. Pero no era él quien se quejaba. La andanada había dado de lleno a White, que se había derrumbado, y a Cooper, que tuvo la mala suerte de cruzarse en aquel momento. Cooper, herido en el vientre, se retorcía aullando de dolor, y Ruth gritaba horrorizada viendo a los heridos. Con el pecho ensangrentado y tumbado de lado, White babeaba sangre; se moría. Jaime pensó que su muerte había sido una ejecución; la mirada de Gutierres le dio la certeza. No había hablado y ya no lo haría.

—¡Bajad la mesa! —gritó Gutierres a los dos pretorianos de arriba.

Ramsey empujó a Ruth y a Andersen, haciéndoles pasar por encima de los cuerpos que yacían en el suelo, colocándolos escaleras abajo, lejos del peligro.

Los dos pretorianos colocaron la pequeña mesa de forma que les protegiera de los disparos desde la puerta y desde escaleras arriba; Laura cogió los fusiles de los muertos y se los lanzó. Uno de los caídos en el umbral movió un brazo, tratando de incorporarse con un débil lamento, pero desde atrás de la mesa un pretoriano le voló la cabeza de un disparo.

—Ya han entrado arriba —dijo Jaime a Gutierres—. Pronto descubrirán que han escapado por aquí y estaremos entre dos fuegos. Tienen que bajar.

—El peligro está en la salida al *hall* y a la calle —comentó Gutierres pensativo—. Si Moore, el jefe de seguridad del edificio, es enemigo, la mayoría de los guardas de seguridad lo serán. El corte de comunicaciones también les debe de afectar a ellos; debemos aprovecharlo y bajar antes de que se den cuenta. Intentaremos escapar en la limusina blindada.

–Esta escalera de emergencia termina en el *hall*, y las puertas de bajada al garaje están siempre cerradas –advirtió Jaime.

–Nosotros sabemos cómo abrirlas –repuso Gutierres–. ¡Vayámonos de aquí antes de que nos ataquen también desde arriba!

–¡Un momento, Gutierres! –Jaime le detuvo–. Tenemos dos heridos y no podemos dejarlos aquí para que los asesinen.

–Mi misión es proteger a Davis; lo siento, pero no voy a arriesgar su seguridad por los heridos. ¡Vamos!

–No; yo no voy –anunció Jaime–. Karen está también aquí arriba. No la dejo.

–No discutiré. ¡Quédese si quiere! Gracias por cubrimos las espaldas. ¡Los demás, abajo! –dijo medio susurrando para no ser oído por el enemigo–. Bob y Charly, abrís la marcha; detrás el inspector Ramsey, luego Richy con Davis y el resto siguiéndoles.

El grupo empezó a bajar por las escaleras

–Yo me quedo con Jaime –afirmó Laura.

–Yo también me quedo –dijo Ramsey.

–Usted no puede –objetó el guardaespaldas jefe–. Lo necesitamos abajo para coordinar con la policía tan pronto como podamos salir; tiene que acompañarnos.

–No dejaré a este par solos, defendiendo a los heridos –insistió Ramsey–. Usted sabrá arreglarse bien con la policía.

–No. Sin usted, la policía tardará en coordinar el asalto y esos individuos podrán escapar. Su lugar está fuera. No necesita usted probar aquí su valor; hay tanto peligro abajo como arriba.

–Lo siento, no los abandono.

–No podemos perder tiempo discutiendo; le propongo un cambio –negoció Gutierres–. Dejo aquí a uno de los míos y usted nos acompaña. Un hombre por otro. ¿Hace?

–De acuerdo –aceptó Ramsey.

–Dan, tú te quedas. ¡Buena suerte, chicos! –Y Gutierres siguió a Ramsey escaleras abajo.

## 108

Bajaron por las escaleras con celeridad pero sin correr. Bob y Charly, encabezando la marcha, portaban escopetas y chalecos antibalas de los cadáveres; les seguía Ramsey.

–Después de Davis, usted es el más importante para el éxito de la operación –insistió Gutierres cuando Ramsey se negó a vestir el chaleco–. Sin usted coordinando a la policía, esos individuos huirán.

Ramsey se lo puso a regañadientes y lanzó una maldición al mancharse con la sangre del anterior propietario.

El personal había desalojado el edificio por las escaleras de emergencia, así que encontraban las puertas de acceso a las plantas entreabiertas conforme bajaban. Bob y Charly se turnaban. El primero cerraba la puerta y mantenía su cuerpo contra ella para evitar que pudiera ser abierta de nuevo y les sorprendieran cuando Davis pasara. Mientras, Charly ejecutaba la misma operación con la siguiente. Una vez Davis había pasado y la puerta quedaba bajo el control de Gutierres, Bob corría adelantándose a la comitiva y bloqueaba la siguiente puerta libre. Andersen precedía a Davis, y justo al lado de éste se movía Richy, el tercer pretoriano, siempre intentando cubrir con su cuerpo al viejo, en caso de un posible ataque. Ruth y Gutierres cerraban la comitiva.

Así llegaron hasta el primer piso, donde Gutierres pasó a la vanguardia para organizar el siguiente paso. En el nivel cero había dos puertas, una hacia el interior del *hall* y otra que daba al jardín exterior que rodeaba el edificio, y entre ambas un amplio descansillo; luego, la escalera continuaba hasta los aparcamientos subterráneos.

Gutierres envió a Richy a cerrar la puerta del *hall*, que estaba entornada, mientras Bob y Charly corrían a controlar la puerta exterior del jardín, que no podían ver desde su posición en la escalera. Los temores de Gutierres se confirmaron cuando vieron a Nick Moore con cuatro guardas armados con escopetas vigilando la parte exterior. Por suerte, no esperaban que el grupo apareciera por allí y sólo un par estaba en posición de ver la puerta.

–¡Adelante! –susurró Charly, y Gutierres se lanzó a la carrera hacia las escaleras de bajada, cargando literalmente con Davis; los demás los siguieron, mientras Bob intentaba cerrar la puerta del jardín sin conseguirlo, al estar trabada de alguna forma. Los guardas dieron la voz de alarma a sus compañeros, que hicieron ademán de girarse con las armas.

–¡Quietos o disparamos! –gritó Charly.

Por unos segundos pareció que los guardas dudaban pero, cuando Moore se giró empuñando su pistola, Charly y Bob empezaron a disparar. Ramsey y Andersen ya habían cruzado cuando sonaron los disparos, pero Ruth retrocedió hacia la escalera superior. Richy, que protegía la puerta del *hall*, iba sin chaleco antibalas y fue alcanzado de lleno. Moore, herido en una pierna, cayó junto con dos de los guardas y los otros se echaron al suelo disparando por encima de los cuerpos de sus compañeros. Charly y Bob consiguieron salir del umbral de la puerta sin ser heridos y quedaron cubriendo la retaguardia del grupo.

Mientras tanto, Gutierres había logrado abrir la entrada que daba acceso al nivel primero de los aparcamientos. Hizo pasar a los cinco supervivientes y cerró la puerta mientras se preguntaba angustiado si podrían alcanzar la limusina.

## 109

El grupo de arriba organizó su defensa. White parecía muerto, y lo dejaron en el rellano junto a varios cadáveres de asaltantes. Jaime y Dan trasladaron a Bob Cooper, a pesar de su fea herida en el vientre, al descansillo inferior de la escalera; sangraba en abundancia y aulló de dolor. No dejaba de gemir ni un momento.

Laura ayudó a Mike, el pretoriano herido, también hasta el rellano; le habían hecho un torniquete en la pierna y aguantó estoicamente el dolor, manteniendo sujeto con fuerza su revólver en la mano derecha. Aun perdiendo su posición de ventaja con respecto a la planta treinta y uno, decidieron instalar la destrozada mesita que les servía de barricada un escalón por debajo del descansillo; la escalera casi no tenía hueco, y la nueva posición permitía una buena defensa tanto si el ataque llegaba del piso superior como desde la puerta que continuaba abierta. Parapetados, hombro con hombro, y con Laura en el centro, se dispusieron a esperar el ataque.

–Yo también reviví mi vida del siglo XIII –oyó Jaime en un murmullo.

–¿Qué?

–Era una fiel convencida de los «Guardianes», como lo fue mi padre. –Laura hablaba con suavidad, casi confesándose–. White influyó en ti para que me tomaras como tu secretaria y me convencieron de que me infiltrara en los Cátaros. Fui a su centro de reuniones en Whilshire Boulevard, dije que había oído hablar de ellos y que quería conocerlos a fondo. Poco a poco me gané la confianza de Kepler; le interesaba la información que le ofrecía sobre la Corporación, Jaime Berenguer incluido. Por su parte, los «Guardianes» estaban también encantados con lo que les contaba tanto de los Cátaros como de la Corporación.

–Coincide con lo que Beck dijo.

–En parte. Porque a pesar de mi rechazo inicial, los sermones de Dubois me hicieron pensar. Un buen día me condujeron con los ojos vendados a Montsegur, estuve en la cueva frente al tapiz de la herradura y me encontré viviendo en el siglo XIII. Sufrí una tremenda impresión.

«Aquello no se lo conté a los "Guardianes", y tampoco el resto de las experiencias que viví. Cuando cerré mi ciclo, y luego de un tiempo de introvertirme, decidí que creía en la certeza de las enseñanzas de los Cátaros. Confesé a Dubois el trabajo que hacía la secta y, desde entonces, pasé a informar a Kevin sobre los "Guardianes".

–Entonces, Karen sabía que tú eras de los nuestros y que el agente del FBI era enemigo.

–Sí. Sabía de mí, pero no de Beck. Todo ha ido muy rápido; por la noche, después de la fiesta, los «Guardianes» me advirtieron de que hoy ocurriría algo y que debía obedecer en todo a Beck. Hasta ese momento no sabía que ese hombre era de la secta.

–Podrías haberme avisado.

–¿De qué? No sabía que se fueran a atrever a tanto. Además, gracias a que actuasteis con naturalidad, estáis ahora vivos.

–Es verdad. –Jaime se quedó rumiando lo oído con la mirada pegada al descansillo, por donde esperaba el nuevo asalto. De pronto, recordando las enigmáticas primeras palabras de Laura, quiso saber más–. Pero, dime, ¿me reconociste en el siglo XIII?

–Sí.

–¿Y te conocía yo a ti?

–También.

Entonces la puerta del piso superior chirrió al abrirse. Dan le dio un codazo a Laura.

–Parad de cuchichear y estad atentos.

## 110

Gutierres comprobó que, en contra de las normas de evacuación por bomba o incendio, se había permitido a los empleados retirar sus vehículos. El grupo cruzó el desierto aparcamiento sin incidentes y, sacando un manojo de llaves, el jefe pretoriano logró abrir la puerta metálica que daba acceso al área reservada para los coches de los presidentes, encontrándose con varios de gran cilindrada.

Sorprendieron a los dos guardas que custodiaban la limusina, que al verse encañonados se limitaron a levantar las manos. Allí, en el suelo, boca abajo, vieron el cuerpo del pretoriano que guardaba el garaje. Muerto.

Ramsey esposó a los guardas mientras el pretoriano abría la puerta de la limusina. Davis y Andersen se instalaron en el asiento trasero, y Gutierres revisó cerraduras, bajos del coche, motor, maletero y exteriores en busca de algo extraño. Al sentirse seguro, se puso al volante, y Ramsey se sentó a su lado. Luego quiso abrir la puerta del garaje con el mando a distancia, sin éxito; la puerta no respondía. Dio instrucciones a Charly y Bob de que se apresuraran hacia el mecanismo de apertura manual.

Cuando la puerta llegaba a la mitad de su camino de apertura, comprobaron que dos coches colocados horizontalmente bloqueaban la salida al final de la rampa. Gutierres dio marcha atrás hasta casi tocar la pared del garaje. Esperó a que la puerta estuviera abierta del todo y dijo:

–Aseguren sus cinturones y agárrense bien, la salida será violenta.

Aceleró el coche y, en el corto espacio de unos cincuenta metros y a pesar de la pendiente de la rampa, logró colocar la tercera marcha. La imponente masa de la limusina blindada golpeó contra el lugar donde los dos coches se tocaban y éstos se desplazaron un par de metros debido al impacto. Mostraban grandes abolladuras, pero aún bloqueaban la salida. La limusina perdió el parachoques, aunque su estructura parecía no haberse visto afectada.

Gutierres dejo caer el vehículo hacia atrás por la rampa hasta llegar a la pared del fondo. Fuera se oían disparos; Bob y Charly se estarían enfrentando a los guardas, de nuevo aceleró la limusina, impactando la tremenda masa otra vez contra los coches. Éstos saltaron unos metros más allá dejando el paso libre, pero el vehículo se caló. Ahora las balas rebotaban en los cristales y en los bajos en busca de los neumáticos.

Cuando Gutierres puso en marcha el coche, lo lanzó a toda velocidad hacia la avenida de las palmeras. Hacía sonar la bocina y al saltarse el primer semáforo, le dijo a Ramsey:

–Inspector, ¿quiere comprobar si su móvil funciona bien aquí?

Ramsey estableció contacto telefónico con facilidad y empezó a dar instrucciones.

Gutierres observaba preocupado a su jefe a través del retrovisor; éste no había pronunciado una sola palabra desde hacía mucho tiempo. Ni siquiera respondía al excitado parloteo de Andersen; tenía la mirada perdida, como si estuviera abatido. ¿Habría sufrido un shock? Como a todo ser humano, la edad le afectaba, y aquélla no era una aventura para sus casi ochenta años. El viejo estaba sumergido en sus propios pensamientos. Ensimismado.

–Gus –dijo al cabo de un rato.

–Sí, señor Davis.

–Quiero que localices a nuestro mejor guionista. A Sheeham o a Weiss. Mejor a Sheeham. Lo quiero ver mañana sin falta.

–Sí, señor –contestó Gutierres extrañado.

–Aquí hay material para una buena película de acción, y los decorados costarán poco dinero.

Gutierres sonrió al ver el brillo de los ojos de Davis a través del retrovisor. El viejo diablo continuaba en forma.

## 111

–No disparéis hasta verles la cara –dijo con voz queda Laura–. Dan, tú tira a las piernas, Jaime y yo, a la cabeza. Cuando caigan, hay que asegurarse de que estén muertos.

Todos callaron. La alarma continuaba sonando y desde abajo se oían los lamentos de Cooper.

Los de arriba se movían con cuidado. Un hombre fue bajando con cautela, girando en el recodo de la escalera; estaba armado y llevaba puesta la máscara antigás. Le seguía otro. Los de abajo dispararon, y el sujeto cayó hacia delante por los escalones hasta el rellano de la planta, frente a la mesa. El otro escapó.

–No le hemos dado al segundo –dijo Jaime.

–Han caído al menos diez de los suyos –comentó Laura–. Contando los llegados de fuera y los guardas de seguridad del edificio, no serán más de treinta y cinco y Beck está muerto. Deberían darse cuenta de que han fracasado.

—Tendrán aún la esperanza de coger a Davis —razonó Dan.

En aquel momento oyeron varios disparos justo detrás de ellos. Los primeros eran de pistola, pero un par de escopeta les siguieron.

—Dan, Jaime, ¡abajo! —gritó Laura.

Al llegar, vieron que la puerta del piso inferior estaba entornada. Mike, medio incorporado en el descansillo, pistola en mano, les dijo con voz débil:

—Han intentado atacar desde el piso treinta, pero los he rechazado. Estoy seguro de que le he dado a uno.

—Tenemos suerte de que no se puedan comunicar y lanzar ataques coordinados —dijo Jaime—. Dan, quédese con Mike. Yo vuelvo con Laura.

Justo cuando Jaime daba media vuelta para subir, intentaban un nuevo asalto desde la planta treinta y una. Laura devolvía el fuego, y Jaime notó un fuerte golpe en el hombro derecho, cayendo hacia atrás pero dando, por fortuna, con la espalda en la pared; el chaleco le había salvado. Laura, bien parapetada, continuaba disparando con acierto, y los otros se retiraron. Jaime, adolorido, logró llegar detrás de la mesa.

—Son unos fanáticos testarudos —se quejó Laura preocupada—. Como sigan así, al final igual logran su propósito de liquidarnos, sólo espero que no lo intenten con explosivos.

—Ha pasado ya tiempo suficiente para que Davis y los suyos escapen. —A continuación Jaime se puso a gritar—: ¡Hey! ¡Estáis perdidos, mamones! ¡Davis se ha ido! ¡La policía ya viene hacia acá! ¡Tenéis poco tiempo para salvar el culo!

No recibió otra respuesta que la de la alarma y los ayes de los heridos.

—¿Tú crees que funcionará? —preguntó Laura.

—Es lo único que podemos hacer. —Y se puso a gritar de nuevo—: ¡Salid corriendo ahora que podéis! ¡Davis ha escapado del edificio! ¡Estáis perdidos!

Algo cayó rebotando por los escalones. Jaime se escondió instintivamente detrás de la mesa.

–¡Las máscaras! –gritó Laura, que no se había movido–. ¡Una granada lacrimógena!

Jaime se puso la máscara e hizo un signo a Laura de que le cubriera. Luego, con la culata de su escopeta, empujó con cuidado la humeante granada hasta el hueco de la escalera, por donde cayó. Al regresar junto a Laura, los hombros de ambos se tocaban y así esperaron en silencio obligado. Los pensamientos de Jaime regresaron a su amada. ¡Karen! ¡Dios mío! ¡Que esté bien Karen! Ella conocía el papel de Laura, lo había utilizado, como dijo Beck, pero ya no importaba; conque lo amara sólo un poco de lo que él la amaba a ella, la perdonaba.

Laura. Años trabajando juntos. Monotonía, aburrimiento y, de pronto, esto. ¿Quién es realmente?

Pasaron unos diez minutos de tensa espera y no ocurrió nada. La maldita alarma continuaba sonando angustiosa, y los lamentos de Cooper ya no se oían; Jaime no podía más. Tocó el hombro de su compañera y le hizo una señal indicando que él salía al piso trigésimo primero, ella negó con la cabeza y le hizo un gesto de que esperara. Jaime esperó. El humo era ya poco denso. Cinco. Seis minutos más. No aguantaba su inquietud por Karen, no aguantaba la maldita máscara en la cara. Finalmente se incorporó. Laura le hizo señas de que ella también iba. Pasaron por encima de la mesa, apuntando hacia el pasillo de la planta treinta y uno. No había nadie frente a la puerta. Laura cubrió la escalera hacia arriba, pero también estaba desierta. Jaime sentía el corazón acelerado. ¡Que esté bien Karen! Saltaron el montón de cadáveres y entraron en el pasillo. Nadie. Aparentemente, los «Guardianes» habían huido de la zona a toda velocidad, abandonando los cadáveres. Jaime se lanzó a saltos hacia su nuevo despacho.

La puerta estaba cerrada, y cuando entraron vieron que los gases no habían llegado allí. El cadáver de Beck se encontraba tendido en el suelo, alguien había estado allí manipulándolo. Jaime se quitó la mascarilla y llamó con los nudillos al armario donde Karen se refugiaba. No hubo respuesta.

–Karen, el peligro ha pasado. ¿Estás bien?

Volvió a llamar y la puerta se abrió ligeramente, luego más. Allí estaba Karen, con gesto de dolor y encogida.

–No.

–¿Qué te pasa? –preguntó Jaime alarmado.

Al salir, Karen le dedicó una gran sonrisa.

–Me he roto dos uñas aguantando la puerta del maldito armario desde dentro –dijo antes de abrazarlo.

# VIERNES

## 112

—¿Por qué debo suponer que los Cátaros son mejores que los «Guardianes»? –inquirió Davis. Jaime lo miró, y su cubierto se detuvo a medio camino de la boca. «Será una comida amistosa», le había anticipado Gutierres al invitarlo. Y ahora se encontraba frente a frente con el viejo, en su lujoso salón comedor, que sin solución de continuidad se expandía en una enorme área diáfana, ocupando una buena extensión del ala sur de la planta trigésima segunda del edificio corporativo. Los desperfectos del intento de asalto habían sido pequeños en aquel lugar y fueron los primeros en ser reparados.

Una cuidada decoración establecía, con una mínima presencia de paredes, varios ambientes permitiendo el recogimiento del despacho, el relax del comedor y una amplia sala de estar que podía acoger fiestas con cientos de invitados. Antigüedades, obras de arte moderno y un mobiliario ecléctico se combinaban con gusto y estilo.

Los grandes ventanales ofrecían una vista en un ángulo de más de ciento ochenta grados, en la que el océano brillaba al fondo, más allá de Santa Mónica e incluso por encima de Palos Verdes, al sur. Hoy era un día claro y brillante, y Ruth había hecho bajar algunos de los cortinajes para moderar la intensa luz exterior.

–Gracias a los Cátaros ha descubierto un fraude de millones, salvando su vida y evitando que una secta fundamentalista controle la Corporación. ¿Le parece poco? –respondió Jaime.

–Cierto, pero los Cátaros han obtenido mayor poder. ¿Cómo sé que no intentarán lo mismo que los «Guardianes»?

–Yo soy el único que ha ganado poder, y ha sido porque me lo ha dado usted. Y lo ha hecho porque tiene buenos informadores, sabe que los Cátaros no son una secta; no persiguen el poder material como otros hacen, sólo quieren el desarrollo espiritual de la humanidad. No luchamos por controlar la Corporación, sino para evitar que otros, de ideología ultraconservadora y fundamentalista, tomaran el poder. Creemos que los mensajes que lanza al mundo la Corporación son neutrales o buenos para el desarrollo de un individuo mejor y deseamos que así continúe.

–Entonces, ¿los Cátaros aprueban mi línea editorial? –Davis sonreía divertido.

–Sí, y seremos buenos aliados, tómenos como tales. Todo el mundo necesita amigos; usted también.

–Me han informado de que es usted un cátaro reciente.

–Cierto.

–¿Sabe?, tiene usted un gran futuro. –La sonrisa de Davis se había tornado irónica–. Y ya que está en cambiar de religiones, quizá le pudiera recomendar otra que le iría mejor profesionalmente.

Jaime lo miró con atención. Su cara de vieja esfinge arrugada mantenía aquella sonrisa difícil de interpretar; no podía creer lo que el viejo le estaba diciendo. ¿Lo estaría probando? ¿Sondeaba su reacción? O quizá le tanteaba seriamente.

–Este tipo de conversación es anticonstitucional, señor Davis.

–No. En absoluto. Tengo un testigo que jurará que no hemos hablado de eso –dijo señalando a Gutierres, que les acompañaba en la comida.

–Habla usted de abrazar una fe como de inscribirse en un club. «Hágase socio de mi club. Tendrá ventajas sociales y quizá laborales.»

–¿De qué se asombra? La gente cambia. De trabajo, de religión y de amantes. Usted se divorció hace unos años y hace unas semanas cambió de religión. ¿Por qué no iba a cambiar de nuevo?

–Es imprudente negarle alternativas a la vida –contestó Jaime con cuidado–, pero no hay ganancia profesional que me compensara la pérdida afectiva que sufriría con un cambio.

–¡Ah! –Davis amplió su sonrisa, lanzando una mirada cómplice a Gutierres, que mantenía su expresión impasible–. Esa rubita; ¿verdad?

Sin contestar, Jaime se concentró en la comida.

Después de una pausa, el tono de Davis cambió al tiempo que su sonrisa se esfumaba.

–Lo ocurrido hace una semana es muy grave. Me refiero a los «Guardianes». Murieron algunos de los nuestros y muchos de ellos, pero no necesariamente los más importantes. No puedo esperar a que usted reúna pruebas para llevarlos a la justicia. De algunos jamás probaremos nada; confiaba en que White hablara, pero no lo hizo. Sé que los Cátaros han tenido agentes dobles infiltrados y quiero que me dé la lista de los cabecillas máximos, y su grado de responsabilidad. La muerte de Kurth continúa impune, y yo conozco otra forma de justicia más rápida y segura.

–Los Cátaros jamás lo aceptarán. El «ojo por ojo» va contra sus principios; es propio del Dios malo, el Dios del odio. El del Antiguo Testamento. Los nombres que le daré serán sólo de quienes tengamos pruebas para llevarles a los tribunales.

–Yo sí creo en el «ojo por ojo». Y no le pido nada a los Cátaros. Se lo pido a usted. Esa gente es aún peligrosa y hay que cortar la cabeza a la serpiente antes de que vuelva a morder.

–Lo que insinúa es ilegal. Si yo le doy los nombres sabiendo las intenciones que tiene, me convierto en su cómplice y puedo ir a la cárcel por ello. No pienso hacerlo.

–¡Maldita sea, Jaime! –Davis golpeó la mesa–. ¡No sea estúpido! Usted y su amiguita peligran tanto o más que yo. Los «Guardianes» sí creen en el Antiguo Testamento, y en la venganza, y ustedes les deben varios «ojos». Me he informado sobre los antiguos cátaros; un tal Brice Largaud escribió: «En la historia, el catarismo fue esa Iglesia que sólo tuvo tiempo de perdonar y desaparecer».

»¿Qué pretenden? ¿Perdonarles y desaparecer de nuevo cuando ellos recuperen fuerzas y se puedan vengar? ¡Claro que los Cátaros no son una secta! ¡Son una pandilla de estúpidos!

Jaime se encogió de hombros.

–Los Cátaros nunca le ayudarán a que haga su propia justicia. ¡Nunca! Va contra lo más fundamental de sus creencias. Y yo estoy con ellos.

–¡No sea bobo! ¿Se quiere usted suicidar? Olvídese de esa gente. Es su propia vida la que se juega. Y quizá la mía. Y eso no se lo consiento. –El viejo hizo una pausa y luego continuó con toda su energía–. Y ya no se lo pido, ¡se lo ordeno! ¡Quiero esos nombres!

Davis hablaba ahora con la fuerza intimidatoria que le hacía legendario en Hollywood. Pero Jaime no se sentía amedrentado, al contrario, sentía la indignación crecer dentro de sí y se encontró odiando a aquel viejo arrugado y pequeño. Lo odiaba desde mucho antes.

–¿Qué pretende hacer, Davis? ¿Crear otra vez la Inquisición? ¿Le gusta mandar a la gente a la hoguera, verdad? Le gusta oler la carne quemada y el sufrimiento ajeno. –Jaime se puso de pie. Sentía, surgiendo de su interior, un resentimiento antiguo y profundo hacia el viejo–. Después de ocho siglos quiere repetir la historia, sólo que con otras víctimas. Quiere volver a exterminar, ¿verdad? ¡No cuente conmigo!

–No sé de lo que está hablando. –Davis le miraba sorprendido.

–Pues yo sí. –Jaime arrojó la servilleta con rabia encima de la mesa–. Gracias por su comida –dijo antes de darle la espalda y dirigirse a los ascensores–. Pero la invitación tenía un precio demasiado alto –añadió a media voz y sin girarse.

Las miradas de Davis y Gutierres se encontraron interrogándose.

# SÁBADO

## 113

¿Cómo crees que les va? –preguntó Karen.
—Con dificultades, pero están fascinados –respondió Jaime–. Nunca he visto a Ricardo tan enamorado, persigue a Laura como si fuera un adolescente.

Jaime y Karen reposaban en un sillón columpio en el cuidado jardín de los Berenguer, en Laguna Beach. Buganvillas, rosales y colibríes. Tomaban una Coronita y la mesa estaba ya dispuesta en el jardín. Joan Berenguer había terminado de cocinar una paella, que colocó orgulloso en una mesita lateral. El viejo permanecía de pie junto a su obra de arte y anunció en español:

—¡La paella está lista y hay que empezar a comerla en cinco minutos!

—Ahorita termino, don Joan, y nos sentamos. Prometido, cinco minutos –informó Ricardo, que preparaba las hamburguesas ayudado por Laura.

—¿Qué dicen? –preguntó Karen.

—Que hay que sentarse a comer en cinco minutos.

—¿Cuándo te diste cuenta de lo de Laura?

—Cuando estábamos atrincherados en la escalera, me explicó que nos habíamos conocido en tiempos de los cátaros. Estamos vivos gracias a su puntería y sangre fría; se comportó en el tiroteo como si tuviera costumbre de mil batallas. Ya antes había notado en ella algo a la vez extraño y familiar; primero deseché la idea, pero al final de la refriega estaba seguro: ¡ella es Miguel de Luisián! Alférez real y, junto con Hug de Mataplana, mi mejor amigo entonces.

—Ya te dije que, según las enseñanzas cátaras, las almas creadas por el Dios bueno no tienen sexo. —Karen sonreía divertida—. El sexo y los cuerpos son invención del Dios malo y de su demonio tentador.

—Pues vaya jugada del demonio si nos llega a tocar a ti y a mí el mismo sexo —balbució Jaime con tono jocosamente alarmado—. ¿Qué haríamos?

—No sé tú, pero ya sabes que yo tengo al menos otra alternativa. —Karen se puso a reír al ver la expresión en la cara de Jaime—. ¡Es broma, tonto!

Pero a Jaime el comentario no le resultó gracioso y se quedó en silencio. El recuerdo de Kevin flotaba ahora entre los dos, y el temor a perder a Karen dentro de pocos meses llegó como un rayo. ¡Dios! ¿Sería verdad que lo utilizaba? Quiso apartar el maldito pensamiento; el presente era lo que contaba, y en este momento ella era suya.

Karen se divertía, pero al ver las nubes de tormenta en los ojos de Jaime intentó suavizarlo:

—Eres afortunado: tu amor de entonces es tu amor de hoy.

—Esposa —cortó Jaime.

—De acuerdo, esposa —aceptó ella besándole en la mejilla—. Y no sólo hallaste a tus dos mejores amigos de ayer, sino que quizá terminen casándose.

—¿Tú crees? ¿Has hablado con ella? —Jaime recuperó interés y placer en la conversación—. ¿Qué te dijo de Ricardo?

—Que es muy atractivo y le gusta mucho, pero intuyo que tiene algún problema en lo sexual. Creo que ella opina que Ricardo es demasiado licencioso; un depravado sexual o algo así.

—Eso ya lo creía hace ocho siglos. —Jaime reía—. Cierto que Ricardo ha sido muy mujeriego, pero creo que el verdadero problema es que Laura sabe demasiado. Ella se acuerda de aquella vida anterior y Ricardo no. Y claro, lo de acostarte con un amigo no debe de ser tan fácil, ya sabes, demasiado morbo.

–No se trata de eso. –Karen también rió–. Yo creo que la dificultad proviene de la tradición puritana de su familia. Recuerda que Laura fue una «Guardián del Templo» totalmente convencida. Y cuando se encuentra con Ricardo, éste le hace un par de gracias, la invita a bailar, le dice lo hermosa que es y le propone que se acuesten. Por la soltura de Ricardo, Laura comprende que éste es su estilo habitual y llega a la conclusión de que tu amigo es un crápula.

–Lo que demuestra que tengo una secretaria muy lista. Pero las cosas irán bien. Ricardo está loco por ella y dispuesto a enmendarse. Anoche salieron juntos. Y Ricardo me ha contado, muy feliz, que ella se dejó besar en la boca. Ya verás como éstos se casan.

–Sí, pero será una relación difícil.

–Todo lo que vale cuesta –sentenció filosófico, pensando en su propio caso.

–¡Ya llega la ensalada! ¡Todos a la mesa! –gritó Jenny, la hija de Jaime, trayendo un gran cuenco de ensalada y seguida por su abuela Carmen.

Todos se pusieron a comer con apetito, y las invitadas elogiaron calurosamente la paella de Joan.

–Muchas gracias –respondía feliz y orgulloso.

–¡Hombre de Dios! –le censuró Carmen–. ¡Háblales en inglés, que no te entienden!

–Entienden lo de «gracias» –se defendió Joan–. Y por eso les hablo en español, para que lo aprendan. Saber algo de español les puede servir de mucho en el futuro.

Ricardo y Jaime cruzaron una mirada sonriente, sabiendo que se avecinaba una de las graciosas discusiones en las que el matrimonio Berenguer se enzarzaba cuando tenía un público de confianza enfrente.

–¡Ño! ¡Fíjate, Jaime! –Carmen gesticulaba–. Toda la vida tu padre peleando y chivando con el catalán. Y ahora a su nieta y a las yankies les quiere hablar en español. ¿Tú me entiendes? ¡Vaya castigo de viejo peleón que tengo que aguantar! –Luego Carmen se dirigió de nuevo a Joan–: ¡A ver si asustas a las chiquitas y estos dos se nos quedan para vestir santos!

—Vieja gruñona —le reprochó cariñosamente Joan—. Lo que te ocurre es que tienes envidia porque tu arroz cubano no te sale tan bien como mi paella.

—¡Pero padre! —Jaime decidió echar leña al fuego—. Cuéntame eso. Siempre nos hiciste hablar en catalán contigo. ¿Por qué la misma batalla, para que primero Jenny y ahora Karen y Laura hablen español? ¿Es que de viejo has cambiado tus principios?

—¡Ay, hijo! —contestó Joan con una sonrisa y aparentando resignación—. Me temo que, con ellas, llego una generación tarde. ¡No tienen ni idea de dónde está ubicado el lugar donde nací!

—¡Vaya! —Jaime continuó presionándolo—. ¡Así que de viejo has renunciado a tus ideales!

—No, Jaume —repuso cortante—. Sólo los he adaptado al clima.

Jaime se quedó mirándolo pensativo, intentando adivinar qué quería decir con aquello y luego miró a Karen, que seguía la conversación con atención, sin entender nada, pero intuyendo su contenido.

Desde el otro extremo de la mesa, Ricardo hizo una broma en inglés a Carmen, y ésta contestó con una contagiosa risa a la que se unieron los demás.

La conversación, ahora en inglés, se fue a otros asuntos.

La comida había terminado, y también la sobremesa. Carmen estaba con Jenny; había echado a todos los demás de «su» cocina y sólo aceptaba la ayuda de su nieta.

Ricardo pretendía enseñarle las flores más escondidas del amplio jardín a Laura, quizá esperando la recompensa de otro beso.

Y en la mesa, Joan Berenguer disfrutaba de su segundo café, su copa de brandy español y su gran cigarro habano ilegal. Al otro lado, Jaime y Karen le acompañaban también con un puro, mientras el sol de invierno bañaba la mesa del jardín y una suave brisa movía las hojas de los árboles. Nadie hablaba, y la sensación de paz era extrema. Jaime pensó que aquél era uno de esos momentos a los que uno se debe aferrar, coleccionar su recuerdo. Era feliz. Pero las preguntas volvían para enturbiar el instante. ¿Cuánto tiempo duraría lo suyo con Karen? Deseaba que para siempre, pero él no tenía la respuesta. ¿Cuánto era real en aquello y cuánto manipulación? ¿Qué pretendían en realidad los Cátaros? ¿Quién era el jefe oculto? Le costaba creer que fuera Andersen. El elegante marinero sería un gran abogado, pero luego de verle actuar en los últimos días estaba seguro de que él no era el líder. ¿Quién sería?

¿Qué importa?, se dijo: en esta vida jamás se tienen todas las repuestas; hay que saber vivirla y disfrutarla con todas sus incertidumbres. Y él quería vivir aquellos instantes al máximo. Miró a Karen. ¡Cuánto la quería! Ella lo miró a él y le dedicó una sonrisa deliciosa. Luego le hizo un gesto de complicidad señalando a Joan. Jaime entendió.

–Joan –le dijo en inglés–, Karen tiene una pregunta para ti.

–Dime, bonita. –Sonreía bajo su blanco bigote.

–¡Vamos, Jaime! –protestó ella–. Si es lo que pienso, es demasiado íntimo para que se lo pregunte yo. Tú eres su hijo, y a ti te corresponde formular ese tipo de preguntas.

–Bien, de acuerdo –aceptó, e hizo una pausa antes de preguntar–: Padre, te fuiste de tu tierra en busca de la libertad, cruzaste el Mediterráneo y luego el Atlántico para rastrearla en Cuba. Luego nos llevaste a Nueva York y finalmente a California continuando en tu empeño. ¿La has encontrado al fin? ¿Eres un hombre libre?

Joan había estado escuchando, afirmando con la cabeza conforme su hijo hablaba, pero al terminar éste, se quedó inmóvil y pensativo. Soltó un par de volutas de humo. Luego miró hacia los árboles más lejanos del jardín y su vista se perdió en sus horizontes interiores.

–Mira, Jaume. –Joan hizo una larga pausa–. Mi padre murió por esa dama llamada libertad y yo he empleado mi vida en buscarla. Pero en algún lugar de mi largo camino sentí cansancio, me senté y decidí hacer un pacto entre mis ideales y mis limitaciones.

Los jóvenes se miraron con sorpresa mientras Joan les contemplaba sujetando su puro cerca de la boca.

–¿Quieres decir que renunciaste a tu búsqueda?

–Yo sólo he dicho que hice un pacto.

—Pero pactar es ceder, no alcanzar lo que se desea —intervino Karen—. ¿No es una renuncia?

—Sí y no.

Se quedaron callados mirándolo en espera de una aclaración. Joan tomó un lento sorbo de brandy, bebió un poco de café expreso, dio una profunda calada a su puro, y les sonrió.

—Hace muchos años un amigo mío me dijo que había aprendido a pactar entre sus sueños y sus limitaciones. El hombre había corrido el mundo persiguiendo sus sueños. Y sus sueños siempre corrían más que él.

»Entonces yo me escandalicé tanto como quizá vosotros lo hayáis hecho hace un momento. Pero la vida me enseñó que, para ganar, muchas veces hay que negociar. Desde que mi amigo pactó consigo mismo, logró soñar lo alcanzable y así consiguió, al fin, sus sueños. —Joan hizo otra pausa repitiendo la ceremonia del brandy, el puro y el café—. ¿Sabéis, queridos Karen y Jaume, lo que es la libertad?

—Bueno... —Jaime inició una respuesta.

—Una utopía —cortó Joan—. La libertad es un concepto, algo que sólo existe en la mente, y que es distinto para cada individuo y tiene una parte física y otra mental. Una vez que la parte física está cubierta en un mínimo razonable, lo demás pertenece a la mente. Libertad es poder hacer lo que uno desea. Yo he aprendido a saber desear. Yo hago lo que deseo. Soy libre.

Se lo quedaron mirando pensativos mientras Joan volvía al café, el puro y el brandy.

—¡*Granpa*! —Jenny llegó corriendo de la cocina seguida de Carmen, que portaba una nueva cafetera humeante. La niña se sentó junto a Joan y, cogiéndolo de un brazo posesivamente, le pidió—: Abuelo, cuéntanos una historia de Cuba o de España.

—Sí, mi amor. —Y sonriendo a los adultos, les dijo—: Pero no cerréis vuestro pacto antes de los sesenta años.

—¿Por qué no antes? —inquirió Karen.

—Porque si pactáis demasiado pronto, no tendréis historias que contarles a vuestros nietos.

# LUNES

## 114

Extraño mensaje en el correo electrónico. –Davis levantó la vista de los contratos que revisaba para mirar a Gutierres–. Está dirigido a usted con copia para mí.

–¿De qué se trata?

–Permítame que lo ponga en pantalla. –Gutierres entró dentro del e-mail de Davis utilizando la clave secreta de éste–. Aquí está. Fíjese. Lista de líderes de la secta. Lista de nombres de empleados y grado de implicación. Bajo. Medio. Alto. Mucho más de lo que usted pidió.

–Me alegro. Ya sabía que, en el fondo, Berenguer es de los míos. Es mejor sacarle el ojo a tu enemigo antes de que éste te lo saque a ti. –Davis hizo una pausa mirando la pantalla, y luego añadió en tono bajo–: White y Douglas están muertos, y a Nick Moore le esperan un juicio y años de cárcel. Ya hablaremos cuando salga. –Señaló nombres en la pantalla–. Ya sabes lo que hay que hacer. Empieza por Cochrane y con esos otros dos, como líderes principales. Cuando termines, revisaremos los siguientes de la lista.

–Sí, señor. –Gutierres anotó los nombres en su agenda y Davis regresó a los contratos, con toda naturalidad, como si en lugar de ejecuciones sólo hubiera pedido un café.

Después de unos minutos, Gutierres reinició la conversación.

—Pero aquí está lo extraño. El acceso al e-mail de Linda Americo no se anuló cuando fue asesinada; su nombre está como firmante del mensaje y han usado su ordenador y su clave personal para transmitirlo. Todo como si ella lo enviara; pero, claro, sabemos que está muerta. –La voz de Gutierres sonó irónica–. ¿Un mensaje desde el más allá?

—No, Gus –respondió Davis luego de pensar–. Los muertos no envían mensajes. Ésta es una forma segura de mandar la información sin dejar rastro. Muy hábil, en especial si luego hay muertes y las cosas se complican.

»Además, ya sabes que la señorita Americo era cátara y que los Cátaros creen en la reencarnación. Tengamos algo de fe, Gus. Linda Americo se ha reencarnado y nos está pidiendo que hagamos justicia con sus asesinos. –Con una sonrisa, añadió–: Sí. Me gusta la idea. El mensaje procede en realidad de Linda. Y Berenguer es un buen cátaro que jamás daría una información que conduzca a alguien a la pena de muerte. ¿No dicen los Cátaros que ellos son la Iglesia del amor?

Gutierres afirmó con la cabeza.

—Pues Berenguer es cátaro por causa del amor. Del amor de una mujer. –Davis miró pensativo, a través de la mesa de nogal, más allá de sus ventanales, hacia un azul océano Pacífico y añadió–: Está enamorado, mucho, pero no creo que ni ciega ni locamente. Tampoco parece que sea un tipo dispuesto a perder la cabeza por puro amor cátaro.

—Tengo la impresión de que Berenguer no ha enviado ese mensaje –interrumpió Gutierres.

—Claro que lo ha enviado él. ¿Quién, si no?

—La información es demasiado completa; hay nombres de gente de poca relevancia, es mucho más de lo que usted pidió. Ha sido enviado por alguien que pretende que erradiquemos hasta el último «Guardián». Alguien que persigue obtener poder dentro de la Corporación. Podría ser el verdadero número uno cátaro, el líder oculto.

—Quizá tengas razón en que los Cátaros traman algo más, pero el mensaje lo ha enviado Berenguer. Me gusta ese chico, creo que me es fiel y nos puede ser útil en un futuro; sin los «Guardianes del Templo» para mantener un equilibrio, quizá en unos años tengamos demasiados Cátaros fanáticos en la Corporación. Y entonces habrá que hacer algo al respecto.

Gutierres miró atentamente al viejo y supo que pensaba a muy largo plazo. ¡Claro que Davis no creía en la reencarnación! Era un esfuerzo inútil para él: ¡no pensaba morirse!

El pretoriano continuaba pensando que el mensaje no venía de Berenguer. Se encogió de hombros, no por indiferencia, sino porque otra vez el dolorcillo de una premonición le mordía en la cruz de la espalda.

# VIERNES

## 115

La pantalla parpadeó; unos dedos nerviosos teclearon el código: «Arkangel». El ratón fue a «mensaje nuevo». «Hermanos, ayer otro de los nuestros fue asesinado. Muchos cayeron en la batalla de Jericó, pero la masacre continúa.

»Davis está tomando una cruel venganza, si conoce vuestra identidad, estáis en peligro de muerte.

»Debéis guardaros. Huid los que os sintáis amenazados. Ahora debemos escondernos y hacer penitencia para ser dignos a los ojos de Dios. Él quiso enseñarnos humildad con esta derrota. Pero juro ante el Señor que hemos de volver y que nuestra venganza será bíblica.

»Esperad mi mensaje; esperad con fe mi llamada. Arkangel II.» Las manos descansaron sobre el teclado y un sollozo rompió el silencio de la noche cuando el mensaje voló a sus múltiples destinos.

# SÁBADO

## 116

Pocas horas después, en la madrugada del sábado, otro mensaje, muy distinto, era lanzado a Internet:

«Hermanos/hermanas Cátaros de grado primero:

»El Dios bueno nos ha concedido la victoria y los nuestros controlan ya puestos claves en la Corporación.

»La bestia ha sido vencida y nuestros enemigos continúan cayendo a manos de Davis.

»Ahora debemos consolidar posiciones con discreción. En el momento oportuno, cada uno recibirá instrucciones precisas.

»La Corporación será el púlpito para extender nuestra fe.»

Unas manos femeninas, con dos uñas de su mano derecha recortadas, teclearon la firma: «Linda Americo». Una vez transmitido el mensaje, se apresuraron a borrarlo.

La mujer apagó el ordenador, y en silencio, para no despertar a su compañero, regresó a la cama.